suhrkamp taschenbuch
wissenschaft 2422

50 Jahre suhrkamp taschenbuch wissenschaft
Jubiläumsprogramm

In *Die Macht der Geschlechternormen und die Grenzen des Menschlichen* vertieft und bilanziert Judith Butler eine Reihe von Themen und Thesen ihres Denkens: die Materialität des Körpers, die Beziehung zwischen Macht und Psyche, die politischen Dimensionen der Psychoanalyse und die Auswirkungen des juridischen Diskurses auf diejenigen, die nicht autorisiert sind, an ihm teilzunehmen. Die einzelnen Essays hinterfragen u. a. die Pathologisierung von Intersexualität und Transsexualität und unterziehen das Phänomen sexueller und ethnischer Panik in der Kunstzensur einer kritischen Analyse. Höhepunkt und Abschluss des Bandes bildet eine fulminante Abhandlung über den Status der Philosophie und ihre Möglichkeiten, das »Andere der Philosophie« zur Sprache kommen zu lassen.

Judith Butler ist Maxine Elliot Professor für Komparatistik, Gender Studies und kritische Theorie an der University of California, Berkeley. 2008 erhielt sie den Distinguished Achievement Award der Andrew-W.-Mellon-Stiftung, 2012 den Theodor-W.-Adorno-Preis der Stadt Frankfurt am Main. Im Suhrkamp Verlag sind zuletzt erschienen: *Kritik der ethischen Gewalt. Frankfurter Adorno-Vorlesungen 2002* (stw 1792), *Anmerkungen zu einer performativen Theorie der Versammlung* (stw 2258) und *Die Macht der Gewaltlosigkeit* (stw 2381).

Judith Butler
Die Macht der Geschlechternormen und die Grenzen des Menschlichen

Aus dem Amerikanischen
von Karin Wördemann
und Martin Stempfhuber

Suhrkamp

Titel der Originalausgabe: *Undoing Gender*

Einleitung und Kapitel 1, 4, 9, 10 und 11 übersetzt von Karin Wördemann
Kapitel 6, 7 und 8 übersetzt von Martin Stempfhuber
Kapitel 2 teilweise übersetzt von Doro Wiese
Kapitel 3 teilweise übersetzt von Volker Wolterdorff, Jutta Eming und Elke Koch
Kapitel 5 teilweise übersetzt von Jutta Eming
Kapitel 9 teilweise übersetzt von Benjamin Marius
Die Übersetzungen der Kapitel 2, 3, 5 und 9 wurden von Karin Wördemann durchgesehen, vervollständigt und überarbeitet.

Klimaneutral
Druckprodukt
ClimatePartner.com/14438-2110-1001

Erste Auflage 2023
suhrkamp taschenbuch wissenschaft 2422

Deutsche Erstausgabe: Suhrkamp Verlag Frankfurt am Main 2009

Umschlaggestaltung: Hanzer Liccini, Berlin
Druck und Bindung: C. H. Beck, Nördlingen
Printed in Germany
ISBN 978-3-518-30022-0

www.suhrkamp.de

Inhalt

Für Wendy,
immer und immer wieder

Einleitung: Gemeinsam handeln

Die hier versammelten Aufsätze stellen einige meiner jüngsten Arbeiten zu Gender und Sexualität dar. Sie konzentrieren sich auf die Frage, was es bedeuten könnte, restriktiv normative Konzeptionen des von Sexualität und Gender bestimmten Lebens aufzulösen (*to undo restrictively normative conceptions of sexual and gendered life*). Die Aufsätze behandeln diese Erfahrung des Aufgelöst-Werdens (*becoming undone*) gleichermaßen in guter wie schlechter Hinsicht. Manchmal kann eine normative Konzeption von Gender die Personalität auflösen, indem sie die Fähigkeit untergräbt, sich in einem lebenswerten Leben zu behaupten. Dann wieder kann die Erfahrung, dass eine normative Beschränkung aufgelöst wird, eine frühere Vorstellung davon, wer man ist, auflösen, nur um eine relativ neue zu eröffnen, deren Ziel es ist, das Leben lebenswerter zu machen.

Wenn Gender eine Art von Tun ist, eine unablässig vollzogene Tätigkeit, die zum Teil ohne eigenes Wissen und ohne eigenes Wollen abläuft, ist es aus dem Grunde nicht schon automatisch oder mechanisch. Im Gegenteil, Gender ist eine Praxis der Improvisation im Rahmen des Zwangs. Außerdem »spielt« man seine Geschlechtsrolle nicht allein. Man »spielt« immer mit oder für einen anderen, selbst wenn dieser andere nur vorgestellt ist. Was ich als das »eigene« Gender bezeichne, erscheint manchmal als etwas, dessen Urheber ich bin oder das ich sogar besitze. Die Bedingungen, die das eigene Gender kreieren, liegen jedoch von Anfang an außerhalb meiner selbst, wurzeln außerhalb meiner selbst in einer Sozialität, die keinen einzelnen Urheber kennt (und die Idee der Urheberschaft selbst grundlegend in Frage stellt).

Obwohl eine bestimmte Geschlechtszugehörigkeit nicht impliziert, dass man auf eine bestimmte Weise begehren wird, gibt es dennoch ein Begehren, das für ein Gender selbst konstitutiv ist, und infolgedessen auch keine Möglichkeit, das gelebte Gender schnell oder leicht vom gelebten Begehren zu trennen. Was will Gender eigentlich? So zu reden mag befremdlich erscheinen, wird aber gleich weniger befremdlich, wenn wir uns klarmachen, dass die sozialen Normen, die unsere Existenz bestimmen, Formen des Begehrens transportieren, die nicht unserer individuellen Personalität entstammen. Durch die Tatsache, dass die Existenzfähigkeit unserer individuellen Personalität grundsätzlich von diesen sozialen Normen abhängt, wird die Angelegenheit noch komplizierter.

Die hegelianische Tradition verbindet Begehren mit Anerkennung und behauptet, dass das Begehren immer ein Begehren nach Anerkennung ist und dass wir alle nur durch die Erfahrung der Anerkennung zu sozial lebensfähigen Wesen werden. Diese Sicht hat ihren Reiz und ihre Wahrheit, aber sie verfehlt auch ein paar wichtige Punkte. Die Bestimmungen, anhand deren wir als menschlich anerkannt werden, sind gesellschaftlich artikuliert und veränderbar. Und manchmal sind die gleichen Bestimmungen, die einigen Individuen »Menschlichkeit« verleihen, genau dieselben, die gewisse andere Individuen um die Möglichkeit bringen, diesen Status zu erreichen, indem sie eine Ungleichartigkeit zwischen dem Menschlichen und dem eingeschränkt Menschlichen erzeugen. Diese Normen haben weitreichende Konsequenzen dafür, wie wir das Modell eines Menschen verstehen, der einen Anspruch auf Rechte hat oder in die partizipative Sphäre politischer Überlegung einbezogen ist. Das Menschliche wird in Abhängigkeit von der Rasse, der Ausdeutbarkeit dieser Rasse, von seiner Morphologie, der Erkennbarkeit dieser Morphologie, seines anatomischen Geschlechts, der Verifizierung dieses Geschlechts in der Wahrnehmung, seiner Ethnizität und dem kategorialen Verständnis dieser Ethnizität unterschiedlich verstanden. Bestimmte Menschen werden als eingeschränkt menschlich erkannt, und diese Form der eingeschränkten Anerkennung führt nicht zu einem bewältigbaren Leben. Bestimmte Menschen werden überhaupt nicht als menschlich anerkannt, und das führt zu einer weiteren Ordnung nicht lebbaren Lebens. Wenn ein Teil dessen, was das Begehren will, darin besteht, Anerkennung zu erlangen, dann wird Gender, insoweit es vom Begehren mit Leben gefüllt wird, ebenfalls Anerkennung wollen. Wenn aber die Schemata der Anerkennung, die uns verfügbar sind, genau die sind, welche die Person »zerstören«, indem sie Anerkennung verleihen, oder die Person »auflösen«, indem sie Anerkennung vorenthalten, dann wird die Anerkennung zu einem Ort der Macht, durch die das Menschliche verschiedenartig erzeugt wird. Das bedeutet, dass das Begehren in dem Maß, wie es mit den sozialen Normen impliziert ist, mit der Machtfrage zusammenhängt und mit dem Problem verbunden ist, wer für das anerkennbar Menschliche in Frage kommt und wer nicht.

Wenn ich ein bestimmtes Gender habe, werde ich dann noch als Teil des Menschlichen betrachtet werden? Wird das »Menschliche« dann ausgeweitet, um mich in seinen Kreis einzuschließen? Werde ich leben können, wenn ich in bestimmten Formen begehre? Wird mein Leben einen Platz haben und wird es für die anderen, auf die ich in meiner sozialen Existenz angewiesen bin, anerkennbar sein?

Es hat Vorteile, eingeschränkt intelligibel zu bleiben, wenn die Intelligibilität als das verstanden wird, was infolge der Anerkennung entsprechend der vorherrschenden sozialen Normen produziert wird. Wenn meine Optionen abstoßend sind, wenn ich kein Begehren habe, dass im Bereich bestimmter Normen anerkennbar ist, folgt daraus, dass mein Sinn für Überleben davon abhängt, dem Zugriff dieser Normen zu entkommen, durch die Anerkennung verliehen wird. Es mag durchaus so sein, dass mein Sinn für soziale Zugehörigkeit durch die eingenommene Distanz geschmälert wird, doch diese Entfremdung ist mit Sicherheit einem Sinn für Intelligibilität vorzuziehen, der aufgrund von Normen gewonnen wird, die mich nur aus einer anderen

Richtung zugrunde richten. Die Fähigkeit, ein kritisches Verhältnis zu diesen Normen zu entwickeln, setzt in der Tat eine Distanz zu ihnen voraus, eine Befähigung, das Bedürfnis nach ihnen aufzuheben oder aufzuschieben, selbst wenn es ein Bedürfnis nach Normen gibt, die einen vielleicht leben lassen. Das kritische Verhältnis hängt auch von der ausnahmslos kollektiven Fähigkeit ab, eine alternative Minderheitenversion für die Aufrechterhaltung von Normen oder Idealen zu artikulieren, die mich handlungsfähig machen. Wenn ich jemand bin, der nicht *sein* kann ohne ein *Tun*, dann sind die Bedingungen meines Tuns zum Teil die Bedingungen meiner Existenz. Wenn mein Tun davon abhängt, wie mit mir umgegangen wird, oder vielmehr, wie ich von den Normen behandelt werde, dann ist die Möglichkeit meines Weiterbestehens als ein »Ich« davon abhängig, dass ich in der Lage bin, damit, wie mit mir umgegangen wird, etwas anzufangen. Das heißt nicht, dass ich die Welt noch einmal neu erschaffen kann, so dass ich ihr Schöpfer werde. Diese Phantasie gottgleicher Macht lehnt nur die Art und Weise ab, in der wir zwangsläufig und von Anbeginn von dem geschaffen werden, was vor uns bestand und außer uns liegt. Meine Handlungsfähigkeit besteht nicht darin, diese Bedingung meines Zustandekommens zu leugnen. Falls ich irgendeine Handlungsfähigkeit habe, wird sie durch die Tatsache eröffnet, dass ich durch eine soziale Welt zustande komme, die ich niemals wähle. Dass meine Handlungsfähigkeit von einem Paradox gespalten ist, bedeutet nicht, dass sie unmöglich ist. Es bedeutet lediglich, dass das Paradox die Bedingung ihrer Möglichkeit ist.

Infolgedessen ist das »Ich«, das ich bin, zugleich durch die Normen geschaffen und von den Normen abhängig, es ist aber auch bemüht, so zu leben, dass es ein kritisches und veränderndes Verhältnis zu ihnen unterhalten kann. Das ist nicht einfach, weil das »Ich« in einem gewissen Grade unbegreiflich wird und ihm die Lebensunfähigkeit, die komplette Auflösung, droht, wenn es die Norm nicht mehr in einer Form inkorporiert, die dieses »Ich«

voll und ganz anerkennbar macht. Es gibt eine gewisse Abkehr vom Menschlichen, die erfolgt, um den Prozess der Erneuerung des Menschlichen in Gang zu setzen. Ich spüre vielleicht, dass ich ohne eine gewisse Anerkennbarkeit nicht leben kann. Ich kann aber auch das Gefühl haben, dass die Bestimmungen, nach denen ich anerkannt werde, das Leben unerträglich machen. Das ist der Schnittpunkt, aus dem die Kritik hervorgeht, wobei die Kritik als Hinterfragung der Bestimmungen verstanden wird, von denen das Leben eingeschränkt wird, um so die Möglichkeit anderer Lebensweisen zu eröffnen; mit anderen Worten, nicht um die Differenz als solche zu feiern, sondern um für ein Leben, das sich den Modellen der Anpassung widersetzt, integrativere Bedingungen zu schaffen, die es schützen und erhalten.

Die Beiträge in diesem Buch sind Versuche, die Gender- und Sexualitätsproblematik auf die Aufgaben des Weiterlebens und Überlebens zu beziehen. Mein eigenes Denken ist von der New Gender Politics beeinflusst, die in den letzten Jahren entstanden ist, eine Verbindung von Bewegungen, die mit Transgender, Transsexualität, Intersexualität und ihren komplizierten Beziehungen zur feministischen und schwul-lesbischen Theorie befasst sind.[1] Es wäre allerdings, so meine ich, ein Fehler, einer Fortschrittsidee der Geschichte beizupflichten, nach der sich verschiedene Rahmen des Engagements ablösen und einander ersetzen. Man kann keine Geschichte darüber erzählen, wie jemand erst feministisch, dann queer und dann trans ist. Der Grund dafür, warum das nicht geht, ist, dass keine dieser Geschichten der Vergangenheit angehört; diese Geschichten spielen sich weiter ab, sie verlaufen gleichzeitig und in Überschneidung, während wir sie erzählen. Und zum Teil ereignen sie sich, weil

1 Die Human Rights Campaign mit Sitz in Washington, D. C. ist die wichtigste Interessenorganisation für die Rechte von Lesben und Schwulen in den Vereinigten Staaten. Sie hat den Standpunkt vertreten, in der Politik für Lesben und Schwule in den USA habe die Homoehe oberste Priorität. Siehe ⟨www.hrc.org⟩. Siehe auch The Intersex Society of North America auf ⟨www.isna.org⟩.

sie von jeder dieser Bewegungen und Theoriepraxen auf komplizierte Art und Weise aufgegriffen werden.

Denken wir nur an die Intersex-Opposition gegen die weitverbreitete Praxis, Säuglinge und Kleinkinder mit geschlechtlich nicht eindeutiger oder hermaphroditischer Anatomie im Namen einer Normalisierung dieser Körper zwangsweise chirurgischen Eingriffen zu unterziehen. Diese Bewegung ermöglicht eine kritische Perspektive auf eine Version des »Menschlichen«, die ideale Morphologien und die Erzwingung körperlicher Normen verlangt. Der Widerstand der Intersex-Gemeinschaft gegen die zwangsweisen chirurgischen Eingriffe verlangt darüber hinaus ein Verständnis dafür, dass Säuglinge mit Intersex-Voraussetzungen Teil des Kontinuums menschlicher Morphologie sind und in der Annahme behandelt werden sollten, dass ihr Leben nicht nur lebenswert ist und sein wird, sondern auch eine Chance des Gedeihens ist. Die Normen, die eine idealisierte menschliche Anatomie regieren, produzieren einen selektiven Sinn dafür, wer menschlich ist und wer nicht, welches Leben lebenswert ist und welches nicht. Diese unterschiedsgenerierende Einteilung funktioniert bei einer großem Spektrum von Behinderungen genauso (obwohl bei nicht sichtbaren Behinderungen eine andere Norm greift).

Eine damit übereinstimmende Funktionsweise der Geschlechternormen zeigt sich in der Diagnose einer Störung der Geschlechtsidentität (Gender Identity Disorder) gemäß dem *Diagnostic and Statistical Manual of Mental Disorders IV*. Diese Diagnose hat größtenteils die Rolle übernommen, Zeichen einer beginnenden Homosexualität bei Kindern zu überwachen. Sie geht davon aus, dass die »Gender-Dysphorie« eine psychische Störung ist, und zwar einfach deshalb, weil jemand eines gegebenen Genders Eigenschaften eines anderen Genders zeigt oder den Wunsch bekundet, als ein anderes Gender zu leben. Damit unterstellt sie das Modell eines kohärent geschlechtlich strukturierten Lebens, das die komplizierte Art und Weise, wie ein geschlechtlich strukturiertes Leben gestaltet und gelebt wird, vereinfacht. Für viele Individuen, die bei ihrer Krankenkasse um eine Bezuschussung für die chirurgische Geschlechtsangleichung oder geschlechtsverändernde Behandlung nachsuchen oder die eine Personenstandsänderung nach dem Gesetz beantragen wollen, ist die Diagnose jedoch unverzichtbar. Das diagnostische Mittel, mit dem Transsexualität bescheinigt wird, beinhaltet folglich eine Pathologisierung, doch das Durchlaufen dieses Pathologisierungsprozesses stellt eine wichtige Möglichkeit dar, wie sich der Wunsch nach Änderung des eigenen Geschlechts erfüllen lässt. Die ausschlaggebende Frage ist also, wie könnte die Welt so neuorganisiert werden, dass dieser Konflikt entschärft werden kann?

Die jüngsten Bemühungen zur Förderung der Lesben- und Schwulenehe fördern ebenfalls eine Norm, die solche sexuellen Arrangements illegitim und verwerflich zu machen droht, die sich der Norm der Ehe weder in ihrer existierenden noch in ihrer reformierbaren Form fügen. Zur gleichen Zeit breiten sich die homosexuellenfeindlichen Einwände gegen die Lesben- und Schwulenehe in der gesamten Kultur aus und wirken sich auf jedes schwul-lesbische Leben aus. Es wird also zur heiklen Frage, wie man die Homophobie bekämpft, ohne die Norm der Ehe als das ausschließliche oder das am höchsten bewertete soziale Arrangement für das Sexualleben von Queers zu übernehmen. Auch Versuche, Verwandtschaftsbeziehungen zu begründen, die nicht auf dem Ehebund basieren, werden nahezu unentzifferbar und undurchführbar, wenn die Ehe die Bedingungen für Verwandtschaft festlegt und Verwandtschaft selbst mit »Familie« zusammenfällt. Die dauerhaften sozialen Bindungen, die in den Gemeinschaften sexueller Minderheiten eine existenzfähige Verwandtschaft darstellen, sind in Gefahr, verkannt und existenzunfähig zu werden, solange die Form, in der sowohl Sexualität als auch Verwandtschaft organisiert sind, ausschließlich die eheliche Verbindung ist. Ein kritisches Verhältnis zu dieser Norm beinhaltet die Entkoppelung jener Rechte und Pflichten, die derzeit mit der Ehe verbunden sind, so dass die Ehe letztlich eine symbolische Übung für diejenigen bleiben mag, die sich dafür entscheiden, wohingegen die Rechte und Pflichten der Verwandtschaft jede beliebige andere Form annehmen können. Welche Neuorganisation der sexuellen Normen wäre notwendig, damit diejenigen, die sexuell und affektiv außerhalb der Ehe oder in Verwandtschaftsbeziehungen neben der Ehe leben, aufgrund der Dauerhaftigkeit und Wichtigkeit ihrer engsten Bindungen rechtlich und kulturell anerkannt werden oder, was genauso wichtig ist, von der Notwendigkeit einer Anerkennung dieser Art frei sind? Galt die Bezeichnung »geschlechtliche Diskriminierung« vor ein oder zwei Jahrzehnten stillschweigend im Hinblick auf Frauen, ist das im heutigen Sprachgebrauch nicht mehr ihr alleiniger Bezugsrahmen. Die Diskriminierung von Frauen gibt es nach wie vor – besonders arme Frauen und farbige Frauen sind betroffen, wenn wir die unterschiedlichen Niveaus bei Armut und Analphabetismus nicht bloß in den Vereinigten Staaten, sondern global betrachten –, so dass es wichtig bleibt, diese Dimension der Diskriminierung aufgrund des Genders zu berücksichtigen. Doch Gender bedeutet jetzt auch Geschlechtsidentität, ein in der Politik und Theorie des Transgenderismus und der Transsexualität herausragendes Thema. Transgender bezieht sich auf solche Personen, die sich mit dem anderen Geschlecht identifizieren oder als das andere Geschlecht leben und die sich einer Hormonbehandlung oder geschlechtsangleichenden Operation unterzogen haben oder auch nicht. Unter Transsexuellen und Transgender-Personen befinden sich solche, die sich als Männer identifizieren (falls weiblich zu männlich) oder als Frauen (falls männlich zu weiblich) und weitere, die sich, mit oder ohne Chirurgie, mit oder ohne Hormone, als *trans* identifizieren, als Transmänner oder Transfrauen; jede dieser sozialen Praktiken bringt ihre besonderen sozialen Lasten und Versprechungen mit sich.

Umgangssprachlich kann »transgender« auch für das gesamte Spektrum dieser Positionen gelten. Transgender und Transsexuelle sind der Pathologisierung und der Gewalt ausgesetzt, was bei Transpersonen aus Bevölkerungsgruppen von Farbigen wiederum stärker der Fall ist. Die Drangsalierung derer, die als trans »gedeutet« oder als trans entdeckt werden, kann gar nicht unterschätzt werden. Die Drangsalierung ist Teil eines Kontinuums der gendermotivierten Gewalt, die Brandon Teena, Mathew Shephard und Gwen Araujo das Leben kostete.[2] Und diese Morde müssen im Zusammenhang mit der zwangsweisen Durchführung von »Korrekturen« verstanden werden, denen intersexuelle Säuglinge und Kinder unterzogen werden und die oft bewirken, dass ihr Körper für ihr ganzes Leben verstümmelt, traumatisiert und in den Sexualfunktionen und der Lustfähigkeit physisch eingeschränkt bleibt.

Obgleich die Intersex-Bewegung und die Transsex-Bewegung manchmal unvereinbar zu sein scheinen, da die erste ungewollte chirurgische Eingriffe bekämpft und die zweite den gewollten chirurgischen Eingriff manchmal fordert, ist es sehr wichtig zu erkennen, dass beide den Grundsatz in Frage stellen, wonach um jeden Preis ein natürlicher Dimorphismus hergestellt oder beibehalten werden soll. Die Intersex-Aktivisten arbeiten daran, die irrige Annahme zurechtzurücken, jeder Körper habe eine ihm angeborene »Wahrheit« des Geschlechts, eine Wahrheit, die Mediziner erkennen und selbständig ans Licht bringen können. In dem Maße, wie die Intersex-Bewegung die Ansicht vertritt, Gender sollte durch Zuordnung oder Wahl, aber ohne jeden

2 Brandon Teena wurde am 30. Dezember 1993 in Falls City, Nebraska, vergewaltigt und ermordet, nachdem er eine Woche zuvor wegen seiner Transsexualität angegriffen worden war. Mathew Shephard wurde am 12. Oktober 1998 in Laramie Wyoming dafür umgebracht (verprügelt und an einen Pfahl gefesselt), dass er ein »femininer« Schwuler sei. Gwen Araujo, eine Transgender-Frau, wurde am 2. Oktober 2002 tot an den Ausläufern der Sierra-Berge gefunden, nachdem sie auf einer Party in Newark, California, tätlich angegriffen worden war.

Zwang zustande kommen, teilt sie eine Prämisse mit dem Transgender- und Transsexuellen-Aktivismus. Letzterer richtet sich gegen Formen ungewollter erzwungener Geschlechtszuordnung und verlangt in diesem Sinne größere Autonomie, eine Situation, die mit den Forderungen von Intersex-Aktivisten vergleichbar ist. Was Autonomie genau genommen heißt, ist jedoch für beide Bewegungen kompliziert, weil sich herausstellt, dass die Wahl des eigenen Körpers unweigerlich bedeutet, sich unter Normen zurechtzufinden, die schon vorab, vor der eigenen Wahl, gestaltet wurden oder in Abstimmung mit anderen Vertretungen von Minderheiten artikuliert werden. Individuen sind sogar auf die soziale Unterstützung von Institutionen angewiesen, um ihre Selbstbestimmung im Hinblick darauf, welchen Körper und welches Gender sie haben und behalten wollen, ausüben zu können, so dass die Selbstbestimmung nur im Kontext einer sozialen Welt, die diese Ausübung der Handlungsfähigkeit unterstützt und ermöglicht, zu einem plausiblen Begriff wird. Umgekehrt (und als Folge) stellt sich heraus, dass die Veränderung der Institutionen, von denen die menschlich realisierbare Wahl eingerichtet und aufrechterhalten wird, eine Vorbedingung für die Ausübung von Selbstbestimmung ist. In diesem Sinne hängt die individuelle Handlungsfähigkeit mit Gesellschaftskritik und Gesellschaftsveränderung zusammen. Man bestimmt die »eigene« Bedeutung von Gender nur in dem Maße, wie soziale Normen existieren, die diese Handlung, ein Gender für sich zu beanspruchen, unterstützen und ermöglichen. Man ist auf diese »Außenwelt« angewiesen, um Anspruch auf das erheben zu können, was einem gehört. Das Selbst muss auf diese Weise in Sozialität enteignet werden, um von sich Besitz ergreifen zu können.

Eine Spannung, die zwischen der Queer-Theory und dem Intersex- und Transsexuellen-Aktivismus auftritt, entsteht bei der Frage der anatomischen Geschlechtszuordnung und der Wünschbarkeit von Identitätskategorien. Wenn die Queer-Theory per definitionem so verstanden wird, dass sie jeden Identitätsanspruch einschließlich fester Geschlechtszugehörigkeit ablehnt, dann ist die Spannung tatsächlich stark. Allerdings würde ich behaupten, dass der Anspruch der Queer-Theory, gegen die unerwünschte gesetzliche Regelung der Identität zu sein, wichtiger ist als irgendeine Vorannahme zur Formbarkeit der Identität oder sogar über deren rückschrittlichen Status. Schließlich erreichten Queer-Theory und Queer-Aktivismus politische Aufmerksamkeit, indem sie darauf bestanden, dass sich jeder, egal welcher sexuellen Orientierung, am Aktivismus gegen Homosexuellenfeindlichkeit beteiligen kann und dass Identitätsabzeichen keine Vorbedingung für eine politische Beteiligung sind. Genauso wie sich die Queer-Theory gegen alle richtet, die Identitäten regulieren möchten oder eine epistemologisch begründete Vorrangstellung für diejenigen etablieren wollen, die bestimmte Arten von Identitäten für sich beanspruchen, versucht sie nicht nur, die kollektive Basis des Aktivismus gegen Homosexuellenfeindlichkeit zu verbreitern, sondern pocht auch darauf, dass sich Sexualität nicht einfach durch Kategorisierung auf einen Nenner bringen oder vereinheitlichen lässt. Daraus folgt allerdings nicht, dass die Queer-Theory jedwede Geschlechtszuordnung bekämpfen würde oder die Wünsche derer fragwürdig machen wollte, die zum Beispiel bei Intersex-Kindern solche Zuordnungen sicherstellen möchten, weil Kinder sie durchaus brauchen können, um sozial zu funktionieren, selbst wenn sie später im Leben – um die Risiken wissend – zu dem Entschluss gelangen, ihre Geschlechtszugehörigkeit zu ändern. Dahinter steht die vollkommen berechtigte Annahme, dass Kinder nicht die Last auf sich nehmen müssen, Helden einer Bewegung zu sein, ohne zu einer solchen Rolle ihre Zustimmung als Mündige geben zu können. In diesem Sinne ist die Kategorisierung angebracht und kann nicht auf Formen eines anatomischen Essentialismus reduziert werden.

Ebenso kann der transsexuelle Wunsch, ein Mann oder eine Frau zu werden, nicht als der schlichte Wunsch abgetan werden, mit etablierten Identitätskategorien übereinzustimmen. Wie Kate

Bornstein deutlich macht, kann es auch ein Wunsch nach Verwandlung selbst sein, ein Streben nach Identität als Veränderungsübung, ein Beispiel für den Wunsch an sich als eine verändernde Aktivität.[3] Doch selbst wenn es in jedem dieser Fälle den Wunsch nach einer stabilen Identität geben sollte, wäre es entscheidend festzustellen, dass ein lebenswertes Leben unterschiedliche Grade der Stabilität erfordert. So wie ein Leben, für das keine Kategorien der Anerkennung existieren, kein lebenswertes Leben ist, so ist ein Leben, für das diese Kategorien einen nicht bewältigbaren Zwang darstellen, keine annehmbare Option.

Die Aufgabe all dieser Bewegungen scheint mir darin zu liegen, zwischen den Normen und Konventionen zu unterscheiden, die es den Menschen erlauben, zu atmen, zu begehren, zu lieben und zu leben, und solchen Normen und Konventionen, welche die Lebensbedingungen selbst einengen oder aushöhlen. Manchmal funktionieren Normen auf beide Arten zugleich, und manchmal funktionieren sie für eine gegebene Gruppe auf die eine Art und für eine andere Gruppe auf die andere Art. Am wichtigsten ist ein Ende der Praxis, für alle Menschenleben zum Gesetz zu machen, was nur für einige lebbar ist, und ebenso wichtig ist ein Verzicht darauf, allen Menschenleben etwas vorzuschreiben, was für einige nicht lebbar ist. Die Unterschiede bei Position und Wunsch setzen der Universalisierbarkeit als einem ethischen Reflex Grenzen. Die Kritik an den Geschlechternormen muss im Kontext der Menschenleben situiert werden, so wie diese Leben gelebt werden, und sie muss von der Frage geleitet sein, was die Möglichkeiten, ein lebenswertes Leben zu führen, maximiert und was die Möglichkeit eines unerträglichen Lebens oder sogar eines sozialen oder buchstäblichen Todes minimiert.

Aus meiner Sicht ist keine dieser Bewegungen postfeministisch. Sie alle haben im Feminismus wichtige begriffliche und politische Ressourcen gefunden, und der Feminismus stellt für

3 Siehe Kate Bornstein, *Gender Outlaw*.

diese Bewegungen nach wie vor eine Herausforderung dar und dient als ein wichtiger Verbündeter. Und gerade weil er »geschlechtliche Diskriminierung« nicht länger als einen Code für die Diskriminierung von Frauen betrachtet, wäre es genauso inakzeptabel, eine Sicht der geschlechtlichen Diskriminierung zu vertreten, die den unterschiedlichen Formen, in denen Frauen unter Armut und Analphabetismus, unter Diskriminierung am Arbeitsplatz, unter einer geschlechtlichen Arbeitsteilung im globalen Rahmen und unter sexueller und anderer Gewalt leiden, nicht Rechnung tragen würde. Ein feministischer Theorierahmen, der die strukturelle Beherrschung von Frauen zum Ausgangspunkt nimmt, von dem alle anderen Analysen zu Gender auszugehen haben, gefährdet seine eigene Brauchbarkeit, indem er es ablehnt, die vielfältigen Hinsichten gelten zu lassen, in denen Gender als ein politisches Problem in Erscheinung tritt, das besondere soziale und physische Risiken birgt. Es ist unverzichtbar, die Wirkungsweisen von Gender in globalen Zusammenhängen, in transnationalen Konstellationen, zu verstehen, und zwar nicht nur, um zu erkennen, welche Probleme das für den Begriff »Gender« aufwirft, sondern um falsche Formen des Universalismus zu bekämpfen, die einem stillschweigenden oder ausdrücklichen Kulturimperialismus in die Hände arbeiten. Daß der Feminismus der Gewalt gegen Frauen, ob nun sexueller oder nichtsexueller Gewalt, immer entgegengetreten ist, sollte die Grundlage für ein Bündnis mit diesen anderen Bewegungen abgeben, da phobische Gewalt gegen Körper ein Element ist, das den Aktivismus gegen Homosexuellenfeindlichkeit und den Kampf gegen Rassismus, das feministische Engagement, Trans- und Intersex-Aktivismus eint.

Obgleich sich einige Feministinnen in der Öffentlichkeit besorgt geäußert haben, dass die Trans-Bewegung den Versuch darstelle, die Geschlechterdifferenz zu verdrängen oder zu okkupieren, denke ich, dass dies nur *eine* Version des Feminismus ist, eine Version, der von Auffassungen widersprochen wird, die

Gender als eine historische Kategorie begreifen, mithin davon ausgehen, daß der Rahmen für ein Verständnis, wie sie wirksam ist, vielgestaltig ist und mit der Zeit und dem Ort wechselt. Die Ansicht, Transsexuelle wollten der sozialen Lage der Weiblichkeit entrinnen, weil diese Lage für erniedrigend gehalten wird oder ihr die Privilegien fehlen, die Männern zugestanden werden, unterstellt, dass Weiblich-zu-männlich-Transsexualität definitiv durch den Rückgriff auf diesen einen Rahmen zum Verständnis von Weiblichkeit und Männlichkeit erklärt werden kann. Dabei wird leicht vergessen, dass die Risiken der Diskriminierung, des Arbeitsplatzverlustes, der öffentlichen Schikane und der Gewalt für diejenigen, die offen als Transgender-Personen leben, höher sind. Die Auffassung, dass der Wunsch, ein Mann oder ein Transmann zu werden oder als Transgender-Person zu leben, von einer Zurückweisung der Weiblichkeit motiviert ist, unterstellt, dass jede Person, die mit weiblicher Anatomie geboren wird, deshalb schon im Besitz einer echten Weiblichkeit ist (ob nun angeboren, symbolisch angenommen oder sozial zugeordnet), die entweder besessen oder verleugnet, angeeignet oder enteignet werden kann. In der Tat hat die Kritik der Männlich-zu-weiblich-Transsexualität ihren Schwerpunkt auf die »Aneignung« von Weiblichkeit gelegt, so als ob diese eigentlich zu einem gegebenen anatomischen Geschlecht gehört, als ob das anatomische Geschlecht eigenständig vorhanden ist, als ob die Geschlechtsidentität aus der vermuteten Anatomie unzweideutig abgeleitet werden könnte und sollte. Gender als eine historische Kategorie zu verstehen bedeutet jedoch, zu akzeptieren, dass Gender, verstanden als ein Verfahren zur kulturellen Konfiguration eines Körpers, der ständigen Neuschöpfung unterliegt und dass »Anatomie« und »anatomisches Geschlecht« nicht ohne kulturelle Prägung sind (wie die Intersex-Bewegung klar gezeigt hat). Die Zuschreibung von Weiblichkeit zu weiblichen Körpern, so als ob diese eine natürliche oder notwendige Eigenschaft wäre, findet in einem normativen Rahmen statt, in dem die Zuordnung von

Weiblichkeit zu weiblicher Anatomie ein Mechanismus zur Erzeugung von Gender ist. Begriffe wie »maskulin« und »feminin« sind bekanntermaßen austauschbar; jeder der Begriffe hat seine Sozialgeschichte; abhängig von geopolitischen Grenzen und kulturellen Zwängen, abhängig davon, wer sich wen vorstellt und zu welchem Zweck, wandeln sich die Bedeutungen dieser Begriffe radikal. Dass die Begriffe wiederkehren, ist an sich recht interessant, doch ihre Wiederkehr zeigt keine Gleichheit in der Sache an, sondern vielmehr die Art, in der die soziale Artikulation des Begriffs von seiner Wiederholung abhängt, von einer Wiederholung, die eine Dimension der performativen Struktur von Gender ausmacht. Begriffe zur Gender-Bezeichnung sind somit nie ein für alle Mal festgelegt, sondern befinden sich ständig im Prozess der Erneuerung.

Der historische und performative Genderbegriff steht allerdings in einer Spannung zu manchen theoretischen Versionen der Geschlechterdifferenz, und einige der hier enthaltenen Beiträge versuchen das Thema dieser Spaltung in der feministischen Theorie anzuschneiden. Die Auffassung, dass die Geschlechterdifferenz eine primäre Differenz ist, ist von mehreren Seiten in die Kritik geraten. Da gibt es diejenigen, die zu Recht argumentieren, die Geschlechterdifferenz sei nicht grundlegender als die rassische oder die ethnische Differenz, und man könne die Geschlechterdifferenz außerhalb ihrer rassischen oder ethnischen Rahmenbedingungen, über die sie artikuliert wird, nicht verstehen. Diejenigen, die behaupten, die Erzeugung durch eine Mutter und einen Vater sei für alle Menschen wesentlich, mögen damit einen guten Punkt haben. Sind aber Samenspender oder One-Night-Stands oder gar Vergewaltiger wirklich »Väter« in einem sozialen Sinne? Und selbst wenn sie das in einem gewissen Sinne oder unter bestimmten Umständen sind, bewirken sie damit nicht bei Vertretern der Annahme, dass Kinder, die ihren Ursprung nicht auf einen erkennbaren Vater zurückführen können, leicht einer Psychose verfallen, eine Krise der Kategorie?

Wenn zur Fortpflanzung ein Spermium und ein Ei nötig sind (und es bleiben) – und in dem Sinne ist die Geschlechterdifferenz ein wesentlicher Teil jeder Erklärung, die einem Menschen zu seinem oder ihrem Ursprung einfallen kann –, folgt dann daraus, dass diese Differenz das Individuum gründlicher prägt als andere konstituierende soziale Kräfte wie die wirtschaftlichen oder rassebedingten Voraussetzungen, durch die man entsteht, die Bedingungen der Adoption, der Aufenthalt im Waisenhaus? Ist es wirklich sehr viel, was aus der Tatsache einer am Anfang stehenden Geschlechterdifferenz folgt?

Die feministische Arbeit zur Reproduktionstechnologie hat eine Menge ethischer und politischer Perspektiven hervorgebracht, die nicht nur die feministische Forschung elektrisiert haben, sondern auch die Implikationen deutlich gemacht haben, die sich für ein Nachdenken über Gender im Verhältnis zur Biotechnologie, zur globalen Politik, zum Status des Menschen und des Lebens selbst ergeben. Feministinnen, die die Reproduktionstechnologien kritisieren, weil sie letztlich den mütterlichen Körper durch einen patriarchalen Apparat ersetzen, müssen sich gleichwohl mit der erweiterten Autonomie auseinandersetzen, die diese Technologien für Frauen gebracht haben. Feministinnen, die solche Technologien wegen der damit eröffneten Optionen begrüßen, müssen trotz allem mit den Nutzungsweisen klarkommen, zu denen sich diese Technologien gebrauchen lassen, Nutzungen, welche durchaus die kalkulierte Perfektionierung des Menschen oder die vorgeburtliche Selektion nach Geschlecht und Rasse beinhalten können. Diejenigen Feministinnen, die technologische Innovationen ablehnen, weil sie das Primat der Geschlechterdifferenz auszulöschen drohen, laufen Gefahr, die heterosexuelle Fortpflanzung zu naturalisieren. Die Doktrin der Geschlechterdifferenz gerät in diesem Fall in einen Widerstreit mit Initiativen zur Bekämpfung der Homosexuellenfeindlichkeit sowie mit der Intersex-Bewegung und mit dem Interesse der Transgender-Bewegung an einem rechtlich garantierten Zugang zu Technologien, die eine Geschlechtsangleichung erleichtern.

Bei jedem dieser Kämpfe sehen wir, dass die Technologie ein Ort der Macht ist, an dem das Menschliche produziert und reproduziert wird – nicht nur das Menschsein des Kindes, sondern auch das Menschsein derer, die Kinder bekommen, und derer, die sie aufziehen, Eltern wie Nichteltern. Gender spielt ebenfalls eine Rolle als Vorbedingung für die Produktion und Wahrung entzifferbarer Menschlichkeit. Wenn es etwas Wichtiges gibt, das von all den unterschiedlichen Bewegungen, aus denen sich die New Gender Politics zusammensetzt, in einem gemeinsamen Bündnis durchdacht werden muss, dann wird es zweifellos mit den Annahmen zu einem körperlichen Dimorphismus zu tun haben, mit dem Gebrauch und Missbrauch von Technologien und mit dem umstrittenen Status des Menschen und des Lebens selbst. Wenn es die Geschlechterdifferenz ist, die vor der Auslöschung durch eine Technologie bewahrt werden soll, die in ihren Zielen als phallozentrisch begriffen wird, wie sollen wir dann zwischen der Geschlechterdifferenz und den normativen Formen des Dimorphismus unterscheiden können, gegen den Intersex- und Transgender-Aktivisten Tag für Tag ankämpfen? Wenn die Technologie eine Ressource ist, zu der einige Menschen Zugang haben wollen, so ist sie auch eine Zumutung, von der andere befreit werden möchten. Für Intersex-Aktivisten ist der springende Punkt, ob die Technologie aufgezwungen oder frei gewählt ist. Während manche Transpersonen argumentieren, dass ihr Gefühl für Personalität davon abhängt, den Zugang zu Technologien zu haben, die ihnen zu bestimmten körperlichen Veränderungen verhelfen, sind manche Feministinnen der Ansicht, die Technologien könnten das Geschäft der Fabrikation von Personen übernehmen, mit dem Risiko, dass der Mensch nichts weiter sein wird als eine technisch erzielte Wirkung.

Auch der Ruf nach größerer Anerkennung körperlicher Verschiedenheit, der sowohl von Behindertenbewegungen als auch von Intersex-Aktivisten erhoben wird, verlangt zwangsläufig, dass der Wert des Lebens neu definiert wird. Der Begriff »Leben« ist natürlich von rechtskonservativen Bewegungen aufgegriffen worden, um die reproduktiven Freiheiten von Frauen einzuschränken, so dass die Forderung, integrationsförderliche Bedingungen für die Wertschätzung des Lebens einzuführen und Bedingungen für ein bewältigbares Leben zu schaffen, ungewollt mit konservativen Forderungen zur Deckung kommen kann, die Autonomie von Frauen bei ihrem Recht auf Abtreibung einzuschränken. Es ist aber wichtig, den Begriff »Leben« nicht der Agenda der politischen Rechten zu überlassen, denn es wird sich zeigen, dass in diesen Debatten unter anderem die Fragen zur Diskussion stehen, wann das menschliche Leben beginnt und was »Leben« in seiner Realisierbarkeit ausmacht. Emphatisch ausgedrückt, geht es darum, das »Recht auf Leben« nicht auf alle und jeden auszuweiten, die diesen Anspruch im Namen stummer Embryonen erheben, sondern vielmehr zu verstehen, in welcher Weise die »Bewältigbarkeit« eines Frauenlebens von der Ausübung körperlicher Selbstbestimmung abhängt und auf soziale Bedingungen angewiesen ist, die diese Selbstbestimmung ermöglichen. Außerdem beziehen wir uns, wie im Fall derer, die sich darum bemühen, die pathologisierenden Folgen einer Diagnose gestörter Geschlechtsidentität zu verhindern, auf Formen der Autonomie, die der Unterstützung durch die Gesellschaft und des Schutzes durch das Recht bedürfen und die eine Veränderung bei den Normen bewirken, welche dafür sorgen, dass die Handlungsfähigkeit zwischen den Geschlechtern ungleich verteilt ist; denn bislang ist das Recht der Frauen, selbst zu entscheiden, in manchen Zusammenhängen eine unzutreffende Bezeichnung.

Die Kritik am Anthropozentrismus hat deutlich gemacht, dass wir dann, wenn wir vom menschlichen Leben sprechen, auf ein Wesen verweisen, das zugleich menschlich ist und lebt, und dass die Skala der Lebewesen über den Menschen hinausreicht. In gewisser Hinsicht bezeichnet der Begriff »menschliches Leben« eine sperrige Kombination, da »menschlich« nicht einfach »Leben« qualifiziert, sondern durch »Leben« mit dem verbunden wird, was nicht-menschlich ist und lebt, wodurch das Menschliche inmitten dieses Beziehungsgefüges etabliert wird. Damit das Menschliche menschlich sein kann, muss es den Bezug zum Nicht-Menschlichen haben, zu dem, was außerhalb seiner selbst ist, was aber aufgrund seiner Einbeziehung in das Leben Kontinuität zu ihm aufweist. Dieses Verhältnis, zu dem, was nicht es selbst ist, begründet den Menschen in seinem Lebendigsein, so dass das Menschliche gerade im Versuch, sich abzugrenzen, seine Grenzen übersteigt. Die Behauptung, »Ich bin ein Tier«, erklärt in einer unverwechselbar menschlichen Sprache, dass der Mensch nicht unverwechselbar ist. Dieses Paradoxon läßt es geboten erscheinen, die Frage nach einem lebbaren Leben vom Status eines menschlichen Lebens zu trennen, da die Lebensfähigkeit auch zu Lebewesen gehört, die über den Menschen hinausreichen. Wir wären zudem töricht zu meinen, das Leben sei ganz ohne Abhängigkeit von der Technik möglich, was nahelegt, dass der Mensch in seiner Animalität auf Technik angewiesen ist, um leben zu können. In diesem Sinne denken wir im Rahmen des Cyborg-Konzepts, da wir den Status des Menschlichen und den des lebbaren Lebens in Frage stellen.

Das Überdenken des Menschlichen in diesen Begriffen beinhaltet keine Rückkehr zum Humanismus. Als Frantz Fanon erklärte, »der Schwarze ist kein Mensch«, übte er eine Kritik am Humanismus, die zeigte, dass das Menschliche in seiner heutigen Formulierung vom Rassegedanken so vollständig durchdrungen ist, dass kein schwarzer Mann als Mensch in Frage käme.[4] So wie er sie gebrauchte, war die Formulierung (»der Schwarze ist kein Mann«) auch eine Kritik an der Maskulinität, die zu verstehen gab, dass der schwarze Mann verweiblicht ist. Und die Implikati-

4 Frantz Fanon, *Black Skin, White Masks,* S. 8.

on dieser Formulierung wäre die, dass kein Mensch ist, wer nicht »Mann« in dem maskulinen Sinne ist, wodurch nahegelegt wird, dass Maskulinität und Rassenprivileg die Idee des Menschlichen stützen. Fanons Formulierung ist von zeitgenössischen Geisteswissenschaftlern, darunter der Literaturkritikerin Sylvia Wynter, ausgeweitet worden, so dass sie auch für farbige Frauen zutreffend ist und den rassistischen Rahmen in Frage stellt, in dem die Kategorie des Menschlichen artikuliert worden ist.[5] Diese Formulierungen zeigen, welche Machtunterschiede in die Konstruktion der Kategorie des »Menschlichen« eingegangen sind, und sie bestehen gleichzeitig auf der Geschichtlichkeit des Begriffs, auf der Tatsache, dass das »Menschliche« im Laufe der Zeit verfertigt und verfestigt worden ist.

Die Kategorie des Menschlichen hat die Wirkungsweisen des Machtgefälles zwischen den Rassen als Teil ihrer eigenen Geschichtlichkeit behalten. Doch die Geschichte der Kategorie ist nicht abgeschlossen, und das »Menschliche« ist nicht ein für alle Mal erfasst. Dass die Kategorie im Laufe der Zeit gebildet wurde und dass sie mit dem Ausschluss eines breiten Spektrums von Minderheiten arbeitet, bedeutet, dass ihre Reartikulation genau an dem Punkt beginnen wird, an dem die Ausgeschlossenen zu einer und aus einer solchen Kategorie sprechen. Wenn Fanon schreibt, »ein Schwarzer ist kein Mensch«, wer schreibt dann, wenn Fanon schreibt? Dass wir das »wer« fragen können, heißt doch, dass der Mensch seine kategorische Definition überschritten hat und dass er die Kategorie in und mit seiner Äußerung zu einer anderen Zukunft hin öffnet. Wenn es Normen der Anerkennung gibt, von denen das »Menschliche« geschaffen wird, und wenn diese Normen Funktionsweisen der Macht codieren, dann folgt daraus, dass der Streit um die Zukunft des »Menschlichen« eine Auseinandersetzung um die Macht sein wird, die in

5 Sylvia Wynter, »Disenchanting Discourse: ›Minority‹ Literary Criticism and Beyond«, in: Abdul JanMohammed und David Lloyd, *The Nature and Context of Minority Discourse.*

solchen und durch solche Normen wirksam ist. Diese Macht äußert sich in der Sprache auf eine restriktive Weise oder in anderen Formen der Artikulation sogar als das, was versucht, die Artikulation zu unterbinden, auch wenn diese voranschreitet. Eine solche Doppelbewegung findet sich in der Äußerung, dem Bild, der Handlung, die den Kampf um die Norm ausdrückt. Diejenigen, die für nicht entzifferbar, für nicht anerkennbar oder für unmöglich gehalten werden, reden dennoch in der Begrifflichkeit des »Menschlichen«, öffnen den Begriff für eine Geschichte, die durch die vorhandenen Machtunterschiede nicht vollständig erzwungen ist.

Diese Fragen sind Teil einer Agenda für die Zukunft, die hoffentlich eine Menge Wissenschaftler und Aktivisten zusammenbringen wird, um weitgefasste Rahmen auszuarbeiten, in denen diese dringenden und komplizierten Probleme angegangen werden können. Solche Probleme sind fraglos mit Veränderungen in der Verwandtschaftsstruktur verbunden, mit den Debatten über die Homoehe, den Voraussetzungen für Adoptionen und dem Zugang zur Reproduktionstechnologie. Dieses erneute Durchdenken des Wo und Wie der Entstehung eines Menschen wird auch ein Nachdenken über die soziale und die psychische Umgebung beinhalten, aus denen ein Kleinkind hervorgeht. Veränderungen auf der Ebene der Verwandtschaft verlangen ebenfalls ein nochmaliges Nachdenken über die sozialen Voraussetzungen, unter denen Menschen geboren und aufgezogen werden, und eröffnen der sozialwissenschaftlichen und psychologischen Analyse ein neues Gebiet sowie die Orte ihrer Verschmelzung.

Die Psychoanalyse ist manchmal verwendet worden, um die Idee zu stützen, es gebe eine primäre Geschlechterdifferenz, die den Kern des psychischen Lebens eines Individuums bilde. Doch dabei wäre es offenbar so, dass die Geschlechterdifferenz ihre Bedeutung erst durch die Annahme gewinnt, dass Spermium und Ei den heterosexuellen elterlichen Koitus implizieren sowie eine Reihe anderer psychischer Realitäten, wie die Urszene und das ödipale Szenarium. Wenn aber Ei oder Spermium von woanders herkommen und nicht an eine Person gebunden sind, die als Elternteil bezeichnet wird, oder wenn sich die Eltern sexuell betätigen, aber nicht heterosexuell oder nicht fortpflanzungsfähig sind, dann wäre es doch offenbar so, dass eine neue psychische Topographie erforderlich ist. Es ist natürlich möglich, davon auszugehen – wie es viele französische Psychoanalytiker getan haben –, dass die Fortpflanzung universell aus dem heterosexuellen elterlichen Koitus folgt und dass diese Tatsache eine psychische Voraussetzung für das menschliche Subjekt darstellt. Dieselbe Auffassung verurteilt zudem nicht-heterosexuelle Verbindungen, die Reproduktionstechnologie und die Elternschaft außerhalb der heterosexuellen Kleinfamilie, denn sie seien schädlich für das Kind, bedrohlich für die Kultur und zerstörerisch für den Menschen. Doch dieser Einsatz psychoanalytischer Vokabulare zum Zweck der Erhaltung der väterlichen Abstammung, der Überlieferung von Nationalkulturen und der heterosexuellen Ehe ist nur eine Verwendungsweise der Psychoanalyse, und nicht einmal eine besonders produktive oder notwendige.

Es ist wichtig, daran zu erinnern, dass die Psychoanalyse auch der Kritik kultureller Anpassung dienen kann und als eine Theorie, die erklären kann, weshalb es der Sexualität nicht gelingt, den sozialen Normen gerecht zu werden, durch die sie reguliert wird. Darüber hinaus gibt es keine bessere Theorie zur Erfassung der Wirkungsweisen der Phantasie, die von der Psychoanalyse nicht als eine Reihe von Projektionen auf einem inneren Bildschirm ausgelegt wird, sondern als Teil der menschlichen Beziehungskonstellation selbst. Auf der Grundlage dieser Einsicht können wir dann auch verstehen, wie wesentlich die Phantasie dafür ist, den eigenen Körper oder den eines anderen als Körper mit einem Gender zu erleben. Und schließlich kann die Psychoanalyse im Dienst einer Vorstellung stehen, die die Menschen in ihren Beziehungen zu anderen und sich selbst von einer unaufhebbaren Demut charakterisiert sieht. Es gibt immer eine Dimension in uns selbst und in unserer Beziehung zu anderen, von der wir nichts wissen können, und dieses Nicht-Wissen bleibt uns als eine Existenzbedingung und tatsächlich sogar als Überlebensfähigkeit hartnäckig erhalten. In einem gewissen Maße werden wir von etwas getrieben, was wir nicht kennen und nicht wissen können, und dieser »Trieb« ist genau das, was weder ausschließlich biologisch noch rein kulturell ist, sondern stets der Ort des verdichteten Zusammentreffens biologischer und kultureller Einflüsse.[6] Wenn ich immer von Normen konstituiert werde, die nicht von mir stammen, dann muss ich verstehen können, wie diese Konstituierung erfolgt. Die Inszenierung und Strukturierung von Zuneigung und Begehren ist zweifellos eine Form, wie sich Normen ihren Weg zu dem bahnen, was nach ureigenstem Empfinden voll und ganz zu mir gehört. Die Tatsache, dass ich mir genau dort fremd bin, wo ich erwarte, ganz ich selbst zu sein, ergibt sich aus dem Umstand, dass die Sozialität der Normen über meinen Anfang und mein Ende hinausgeht und ein zeitliches und räumliches Wirkungsfeld aufrechterhält, das mein Selbstverständnis übersteigt. Normen üben keine endgültige oder fatalistische Kontrolle aus – zumindest nicht immer. Die Tatsache, dass das Begehren nicht vollständig festgelegt ist, entspricht dem psychoanalytischen Verständnis, dass die Sexualität von keiner Regulierung jemals ganz erfasst wird. Sie ist vielmehr durch Verdrängung charakterisiert, sie kann die Regulierung übersteigen, in Reaktion auf die Regulierung neue Formen annehmen, kann sogar die Wirkung verkehren und die Regulierung mit Sex aufladen. In diesem Sinne ist Sexualität nie vollends auf die »Wirkung« dieser oder jener Funktion regulativer Macht reduzierbar. Das ist nicht dasselbe, wie wenn man sagt, Sexualität sei von Natur aus frei und wild. Im Gegenteil, sie taucht gerade als Möglichkeit zur Improvisation in einem Feld der Zwänge auf. Sexualität ist dennoch nicht »in« diesen Zwängen zu finden,

6 Siehe Sigmund Freud, »Triebe und Triebschicksale«.

so wie etwas »in« einem Behälter sein kann: Sie wird zwar von Zwängen erstickt, aber auch durch Zwänge mobilisiert und angestachelt, braucht diese manchmal sogar, um immer wieder erzeugt zu werden.

Daraus würde folgen, dass uns die Sexualität in einem gewissen Umfang als etwas außerhalb von uns begründet; wir sind von anderswoher motiviert, einem Anderswo, dessen ganze Bedeutung und Absicht wir nicht endgültig klären können.[7] Das ist nur deshalb so, weil die Sexualität eine Form ist, in der kulturelle Bedeutungen transportiert werden, und zwar sowohl durch das Wirken der Normen als auch durch die unwesentlichen Formen ihrer Auflösung. Sexualität folgt nicht aus Gender in dem Sinne, dass das Gender, das man selber »ist«, darüber bestimmt, welche Art von Sexualität man »hat«. Wir versuchen über diese Dinge auf ganz gewöhnliche Weise zu sprechen, indem wir unser Gender angeben, unsere Sexualität offenbaren, doch wir verfangen uns ungewollt im ontologischen Dickicht und in epistemologischen Dilemmata. Bin ich überhaupt ein Gender? Und »habe« ich eine Sexualität?

Oder stellt sich vielleicht noch heraus, dass das »Ich«, das sein Gender innehaben sollte, aufgelöst wird, weil es ein Gender ist, dass ein Gender immer aus einer Quelle stammt, die anderswo ist, und auf etwas gerichtet ist, das außerhalb meiner selbst liegt, und in einer Sozialität geschaffen wird, die nicht vollständig durch mich zustande kommt? Wenn das so ist, dann löst das Gender dieses »Ich« auf, das doch erwartungsgemäß sein Gender sein soll oder sein Gender innehaben soll, und diese Auflösung ist Teil der eigentlichen Bedeutung und Verständlichkeit dieses »Ichs«. Wenn ich beanspruche, eine Sexualität zu »haben«, dann wäre es doch offenbar so, dass es da eine Sexualität gibt, die mir gehört, die ich als ein Attribut besitzen kann. Was aber, wenn

7 Siehe Maurice Merleau-Ponty, »Der Leib als geschlechtlich Seiendes«, in: *Phänomenologie der Wahrnehmung*, S. 185 ff.

Sexualität das Mittel ist, mit dem ich enteignet werde? Wenn sie von anderswoher eingesetzt und animiert wird, selbst wenn sie gerade meine ist? Folgt daraus denn nicht, dass das »Ich«, das seine Sexualität »haben« sollte, durch die Sexualität, die es zu haben beansprucht, aufgelöst wird und dass sein ureigenster »Anspruch« nicht mehr ausschließlich im eigenen Namen erhoben werden kann? Wenn ich von anderen beansprucht werde, sobald ich meinen Anspruch erhebe, wenn Gender für jemand anderen und von jemand anderem ist, bevor es mein Gender wird, wenn Sexualität eine gewisse Enteignung des »Ichs« mit sich bringt, dann bedeutet das nicht das Ende für meine politischen Forderungen. Es bedeutet nur, dass man, wenn man solche Forderungen erhebt, diese für weit mehr als nur sich selbst erhebt.

1. Außer sich: Über die Grenzen sexueller Autonomie

Was eine lebenswerte Welt ausmacht, ist keine nutzlose Frage. Es ist nicht bloß eine Frage für Philosophen, denn sie wird in unterschiedlichen sprachlichen Ausdrucksweisen von Menschen in allen Lebenslagen gestellt. Wenn sie das alle zu Philosophen macht, ist das eine Schlussfolgerung, der ich gern zustimme. Zu einem Thema für die Ethik wird diese Frage aber erst, denke ich, wenn wir nicht nur die persönliche Frage stellen, was mein eigenes Leben erträglich macht, sondern aus einer Machtposition und vom Gesichtspunkt der Verteilungsgerechtigkeit aus fragen, was das Leben anderer erträglich macht oder machen sollte. Wir stellen dann fest, dass uns unsere Antwort nicht nur auf eine bestimmte Auffassung festlegt, was das Leben ist und was es sein sollte, sondern auch darauf, was das Menschliche ausmacht, das unverkennbar menschliche Leben, und was nicht. Dabei besteht immer die Gefahr des Anthropozentrismus, wenn man davon ausgeht, dass das unverwechselbar menschliche Leben wertvoll – oder am wertvollsten – ist oder die einzige Möglichkeit ist, das Problem des Werts zu denken. Um dieser Tendenz zu begegnen, muss man vielleicht beide Fragen stellen, die Frage nach dem Leben und die Frage nach dem Menschlichen, und darf sie nicht vollständig zusammenfallen lassen.

Ich möchte anfangen und aufhören mit der Frage nach dem Menschlichen, der Frage danach, wer als ein Mensch gilt, und mit der damit zusammenhängenden Frage, wessen Leben als ein Leben zählt, und mit einer Frage, die viele von uns jahrelang beschäftigt hat: Was macht ein betrauernswertes Leben aus? Welche Unterschiede es in der internationalen Community der Schwulen und Lesben auch immer geben mag – und es gibt viele –, so glaube ich doch, dass wir alle eine Vorstellung davon haben, was es heißt, jemanden verloren zu haben. Und wenn wir jemanden verloren haben, dann heißt das, dass wir jemanden gehabt haben, begehrt und geliebt haben, und um die Bedingungen gekämpft haben, die unser Begehren ermöglichen. Wir alle haben in den vergangenen Jahrzehnten jemanden durch AIDS verloren, doch es gibt weitere Verluste, die uns treffen, andere Krankheiten; darüber hinaus sind wir als Gemeinschaft der Gewalt ausgesetzt, selbst wenn es einige von uns individuell nicht waren. Und das bedeutet, dass wir politisch zum Teil aufgrund der sozialen Verletzlichkeit unserer Körper konstituiert werden; wir werden als Felder des Begehrens und der physischen Verletzbarkeit bestimmt, sind öffentlich durchsetzungsfähig und angreifbar zugleich.

Ich kann nicht mit Gewissheit sagen, wann das Trauern gelungen ist oder wann jemand einen anderen Menschen vollständig betrauert hat. Ich bin mir aber sicher, dass es nicht bedeutet, die andere Person vergessen zu haben, oder dass etwas in Sicht ist, was ihren oder seinen Platz einnehmen kann. Ich glaube nicht, dass Trauern auf diese Weise vor sich geht. Man trauert vielmehr, wenn man die Tatsache akzeptiert, dass einen der Verlust, den man durchmacht, verändern wird, möglicherweise für immer verändern wird, und dass Trauern damit zu tun hat, eine Verwandlung zu akzeptieren, bei der man nicht vorhersehen kann, was an ihrem Ende steht. Es gibt also den Verlust und es gibt die verändernde Wirkung des Verlusts, und diese Wirkung lässt sich weder festlegen noch planen. Ich glaube zum Beispiel nicht, dass man die protestantische Ethik bemühen kann, wenn es um einen Verlust geht. Man kann nicht sagen: »Ach, ich werde den Verlust so durchmachen und dabei wird das herauskommen, und ich werde mich an die Aufgabe machen und werde mich bemühen, die Trauer aufzuarbeiten, die vor mir liegt.« Nein, die Trauer überkommt einen in Wellen, man beginnt den Tag mit einem Ziel, hat etwas vor, hat einen Plan, und stellt fest, es ist vergeblich. Man ist am Boden. Man ist erschöpft, weiß aber nicht, warum.

Etwas ist größer als der eigene Vorsatz, als das Vorhaben, größer als das eigene Wissen. Etwas ergreift Besitz von uns – aber kommt dieses Etwas aus einem selbst, kommt es von außen oder aus irgendeiner Region, wo der Unterschied zwischen beidem unbestimmbar ist? Was nimmt uns in solchen Momenten in Anspruch, so dass wir nicht Herr unserer selbst sind? An was sind wir gefesselt? Und von was sind wir so ergriffen?

Es mag so aussehen, als machten wir vorübergehend etwas durch, es könnte aber auch sein, dass in dieser Erfahrung etwas darüber enthüllt wird, wer wir sind, etwas, das uns beschreibt, welche Bindungen zu anderen wir haben, das uns zeigt, wie sehr diese Bindungen ein Ichgefühl schaffen, ausmachen, wer wir sind, und dass wir, wenn wir sie verlieren, unsere Selbstbeherrschung in einem grundlegenden Sinne verlieren: Wir wissen nicht, wer wir sind oder was wir tun. Viele Menschen denken, die Trauer führe zum Rückzug ins Private, sie mache uns wieder einsam. Meiner Ansicht nach bringt sie die Sozialität zum Vorschein, die für das Selbst konstitutiv ist, eine Grundlage dafür, die politische Gemeinschaft einer komplexen Ordnung zu denken.

Es ist eben nicht so, dass man sagen kann, ich »habe« diese Beziehungen, oder dass ich mich zurücklehnen könnte und sie distanziert betrachten, um sie aufzuzählen und zu erklären, was diese Freundschaft bedeutet oder was jene Geliebte für mich bedeutet hat oder bedeutet. Im Gegenteil, die Trauer bringt zum Vorschein, in welcher Weise wir Hörige unserer Beziehungen zu anderen sind, eine Hörigkeit, die wir nicht immer wiedergeben oder erklären können, die aber eine bewusste Selbstdarstellung, die wir vielleicht von uns geben möchten, oft auf eine Art und Weise stört, dass gerade die Vorstellung, wir seien autonom und selbstbeherrscht, in Frage gestellt wird. Ich könnte versuchen, eine Geschichte darüber zu erzählen, was ich empfinde, doch dann müsste es eine Geschichte sein, in der das »Ich«, das die Geschichte erzählen will, mitten im Erzählen innehalten muss. Denn das »Ich« wird schon durch seine Beziehung zu demjenigen in Frage gestellt, an den ich mich richte. Die Beziehung zu diesem Anderen zerstört meine Geschichte nicht, sie verurteilt mich auch nicht zur Sprachlosigkeit, aber sie übersät meine Rede unweigerlich mit den Zeichen ihrer Auflösung.

Machen wir uns nichts vor. Wir werden vom Anderen dekomponiert. Und wenn es nicht so ist, fehlt uns etwas. Bei der Trauer scheint das eindeutig so zu sein, allerdings nur deshalb, weil es schon beim Begehren so war. Man bleibt nicht immer intakt. Vielleicht will man das oder bleibt es, aber es kann auch so sein, dass man trotz aller Anstrengungen aufgelöst wird, beim Anblick des Anderen, durch die Berührung, den Duft, das Gefühl, durch die Aussicht auf Berührung, durch die Erinnerung an das Verspürte. Wenn wir von *meiner* Sexualität oder *meiner* Geschlechtsidentität sprechen, wie wir es tun (und tun müssen), meinen wir also etwas Kompliziertes. Genau genommen ist weder das eine noch das andere ein Besitz, vielmehr sind beide als *Modi der Enteignung* zu verstehen, als Formen des Daseins für einen Anderen oder sogar kraft eines Anderen. Es genügt nicht zu sagen, dass ich anstelle eines autonomen Selbst eine Sicht des Selbst in Beziehungen befürworte oder versuche, die Autonomie unter dem Aspekt der Relationalität neu zu beschreiben. Der Begriff »Relationalität« kittet den Bruch in der Beziehung, die wir beschreiben wollen, einen Bruch, der für die Identität selbst konstitutiv ist. Das bedeutet, wir werden uns dem Problem, die Enteignung begrifflich zu erfassen, mit Umsicht nähern müssen. Eine Möglichkeit, das zu tun, bedient sich der Vorstellung der Ekstase.

Wir neigen dazu, die Geschichte der umfassenden Bewegung für sexuelle Freiheit so zu erzählen, als habe die Ekstase in den 60ern und 70er Jahren eine Rolle gespielt und habe bis in die Mitte der 80er Jahre hinein fortbestanden. Vielleicht ist aber die Ekstase historisch ausdauernder als gedacht, möglicherweise begleitet sie uns die ganze Zeit. Ek-statisch sein bedeutet wörtlich, aus sich herausgetreten zu sein, und dies kann mehrere

Bedeutungen haben: durch eine Woge der Leidenschaft aus sich herausgetragen werden, aber auch vor Wut und Schmerz *außer sich* zu sein. Ich denke, wenn ich immer noch zu einem »wir« sprechen kann, in das ich mich selbst einschließen kann, spreche ich zu denjenigen unter uns, die in bestimmten Hinsichten *außer sich* leben, sei es in sexueller Leidenschaft, emotionaler Trauer oder politischem Zorn. In einem gewissen Sinne besteht die Schwierigkeit darin, zu verstehen, welche Art von Gemeinschaft diejenigen bilden, die außer sich sind.

Wir haben hier ein interessantes politisches Problem, denn, wenn wir hören, dass von »Rechten« die Rede ist, verstehen wir die Rechte meistens als etwas, was für Individuen gilt, oder wenn wir uns für den Schutz vor Diskriminierung starkmachen, argumentieren wir als eine Gruppe oder Klasse. Und in dieser Sprache und in diesem Zusammenhang müssen wir uns als abgegrenzte Wesen präsentieren, als unterschiedene, erkennbare, abgetrennte Rechtssubjekte, eine Gemeinschaft, die durch Gemeinsamkeiten definiert ist. Tatsächlich sollten wir fähig sein, diese Sprache zu gebrauchen, um uns auf dem Rechtsweg Schutz und Ansprüche zu sichern. Vielleicht machen wir aber auch einen Fehler, wenn wir die Definitionen, wer wir rechtlich betrachtet sind, für angemessene Beschreibungen dessen halten, worauf es uns ankommt. Obwohl diese Sprache in einem rechtlichen Rahmen, der in den liberalen Versionen einer menschlichen Ontologie steckt, unsere Legitimität durchaus herzustellen vermag, wird sie der Leidenschaft, der Trauer und der Wut nicht gerecht, die uns allesamt von uns selbst loslösen, uns an andere binden, uns entrücken, uns zurücknehmen und uns in manches Leben verstricken, das nicht unser eigenes ist, zuweilen verhängnisvoll und unwiderruflich.

Es ist nicht einfach zu verstehen, wie eine politische Gemeinschaft aus solchen Bindungen hervorgehen soll. Man spricht, und man spricht für einen Anderen und zu einem Anderen, und dennoch gibt es keine Möglichkeit, den Unterschied zwischen sich und dem Anderen zusammenbrechen zu lassen. Wenn wir

»wir« sagen, tun wir damit nichts anderes, als dies als sehr problematisch zu bezeichnen. Wir lösen dieses Problem nicht. Und vielleicht ist es und sollte es auch nicht lösbar sein. Wir verlangen zum Beispiel, dass der Staat mit seinen Gesetzen nicht auf unsere Körper zugreifen soll, und wir fordern, dass Prinzipien zur Selbstverteidigung des Körpers und körperlicher Unversehrtheit als politische Güter akzeptiert werden sollen. Gleichwohl ist es der Körper, über den Gender und Sexualität anderen Menschen offengelegt werden, in soziale Prozesse einbezogen werden, vermittelst kultureller Normen eingeschrieben werden und in ihren sozialen Bedeutungen erfasst werden. In einem gewissen Sinne bedeutet ein Körper zu sein anderen ausgeliefert zu sein, selbst wenn ein Körper emphatisch gesprochen »der eigene« ist, dasjenige, für das wir Rechte der Autonomie beanspruchen müssen. Dies gilt für die Forderungen von Lesben, Schwulen und Bisexuellen nach sexueller Freiheit ebenso wie für die Forderungen von Transsexuellen und Transgendern nach Selbstbestimmung und für die Forderungen von Intersexen, vom Zwang medizinischer, chirurgischer und psychiatrischer Eingriffe befreit zu sein, sowie für alle Forderungen, Freiheit zu haben durch Sicherheit vor rassistischen Angriffen physischer und verbaler Art, und natürlich für die feministische Forderung nach reproduktiver Freiheit. Es ist schwer, wenn nicht gar unmöglich, diese Forderungen zu stellen, ohne sich dabei auf die Autonomie zu berufen, insbesondere auf einen Sinn von körperlicher Autonomie. Körperliche Autonomie ist jedoch ein lebhaftes Paradox. Ich will damit nicht behaupten, dass wir aufhören sollten, diese Forderungen zu stellen. Wir kommen nicht umhin, wir müssen es tun. Und ich sage nicht, dass wir sie zögerlich oder strategisch erheben müssen. Sie sind Teil der normativen Zielsetzung jeder Bewegung, die für sexuelle Minderheiten und minoritäre Gender, für Frauen (im weitest möglichen Umfang definiert), für rassische und ethnische Minderheiten (besonders dann, wenn sich diese mit allen anderen Kategorien überschneiden), Schutz und Freiheiten maximieren will. Vielleicht gibt es aber noch eine weitere normative Zielsetzung, die wir artikulieren und verteidigen sollten. Könnte es eine Herangehensweise geben, in welcher der Stellenwert des Körpers in all diesen Kämpfen eine andere Konzeption der Politik erschließt?

Der Körper impliziert Sterblichkeit, Verwundbarkeit, Handlungsfähigkeit: Die Haut und das Fleisch setzen uns dem Blick anderer aus und auch der Berührung und Gewalt. Der Körper kann sowohl Handlungsinstanz und Instrument all dessen sein als auch der Ort, wo »tun« und »angetan werden« unbestimmt werden. Obwohl wir für Rechte der Verfügung über unsere Körper kämpfen, sind genau die Körper, für die wir kämpfen, so gut wie nie nur unsere eigenen. Der Körper hat unweigerlich eine öffentliche Dimension; als ein in der Öffentlichkeit geschaffenes soziales Phänomen gehört mir mein Körper und gehört mir auch wiederum nicht. Als Körper, der von Anfang an der Welt der anderen anvertraut ist, trägt er ihren Abdruck, wird im Schmelztiegel des sozialen Lebens geformt und ist erst viel später das, worauf ich mit einiger Unsicherheit Anspruch erhebe als mein eigener Körper. Wenn ich die Tatsache leugnen will, dass mich mein Körper – von Anfang an und wider meinen Willen – mit anderen verbindet, deren Nähe zu mir ich nicht wähle (die U-Bahn oder Metro sind ausgezeichnete Beispiele für diese Dimension der Sozialität), und wenn ich eine Vorstellung von »Autonomie« auf der Basis der Leugnung dieses Bereichs oder einer primären und ungewollten physischen Nähe zu anderen bilde, verleugne ich dann nicht in der Tat die sozialen und politischen Bedingungen meiner Verkörperung im Namen der Autonomie? Wenn ich *für* Autonomie kämpfe, muss ich dann nicht ebenso für etwas anderes kämpfen, nämlich für eine Konzeption meiner selbst als eines ausnahmslos vergemeinschafteten Selbst, das von anderen beeinflusst wird, ebenso wie es die anderen beeinflusst, auf eine Art und Weise, die nicht immer klar abgrenzbar ist, in Formen, die nicht vollständig vorhersagbar sind?

Könnte es nicht einen Weg geben, der es uns erlaubt, in vielen Bereichen für Autonomie zu kämpfen, aber auch die Anforderungen zu berücksichtigen, die uns auferlegt sind, weil wir in einer Welt der Mitgeschöpfe leben, die per definitionem physisch aufeinander angewiesen sind, im Verhältnis zum anderen physisch verletzlich sind? Ist das nicht eine andere Art, sich die Gemeinschaft so vorzustellen, dass es zu unserer Pflicht wird, sehr sorgfältig abzuwägen, wann und wo wir Gewalt einsetzen, weil Gewalt stets eine Ausbeutung jener primären Bindung ist, dieser primären Form, in der wir, als Körper, außer uns füreinander existieren.

Wenn wir nun zum Problem der Trauer zurückkehren, zu den Momenten, in denen man etwas durchmacht, was sich der eigenen Kontrolle entzieht, und feststellt, dass man außer sich ist, nicht mit sich übereinstimmt, dann können wir sagen, dass die Trauer die Möglichkeit in sich birgt, die fundamentale Sozialität des leiblichen Lebens zu begreifen, die Art und Weise, wie wir aufgrund unseres Daseins als körperliche Wesen schon von Anfang an ausgeliefert sind, über uns hinaus sind, in das Leben anderer verwickelt sind. Kann diese Situation, die für sexuelle Minderheiten so tragisch ist, die für jeden, der auf dem Gebiet der Sexualpolitik und Genderpolitik arbeitet, eine ganz spezielle politische Sichtweise begründet, eine Perspektive beisteuern, die ein erster Schritt dazu ist, die gegenwärtige globale Situation zu begreifen?

Trauer, Angst, Sorge, Wut – nach dem 11. September 2001 waren wir überall in den Vereinigten Staaten von Gewalt umgeben, haben Gewalt verübt, haben sie erlitten, lebten in Angst vor ihr, planten mehr von ihr. Gewalt ist fraglos eine Berührung der schlimmsten Sorte, ein Vorgang, in dem die menschliche Verwundbarkeit durch andere Menschen in ihrer entsetzlichsten Form offenbar wird, ein Vorgang, in dem wir dem Willen anderer ausgeliefert sind, der Vorgang, in dem das Leben selbst durch das vorsätzliche Handeln anderer ausgelöscht werden kann. In dem Maße, wie wir Gewalt verüben, wirken wir auf andere ein, bringen andere in Gefahr, fügen anderen Schaden zu. In einer gewissen Hinsicht leben wir alle mit dieser besonderen Verletzbarkeit, einer Verletzbarkeit durch den anderen, die zu unserem körperlichen Leben gehört; unter bestimmten sozialen und politischen Bedingungen wird diese Verletzbarkeit jedoch in hohem Grade gesteigert. Obwohl man in den Vereinigten Staaten bisher überwiegend damit reagierte, die eigene Souveränität und Sicherheit auszubauen, um die Verletzbarkeit möglichst gering zu halten oder sogar auszuschließen, kann diese Verletzbarkeit auch einer anderen Funktion und einem anderen Ideal dienen. Die Tatsache, dass unser Leben von anderen abhängt, kann auch zur Grundlage einer Forderung nach nichtmilitärischen politischen Lösungen werden; die Abhängigkeit ist eine Tatsache, die wir nicht mit dem bloßen Willen aus der Welt schaffen können, die wir beachten müssen, nach der wir uns sogar richten müssen, sobald wir anfangen, darüber nachzudenken, welche Politik impliziert sein könnte, wenn wir den Gedanken der körperlichen Verletzbarkeit selbst nicht preisgeben.

Lässt sich der Trauer, dem Aushalten mit dem Schmerz etwas abgewinnen, indem man sich seiner offenkundigen Tolerierbarkeit weiter aussetzt und nicht sofort versucht, eine Auflösung der Trauer durch Gewalt herbeizuführen? Kann im Bereich des Politischen etwas gewonnen werden, indem man die Trauer zu einem Bestandteil des Rahmens macht, mit dessen Hilfe wir unsere internationalen Beziehungen denken? Werden wir uns, wenn wir das Gefühl des Verlusts aushalten, nur passiv und ohnmächtig fühlen, wie manche fürchten? Oder werden wir nicht vielmehr auf ein Gefühl der menschlichen Verwundbarkeit zurückverwiesen, auf unsere kollektive Verantwortung für das physische Leben eines jeden anderen? Der Versuch, diese Verletzbarkeit auszuschließen, sie zu bannen, uns selbst auf Kosten einer jeden anderen menschlichen Rücksicht Sicherheit zu verschaffen, bedeutet zweifellos auch, eines der wichtigsten Hilfsmittel zu beseitigen, von dem wir unsere Orientierungen beziehen und mit dem wir unseren Weg finden müssen.

Zu trauern und die Trauer selbst zu einer Ressource der Politik zu machen, heißt nicht, dass wir uns mit bloßer Tatenlosigkeit oder Machtlosigkeit abfinden müssen. Es bedeutet vielmehr, sich zuzugestehen, von dieser Erfahrung der Verletzbarkeit auf die Verletzbarkeit anderer zu schließen, die unter militärischen Invasionen, Besetzungen, plötzlich erklärten Kriegen und der Brutalität der Polizei leiden. Dass unser Überleben von Menschen entschieden werden kann, die wir nicht kennen und über die letztlich keine Kontrolle besteht, bedeutet, dass das Leben gefährdet ist und dass die Politik darüber nachdenken muss, welche Formen der sozialen und politischen Organisation am meisten dazu beitragen, gefährdete Menschenleben auf der ganzen Welt zu erhalten.

Es gibt eine allgemeinere Konzeption des Menschlichen, die hierin zum Tragen kommt, eine Konzeption, nach der wir den anderen von Anfang an ausgeliefert sind, nach der wir den anderen von Anbeginn, sogar noch vor der eigentlichen Individuation, aufgrund unserer Verkörperung ausgeliefert sind: Das macht uns verletzlich für Gewalt, aber auch für ein weiteres Spektrum der Berührung, ein Spektrum, das an dem einen Ende die Auslöschung unseres Seins und am anderen Ende die physische Unterstützung unseres Lebens umfasst.

Wir können nicht anstreben, diese Situation zu »korrigieren«. Und wir können die Ursache dieser Verletzbarkeit nicht wiederfinden, denn sie geht der Ausbildung des »Ichs« voraus. Diese Bedingung, von Anfang an entblößt zu sein, von denjenigen abhängig zu sein, die wir nicht kennen, ist ein Umstand, mit dem wir nicht wirklich argumentieren können. Wir kommen unwissend und abhängig auf die Welt und in einem bestimmten Grade bleiben wir es. Vom Gesichtspunkt der Autonomie aus können wir versuchen, mit dieser Situation zu argumentieren, aber wir sind vielleicht verrückt, wenn nicht gar gefährlich, wenn wir das tun. Wir können natürlich sagen, dass diese primäre Szene für manche außergewöhnlich ist, liebevoll und sensibel, eine warmes Beziehungsgewebe, das das Leben in der Kleinkindphase fördert und nährt. Für andere ist sie jedoch eine Szene der Verlassenheit, der Gewalt oder des Hungers; ihre Körper sind dem Nichts, der Brutalität oder dem Nahrungsmangel überantwortet. Abgesehen von den Vorzeichen, unter denen diese Szene steht, bleibt jedoch die Tatsache, dass die Kindheit eine zwangsläufige Abhängigkeit darstellt, die wir niemals vollständig hinter uns lassen. Die Körper müssen nach wie vor als ausgeliefert verstanden werden. Zum Verständnis der Unterdrückung von Menschenleben gehört es gerade zu begreifen, dass es keine Möglichkeit gibt, diese Bedingung einer primären Verletzbarkeit wegzudiskutieren, dieses Ausgeliefertsein an die Berührung durch den anderen, selbst wenn oder gerade dann, wenn kein anderer da ist und unser Leben keine Unterstützung erfährt. Um Unterdrückung bekämpfen zu können, muss man verstehen, dass Menschenleben nicht gleichmäßig unterstützt und aufrechterhalten werden, dass die physische Verletzbarkeit des Menschen auf dem Globus vollkommen unterschiedlich verteilt ist. Bestimmte Menschenleben werden in hohem Maße geschützt und die Außerkraftsetzung ihrer Ansprüche auf Unantastbarkeit reicht aus, um einen Krieg auszulösen. Andere Menschenleben werden eine solche schnelle und wild entschlossene Unterstützung nicht finden und nicht einmal als »betrauernswert« eingestuft werden.

Welche kulturellen Konturen hat die Vorstellung vom Menschlichen, die hier zum Tragen kommt? Und wie begrenzen die Konturen, die wir als den kulturellen Rahmen für das Menschliche akzeptieren, den Umfang, in dem wir einen Verlust zum Verlust erklären können? Das ist eine Frage, die im Hinblick auf die Gewalt gegen sexuelle Minderheiten natürlich schon in der Lesben, Schwulen- und Bisexuellenforschung gestellt wurde und die auch von Transgendern gestellt wurde, da sie bevorzugt drangsaliert und manchmal sogar ermordet werden; es ist eine

Frage, die Intersexe gestellt haben, deren formative Lebensjahre oftmals von nicht gebilligten gewaltsamen Eingriffen an ihrem Körper geprägt sind, vollzogen im Namen einer normativen Vorstellung von menschlicher Morphologie. Zweifellos bildet diese Frage auch die Grundlage einer tiefgreifenden Affinität zwischen solchen Bewegungen, für die Gender und Sexualität im Mittelpunkt steht, und den Aktionsbündnissen zur Bekämpfung normativer menschlicher Morphologien und Fähigkeiten, die diejenigen verurteilen oder als überflüssig einstufen, die physisch beeinträchtigt sind. Dieselbe Fragestellung muss außerdem das Bindeglied zu den antirassistischen Kämpfen sein, angesichts der abgestuften Rassenwertung, die den kulturell existenzfähigen Vorstellungen vom Menschlichen zugrunde liegt – Vorstellungen, die wir gegenwärtig auf tragische und entsetzliche Weise in der globalen Arena umgesetzt sehen.

Wie ist also das Verhältnis zwischen der Gewalt und dem, was »unwirklich« ist, zwischen der Gewalt und der Unwirklichkeit, die jene begleitet, die Opfer der Gewalt werden, und wo kommt die Vorstellung eines nicht betrauernswerten Lebens ins Spiel? Auf der Ebene des Diskurses werden bestimmte Menschenleben gar nicht als Menschenleben betrachtet, sie können nicht vermenschlicht werden, sie passen in keinen maßgeblichen Rahmen für das Menschliche, und ihre Dehumanisierung geschieht zunächst auf dieser Ebene. Diese Ebene lässt dann eine physische Gewalt entstehen, die in einem gewissen Sinne die Botschaft der Dehumanisierung überbringt, die in der Kultur bereits wirksam ist.

Es ist also nicht so, dass ein Diskurs existiert, in dem es keinen Rahmen, keine Erzählung und keinen Namen für ein solches Leben gibt, oder dass man sagen könnte, Gewalt verwirkliche diesen Diskurs oder wende ihn an. Die Gewalt gegen diejenigen, die schon kein richtiges Leben verkörpern, die sich in einem Schwebezustand zwischen Leben und Tod bewegen, hinterlässt eine Spur, die keine Spur ist. Wenn es einen Diskurs gibt, dann ist er ein stilles und melancholisches Schreiben, in dem es keine Menschenleben und keine Verluste gegeben hat, wo es keine gemeinsame physische Voraussetzung gegeben hat, keine Verletzbarkeit, die als Grundlage für ein Verständnis unserer Gemeinsamkeit dienen könnte, und wo es keine Aufkündigung dieser Gemeinsamkeit gegeben hat. Nichts davon findet in der Ordnung der Ereignisse statt. Nichts davon findet statt. Wie viele Verluste an Menschenleben hat es in den letzten Jahren in Afrika durch AIDS gegeben? Wo sind die medialen Darstellungen dieser Verluste, die diskursiven Aufarbeitungen dessen, was diese Verluste für die Gemeinschaften dort bedeuten?

Ich begann dieses Kapitel mit dem Vorschlag, dass die untereinander in Beziehung stehenden Bewegungen und Untersuchungsmethoden, die hier zusammenkommen, die Autonomie vielleicht als *eine* Dimension ihrer normativen Bestrebungen betrachten müssen – als *einen* Wert, der zu verwirklichen ist, wenn wir uns fragen, welche Richtung wir künftig einschlagen sollen und was für Werte wir verwirklichen sollen. Ich habe außerdem deutlich gemacht, dass die Form, in welcher der Körper in der Gender- und Sexualitätsforschung und in den Kämpfen für eine weniger repressive soziale Welt für geschlechtlich Untypische und für sexuelle Minderheiten aller Art erscheint, eben gerade den Wert betont, den es hat, außer sich zu sein, eine durchlässige Grenze zu sein, anderen ausgeliefert zu sein, sich im Sog des Begehrens wiederzufinden, durch den man von sich abgelenkt wird und unwiderruflich im Feld der anderen platziert wird, in welchem man nicht das vermeintliche Zentrum ist. Die besondere Sozialität, die zum körperlichen Leben, zum sexuellen Leben und zur Ausformung eines Genders gehört (ein Gender, das stets in einem gewissen Maße *für andere* gebildet wird), begründet ein Feld der ethischen Verstrickung mit anderen und ein Gefühl der Orientierungslosigkeit für die erste Person, das heißt die Perspektive des Egos. Als Körper sind wir immer auf etwas mehr und auf anderes aus als uns selbst. Dies als einen berechtigten Anspruch zu artikulieren ist nicht immer einfach, vielleicht aber nicht unmöglich. Es legt zum Beispiel nahe, dass »Assoziation« kein Luxus ist, sondern zu den ureigensten Bedingungen und Vorrechten der Freiheit gehört. Tatsächlich nehmen die Arten der Assoziation, die wir unterhalten, bemerkenswert viele Formen an. Es wird nicht damit getan sein, die Norm der Ehe als das neue Ideal für diese Bewegung anzupreisen, wie es die Human Rights Campaign fälschlicherweise getan hat.[1] Die Ehe und gleichgeschlechtliche Lebensgemeinschaften sollten zweifellos als Optionen verfügbar sein, doch eine von beiden als Modell für sexuelle Legitimität einzusetzen bedeutet gerade, die Sozialität des Körpers auf akzeptable Formen einzuschränken. Im Licht der ernsthaft Schaden anrichtenden gerichtlichen Entscheidungen gegen Adoptionen von Zweiteltern in den letzten Jahren, ist es wesentlich, unsere Vorstellungen von Verwandtschaft über den heterosexuellen Rahmen hinaus zu erweitern. Es wäre jedoch ein Fehler, Verwandtschaft auf Familie zu reduzieren oder anzunehmen, dass jede dauerhafte Gemeinschaft und alle bleibenden freundschaftlichen Bindungen Ableitungen von Verwandtschaftsbeziehungen sind.

In »Ist Verwandtschaft immer schon heterosexuell?« (in diesem Band) führe ich das Argument aus, dass verwandtschaftliche Beziehungen, die Personen aneinander binden, durchaus nicht mehr oder weniger als die Intensivierung von Gemeinschaftsbindungen sein können, auf dauerhaften oder ausschließlichen sexuellen Beziehungen beruhen mögen oder auch nicht und sehr wohl aus Exgeliebten, Nichtgeliebten, Freunden und Mitgliedern der Gemeinschaft bestehen können. Die verwandtschaftlichen Beziehungen gehen über die Grenzen zwischen Gemeinschaft und Familie hinaus und definieren manchmal auch die Bedeutung

1 Die Human Rights Campaign ist die wichtigste Interessenorganisation für die Rechte von Lesben und Schwulen in den Vereinigten Staaten mit Sitz in Washington, D.C. Sie vertritt den Standpunkt, dass die Homosexuellenehe für die Lesben- und Schwulenpolitik in den USA oberste Priorität besitzt. Siehe dazu ‹www.hrc.org›.

von Freundschaft neu. Wenn diese Formen engster Verbindung haltbare Netze von Beziehungen hervorbringen, stellen sie einen »Zusammenbruch« traditioneller Verwandtschaft dar, der die Unterstellung verdrängt, dass Verwandtschaft im Wesentlichen durch biologische und sexuelle Beziehungen strukturiert wird. Außerdem funktioniert das Inzesttabu, das die Verwandtschaftsbeziehungen regelt, indem es eine notwendige Exogamie erzeugt, unter Freunden nicht zwangsläufig in der gleichen Weise, und was vernetzte Gemeinschaften angeht, übrigens auch nicht. In diesen Kontexten wird Sexualität nicht mehr ausschließlich von den Regeln der Verwandtschaft beherrscht, während die dauerhafte Bindung ihren Ort außerhalb des von der Ehe gesetzten Rahmens haben kann. Die Sexualität wird offen für eine Reihe sozialer Artikulationen, die nicht immer bindende Beziehungen oder eheliche Bindungen beinhalten. Dass nicht alle unsere Beziehungen halten oder dazu gedacht sind, langfristig zu halten, bedeutet allerdings nicht, dass wir für Trauer immun sind. Im Gegenteil, die Sexualität außerhalb des Felds der Monogamie kann uns durchaus für einen anderen Sinn von Gemeinschaft öffnen, indem sie die Frage wichtiger macht, wo man dauerhafte Bindungen findet, und kann so zur Bedingung werden für ein Einlassen auf Verluste, die über einen abgegrenzten privaten Bereich hinausgehen.

Trotzdem werden diejenigen, die außerhalb des Rahmens der Ehe leben oder die für ihre Sexualität Formen der sozialen Organisation unterhalten, die weder monogam noch quasi-ehelich sind, zunehmend als unwirklich betrachtet, und ihre Liebe und ihre Verluste werden nicht im Geringsten als »wahre« Liebe und »wahre« Verluste angesehen. Die Derealisierung dieses Bereichs menschlicher Intimität und Sozialität kommt zustande, indem man den fraglichen Beziehungen ihre Wirklichkeit und Wahrheit abspricht.

Die Frage, wer oder was als wirklich und echt angesehen wird, ist anscheinend eine Frage des Wissens. Sie ist aber auch, wie Foucault klarmacht, eine Frage der Macht. »Wahrheit« und »Wirklichkeit« zu haben oder aufzuweisen ist ein enorm starkes Vorrecht in der sozialen Welt, eine Art, wie sich Macht als Ontologie verstellt. Foucault zufolge ist es eine der ersten Aufgaben einer radikalen Kritik, das Verhältnis »zwischen Zwangsmechanismen und Erkenntniselementen« aufzudecken.[2] Hier sind wir mit den Grenzen dessen konfrontiert, was wissbar ist, Grenzen, die eine bestimmte Macht ausüben, aber nicht auf irgendeine Notwendigkeit gegründet sind, Grenzen, die nur übertreten oder befragt werden können, indem man durch Abweichung von einer etablierten Ontologie eine gewisse Sicherheit riskiert: »[Denn] nichts kann als Wissenselement auftreten, wenn es nicht mit einem System spezifischer Regeln und Zwänge konform geht – etwa mit dem System eines bestimmten wissenschaftlichen Diskurses in einer bestimmten Epoche, und wenn es nicht andererseits, gerade weil es wissenschaftlich oder rational oder einfach plausibel ist, zu Nötigungen oder Anreizungen fähig ist« (S. 33). Wissen und Macht lassen sich letztlich nicht voneinander trennen, sondern wirken bei der Etablierung subtiler und ausdrücklicher Kriterien, mit denen die Welt gedacht wird, zusammen: »Es geht also nicht darum, zu beschreiben, was Wissen ist und was Macht ist und wie das eine das andere unterdrückt oder mißbraucht, sondern es geht darum, einen Nexus von Macht-Wissen zu charakterisieren, mit dem sich die Akzeptabilität eines Systems [...] erfassen läßt« (ebd.).

Das bedeutet, dass man sowohl nach den Bedingungen sucht, durch die der Gegenstandsbereich geschaffen wird, als auch nach den Grenzen dieser Bedingungen. Die Grenzen werden dort gefunden werden, wo die Reproduzierbarkeit der Bedingungen nicht sicher ist, an dem Ort, wo die Bedingungen zufällig sind, veränderbar sind. Mit den Worten von Foucault: »Es handelt sich,

2 Michel Foucault, *Was ist Kritik?*, S. 31. Nachweise im Folgenden mit Seitenzahl im Text.

schematisch ausgedrückt, um eine immerwährende Beweglichkeit, um eine wesenhafte Zerbrechlichkeit: um eine Verstrickung zwischen Prozeßerhaltung und Prozeßumformung« (S. 39). Im Namen der Veränderung einzugreifen bedeutet eben, genau das aufzubrechen, was zu eingebürgertem Wissen und zu wissbarer Realität geworden ist, und sozusagen die eigene Unwirklichkeit dafür zu benutzen, eine Forderung zu stellen, die sonst unmöglich oder unverständlich wäre. Ich denke, wenn das Unwirkliche Anspruch erhebt auf Realität oder in deren Gebiet einbricht, kann etwas anderes und wird etwas anderes geschehen als eine einfache Anpassung an vorherrschende Normen. Die Normen selbst können erschüttert werden, können ihre Instabilität zeigen und können der Umdeutung zugänglich werden.

In den letzten Jahren hat die neue Gender-Politik die etablierten feministischen und lesbisch/schwulen Strukturen vor zahlreiche Herausforderungen gestellt, und die Intersex-Bewegung hat die Anliegen und Forderungen der Befürworter sexueller Rechte komplexer gemacht. Wenn einige auf dem linken Flügel geglaubt hatten, dass diese Anliegen nicht richtiggehend oder substantiell politisch seien, so gerieten sie nun unter Druck, die politische Sphäre unter dem Gesichtspunkt ihrer Voraussetzungen in Bezug auf Gender und Sexualität neu zu denken. Die Behauptung, dass Butch, Femme und Transgender keine wesentlichen Bezugsgrößen für eine Umgestaltung des politischen Lebens und für eine gerechtere und fairere Gesellschaft sind, verkennt die Gewalt, der Individuen mit untypischem Gender in der Öffentlichkeit ausgesetzt sind, und verkennt ebenfalls, dass die Verkörperung eine Reihe umstrittener Normen zum Ausdruck bringt, die darüber bestimmen, wer in der Sphäre der Politik als ein existenzfähiges Subjekt zu gelten hat. Wenn wir bedenken, dass menschliche Körper nicht ohne den Bezug auf etwas Ideelles erfahren werden, einen Rahmen für die Erfahrung selbst, und dass dies sowohl für die Erfahrung des eigenen Körpers als auch für die eines anderen Körpers zutrifft, und wenn wir akzeptieren, dass dieses Ideelle und der Rahmen sozial artikuliert sind, können wir in der Tat erkennen, wie es kommt, dass die Verkörperung ohne Bezug auf eine Norm oder einen Satz von Normen nicht denkbar ist. Der Kampf darum, die Normen zu verändern, durch die Körper erfahren werden, ist daher nicht nur für die Behindertenpolitik entscheidend, sondern auch für Intersex- und Transgender-Bewegungen, insoweit sie die zwangsweise auferlegten Ideale, wie Körper zu sein haben, in Frage stellen. Das verkörperte Verhältnis zur Norm verfügt über ein transformatives Potential. Möglichkeiten jenseits der Norm oder sogar eine andere Zukunft für die Norm selbst zu postulieren ist Teil der Phantasietätigkeit, wenn wir Phantasie so verstehen, dass sie den Körper zum Ausgangspunkt für eine Artikulation nimmt, die nicht immer vom Körper beschränkt ist, so wie er nun einmal ist. Wenn wir eine solche Änderung dieser Normen akzeptieren, welche die menschliche Morphologie bestimmen und infolgedessen den verschiedenen Arten von Menschen unterschiedlich viel »Realität« verleihen, dann sind wir gezwungen zu bejahen, dass die Menschenleben von Transgendern einen potentiellen und tatsächlichen Einfluss auf das politische Leben haben, und zwar auf der grundsätzlichsten Ebene, das heißt Einfluss darauf, wer als ein Mensch zählt und welche Normen das Erscheinungsbild »echten« Menschseins regieren.

Darüber hinaus ist die Phantasie Teil der Artikulation des Möglichen; sie führt uns über das hinaus, was bloß tatsächlich und gegenwärtig ist, in einen Bereich der Möglichkeit, des noch nicht Verwirklichten oder des nicht Verwirklichbaren. Der Kampf ums Überleben ist vom kulturellen Leben der Phantasie nicht wirklich zu trennen, und der Ausschluss der Phantasie – durch Zensur, Herabsetzung oder andere Mittel – ist eine Strategie, die für den sozialen Tod von Personen sorgt. Phantasie ist nicht das Gegenteil von Realität; sie ist das, was von der Realität ausgeschlossen wird und was infolgedessen die Grenzen der Realität definiert, indem es das konstitutive Außen zu ihr bildet.

Das kritische Versprechen der Phantasie, wann und wo sie existiert, besteht darin, die kontingenten Grenzen dessen in Frage zu stellen, was Realität genannt wird und was nicht. Die Phantasie ist das, was es uns erlaubt, uns selbst und andere anders vorzustellen; sie etabliert das Mögliche in Überschreitung des Realen; sie weist anderswohin, und wenn sie verkörpert ist, bringt sie das Anderswo zu Bewusstsein.

Wie gelangen Drag, Butch, Femme, Transgender und Transsexuelle in das politische Feld? Sie veranlassen uns nicht nur, zu hinterfragen, was das Reale ist und sein »muss«, sondern sie zeigen uns auch, wie die Normen, welche die zeitgenössischen Vorstellungen von Realität bestimmen, in Frage gestellt werden können und wie neue Formen von Realität eingeführt werden können. Diese Praktiken zur Einsetzung von neuen Formen der Realität vollziehen sich zum Teil über die Szene der Verkörperung, wo der Körper nicht als eine statische und vollendete Tatsache angesehen wird, sondern als ein Alterungsprozess, eine Form des Werdens, die die Norm im Anders-Werden überschreitet, die Norm umgestaltet, und uns erkennen lässt, dass die Realitäten, zu denen wir uns verurteilt glaubten, nicht in Stein gemeißelt sind. Manche haben mich gefragt, was denn der Nutzen wachsender Möglichkeiten für Gender ist. Ich neige zu der Antwort: Möglichkeit ist kein Luxus, sie ist genauso wichtig wie Brot. Ich meine, wir sollten nicht unterschätzen, was der Gedanke des Möglichen für diejenigen leistet, für die das Überleben die dringendste Frage ist. Falls die Antwort auf die Frage, ob das Leben möglich ist, ja lautet, ist das gewiss nicht unerheblich. Das Ja kann als Antwort jedoch nicht für selbstverständlich gehalten werden. Es handelt sich um eine Frage, deren Antwort manchmal »nein« lautet, oder um eine Frage, auf die es keine fertige Antwort gibt, oder um eine Frage, die von einem langwierigen Ringen zeugt. Für viele, die auf diese Frage bejahend antworten können und tatsächlich antworten, ist die Antwort schwer errungen, wenn überhaupt errungen, eine Errungenschaft, welche grundlegend durch eine Realität bedingt ist, die so strukturiert oder restrukturiert ist, dass die Bejahung möglich wird.

Eine der zentralen Aufgaben im Rahmen der internationalen Rechte für Lesben und Schwule besteht darin, die Realität der Homosexualität in klaren und öffentlichen Begriffen geltend zu machen, nicht als eine innere Wahrheit, nicht als eine sexuelle Praktik, sondern als eine der definierenden Charakteristika der sozialen Welt in ihrer ganzen Intelligibilität. Mit anderen Worten, es ist eine Sache, die Wirklichkeit lesbischer und schwuler Menschenleben als Realität geltend zu machen und darauf zu bestehen, dass diese Menschenleben in ihrer Eigenheit und Gemeinsamkeit schutzwürdig sind; aber es ist eine ganz andere Sache, darauf zu bestehen, dass eben diese öffentliche Durchsetzung des Schwulseins in Frage stellt, was als Realität gilt und was als ein Menschenleben zählt. Tatsächlich ist die Aufgabe internationaler Lesben- und Schwulenpolitik nichts Geringeres als eine Erneuerung der Realität, eine Wiederherstellung des Menschlichen und ein Verhandeln der Frage, was ist und was ist nicht lebenswert? Worin besteht also die Ungerechtigkeit, die von einer solchen Arbeit bekämpft wird? Ich würde es so formulieren: Wenn jemand als unecht bezeichnet wird und wenn diese Bezeichnung sozusagen als eine Form ungleicher Behandlung institutionalisiert wird, heißt das, er wird zu dem Anderen, zur Folie, vor der das Menschliche gemacht wird. Es ist das Unmenschliche, das Außermenschliche, das eingeschränkt Menschliche, es ist die Grenze, die das Menschliche in seiner angeblichen Realität absichert. Als Kopie bezeichnet zu werden, unecht genannt zu werden ist eine Art, wie man unterdrückt werden kann. Man muss aber bedenken, dass die Sache noch grundsätzlicher ist. Unterdrückt zu werden bedeutet immerhin, dass man bereits als ein irgendwie geartetes Subjekt existiert: Man ist für das Meistersubjekt als das sichtbare und unterdrückte Andere, als ein mögliches oder potentielles Subjekt vorhanden. Unecht zu sein ist allerdings noch etwas anderes. Um unterdrückt werden zu können, muss man zunächst intelligibel werden. Festzustellen, dass man vollkommen unintelligibel ist (dass einen die Regeln der Kultur und der Sprache als eine Unmöglichkeit ausweisen), heißt festzustellen, dass man den Zugang zum Menschlichen noch nicht erlangt hat, dass man immer nur so spricht, *als ob* man menschlich wäre, doch mit dem Sinn, dass man es nicht ist. Man stellt fest, dass die eigene Rede hohl ist und dass die Anerkennung ausbleibt, weil die Normen, durch die sich Anerkennung vollzieht, nicht dafürsprechen.

Man könnte meinen, dass die Frage, wie man die eigene Geschlechtsidentität ausfüllt, eine rein kulturelle Angelegenheit ist oder ein Luxusproblem derer, die hartnäckig darauf bestehen, die bürgerliche Freiheit im Übermaß auszunutzen. Die Behauptung, dass Gender performativ ist, bedeutet aber nicht einfach, auf dem Recht zu bestehen, ein vergnügliches und subversives Schauspiel aufzuführen, sondern die spektakulären und folgenschweren Formen zu allegorisieren, in denen die Realität sowohl reproduziert als auch angefochten wird. Das hat Konsequenzen dafür, wie Gender-Darstellungen kriminalisiert und pathologisiert werden, warum Subjekte, die ihr Gender wechseln, Internierung und Verhaftung riskieren, warum Gewalt gegen Transgender nicht als Gewalt wahrgenommen wird und warum diese Gewalt manchmal von genau den Staaten verübt wird, die solchen Subjekten Schutz vor Gewalt bieten sollten.

Was wäre, wenn neue Formen von Gender möglich sind? Wie würde sich das auf unsere Lebensweisen und auf die konkreten Bedürfnisse der menschlichen Gemeinschaft auswirken? Und wie sollen wir zwischen wertvollen und nicht wertvollen Formen von Gender unterscheiden, die alle eine Möglichkeit darstellen? Ich würde sagen, dass es keine Frage ist, bei der es lediglich darum geht, noch nicht existierenden Genderformen eine neue Zukunft zu ermöglichen. Die Genderformen, an die ich denke, existieren schon lange, sie wurden allerdings nicht zugelassen für den Bereich der Begriffe, welche die Realität regieren. Es ist also die Frage nach einem neuen legitimierenden Lexikon für die Genderkomplexität, die wir schon seit langem gelebt haben, das im Recht, in der Psychiatrie, in der Sozial- und Literaturwissenschaft zu entwickeln ist. Da die Normen, welche die Realität regieren, diesen Formen von Gender die Realität versagt haben, werden wir sie notwendigerweise »neu« nennen müssen.

Welchen Ort hat das Denken des Möglichen in der politischen Theoriebildung? Besteht das Problem darin, dass wir keine Norm haben, um zwischen verschiedenen Möglichkeiten zu unterscheiden, oder scheint das nur dann ein Problem zu sein, wenn es uns nicht gelingt, »Möglichkeit« selbst als eine Norm zu verstehen? Möglichkeit ist ein Bestreben, etwas, von dem wir hoffen, es werde fair verteilt sein, etwas, das sozial garantiert sein könnte, etwas, das nicht für selbstverständlich gehalten werden kann, insbesondere dann nicht, wenn es phänomenologisch aufgefasst wird. Der springende Punkt ist nicht, neue Geschlechternormen vorzuschreiben, so als ob man die Verpflichtung hätte, ein Maß, einen Maßstab oder eine Norm für die Beurteilung konkurrierender Genderdarstellungen zu liefern. Die normative Hoffnung, die sich hier äußert, hat mit der Fähigkeit zu tun, zu leben, zu atmen und sich zu bewegen, und wäre zweifellos in das einzuordnen, was man eine Philosophie der Freiheit nennt. Der Gedanke an ein mögliches Leben ist nur für diejenigen ein Luxus, die schon von sich wissen, dass sie möglich sind. Für diejenigen, die noch darauf warten, möglich zu werden, ist die Möglichkeit eine Notwendigkeit.

Es war Spinoza, der behauptete, dass jeder Mensch bestrebt sei, in seinem Sein zu beharren, und er machte dieses Prinzip der Selbstbeharrung, den *conatus*, zur Grundlage seiner Ethik und sogar seiner Politik. Als Hegel die Behauptung aufstellte, das Verlangen sei stets ein Verlangen nach Anerkennung, extrapolierte er gewissermaßen diesen spinozistischen Gedanken, indem er uns praktisch mitteilte, im eigenen Sein zu beharren sei nur unter der Bedingung möglich, dass wir uns am Nehmen und Geben von Anerkennung beteiligen. Wenn wir nicht anerkannt werden können, wenn es keine Normen der Anerkennung gibt, durch die wir anerkannt werden können, dann ist es nicht möglich, im eigenen Sein zu beharren, und wir sind keine möglichen Wesen; wir sind von der Möglichkeit ausgeschlossen. Wir denken uns Normen der Anerkennung vielleicht als etwas, was in der kulturellen Welt, in die wir hineingeboren sind, bereits angelegt ist, doch diese Normen wandeln sich, und mit den Veränderungen bei diesen Normen verändert sich auch das, was als erkennbar menschlich gilt und was nicht. Um dem hegelschen Argument eine foucaultianische Richtung zu geben: Die Normen der Anerkennung dienen der Produktion und Reproduktion der Vorstellung vom Menschlichen. Dies bewahrheitet sich auf eine ganz spezifische Weise, wenn wir uns ansehen, wie internationale Normen im Kontext der Menschenrechte von Lesben und Schwulen wirken, insbesondere dann, wenn sie unverrückbar daran festhalten, dass bestimmte Arten der Gewalt unzulässig sind, dass bestimmte Menschenleben verletzlich sind und Schutz verdienen, dass bestimmte Tode betrauernswert sind und öffentliche Anerkennung verdienen.

Wenn man sagt, das Verlangen, im eigenen Sein zu beharren, hänge von Normen der Anerkennung ab, behauptet man, dass die Grundlage der eigenen Autonomie, das in der Zeit fortdauernde »Ich«, grundlegend von einer sozialen Norm abhängt, die das »Ich« übersteigt, die das »Ich« ek-statisch, außerhalb seiner selbst, in einer Welt komplexer und sich historisch wandelnder Normen positioniert. Unser Leben, unser Fortbestehen hängt letztlich von solchen Normen ab oder zumindest von der Möglichkeit, dass wir in der Lage sein werden, in ihrem Rahmen zurechtzukommen, unsere Handlungsfähigkeit aus ihrem Wirkungsfeld zu beziehen. Schon in unserer Fähigkeit weiterzuleben sind wir abhängig von dem, was außerhalb von uns ist, von einer umfassenderen Sozialität, und diese Abhängigkeit ist die Basis unseres Durchhaltens und unserer Überlebensfähigkeit.

Wenn wir unser »Recht« geltend machen, wie wir es tun und tun müssen, schaffen wir uns keinen Ort für unsere Autonomie – sofern wir unter Autonomie einen Zustand der Individuation verstehen, der vor und unabhängig von allen Abhängigkeitsbeziehungen zur Welt der anderen von sich aus Bestand hat. Wir verhandeln nicht mit Normen oder mit Anderen, nachdem wir auf die Welt gekommen sind. Wir kommen unter der Bedingung auf die Welt, dass die soziale Welt bereits da ist, dass sie die Fundamente für uns legt. Das impliziert, dass ich ohne Normen der Anerkennung, die mein Weiterleben unterstützen, nicht fortbestehen kann: Der mich betreffende Sinn für Möglichkeit muss zuerst von woanders her imaginiert werden, bevor ich anfangen kann, mir ein Bild von mir zu machen. Meine Reflexivität ist nicht bloß sozial vermittelt, sondern auch sozial geschaffen. Ich kann nicht sein, wer ich bin, ohne aus der Sozialität der Normen zu schöpfen, die mir vorhergehen und mich übersteigen. In diesem Sinne bin ich von Anfang an außerhalb meiner selbst, und um zu überleben, um in den Bereich des Möglichen zu gelangen, muss ich es sein.

Sexuelle Rechte für sich geltend zu machen, nimmt vor diesem Hintergrund eine besondere Bedeutung an. Es bedeutet zum Beispiel, dass wir dann, wenn wir für Rechte kämpfen, nicht einfach für Rechte kämpfen, die an unserer Person festzumachen sind, sondern dafür kämpfen, *als Personen aufgefasst zu werden*. Und zwischen dem Ersteren und dem Letzteren besteht ein Unterschied. Wenn wir für Rechte kämpfen, die sich an unserer Person festmachen oder festmachen sollten, nehmen wir an, dass die Personalität bereits zustande gekommen ist. Wenn wir aber nicht nur darum kämpfen, als Personen betrachtet zu werden, sondern eine soziale Veränderung der Bedeutung von Personalität selbst bewirken wollen, dann wird die Durchsetzung von Rechten zu einer Form, in den sozialen und politischen Prozess einzugreifen, in dem das Menschliche artikuliert wird. Die internationalen Menschenrechte befinden sich stets in dem Prozess, der das Menschliche der Neudefinition und Neuverhandlung unterwirft. Einerseits mobilisieren sie das Menschliche im Dienst der Rechte, andererseits beschreiben und artikulieren sie das Menschliche aber auch neu, wenn sie mit ihrer Arbeitskonzeption des Menschlichen an kulturelle Grenzen stoßen, wie es geschieht und geschehen muss.

Die Politik für Menschenrechte von Lesben und Schwulen hält in einem gewissen Sinne die Sexualität für ihre Thematik. Sexualität ist nicht einfach ein Attribut, das man hat, oder eine Veranlagung oder eine Reihe von Neigungen, die in ein Schema passen. Es ist eine Form der inneren Gestimmtheit gegenüber anderen, unter anderem im Modus der Phantasie und manchmal nur in der Phantasie. Wenn wir als sexuelle Wesen außer uns sind, von Anfang an ausgeliefert sind, zum Teil durch primäre Beziehungen der Abhängigkeit und Zuneigung modelliert sind, dann ist es doch offenbar so, dass unser Außer-sich-Sein, unser Aus-uns-heraus-Sein, als eine Funktion der Sexualität selbst gegeben ist, wobei die Sexualität nicht diese oder jene Dimension unserer Existenz, nicht Untergrund oder Grundgestein unserer Existenz ist, sondern vielmehr mit der Existenz deckungsgleich ist, wie Merleau-Ponty einmal passenderweise nahegelegt hat.[3]

Ich habe hier versucht zu erläutern, dass unser Sinn für Personalität mit dem Wunsch nach Anerkennung verknüpft ist und dass uns das Begehren außerhalb unserer selbst platziert, in einen Bereich der sozialen Normen, den wir nicht vollständig wählen, sondern der den Horizont und die Ressource bildet für jedes Verständnis von Wahl, das wir haben. *Das bedeutet, dass der ekstatische Charakter unserer Existenz wesentlich ist für die Möglichkeit, als Mensch fortzubestehen.* In diesem Sinne können wir sehen, wie die Politik für sexuelle Rechte zwei zusammenhängende Bereiche der Ek-Stase zusammenbringt, zwei zusammenhängende Arten des Außer-sich-Seins. Als sexuelle Wesen

3 Maurice Merleau-Ponty, *Phänomenologie der Wahrnehmung.*

hängen wir von einer Welt der anderen ab, sind anfällig für Not, Gewalt, Untreue, Zwanghaftigkeit, Phantasie; wir projizieren das Begehren und es wird auf uns projiziert. Zu einer sexuellen Minderheit zu gehören bedeutet mit allem Nachdruck, dass wir auch abhängig sind von dem Schutz öffentlicher und privater Räume, abhängig von rechtlichen Sanktionen, die uns vor Gewalt schützen, abhängig von verschiedenen institutionellen Maßnahmen gegen unerwünschte Aggression, der wir ausgesetzt sind, und gegen Gewalthandlungen, zu denen diese Aggression manchmal aufstachelt. In diesem Sinne hängen unser Leben und die Beständigkeit unseres Begehrens davon ab, dass es Normen der Anerkennung gibt, die unsere Lebensfähigkeit als Menschen erzeugen und aufrechterhalten. Wenn wir über sexuelle Rechte sprechen, sprechen wir daher nicht bloß über Rechte, die unser individuelles Begehren betreffen, sondern über Rechte, die solche Normen betreffen, von denen unsere Individualität selbst schon abhängt. Das heißt, dass der Diskurs über Rechte unsere Abhängigkeit eingesteht, die Art, wie unser Leben in den Händen anderer liegt, eine Art mit anderen und für andere zu leben, ohne die wir nicht existieren können.

Ich habe ein paar Jahre im Vorstand der International Gay and Lesbian Human Rights Commission gearbeitet, einer Gruppe, die ihren Sitz in San Francisco hat. Sie ist Teil einer breiten internationalen Koalition von Gruppen und Individuen, die dafür kämpfen, Gleichheit und Gerechtigkeit für sexuelle Minderheiten zu erreichen, darunter auch Transgender und Intersexe sowie Personen mit HIV oder AIDS.[4] Was mich immer wieder erstaunte, war, wie oft die Organisation gebeten wurde, auf unmittelbar vorgefallene Gewalttaten an sexuellen Minderheiten zu reagieren, und zwar besonders dann, wenn diese Gewalt an verschiedenen Orten auf der Welt in keiner Weise durch die ört-

4 Zur weiteren Information über Aufgabe und Leistungen dieser Organisation siehe ⟨www.iglhrc.org⟩.

liche Polizei oder Regierung geahndet wurde. Ich musste darüber nachdenken, welche Art von Ängsten durch das öffentliche Erscheinen von jemandem ausgelöst wird, der offen oder vermutlich schwul ist, von jemand, dessen Gender den Normen nicht entspricht, dessen Sexualität sich öffentlichen Verboten widersetzt, dessen Körper mit bestimmten morphologischen Idealen nicht übereinstimmt. Was motiviert diejenigen, die den Drang haben, jemanden zu töten, weil er schwul ist, die damit drohen, jemanden zu töten, weil er oder sie ein Intersex ist, oder die den Drang haben zu töten, weil jemand öffentlich in Erscheinung tritt, der oder die ein Transgender ist.

Der Wunsch, jemanden zu töten, oder die Handlung, jemanden zu töten, weil diese Person nicht den Geschlechternormen entspricht, mit denen eine Person »erwartungsgemäß« leben soll, legt nahe, dass das Leben selbst eine Reihe beschirmender Normen erfordert, und sich außerhalb dieser Normen zu begeben, außerhalb dieser Normen zu leben heißt, den Tod zu hofieren. Die Person, die Gewalt androht, geht von der angstvollen und starren Überzeugung aus, dass ein Weltverständnis und ein Selbstverständnis radikal untergraben wird, wenn einem solchen nicht kategorisierbaren Wesen erlaubt wird, in der sozialen Welt zu leben. Die Negierung dieses Körpers durch Gewalt ist ein vergeblicher und gewaltsamer Versuch, die Ordnung wiederherzustellen, die soziale Welt auf der Grundlage eines intelligiblen Geschlechts zu erneuern und die Herausforderung abzuwehren, sich diese Welt als etwas zu denken, was anders als natürlich und notwendig ist. Das ist nicht weit entfernt von der Todesdrohung gegen Transsexuelle – oder gar deren Ermordung – in verschiedenen Ländern, eine Drohung, die sich auch gegen schwule Männer richtet, die als »feminin«, oder gegen lesbische Frauen, die als »maskulin« gedeutet werden. Solche Verbrechen werden nicht immer sofort als kriminelle Handlungen erkannt. Manchmal werden sie von Regierungen und internationalen Organisationen verurteilt, manchmal werden sie von genau denselben Institutionen nicht zu den entzifferbaren oder echten Verbrechen gegen die Menschheit gezählt.

Wenn wir diese Gewalt bekämpfen, im Namen von was bekämpfen wir sie dann? Wie sieht die Alternative zu dieser Gewalt aus, und welche Veränderung der sozialen Welt soll ich fordern? Eine so geartete Gewalt entsteht aus dem tief sitzenden Wunsch, die binäre Geschlechterordnung als natürliche oder notwendige beizubehalten, aus ihr eine Struktur zu machen, der sich, sei sie nun natürlich oder kulturell oder beides, kein Mensch widersetzen und dabei menschlich bleiben kann. Wenn eine Person den Normen der binären Einteilung der Geschlechter widerspricht, indem sie nicht nur einen kritischen Standpunkt dazu einnimmt, sondern die Normen in kritischer Weise verkörpert, und dieser stilisierte Widerspruch lesbar ist, dann entsteht die Gewalt offenbar genau als das Verlangen, diese Lesbarkeit zu zerstören, ihre Möglichkeit in Frage zu stellen, sie unwirklich und unmöglich zu machen trotz des gegenteiligen Anscheins. Das ist dann keine einfache Verschiedenheit der Standpunkte mehr. Diesem verkörperten Widerspruch mit Gewalt zu begegnen bedeutet praktisch, deutlich zu machen, dass dieser Körper, diese Herausforderung einer akzeptierten Version der Welt undenkbar ist und sein soll. Der Versuch, die Grenzen dessen zu verstärken, was als real angesehen wird, verlangt das Abwürgen von allem, was kontingent ist, fragil ist, offen ist für eine grundlegende Veränderung in der geschlechtlich festgeschriebenen Ordnung der Dinge.

Im Licht einer solchen Analyse kommt eine ethische Frage auf: Wie könnten wir einer Verschiedenheit begegnen, die die Raster unserer Intelligibilität in Frage stellt, ohne den Versuch zu machen, diese Herausforderung auszuschließen, die von der Verschiedenheit ausgeht? Was könnte es bedeuten, mit der Beunruhigung durch diese Herausforderung leben zu lernen – zu spüren, wie sich die Sicherheit der eigenen epistemologischen und ontologischen Verankerung verflüchtigt und gleichwohl im Namen des Menschlichen den Willen aufzubringen, dem

Menschlichen zuzubilligen, etwas anderes zu werden als das, für was man es traditionellerweise hält? Es bedeutet, dass wir lernen müssen, mit der Zerschlagung und Neuformulierung des Menschlichen zu leben und dies im Namen einer großzügigeren und letztlich weniger gewalttätigen Welt zu akzeptieren, ohne im Voraus zu wissen, welche Form unser Menschsein annimmt und annehmen wird. Im Namen der Gewaltlosigkeit müssen wir für die Wandlungen des Menschlichen offen sein. Wie Adriana Cavarero, Arendt paraphrasierend, deutlich macht, lautet die Frage, die wir dem Anderen stellen, schlicht und unbeantwortbar: Wer bist du?[5] Die gewalttätige Reaktion ist eine, die nicht fragt und nicht wissen will. Sie versucht, das zu festigen, was sie weiß, auszulöschen, was sie mit Nicht-Wissen bedroht, was sie zwingt, die Voraussetzungen ihrer Welt, Kontingenz und Formbarkeit ihrer Voraussetzungen zu überdenken. Die gewaltlose Reaktion lebt mit ihrer Unwissenheit in Bezug auf den Anderen angesichts des Anderen, denn das Band aufrechtzuerhalten, das die Frage knüpft, ist letztlich wertvoller, als vorab zu wissen, was uns gemeinsam ist – als ob wir bereits alle Ressourcen hätten, die wir brauchen, um zu wissen, was das Menschliche definiert oder wie dessen künftiges Leben aussehen könnte.

Dass wir nicht vorhersagen oder steuern können, welche Wandlungen des Menschlichen auftreten könnten, bedeutet längst nicht, dass wir allen möglichen Wandlungen des Menschlichen Wert beilegen müssen; es bedeutet nicht, dass wir für die Realisierung bestimmter Werte – demokratische und gewaltfreie, internationale und antirassistische – nicht kämpfen können. Der Punkt ist nur, dass man mit dem Kampf für diese Werte eingesteht, dass die eigene Position nicht ausreicht, um das Spektrum des Menschlichen herauszuarbeiten, dass man sich in ein kollektives Projekt einbinden muss, in welchem der eigene Status als

5 Siehe Adriana Cavarero, *Relating Narratives. Storytelling and Selfhood*, S. 20-29 und S. 87-92.

ein Subjekt aus demokratischen Gründen eine Verunsicherung erfahren muss, weil es dem ausgesetzt wird, was es nicht weiß.

Es geht nicht darum, soziale Normen auf gelebte soziale Fälle anzuwenden, sie zu ordnen und zu definieren (wie Foucault kritisiert hat), noch darum, rechtfertigende Mechanismen für die Begründung sozialer Normen zu finden, die selbst außersozial sind (auch wenn sie unter dem Namen des Sozialen operieren). Es gibt Zeiten, in denen solche Tätigkeiten stattfinden und stattfinden müssen: Wir fällen Urteile über Kriminelle wegen illegaler Handlungen und unterwerfen sie damit einer Normalisierungsprozedur; wir überdenken unsere Handlungsgründe in kollektiven Kontexten und versuchen, Formen der Deliberation und Reflexion zu finden, auf die wir uns einigen können. Doch weder das eine noch das andere ist alles, was wir mit Normen tun. Durch den Rückgriff auf Normen wird die Sphäre des menschlich Intelligiblen eingegrenzt, und diese Eingrenzung ist für jede Ethik und jede Konzeption sozialer Veränderung folgenschwer. Wir könnten vielleicht behaupten, dass wir *erst* die Grundlagen des Menschlichen kennen müssen, um das menschliche Leben zu erhalten und zu fördern, so wie wir es kennen. Was wäre dann aber, wenn ebendiese Kategorien des Menschlichen diejenigen ausgeschlossen haben, die mit ihren Begriffen beschrieben und verteidigt werden sollten? Was, wenn diejenigen, die zum Menschlichen dazugehören sollten, nicht mit den Argumentationsweisen und rechtfertigenden Geltungsansprüchen operieren, die von westlichen Formen des Rationalismus vorgeschlagen wurden? Haben wir das Menschliche jemals gekannt? Und was wäre zu tun, um sich dieser Kenntnis zu nähern? Sollten wir uns nicht davor hüten, das Menschliche zu früh zu kennen, und jeder endgültigen oder definitiven Kenntnis misstrauen? Wenn wir das Feld des Menschlichen für selbstverständlich nehmen, versäumen wir es, kritisch und ethisch darüber nachzudenken, wie das Menschliche produziert, reproduziert und deproduziert wird. Eine derartige Untersuchung erschöpft zwar das Feld des Ethischen nicht, aber ich kann mir nicht vorstellen, wie eine verantwortliche Ethik oder Theorie der sozialen Veränderung ohne sie auskommen könnte.

Die Notwendigkeit, unsere Vorstellung des Menschlichen für eine zukünftige Artikulation offenzuhalten, ist für das Projekt eines internationalen Menschenrechtsdiskurses und eine internationale Menschenrechtspolitik von entscheidender Bedeutung. Wir sehen das immer wieder, wenn die Idee des Menschlichen vorausgesetzt wird; das Menschliche wird im Voraus definiert, mit Begriffen, die ausgeprägt westliche und sehr oft amerikanische Begriffe sind, und deshalb voreingenommen und beschränkt. Wenn wir mit dem Menschlichen als einer Grundlegung beginnen, dann ist das Menschliche, das in den Menschenrechten thematisiert wird, bereits bekannt, bereits definiert. Dennoch soll das Menschliche eine Anzahl von Rechten und Pflichten begründen, die weltweit gelten sollen. Wie wir vom Lokalen zum Internationalen (im Großen und Ganzen so verstanden, dass es nicht wieder die Annahme verbreitet, wonach alle Menschen bestehenden Nationalstaaten angehören) gelangen können, ist eine große Aufgabe für die internationale Politik, die aber für internationale Kämpfe von Lesben, Schwulen, Bisexuellen, Transsexuellen und Intersexen sowie für den Feminismus eine spezielle Form annimmt. Eine antiimperialistische oder wenigstens nichtimperialistische Konzeption internationaler Menschenrechte muss in Frage stellen, was mit dem Menschlichen gemeint ist, und muss von den Mitteln und Wegen lernen, durch die es an kulturellen Aushandlungsorten übergreifend definiert wird. Das bedeutet, dass lokale Auffassungen von dem, was menschlich ist, oder sogar dessen, was die Grundbedingungen und Grundbedürfnisse des menschlichen Lebens sind, der Neuinterpretation unterworfen werden müssen, weil es geschichtliche und kulturelle Verhältnisse gibt, in denen das Menschliche anders definiert wird. Dessen Grundbedürfnisse und folglich Grundrechte werden durch verschiedene Medien kundgetan, durch verschiedene Arten von Praktiken, mündlichen und vollzogenen.

Ein reduktiver Relativismus würde sagen, dass wir nicht vom Menschlichen oder von internationalen Menschenrechten sprechen können, da es immer nur ein lokales und vorläufiges Verständnis dieser Begriffe gibt, und dass die Verallgemeinerungen selbst schon der Besonderheit der fraglichen Bedeutungen Gewalt antun. Das ist nicht meine Auffassung. Ich bin nicht bereit, es dabei zu belassen. Ich meine sogar, dass wir gezwungen sind, vom Menschlichen und vom Internationalen zu sprechen, und insbesondere herauszufinden, ob sich die Menschenrechte zugunsten von Frauen auswirken zum Beispiel oder ob sie es nicht tun, und dass wir davon sprechen müssen, was Frauen sind und was sie nicht sind. Doch um auf diese Art sprechen zu können und soziale Veränderungen im Namen von Frauen fordern zu können, müssen wir uns auch an einem kritischen demokratischen Projekt beteiligen. Darüber hinaus ist die Kategorie der Frauen selektiv und mit Ausschließungsabsichten verwendet worden, und es sind nicht alle Frauen in ihre Bestimmungen eingeschlossen worden; Frauen sind nicht vollständig in das Menschliche integriert worden. Beide Kategorien sind noch im Prozess, unterwegs, unvollendet, so dass wir noch nicht wissen und nie mit Bestimmtheit wissen können, worin das Menschliche letztlich besteht. Das bedeutet, dass wir in der Politik eine doppelte Strategie verfolgen müssen: Wir müssen diese Sprache verwenden, um einen Anspruch auf Lebensbedingungen geltend zu machen, die so beschaffen sind, dass sie die maßgebliche Rolle von Sexualität und Gender im politischen Leben bejahen, und wir müssen unsere Kategorien der kritischen Prüfung unterziehen. Wir müssen herausfinden, wo die Grenzen ihrer Inklusivität und Übersetzbarkeit sind, welche Voraussetzungen sie enthalten, in welcher Weise sie erweitert, zerstört oder umgestaltet werden müssen, um sowohl das zu umfassen als auch aufzubrechen, was es heißt, menschlich zu sein und eine soziale Geschlechtsidentität zu haben. Als vor einigen Jahren die Konferenz der Vereinten Nationen in Peking tagte, gab es einen Diskurs über die

»Menschenrechte von Frauen«, was vielen paradox vorkommt (so auch, wenn wir von der International Gay and Lesbian Human Rights Commission hören). Menschenrechte der Frauen? Menschenrechte von Lesben und Schwulen? Doch denken wir einmal nach, was diese Kopplung wirklich tut. Sie stellt das Menschliche als kontingent dar, als eine Kategorie, die sowohl in der Vergangenheit wie in der Gegenwart eine veränderliche und begrenzte Bevölkerungsgruppe definiert, die Lesben und Schwule einschließen kann oder nicht, Frauen einschließen kann oder nicht, die Rassen und Ethnien selektiv in ihre Wirkungsweise einbezieht. Die Kopplung besagt, dass solche Gruppen ihre jeweils eigenen Menschenrechte haben, dass das, was wir mit menschlich meinen, wenn wir an das Menschsein von Frauen denken, vielleicht anders ist als das, was menschlich bedeutet hat, als es, wie angenommen wird, männlich funktionierte. Sie besagt auch, dass diese Begriffe im Verhältnis zueinander variabel definiert sind. Und gewiss könnten wir zur Rasse ein ähnliches Argument vorbringen. Welche Bevölkerungen haben sich für das Menschliche qualifizieren können und welche nicht? Welche Geschichte hat diese Kategorie? An welchem Punkt dieser Geschichte befinden wir uns zurzeit?

In diesem eben genannten Prozess können wir die grundlegenden Kategorien der Ontologie, menschlich zu sein, von einem Gender geprägt zu sein, auf erkennbare Weise sexuell zu sein, nur in dem Umfang neu formulieren und umdeuten, in dem wir uns einem Prozess der kulturellen Übersetzung unterziehen, würde ich sagen. Es geht nicht darum, fremde oder unvertraute Vorstellungen von Gender oder Menschsein in unsere eigenen aufzunehmen, so als ob es einfach darum ginge, Fremdes in ein vorhandenes Lexikon aufzunehmen. Die kulturelle Übersetzung ist auch ein Prozess der Preisgabe unserer grundlegendsten Kategorien, das heißt, man sieht, wie und warum sie sich auflösen, umgedeutet werden müssen, wenn sie auf die Grenzen einer verfügbaren Episteme stoßen: auf das, was unbekannt ist oder noch nicht bekannt ist. Es ist entscheidend, zu erkennen, dass die Idee des Menschlichen erst über die Zeit hinweg im Prozess und durch den Prozess der kulturellen Übersetzung geschaffen wird, wobei es sich nicht um eine Übersetzung zwischen zwei Sprachen handelt, die abgeschlossen, getrennt und einheitlich bleiben. *Die Übersetzung wird vielmehr jede Sprache zwingen, sich zu ändern, um die andere begreifen zu können*, und dieses Verstehen an der Grenze dessen, was vertraut, beschränkt und bereits bekannt ist, wird der Grund einer ethischen und sozialen Veränderung sein. Es wird einen Verlust geben, eine Orientierungslosigkeit, in der aber das Menschliche die Chance hat, neu Gestalt anzunehmen.

Wenn wir fragen, was ein Leben lebenswert macht, fragen wir nach bestimmten normativen Bedingungen, die erfüllt sein müssen, damit das Leben zu einem Leben wird. Und so gibt es zumindest zwei Bedeutungen von Leben, nämlich eine, die sich auf die minimale biologische Form von Leben bezieht, und eine andere, die von Anfang an hinzukommt und im Hinblick auf menschliches Leben Mindestbedingungen für ein lebenswertes Leben aufstellt.[6] Das besagt allerdings nicht, dass wir das bloße Leben zugunsten des lebenswerten Lebens missachten können, sondern dass wir fragen müssen – so wie wir bei der von Gender motivierten Gewalt gefragt hatten –, was Menschen brauchen, damit sie die Bedingungen ihrer Lebensbejahung erhalten und reproduzieren können, und wie unsere Politik aussehen soll, so dass wir, auf welche Weise auch immer, die Möglichkeit des lebenswerten Lebens sowohl konzeptuell entwickeln als auch dessen institutionelle Unterstützung organisieren können? Es wird immer verschiedene Ansichten dazu geben, was das bedeutet, und diejenigen, die behaupten, wegen dieser Verpflichtung sei die Einigung auf eine einzige politische Ausrichtung erforderlich, werden sich täuschen. Doch das ist nur deswegen so, weil zu leben bedeutet, ein Leben politisch zu leben, im Verhältnis

6 Siehe Giorgio Agamben, *Homo sacer*, S. 11-22.

zur Macht, im Verhältnis zu anderen, in dem Akt der Übernahme von Verantwortung für eine kollektive Zukunft. Verantwortung für die Zukunft zu übernehmen heißt trotzdem nicht, deren Richtung im Vorhinein vollständig zu kennen, da die Zukunft, insbesondere die Zukunft mit anderen und für andere, eine gewisse Offenheit und Unwissenheit verlangt; es beinhaltet, Teil eines Prozesses zu werden, dessen Ergebnis ein einzelnes Subjekt nicht sicher vorhersagen kann. Die Auseinandersetzung muss im Spiel sein, damit Politik demokratisch wird. Die Demokratie spricht nicht mit einer Stimme, ihre Stimmen sind nicht im Gleichklang, und das ist zwangsläufig so. Sie ist kein voraussagbarer Prozess, sie muss durchgemacht werden, so wie eine Leidenschaft durchgemacht werden muss. Wenn der richtige Weg im Voraus entschieden wird, wenn wir festsetzen, was für jeden richtig ist, und den Weg in die Gemeinschaft hinein nicht finden und dort das »Richtige« inmitten der kulturellen Übersetzung entdecken, dann könnte das Leben selbst ausgeschlossen werden. Es mag sein, dass das, was richtig ist und was gut ist, darin besteht, offenzubleiben für die Spannungen, die auch die grundlegendsten Kategorien heimsuchen, die wir brauchen –, darin besteht, um die Unwissenheit im Kern dessen zu wissen, was wir wissen und was wir brauchen, und in dem, was wir durchmachen, ohne Gewissheit zu haben, was kommen wird, das Zeichen des Lebens zu erkennen.

2. Gender-Regulierungen

Auf den ersten Blick scheint der Begriff »Regulierung« die Institutionalisierung des Prozesses nahezulegen, durch den Personen normalisiert werden. Verwendet man ihn im Plural, so erkennt man in der Tat jene konkreten Gesetze, Regeln und Praktiken an, die die rechtlichen Instrumente konstituieren, durch die Personen normalisiert werden. Dennoch wäre es meines Erachtens ein Fehler, die verschiedenen Formen, durch die Gender reguliert wird, auf diese empirisch gegebenen rechtlichen Instanzen zurückführen zu wollen. Denn die Normen, die diese Regulierungen leiten, gehen über die Instanzen hinaus, durch die sie verkörpert werden. Andererseits wäre es ebenso problematisch, abstrakt über die Regulierung von Gender zu sprechen. Dies würde bedeuten, die empirischen Rechtsinstanzen illustrierten nur eine Funktionsweise von Macht, die von diesen Instanzen unabhängig ist.

Tatsächlich haben sich zentrale Arbeiten aus dem Bereich der feministischen und lesbisch-schwulen Forschung auf konkrete Regulierungen konzentriert – rechtliche, militärische, psychiatrische und viele mehr. Dieser Forschungsbereich bringt folgende Fragen hervor: Wie wird Gender reguliert? Wie werden solche Regulierungen auferlegt? Wie werden die Regulierungen durch die Subjekte, denen sie auferlegt werden, verinnerlicht und gelebt? Wenn Gender reguliert wird, heißt das indes nicht, dass Gender schlichtweg unter die Herrschaft einer äußeren Macht der Regulierung gerät.[1] Falls Gender vor seiner Regulierung existierte, könnten wir »Gender« zum Thema machen und im Folgenden die verschiedenen Formen der Regulierungen aufzählen,

1 Vgl. Carol Smart (Hg.), *Regulating Womanhood.*

denen es unterworfen ist. Wir könnten auch die Art und Weise hervorkehren, durch die diese Subjektivierung vonstatten geht. Aber wir stehen einem sehr viel dringlicheren Problem gegenüber. Schließlich stellt sich die Frage, ob es überhaupt ein Gender gibt, das vor seiner Regulierung existiert – oder ob nicht etwa das geschlechtlich markierte Subjekt gerade dadurch entsteht, dass es der Regulierung unterworfen wird, es also in und durch diese spezifische Form der Subjektivierung hervorgebracht wird. Könnte Subjektivierung nicht als der Prozess verstanden werden, durch den Regulierungen Gender produzieren?

An dieser Stelle soll daran erinnert werden, dass mindestens zwei Vorbehalte gegenüber der Subjektivierung und Regulierung gehegt werden, die der foucaultschen Lehre entstammen: 1. dass die regulatorische Macht nicht nur auf ein präexistentes Subjekt einwirkt, sondern dieses Subjekt gleichfalls formt und es prägt; dass also jede juridische Form der Macht ihren eigenen produktiven Effekt hat; 2. dass einer Regulierung unterworfen zu werden ebenfalls bedeutet, von ihr subjektiviert zu werden. Der zweite Punkt ergibt sich insofern aus dem ersten, als die regulatorischen Diskurse, die das Subjekt von Gender formen, genau diejenigen sind, die das zur Debatte stehende Subjekt benötigen und es hervorrufen.

Bestimmte Formen von Regulierungen können als Instanzen einer allgemeineren regulatorischen Macht verstanden werden; einer regulatorischen Macht, die als die Regulierung von Gender spezifiziert werden kann. Damit möchte ich in gewisser Weise Foucault widersprechen. Wenn die foucaultsche Weisheit in der Einsicht besteht, dass regulatorische Macht bestimmte weitgefasste historische Charakteristiken aufweist und sie sich auf Gender ebenso wie auf andere Formen sozialer und kultureller Normen auswirkt, dann dient Gender nur als Beispiel für die Wirkungsweise einer übergeordneten regulatorischen Macht. Gegen diese Subsumierung von Gender unter die regulatorische Macht habe ich einzuwenden, dass der regulatorische Apparat, der Gender regiert, selbst genderspezifisch ist. Damit möchte ich nicht behaupten, dass die Regulierung von Gender paradigmatisch für regulatorische Macht ist, sondern dass Gender sein eigenes, unverwechselbares regulatorisches und disziplinarisches Regime erfordert und einführt.

Die Behauptung, Gender sei eine »Norm«, bedarf weiterer Ausführungen. Eine Norm ist weder das Gleiche wie eine Regel noch wie ein Gesetz.[2] Eine Norm wirkt innerhalb sozialer Praktiken als impliziter Standard der *Normalisierung*. Zwar kann eine Norm von den sozialen Praktiken, in die sie eingebettet ist, analytisch getrennt werden. Doch kann sie sich auch jeder Bemühung gegenüber als widerspenstig erweisen, die ihre Funktionsweise aus dem jeweiligen Kontext lösen will. Normen können explizit sein oder auch nicht. Wenn sie aber als normalisierendes Prinzip in der sozialen Praxis fungieren, bleiben sie in der Regel implizit und sind schwer zu entziffern. Sie sind dann am deutlichsten und dramatischsten in den Effekten ersichtlich, die sie hervorbringen. Wenn Gender eine Norm ist, könnte das heißen, dass jede/r soziale/r Akteur/in sie einzig und allein ansatzweise verkörpern kann. Die Norm regiert die soziale Intelligibilität einer Handlung. Aber sie ist mit der Handlung, die sie regiert, nicht identisch. Die Norm scheint gegenüber den Handlungen, die sie regiert, indifferent zu sein. Damit möchte ich lediglich sagen, dass die Norm einen Status und einen Effekt zu haben scheint, der unabhängig von den Handlungen ist, die sie regiert. Die Norm regiert die Intelligibilität, sie ermöglicht, dass bestimmte Praktiken und Handlungen als solche erkannt werden können. Sie erlegt dem Sozialen ein Gitter der Lesbarkeit auf und definiert die Parameter dessen, was innerhalb des Bereichs des Sozialen erscheinen wird und was nicht. Die Frage, was außerhalb der Norm liegt, erweist sich als gedankliches Paradoxon.

2 Vgl. François Ewald, »Norms, Discipline, and the Law«; ders., »Eine Macht ohne Draußen«; Charles Taylor, »To Follow a Rule«.

Denn wenn die Norm das Feld des Sozialen für uns intelligibel macht und diesen Bereich für uns normalisiert, dann muss ein Außerhalb der Norm immer noch in Relation zu ihr definiert werden. Das heißt: Nicht ganz männlich und nicht ganz weiblich zu sein, heißt immer noch, ausschließlich im Verhältnis zur eigenen Beziehung zum »ziemlich Männlichen« und »ziemlich Weiblichen« verstanden zu werden.

Wenn man behauptet, Gender sei eine Norm, bedeutet das nicht dasselbe wie zu sagen, es gäbe normative Vorstellungen von Männlichkeit und Weiblichkeit – wiewohl es eindeutig solche normativen Vorstellungen gibt. Gender ist weder genau das, was man »ist«, noch das, was man »hat«. Gender ist der Apparat, durch den die Produktion und Normalisierung des Männlichen und Weiblichen vonstatten geht – zusammen mit den ineinander verschränkten hormonellen, chromosomalen, psychischen und performativen Formen, die Gender voraussetzt und annimmt. Wenn man hingegen Gender immer und ausschließlich als die Matrix des »Männlichen« und des »Weiblichen« erachtet, verfehlt man einen entscheidenden Punkt: Die Produktion dieser kohärenten Binarität ist kontingent, sie hat ihren Preis; jene Spielarten von Gender, die nicht in das binäre Muster passen, sind ebenso Teil von Gender wie jedes seiner zutiefst normativen Beispiele. Setzt man die Definition von Gender mit seinem normativen Ausdruck gleich, so verfestigt man unversehens die Macht der Norm, die darin liegt, die Definition von Gender zu beschränken. Gender ist der Mechanismus, durch den Vorstellungen von Männlichkeit und Weiblichkeit produziert und naturalisiert werden. Gender könnte aber auch der Apparat sein, durch den solche Vorstellungen dekonstruiert und denaturalisiert werden. In der Tat könnte genau der Apparat, der die Norm einzusetzen versucht, gleichfalls bewirken, dass ebendieser Vorgang untergraben wird: Das heißt, die Einsetzung der Norm könnte per definitionem unabgeschlossen bleiben. Indem man den Begriff »Gender« sowohl von Männlichkeit als auch von Weiblichkeit trennt, stützt man eine theoretische Perspektive, die eine Erklärung dafür anbietet, wie es dazu kommt, dass sich das semantische Feld von Gender in der Binarität des Männlichen und des Weiblichen erschöpft. Ob man sich auf *gender trouble, gender blending, transgender* oder *crossgender* bezieht, man legt damit immer nahe, dass Gender die Möglichkeit hat, die naturalisierte Binarität zu überschreiten. Folglich führt die Gleichsetzung von Gender mit männlich/weiblich, Mann/Frau ebenjene Naturalisierung durch, der das Konzept von Gender zuvorkommen will.

Daher führt ein restriktiver Diskurs über Gender, der darauf beharrt, dass ausschließlich die Binarität von »Mann« und »Frau« das Feld von Gender für das Verständnis erschließt, eine *regulatorische* Operation von Macht durch. Er naturalisiert die hegemoniale Vorlage und verhindert so, dass ihre Veränderung gedacht werden kann.

Es gab in den Gender Studies eine Tendenz zu der Annahme, die Alternative zum binären Gendersystem bestehe in einer Vervielfachung der Gender. Ein solcher Ansatz provoziert unweigerlich die Frage: Wie viele Gender können es sein, und wie wird man sie nennen?[3] Doch die Zerschlagung des binären Gendersystems muss uns nicht zu einer ebenso problematischen Quantifizierung von Gender führen. Luce Irigaray folgt einem Stichwort von Lacan und fragt, ob das maskuline Geschlecht das »eine« Geschlecht ist, und meint damit nicht »einzig und allein eins«, sondern das eine, das einen quantitativen Ansatz zum Geschlecht einleitet. »Geschlecht« (*le sexe*) ist aus ihrer Sicht weder eine biologische noch eine soziale Kategorie (und insofern von »Gender« unterschieden), sondern eine linguistische, die sozusagen auf der Trennlinie zwischen dem Sozialen und dem Biologischen existiert. »Das Geschlecht, das nicht eins ist«, ist daher Weiblichkeit, die genau als das verstanden wird, was sich nicht

3 Siehe z. B. die Forschung von Randolph Trumbach und Anne Fausto-Sterling.

zahlenmäßig erfassen lässt.[4] Andere Ansätze bestehen darauf, dass »transgender« streng genommen kein drittes Geschlecht ist, sondern ein Modus des Übergangs zwischen den Gendern, eine Zwischengestalt oder Übergangsfigur von Gender, die sich nicht auf ein normatives Schema reduzieren lässt, das auf der Alternative von »eins oder zwei« beruht.[5]

Symbolische Positionen und soziale Normen

Obwohl einige Theoretiker/innen die Meinung vertreten, Normen seien immer soziale Normen, verfechten von Lacan geprägte Theoretiker/innen eine gegenläufige Vorstellung. Dem Strukturalismus von Lévi-Strauss verpflichtet, bestehen sie darauf, dass symbolische Normen nicht dasselbe sind wie soziale Normen und dass eine bestimmte »Regulierung« von Gender durch die Anforderungen des Symbolischen vonstatten geht, die der Psyche von Anfang an auferlegt werden.

Das »Symbolische« ist für Lacan seit 1953 ein Fachbegriff, der (formal)mathematische und anthropologische Verwendungen des Begriffs miteinander verbindet. In einem kürzlich erschienenen Wörterbuch des lacanschen Vokabulars wird das Symbolische ausdrücklich mit dem Problem der Regulierung in Verbindung gebracht: »Das Symbolische ist der Bereich des »Gesetzes«, welches das Begehren im Ödipuskomplex *regelt*«.[6]

Die Herkunft des Komplexes wird auf ein primäres oder symbolisches Inzestverbot zurückgeführt: Ein Verbot, das nur im Zusammenhang mit Verwandtschaftsbeziehungen Sinn ergibt, in denen verschiedene »Positionen« innerhalb der Familie dem Exo-

4 Siehe Luce Irigaray, *This Sex Which Is Not One* (dt.: *Das Geschlecht, das nicht eins ist*).

5 Siehe Kate Bornstein, *Gender Outlaw*.

6 Dylan Evans, *Wörterbuch der Lacanschen Psychoanalyse*, S. 299 f.; Hervorh. J.B.

gamie-Gebot entsprechend etabliert werden. Mit anderen Worten, eine Mutter ist jemand, mit dem ein Sohn und eine Tochter keine sexuelle Beziehungen unterhalten, und ein Vater ist jemand, mit dem ein Sohn und eine Tochter keine sexuellen Beziehungen unterhalten, die Mutter ist eine Person, die nur mit dem Vater sexuelle Beziehungen unterhält usw. Diese Verbotsbeziehungen sind in der »Position« kodiert, die das jeweilige Familienmitglied besetzt hält. Eine solche Position innezuhaben bedeutet also, in einer derartigen durchgekreuzten sexuellen Beziehung positioniert zu sein, zumindest entsprechend der symbolischen oder normativen Vorstellung davon, was diese »Position« ist.

Das strukturalistische Vermächtnis innerhalb des psychoanalytischen Denkens hat feministische Film- und Literaturtheorie sowie, quer durch alle Disziplinen, feministische Zugänge zur Psychoanalyse stark beeinflusst. Ebenso ebnete es den Weg für eine Kritik des Feminismus aus der Perspektive von Queers, die zwangsläufig spaltende und folgenreiche Effekte innerhalb der Sexualitäts- und Genderforschung hervorbrachte und weiterhin hervorbringen wird. Im Folgenden hoffe ich zeigen zu können, dass die Vorstellung von Kultur, die in der lacanschen Psychoanalyse in das »Symbolische« umgewandelt wird, sich deutlich von der üblicherweise vorgebrachten Auffassung von Kultur unterscheidet, die im zeitgenössischen Feld der Cultural Studies kursiert. Beide Ansätze werden dadurch oftmals als gegensätzlich betrachtet. Ich möchte des Weiteren argumentieren, dass jeder Anspruch, Regeln aufstellen zu können, die das »Begehren« in einem ewigen und unveränderlichen Bereich des Gesetzes »regulieren«, begrenzten Nutzen für eine Theorie hat, die die Bedingungen zu erkennen sucht, unter denen eine soziale Transformation von Gender möglich ist. Weitere Bedenken hinsichtlich des Symbolischen lassen sich formulieren: Das Inzestverbot kann eine der Motivationen seiner eigenen Überschreitung liefern, das heißt, symbolische Verwandtschaftspositionen werden in vielerlei Hinsicht durch genau jene Sexualität vereitelt, die sie durch Regulierung hervorbringen.[7] Zudem hoffe ich aufzeigen zu können, dass die Unterscheidung zwischen dem symbolischen und dem sozialen Gesetz letztlich nicht aufrechterhalten werden kann: Und zwar deshalb, weil nicht nur das Symbolische eine Sedimentierung sozialer Praktiken ist, sondern auch weil die radikale Veränderung der Verwandtschaftsbeziehungen eine Neuformulierung der strukturalistischen Voraannahmen der Psychoanalyse erfordert, die uns einem poststrukturalistischen Verständnis der Psyche aus der Perspektive von Queers näherbringen.

Kommen wir zum Inzesttabu zurück, so ergibt sich folgende Frage: Welchen Status haben diese Verbote und diese Positionen? In *Die elementaren Strukturen der Verwandtschaft* verdeutlicht Lévi-Strauss, dass das Inzestverbot nicht durch etwas Biologisches erforderlich wird, sondern dass es sich hierbei um ein rein *kulturelles* Phänomen handelt. »Kulturell« heißt für Lévi-Strauss keineswegs »kulturell verschieden« oder »kontingent«, sondern vielmehr »universellen« Gesetzen der Kultur entsprechend. Damit sind kulturelle Regeln für Lévi-Strauss nicht veränderbar (wie Gayle Rubin später argumentiert), sondern unveränderlich und universell. Der Bereich eines universellen und ewig währenden Gesetzes der Kultur – von Juliet Mitchell »die universelle Urform aller Gesetze«[8] genannt – wird zur Grundlage für die lacansche Vorstellung vom Symbolischen sowie für die daran anschließenden Bemühungen, das Symbolische sowohl vom biologischen als auch vom sozialen Bereich zu trennen. Bei Lacan werden die symbolischen beziehungsweise linguistischen Regeln, von denen angenommen wird, sie stützten Verwandtschaftsbeziehungen, als das Universelle der Kultur verstanden. Die Möglichkeit der pronominalen Referenz, eines »Ich«, »Du«, »Wir« und »Sie«, scheint auf dieser Form der Verwandtschaftsbeziehung zu beruhen, die durch und als Sprache operiert. Das

7 Vgl. Vikki Bell, *Interrogating Incest.*

8 Juliet Mitchell, *Psychoanalyse und Feminismus: Freud, Reich, Laing und die Frauenbewegung*, S. 424.

ist eine gleitende Verschiebung vom Kulturellen zum Sprachlichen, auf die Lévi-Strauss gegen Ende der *Elementaren Strukturen der Verwandtschaft* selbst hindeutet. Das Symbolische wird bei Lacan im Sinne linguistischer Strukturen definiert, die nicht auf die sozialen Formen von Sprache reduziert werden können. Anders gesagt etablieren diese linguistischen Strukturen nach strukturalistischer Auffassung die universellen Bedingungen, die die soziale Funktion von Sprache, also die Kommunizierbarkeit jeglichen Gebrauchs von Sprache, ermöglichen. Diese Argumentationsführung ebnet den Weg für die daraus folgende Unterscheidung zwischen symbolischen und sozialen Betrachtungsweisen von Verwandtschaftsbeziehungen.

Eine Norm ist folglich nicht ganz dasselbe wie eine »symbolische Position« im lacanschen Sinne, die ungeachtet aller Einschränkungen, welche in den Fußnoten von Lacans Seminaren geliefert werden, einen quasi zeitlosen Charakter zu haben scheint. Die Lacianer bestehen fast immer darauf, dass eine symbolische Position nicht dasselbe ist wie eine soziale und dass es ein Fehler wäre, die symbolische Position des Vaters zum Beispiel, die schließlich die paradigmatische symbolische Position ist, mit einer sozial geschaffenen und änderbaren Position zu verwechseln, die Väter im Laufe der Zeit eingenommen haben.

Die lacansche Auffassung besteht auf der Existenz einer idealen und unbewussten Forderung, die dem sozialen Leben auferlegt wird und die nicht auf sozial zu verstehende Ursachen und Wirkungen reduzierbar ist. So erlaubt der symbolische Ort des Vaters nicht, Forderungen nach einer sozialen Neuorganisation von Vaterschaft nachzugehen. Im Gegenteil ist das Symbolische genau das, was jeglichen utopistischen Bemühungen Grenzen setzt, Verwandtschaftsbeziehungen mit Abstand zur ödipalen Szene umzugestalten und neu zu durchleben.[9]

9 Zur Beziehung zwischen dem Sozialen und dem Symbolischen in Verwandtschaftsbeziehungen vgl. Michel Tort, *Le nom du père incertain*; ders., »Artifices du père«.

Als die Untersuchung von Verwandtschaftsbeziehungen mit Perspektiven der strukturalistischen Linguistik verbunden wurde, trat unter anderem das Problem auf, dass Verwandtschaftspositionen den Rang grundlegender linguistischer Strukturen erhielten. Diese Positionen ermöglichen den Zugang zur Sprache und sind somit im Hinblick auf Sprache von essentieller Bedeutung. Mit anderen Worten: Es handelt sich um Positionen, ohne die Signifikation nicht möglich wäre bzw. ohne die kulturelle Intelligibilität nicht gesichert werden könnte. Welche Folgen hatte es, dass bestimmte Konzeptionen von Verwandtschaft erst zeitlos gemacht und dann in den Rang grundlegender Strukturen von Intelligibilität erhoben wurden?

Obgleich Lévi-Strauss behauptet, eine Vielfalt von Verwandtschaftssystemen zu untersuchen, tut er dies zu dem Zweck, jene Prinzipien der Verwandtschaft abzugrenzen, die einen interkulturellen Status beanspruchen können. Was der Strukturalismus als eine »Position« innerhalb von Sprache oder bezogen auf Verwandtschaft betrachtet, ist nicht dasselbe wie eine Norm, da Letztere einen sozial produzierten und veränderlichen Rahmen hat. Eine Norm ist nicht dasselbe wie eine symbolische Position. Wenn aber, wie ich zu zeigen hoffe, eine symbolische Position doch angemessener als eine Norm zu betrachten ist, dann ist eine symbolische Position nicht sie selbst; sie muss vielmehr als eine kontingente Norm begriffen werden, deren Kontingenz auf eine Weise theoretisch reifiziert worden ist, die weitreichende Konsequenzen für genderbezogenes Leben haben kann. Darauf könnte in strukturalistischer Vermessenheit erwidert werden: »Aber so ist das Gesetz!« Doch welchen Stellenwert hat diese Äußerung? »So ist das Gesetz!« wird zu einer Äußerung, die dem Gesetz in einem performativen Sprechakt genau jene Macht zuweist, von der behauptet wird, das Gesetz übe sie aus. »So ist das Gesetz!« ist folglich ein Zeichen der Komplizenschaft mit dem Gesetz, ein Zeichen des Begehrens nach einem unangreifbaren Gesetz. Es handelt sich um einen theologischen Impuls innerhalb der Theorie der Psychoanalyse, die jede Kritik am symbolischen Vater, dem Gesetz der Psychoanalyse selbst, auszuschließen sucht. Es überrascht daher nicht, dass der Stellenwert des Gesetzes genau dem designierten Status des Phallus entspricht. Dieser ist innerhalb des lacanschen Schemas nicht einfach ein privilegierter Signifikant, sondern wird zum charakteristischen Merkmal des theoretischen Apparates, in dem dieser Signifikant eingeführt wird. Folglich übt die gebieterische Kraft, die die Unangreifbarkeit des symbolischen Gesetzes sichert, selbst dieses symbolische Gesetz aus; sie ist also ein weiteres Beispiel für den gleichsam unbestreitbaren und unangreifbaren Ort des Vaters. Obwohl Lacanianer/innen uns immer wieder daran erinnern, dass das Symbolische fortwährend angefochten wird, wird nicht die letzte Anstrengung unternommen, das Symbolische selbst zu unterlaufen oder eine radikale Veränderung seiner Bedingungen zu erzwingen. Unter diesem Vorzeichen wird die Tatsache, dass das Symbolische jede Anfechtung seiner Autorität überlebt, zu dem Moment, an dem die Autorität der Theorie sich tautologisch zu verteidigen sucht. Es handelt sich daher nicht einfach um eine Theorie, die auf dem Männlichen und dem Weiblichen als nicht anfechtbaren symbolischen Positionen beharrt, die in der Tat jeder Anfechtung als solcher eine Grenze setzt. Vielmehr handelt es sich um eine Theorie, die auf genau jener von ihr selbst beschriebenen Autorität beruht, mit der sie ihre eigenen deskriptiven Behauptungen zu stützen versucht.

Die Trennung des Symbolischen von der sozialen Sphäre ermöglicht die Unterscheidung zwischen *dem Gesetz* des Vaters und veränderlichen Gesetzen. Anstelle einer kritischen Praxis, die keine endgültige Autorität vorwegnimmt und dadurch ein besorgniserregendes Feld geschlechtlicher Möglichkeiten eröffnet, erscheint das Symbolische, um dieser Sorge ein Ende zu bereiten. Wenn es ein Gesetz gibt, das wir nicht verschieben können, sondern nur durch imaginäre Mittel immer wieder zu verschieben suchen, wissen wir schon im Voraus, dass unseren

Bemühungen um Veränderung Einhalt geboten werden wird. Dann ist von vornherein klar, dass unser Kampf gegen den vorherrschenden Zugriff auf Gender vereitelt wird und wir uns einer letztlich unangreifbaren Autorität beugen müssen. Einige halten die Idee, das Symbolische selbst könne durch menschliches Handeln verändert werden, für reinen Voluntarismus. Stimmt das? Man kann sicherlich einräumen, das Begehren sei grundlegenden Bedingungen unterworfen, ohne zu behaupten, es sei grundlegend determiniert. Man kann die das Begehren ermöglichenden Strukturen anerkennen, ohne zu meinen, diese Strukturen seien zeitlos und unangreifbar, der Wiederholung und Verschiebung gegenüber immun. Die Anfechtung symbolischer Autorität bedeutet nicht notwendigerweise, zum »Ego« oder zu klassischen liberalen Freiheitsvorstellungen zurückzukehren. Vielmehr legt sie nahe, darauf zu beharren, dass die Norm in ihrer notwendigen Zeitlichkeit gegenüber einer Verschiebung und einer von ihrer internen Logik ausgehenden Subversion offen ist.

Das Symbolische wird als der Bereich verstanden, der die Annahme des Sex reguliert. Sex wird dabei als ein differentielles Set von männlichen und weiblichen Positionen aufgefasst. Folglich ist das Konzept von Gender, das dem soziologischen Diskurs entstammt, dem Diskurs über sexuelle Differenz fremd, der aus dem lacanianischen und postlacanianischen Theorierahmen hervorgeht. Lacan war eindeutig von Lévi-Strauss' *Die elementaren Strukturen der Verwandtschaft* beeinflusst, einem Werk, das erstmals 1947 erschien, ungefähr sechs Jahre bevor Lacan den Begriff verwendete.[10] In dem Modell von Lévi-Strauss sind die

10 Jean Laplanche und J.-B. Pontalis schreiben unter dem Eintrag »Symbolisch, das Symbolische« in *Das Vokabular der Psychoanalyse* (S. 487 f.): »Der Gedanke einer symbolischen Ordnung, die die zwischenmenschliche Realität strukturiert, wurde in den Sozialwissenschaften besonders von Claude Lévi-Strauss nach dem Vorbild der strukturellen Linguistik, ausgehend von der Lehre von F. de Saussure, herausgearbeitet. Die These des *Cours de linguistique générale* (dt.: *Grundfragen der allgemeinen Sprachwissenschaft*) lautet, dass der linguistische Signifikant (*signifiant*) isoliert betrachtet kein inneres Band mit dem Signifikat

Positionen von Mann und Frau das, was bestimmte Formen des sexuellen Austauschs ermöglicht. In diesem Sinne dient Gender dazu, bestimmte Formen der reproduktiven geschlechtlichen Bindungen zu gewährleisten und andere Formen zu verbieten.

(*signifié*) hat. Er verweist nur auf eine Bedeutung, weil er in ein System von Signifikanten integriert ist, das sich durch differentiale Gegensätze auszeichnet.« Weiter zitieren sie Lévi-Strauss: »Jede Kultur lässt sich als eine Gesamtheit symbolischer Systeme betrachten, in deren vorderster Reihe die Sprache, die Heiratsregeln, die ökonomischen Beziehungen, die Kunst, die Wissenschaft, die Religion stehen.« Lacan gebraucht »das Symbolische« den beiden Autoren zufolge, um nachzuweisen, dass das Unbewusste wie eine Sprache strukturiert ist, und um zu zeigen, dass sich die linguistische Methode auf das Unbewusste fruchtbar anwenden lässt. Die zweite Verwendungsweise für das Symbolische, nämlich »zu zeigen, wie das menschliche Subjekt sich in eine vorgegebene Ordnung einfügt, die ihrerseits im Sinne von Lévi-Strauss symbolischer Natur ist«, bezieht sich direkter auf unsere Untersuchung. In dieser Sicht, die sich von der anderer Lacan-Exegeten wie Malcolm Bowie unterscheidet, bildet der Sinn des Symbolischen als eine präexistente Ordnung eine Spannung zu Lacans hartnäckiger Behauptung, dass es zwischen dem Signifikanten und dem Signifikat eine willkürliche Beziehung gebe. Lacan scheint »das Symbolische« bei manchen Gelegenheiten dafür zu benutzen, die eigenständigen Elemente zu beschreiben, die als Signifikate fungieren, ein andermal wieder benutzt er den Begriff offenbar, um das allgemeinere Register zu beschreiben, in dem diese Elemente funktionieren. Laplanche und Pontalis argumentieren außerdem, dass Lacan »das Symbolische« verwendet, »um das *Gesetz* zu bezeichnen, auf das sich diese Ordnung gründet«. Die Verwerfung des »symbolischen Vaters« oder »des Namen-des-Vaters« ist eine solche Instanz der Gründung, die nicht zurückführbar ist auf einen imaginären oder realen Vater und die das Gesetz erzwingt. Natürlich füllt niemand die Position des symbolischen Vaters aus, und es ist paradoxerweise diese Abwesenheit, die dem Gesetz seine Macht gibt. Obwohl Malcolm Bowie den Standpunkt vertritt, dass das Symbolische vom symbolischen Gesetz regiert werde, meint er auch: »Von der Symbolischen Ordnung wird oft voller Bewunderung gesprochen. Sie ist der Bereich der Bewegung und nicht des Stillstands, der Verschiedenartigkeit und nicht der Ähnlichkeit. [...] [Das] Symbolische [ist] unausrottbar sozial und intersubjektiv« (*Lacan*, S. 91). Es bleibt dennoch die Frage, ob nicht die »soziale« Sphäre, die durch das Symbolische bezeichnet wird, vom »Namen-des-Vaters« regiert wird, einem symbolischen Ort für den Vater, der, falls er verloren geht (der Ort, nicht der Vater), zur Psychose führt. Welcher vorsoziale Zwang wird dadurch der Intelligibilität einer beliebigen sozialen Ordnung auferlegt?

Aus dieser Sicht ist das jeweilige Gender ein Index der verbotenen und vorgeschriebenen sexuellen Beziehungen, durch die ein Subjekt sozial reguliert und produziert wird.

Bei Lévi-Strauss wird dargelegt, dass die Regeln, die den sexuellen Austausch regieren und die entsprechend realisierbare Subjektpositionen auf der Grundlage dieser Regulierung von Sexualität hervorbringen, sich von den Individuen unterscheiden, die diese Regeln befolgen und die solche Positionen besetzen. Menschliche Handlungen werden durch solche Gesetze reguliert, haben aber nicht die Macht, den Inhalt und die Zielrichtung ihrer Gesetze zu verändern: Das scheint die Konsequenz einer Konzeption des Gesetzes zu sein, das gegenüber den Inhalten, die es reguliert, gleichgültig ist. Wie kann die Verschiebung der Vorstellung, symbolische Gesetze regulierten Gender, hin zu einem von sozialen Normen regulierten Gender die Gleichgültigkeit des Gesetzes gegenüber dem Regulierten anfechten und die Möglichkeit einer radikaleren Anfechtung des Gesetzes selbst eröffnen?

Wenn Gender eine Norm ist, ist es nicht dasselbe wie ein Vorbild, dem Individuen sich anzunähern suchen. Es ist im Gegenteil eine Form sozialer Macht, die das intelligible Feld der Subjekte hervorbringt, und ein Apparat, durch den die Geschlechterbinarität eingerichtet wird. Als Norm, die unabhängig von den Praktiken zu sein scheint, die sie regiert, resultiert die Idealität von Gender aus dem wiederholt herbeigeführten Effekt genau jener Praktiken. Dies bedeutet zum einen, dass die Beziehungen zwischen den Praktiken und den Idealisierungen, unter denen sie vonstatten gehen, kontingent sind. Zum anderen kann aber die Idealisierung an sich in Frage gestellt und kritisiert und dabei möglicherweise entidealisiert und entlarvt werden.

Der Abstand zwischen Gender und seinen naturalisierten Erscheinungen entspricht genau der Distanz zwischen einer Norm und ihren Verkörperungen. Ich habe weiter oben vorgeschlagen, dass die Norm analytisch unabhängig von ihren Verkörperungen ist. Jetzt möchte ich jedoch betonen, dass dieser Vorschlag eine Arbeitshypothese ist, die die Norm selbst als zeitloses und unveränderbares Ideal absichert und perpetuiert. Tatsächlich besteht die Norm nur in dem Ausmaß als Norm fort, in dem sie in der sozialen Praxis durchgespielt und durch die täglichen sozialen Rituale des körperlichen Lebens und in ihnen stets aufs Neue idealisiert und eingeführt wird. Die Norm besitzt keinen unabhängigen ontologischen Stellenwert, und dennoch kann sie nicht einfach auf ihre Erscheinungen reduziert werden. Sie wird durch ihre Verkörperung (re)produziert, durch die Handlungen, die sich ihr anzunähern suchen, durch die Idealisierungen, die in und durch solche Handlungen reproduziert werden.

Foucault hat den Diskurs über die Norm in Umlauf gebracht, als er in *Der Wille zum Wissen: Sexualität und Wahrheit 1* argumentierte, das neunzehnte Jahrhundert habe den Aufstieg der Norm als Mittel einer sozialen Regulierung erlebt, die nicht mit der Funktionsweise des Rechts identisch sei. Der von Foucault beeinflusste Soziologe François Ewald hat diese Bemerkung in mehreren Essays weitergeführt. Ewald vertritt die Ansicht, dass die Wirkung der Norm auf Kosten des juridischen Systems des Rechts gehe. Normalisierung erfordere zunehmend Rechtsprechung, stehe ihr aber nicht notwendigerweise entgegen, sondern bleibe an wichtigen Punkten von ihr unabhängig. Foucault merkt an, dass die Norm oftmals als eine Form von Recht erscheint, dass das Normative am unverkennbarsten in Verfassungen, Gesetzestexten und der kontinuierlichen und stets vernehmbaren Aktivität der Rechtsprechung ins Blickfeld gerate.[11] Ewald behauptet darüber hinaus, eine Norm gehöre zur Kunst des Richtens und sei – obwohl sie eindeutig mit Macht verwandt ist – weniger durch die Anwendung von Zwang und Gewalt charakterisiert als durch eine »implizite Logik, die es der Macht erlaubt, ihre eigenen Stra-

11 Vgl. Michel Foucault, »Leben machen und sterben lassen. Die Geburt des Rassismus«.

tegien zu reflektieren und ihre Objekte klar zu definieren. Diese Logik ist sowohl jene Kraft, die uns erlaubt, dass wir uns das Leben und das Lebende als Objekte der Macht vorstellen können, als auch jene Macht, die das »Leben« in die Hand nehmen kann und die Sphäre der Bio-Politik hervorbringt.«[12]

Für Ewald wirft dies zumindest zwei Fragen auf, nämlich ob zum Beispiel die Moderne an der Logik der Norm partizipiert und wie das Verhältnis zwischen den Normen und dem Recht zu denken ist.[13] Obwohl die Norm manchmal mit »Regel« synonym verwendet wird, ist klar, dass Normen auch das sind, was den Regeln eine bestimmte lokale Kohärenz verleiht. Ewald behauptet, dass der Beginn des 19. Jahrhunderts im Verhältnis zwischen der Regel und der Norm einen radikalen Wandel einleitet (S. 140) und dass die Norm begrifflich gesehen nicht als *eine besondere Sorte von Regeln* entsteht, sondern als *eine Art, sie zu hervorzubringen,* und als *ein Prinzip der Aufwertung.*

In Frankreich taucht der Begriff *normalité* 1834 auf, *normatif* 1868 und in Deutschland bekommen wir am Ende des 19. Jahrhunderts die normativen Wissenschaften (was, wie ich vermute, noch im Namen der Sektion seine Fortsetzung findet, die bei heutigen Versammlungen der American Political Science Association »normative political theory« heißt); der Ausdruck »Normalisierung« taucht im Jahr 1920 auf. Für Foucault wie Ewald entspricht dies den normalisierenden Funktionsweisen bürokratischer und disziplinarischer Macht.

12 François Ewald, »Norms, Discipline, and the Law«, S. 139.

13 Es ist vielleicht nützlich, die wichtige historische Arbeit zu erwähnen, die Georges Canguilhem in *Das Normale und das Pathologische* zur Geschichte des Normalen geleistet hat. Ewald stellt fest, dass die Etymologie die Norm mit mathematischen und architektonischen Vorbildern verbindet. Die Norm ist literarisch gesehen das lateinische Wort für eine Reißschiene und *normalis* bedeutet senkrecht. Vetruvius benutzte das Wort, um ein Instrument anzugeben, mit dem man rechte Winkel zeichnete, und Cicero verwandte den Ausdruck, um die architektonische Regelmäßigkeit der Natur zu beschreiben; Natur, behauptete er, ist die Norm des Gesetzes.

Ewald zufolge wandelt die Norm Zwänge in einen Mechanismus um und markiert somit die Bewegung, durch die, mit Foucault gesprochen, juristische Macht produktiv wird; sie wandelt die negativen Einschränkungen des Juristischen in die positiveren Kontrollen der Normalisierung um; die Norm erfüllt diese transformative Funktion. Die Norm kennzeichnet und bewirkt daher den Wechsel von der Macht, die als juristischer Zwang gedacht wird, zur Macht, die (a) als eine Anzahl organisierter Zwänge und (b) als ein regulierender Mechanismus gedacht wird.

Normen und das Problem der Abstraktion

Dies bringt uns nicht nur zu der Frage zurück, wie der Diskurs ein Subjekt hervorbringen kann (was in den Cultural Studies durchgängig angenommen, aber selten als eigenständiges Phänomen untersucht wird), sondern, genauer, zu der Frage, was im Diskurs diese Produktion [des Subjekts – Anm. d. Übers.] zustande bringt. Wenn Foucault behauptet, die Disziplin »bringe« Individuen »hervor«, meint er nicht allein, der disziplinarische Diskurs *leite sie* und *ziehe Nutzen aus ihnen*, sondern auch, dass er sie *aktiv konstituiert*.

Die Norm ist ein Maß und ein Mittel, um einen gemeinsamen Standard hervorzubringen. Ein Anwendungsfall der Norm zu werden heißt nicht, sie vollständig auszuschöpfen, sondern vielmehr, einer abstrakten Gemeinsamkeit unterworfen zu werden. Obwohl Foucault und Ewald ihre Analysen vornehmlich auf diesen Prozess im 19. und 20. Jahrhundert konzentrieren, datiert Mary Poovey in *Making a Social Body* diese Geschichte der Abstraktion in der sozialen Sphäre auf das späte 18. Jahrhundert. Für Britannien behauptet sie: »Die letzten Jahrzehnte des 18. Jahrhunderts sahen die ersten modernen Bemühungen, alle oder beträchtliche Teile der britischen Bevölkerung als Aggregate darzustellen und eine soziale Sphäre zu beschreiben, die von den politischen und ökonomischen Bereichen unterschieden ist.« Was aus ihrer Sicht diesen sozialen Bereich kennzeichnet, ist die Einführung quantitativer Messungen: »Solche Vergleiche und Messungen machen natürlich einige Phänomene zu normativen Phänomenen, und zwar angeblich deshalb, weil sie zahlreich sind, weil sie ein Mittelmaß darstellen oder weil sie ein Ideal verkörpern, auf das sich alle Phänomene zubewegen.«[14]

Ewald sucht nach einer engeren Definition der Norm, um deren Fähigkeit, sämtliche sozialen Phänomene zu regulieren, zu verstehen sowie auch die inneren Grenzen, auf die sie bei einer solchen Regulierung stößt. Er fragt deshalb:

> Doch was genau ist die Norm? Das Maß, das zugleich individualisiert, das unaufhörlich zu individualisieren gestattet und zugleich vergleichbar macht. Die Norm gestattet es – endlos –, die immer diskreteren, minutiösen Abstände zu markieren, und bewirkt, daß gleichzeitig diese Abstände niemanden in seiner Natur einschließen; denn diese individualisierenden Abstände *sind immer nur Ausdruck einer Beziehung*, der endlos aneinander ausgebildeteten Beziehung. Was ist eine Norm? Ein Prinzip des Vergleichs, der Vergleichbarkeit, ein gemeinsames Maß, das sich in der reinen Referenz einer Gruppe auf sich selbst herausbildet, wenn die Gruppe keine andere Beziehung als die zu sich selbst hat, ohne Äußerlichkeit, ohne Vertikalität ist.[15]

Ewald zufolge fügt Foucault der Vorstellung von Normalisierung etwas hinzu: »Die normative Individualisierung hat zunächst kein Äußeres. Das Anormale ist von keiner anderen Natur als das Normale. Die Norm, der normative Raum, kennt kein Draußen.

14 Mary Poovey, *Making a Social Body*, S. 8 f.

15 François Ewald, »Eine Macht ohne Draußen«, S. 168; Hervorh. J.B.

Die Norm integriert alles, was über sie hinausgehen wollte – niemals kann etwas oder kann jemand, welche Differenz es oder er auch immer zur Schau stellt, sich als äußerlich ausgeben und eine Alterität in Anspruch nehmen, derart, daß es oder er ein anderer wäre« (ebd.).

Aus diesem Blickwinkel ist jeder Widerstand gegen die Norm bereits in der Norm enthalten und für ihr Funktionieren von entscheidender Bedeutung. Unsere Chancen, die Norm selbst wirksam zu verschieben oder umzudeuten, scheinen sich an dieser Stelle nicht zu verbessern, indem wir von einer lacanschen Vorstellung von symbolischen Positionen zu einer eher foucaultschen Konzeption der »sozialen Norm« übergehen.

Im Werk von Pierre Macheray kommt man allerdings zu der Einsicht, dass Normen nicht unabhängige und selbstgenügsame Entitäten oder Abstraktionen sind, sondern als Handlungsformen verstanden werden müssen. In »Für eine Naturgeschichte der Normen« macht Macheray klar, dass die Kausalität, die Normen ausüben, nicht transitiv ist, sondern immanent, und um seine These zu erhärten, stützt er sich auf Spinoza und Foucault:

Denkt man sich die Norm unter dem Aspekt der Immanenz, bedeutet das in der Tat, davon abzusehen, sich die Aktion der Norm restriktiv vorzustellen, indem man sie als eine Form der »Repression« betrachtet, die wie ein Verbot formuliert ist und gegen ein gegebenes Subjekt gerichtet wird, bevor die Ausführung dieses Handelns bevorsteht, und auf diese Weise impliziert, das Subjekt könnte sich selbständig aus dieser Kontrolle befreien oder davon befreit werden: Die Geschichte des Wahnsinns zeigt ebenso wie die der Sexualität, dass eine solche »Befreiung«, das Handeln der Normen alles andere als unterdrückt, sondern im Gegenteil verstärkt. Man könnte sich aber auch fragen, ob es ausreicht, die Illusionen dieses antirepressiven Diskurses anzuprangern, um ihnen zu entkommen – läuft man dann nicht Gefahr, sie auf einer anderen Ebene zu reproduzieren, wo sie aufhören, naiv zu sein, wo sie aber, obwohl sie dem Wesen nach reflektierter sind, im Verhältnis zu dem Kontext, auf den sie offenbar abzielen, nach wie vor nicht Schritt halten können?[16]

Indem Macheray den Standpunkt vertritt, dass die Norm nur in ihren und durch ihre Handlungen weiterexistiert, lokalisiert er das Handeln im Grunde genommen als den Ort sozialen Eingreifens: »So gesehen ist es nicht mehr möglich, die Norm selbst vor den Folgen ihres Wirkens und gewissermaßen hinter ihnen und unabhängig von ihnen zu denken; *man muß vielmehr die Norm denken, wie sie just in ihren Wirkungen wirkt,* nicht so, daß deren Wirklichkeit durch ein einfaches Bedingungsgefüge beschränkt wird, sondern so, daß sie mit dem Maximum an Wirklichkeit, zu dem sie fähig sind, ausgestattet werden« (S. 184 f.; Hervorh. J.B.).

Ich erwähnte oben schon, dass die Norm nicht auf irgendeinen ihrer Einzelfälle zurückgeführt werden kann, würde aber hinzufügen: Die Norm kann aus ihren Einzelfällen auch nicht vollständig herausgelöst werden. Die Norm ist dem Feld ihrer Anwendung nicht äußerlich. Sie ist Macheray zufolge (a. a. O., S. 185 f.) nicht nur dafür verantwortlich, das Feld ihrer Anwendung hervorzubringen, sondern *bei der Herstellung dieses Feldes erzeugt die Norm sich selbst.* Die Norm verleiht ganz aktiv Realität; tatsächlich wird die Norm nur kraft ihrer wiederholten Macht, Realität zu verleihen, als eine Norm geschaffen.

Gender-Normen

Folgen wir der oben dargelegten Vorstellung von Normen, dann könnten wir sagen, dass der Realitätsbereich, der durch Gender-Normen hervorgebracht wird, den Hintergrund dafür bildet, dass Gender in seiner idealisierten Dimension auf der Bildflä-

16 Pierre Macherey, »Für eine Naturgeschichte der Normen«, S. 183 f.

che erscheint. Doch wie können wir die historische Formierung solcher Ideale verstehen? Wie erklärt sich ihr zeitliches Fortbestehen? Und wie wird sie zu einem Ort, an dem sich soziale Bedeutungen überschneiden, die auf den ersten Blick nicht von Gender zu handeln scheinen? In dem Maße, in dem Gender-Normen *reproduziert* werden, werden sie durch körperliche Praktiken aufgerufen und zitiert, die auch über das Potential verfügen, Normen im Verlauf ihrer Zitation zu verändern. Man kann keine vollständige narrative Darstellung der Geschichte der Zitation der Norm geben: die Narrativität verschleiert zwar deren Geschichte nicht vollständig, enthüllt aber auch nicht einen einzelnen Ursprung.

Eine wichtige Bedeutung von Regulierung besteht folglich darin, dass Personen durch Gender reguliert werden und diese Form der Regulierung als Bedingung für die kulturelle Intelligibilität einer jeden Person fungiert. Weicht man von der Gender-Norm ab, bringt man gleichzeitig ein Beispiel für eine Abweichung hervor. Diese Abweichung können regulatorische Mächte (medizinische, psychiatrische, rechtliche – um nur einige zu nennen) sehr schnell nutzen, um ihre Begründung für den eigenen fortwährenden regulatorischen Eifer zu stützen. Dennoch steht weiterhin in Frage, welche Abkehr von der Norm etwas anderes als eine Entschuldigung oder Begründung für die fortwährende Autorität der Norm sein kann. Welche Abweichung von der Norm unterbricht den regulatorischen Prozess selbst?

Die Frage der chirurgischen »Korrektur« intersexueller Kinder ist hierfür ein gutes Beispiel. Hier wird argumentiert, dass mit abweichenden primären Geschlechtsmerkmalen geborene Kinder »korrigiert« werden müssten, um sich integrieren, wohl fühlen, Normalität erreichen zu können. Die chirurgische Korrektur wird bisweilen mit elterlicher Unterstützung und im Namen der Normalisierung durchgeführt. Für jene Personen, die dem Messer der Norm ausgeliefert wurden, sind die physischen und psychischen Kosten des Eingriffs erwiesenermaßen enorm.[17] Die Körper, die durch solch ein regulatorisches Erzwingen von Gender hervorgebracht wurden, sind schmerzerfüllt, sie tragen die Male von Gewalt und Leid. Hier wird die Idealität einer geschlechtsspezifischen Morphologie buchstäblich dem Fleisch eingraviert.

Gender ist folglich eine regulatorische Norm, die aber auch im Dienste anderer Formen von Regulierung steht. Den Darlegungen von Catharine MacKinnon zufolge wird beispielsweise im Zusammenhang der Regelungen zum Schutz gegen sexuelle Belästigung üblicherweise angenommen, bei der Belästigung handele es sich um eine systematische sexuelle Unterordnung von Frauen am Arbeitsplatz, in der Männer im Allgemeinen belästigen und Frauen belästigt werden. Für MacKinnon scheint diese Rollenverteilung die Konsequenz einer grundsätzlicheren sexuellen Unterordnung von Frauen zu sein. Wiewohl diese Regulierungen sexuell erniedrigendes Verhalten am Arbeitsplatz einzuschränken suchen, führen sie gleichfalls bestimmte unausgesprochene Normen über Gender mit sich. In gewisser Hinsicht wird die implizite Regulierung von Gender durch die explizite Regulierung von Sexualität herbeigeführt.

Für MacKinnon ist es die hierarchische Struktur der Heterosexualität, der zufolge Männer Frauen unterordnen, die Gender erzeugt: »Stillgestellt als ein Attribut der Person, nimmt die Ungleichheit der Geschlechter die Form von Gender an; als eine Beziehung zwischen Menschen in Bewegung nimmt sie die Form der Sexualität an. Gender entsteht als die geronnene Form der Sexualisierung der Ungleichheit zwischen Männern und Frauen.«[18]

Wenn Gender die geronnene Form ist, die die Sexualisierung der Ungleichheit annimmt, dann geht die Sexualisierung der Un-

17 Vgl. Cheryl Chase, »Hermaphrodites with Attitude: Mapping the Emergence of Intersex Political Activism«.

18 Catharine MacKinnon, *Feminism Unmodified*, S. 6 f.

gleichheit dem Gender voraus und Gender ist deren Wirkung. Aber können wir uns ohne eine vorausliegende Vorstellung von Gender überhaupt einen Begriff machen von der Sexualisierung der Ungleichheit? Ist es sinnvoll zu behaupten, dass Männer Frauen sexuell unterordnen, wenn wir nicht zunächst eine Idee davon haben, was Männer und Frauen sind? MacKinnon vertritt indes die Ansicht, dass es außerhalb dieser Form von Sexualität, und somit implizit außerhalb dieser unterordnenden und ausbeuterischen Form von Sexualität, keine Konstituierung von Gender gibt.

Indem ihr Vorschlag zur rechtlichen Regelung sexueller Belästigung auf diese Art von Analyse des systematischen Charakters sexueller Unterordnung zurückgreift, richtet MacKinnon eine Regulierung anderer Art ein: Ein Gender zu haben bedeutet, bereits in eine heterosexuelle Beziehung der Unterordnung eingetreten zu sein. Es scheint keine geschlechtlich geformten Menschen zu geben, die außerhalb solcher Beziehungen leben, es scheint keine unterordnungsfreien heterosexuellen Beziehungen zu geben, es scheint keine nichtheterosexuellen Beziehungen zu geben, und es scheint keine gleichgeschlechtliche sexuelle Belästigung zu geben.

Die Kritik an der Reduktion von Gender auf Sexualität hat somit den Weg für zwei unterschiedliche, sich jedoch überschneidende Anliegen innerhalb der zeitgenössischen Queer Theory bereitet. Ein Schachzug besteht darin, Sexualität von Gender zu trennen. Wenn man ein Gender hat, setzt das nicht voraus, dass man bestimmte sexuelle Praktiken ausübt. Ebenso bedeutet die Ausübung bestimmter sexueller Praktiken, zum Beispiel Analverkehr, nicht automatisch, dass man ein bestimmtes Gender ist.[19] Ein zweiter und damit verbundener Schachzug besteht in der Argumentation, Gender sei nicht auf die hierarchisch orga-

19 Diese Position ist von Gayle Rubin in ihrem Essay »Thinking Sex: Towards a Political Economy of ›Sex‹« vorgebracht und von Eve Kosovsky Sedgwick in *Epistemology of the Closet* weiter ausgearbeitet worden.

nisierte Heterosexualität reduzierbar, sondern nehme im Kontext der Sexualitäten von Queers andere Formen an. In der Tat könne seine Binarität außerhalb des heterosexuellen Rahmens nicht vorausgesetzt werden. Gender sei in sich selbst instabil, und das Leben von Transgender-Personen sei der Beweis für den Zusammenbruch jedweder Annahmen eines kausalen Determinismus zwischen Sexualität und Gender. Die fehlende Übereinstimmung zwischen Gender und Sexualität wird folglich aus zwei verschiedenen Perspektiven bestätigt. Die eine versucht, sexuelle Möglichkeiten aufzuzeigen, die nicht durch Gender beschränkt werden. So soll die kausale Verkürzung der Argumentation durchbrochen werden, die Gender und Sexualität aneinander bindet. Die andere will Möglichkeiten von Gender darlegen, die nicht durch Formen hegemonialer Heterosexualität vorbestimmt sind.[20] Wenn man die Regeln zum Schutz gegen sexuelle Belästigung mit einer Sichtweise von Sexualität begründet, in der Gender das verborgene Ergebnis einer sexuellen Unterordnung innerhalb der Heterosexualität ist, dann besteht das Problem darin, dass bestimmte Auffassungen von Gender und von Sexualität durch diese Argumentation bestärkt werden. In Mac Kinnons Theorie wird Gender in der Szene sexueller Unterordnung erzeugt, und sexuelle Belästigung ist der Moment, in dem die Institution heterosexueller Unterordnung explizit wird. Das bedeutet letztlich, dass sexuelle Belästigung zum Sinnbild der Produktion von Gender wird. So werden meiner Auffassung nach die Regeln zum Schutz gegen sexuelle Belästigung selbst zum Werkzeug, mit dem Gender reproduziert wird.

Es ist die Regulierung von Gender, die in dieser Auffassung nicht nur unbefragt bleibt, sondern unwissentlich begünstigt wird, argumentiert die Rechtswissenschaftlerin Katherine Franke. Franke schreibt: »Was an der Welt falsch ist, die MacKinnon

20 Ich denke, meine eigene Arbeit geht in diese Richtung. Sie steht in enger Verbindung zu jener von Biddy Martin, Joan W. Scott, Katharina Franke und der kürzlich in Erscheinung getretenen Transgender-Theorie.

in ihrer Arbeit beschreibt, erschöpft sich nicht in der Beobachtung, dass Männer Frauen dominieren, obwohl das in den meisten Fällen deskriptiv zutreffend ist. Indem der Sexismus auf das beschränkt wird, was Frauen von Männern hinnehmen müssen, verlieren wir die zugrunde liegende Ideologie aus dem Blick, die den Sexismus so mächtig macht. [...] Die Unterordnung von Frauen durch Männer ist Teil einer umfassenderen gesellschaftlichen Praxis, die geschlechtlich geformte Körper hervorbringt – feminine Frauen und maskuline Männer«.[21]

Die sozialen Strafen für Verstöße gegen die Geschlechternormen umfassen die operative Herrichtung von Intersex-Individuen, in vielen Ländern, darunter auch den USA, die medizinische und psychiatrische Pathologisierung und Kriminalisierung von Menschen mit einer »Gender-Dysphorie«, die Schikanierung von genderuntypischen Personen auf der Straße oder am Arbeitsplatz, Diskriminierung bei der Stellensuche und Gewalt. Das Verbot der sexuellen Belästigung von Frauen durch Männer, das auf einer Begründung beruht, die davon ausgeht, Sexualität und Gender gehöre ausschließlich zur Szene heterosexueller Unterordnung, wird daher selbst zum Mittel, das die Produktion und Aufrechterhaltung der Geschlechternormen in der Heterosexualität reguliert.[22]

Am Anfang dieses Essays habe ich mehrere Möglichkeiten zum Verständnis des Problems der »Regulierung« vorgeschlagen. Eine Regulierung ist das, was *normalisiert*; folgt man aber Foucault, ist sie gleichfalls ein Modus der *Disziplin* und *Überwachung* innerhalb spätmoderner Machtformen; sie beschränkt und reguliert nicht einfach und ist daher auch nicht schlichtweg eine juridische Form der Macht. Die Regulierung operiert durch Normen. Daher werden diese zu Schlüsselmomenten, in denen die Idealität der Norm wiederhergestellt wird und ihre

21 Katherine Franke, »What's Wrong With Sexual Harassment?«, S. 761 f.
22 Siehe Jacqui Alexanders wichtigen Aufsatz »Redrafting Morality«.

Geschichtlichkeit und Verletzlichkeit zeitweise außer Kraft gesetzt wird. Als eine Operation der Macht kann Regulierung eine rechtliche Form annehmen, aber ihre rechtliche Dimension erschöpft ihren Wirkungsbereich nicht. Da die Regulierung auf Kategorien beruht, die Individuen sozial austauschbar machen, ist sie folglich mit dem Prozess der *Normalisierung* verbunden. Statuten, die bestimmen, wer die Nutznießer/innen von Wohlfahrtsleistungen sein werden, bringen die Norm der Wohlfahrtsempfänger/innen aktiv mit hervor. Wer den homosexuellen Sprachgebrauch im Militär reguliert, ist aktiv daran beteiligt, die Norm hervorzubringen und aufrechtzuerhalten, die bestimmt, was ein Mann und was eine Frau sein wird, was der Sprachgebrauch sein wird, wo Sexualität stattfinden und wo sie nicht stattfinden wird. Staatliche Regulierungen des Adoptionsrechts von Lesben, Schwulen und Alleinerziehenden beschränken die Adoption nicht allein. Sie beziehen sich auch auf und bestärken ein Ideal dessen, was Eltern sein sollen, dass sie in Partnerschaft leben sollten und wer als ein/e rechtmäßige/r Partner/in zählt. Folglich geht mit Regulierungen, die einzelne spezifische Aktivitäten (sexuelle Belästigung, Wohlfahrtsbetrug, sexueller Sprachgebrauch) einzuschränken suchen, eine darüber hinausgehende Handlung einher, die zumeist unbemerkt bleibt: die Produktion von Parametern der Personalität, das heißt die Herstellung von Personen in Übereinstimmung mit abstrakten Normen, welche die einzelnen Menschenleben zugleich bedingen und übersteigen – und auch zerbrechen.

3. Jemandem gerecht werden. Geschlechtsangleichung und Allegorien der Transsexualität

Ich möchte von der Frage nach einer bestimmten Macht ausgehen, einer Macht zu regulieren, einer Macht, die mehr oder weniger darüber bestimmt, was wir sind und was wir sein können.[1] Ich spreche dabei nicht im nur juristischen oder positivistischen Sinne von Macht, sondern meine die Wirkungsweise eines regulierenden Regimes, das ins Gesetz eingeht, zugleich aber auch darüber hinausreicht. Wenn wir fragen, unter welchen Bedingungen der Intelligibilität das Menschliche entsteht, anerkannt wird und ein Subjekt zum Objekt menschlicher Liebe wird, dann fragen wir nach Normen und Praktiken, die uns zur Voraussetzung geworden sind und ohne die wir das Menschliche überhaupt nicht denken können. Das Verhältnis zwischen den veränderlichen Ordnungen von Intelligibilität einerseits und der Entstehung des Menschlichen und der Möglichkeit des Wissens darüber andererseits möchte ich hier untersuchen. Dabei geht es nicht nur um die Gesetze, die unsere Intelligibilität regeln, sondern auch um die Formen des Wissens und Modalitäten von Wahrheit, die Intelligibilität gewaltsam definieren.

Foucault nennt das die »Politik der Wahrheit«. Sie haftet jenen Machtbeziehungen an, die im Voraus festlegen, was als Wahrheit gilt und was nicht, die Welt auf bestimmte reguläre und regulierbare Weise ordnen und die wir schließlich als das gegebene Wissensfeld akzeptieren. Zum springende Punkt kommen wir mit den Fragen: Wer zählt als Person? Was gilt als kohärentes Ge-

1 Dieser Aufsatz erschien in einer leicht abweichenden Fassung in *GLQ*. Ich habe Anregungen von Vernon Rosario und Cheryl Chase aufgenommen und bin beiden dankbar für die wichtigen Perspektiven, die sie beisteuerten.

schlecht? Was zeichnet einen Staatsbürger, eine Staatsbürgerin aus? Wessen Welt gilt legitimerweise als wirklich? Als Subjekte fragen wir: Wer kann ich werden in einer Welt, in der die Bedeutungen und Grenzen des Subjektes im Voraus für mich festgelegt sind? Durch welche Normen werde ich zwangsweise bestimmt, wenn ich frage, was ich werden kann? Und was geschieht, wenn ich etwas zu werden beginne, was im gegebenen Wahrheitsregime nicht vorgesehen ist? Foucault nennt dies »Entunterwerfung« (*désubjugation*): »In dem Spiel, das man die Politik der Wahheit nennen könnte, hätte die Kritik die Funktion der Entunterwerfung.«[2]

Anders gesagt, können wir fragen: Was kann ich in Anbetracht der gegenwärtigen Seinsordnung sein? Diese Frage berührt aber noch nicht das Problem, was es heißt, nicht zu sein, oder was es heißt, den Ort des Nicht-Seins innerhalb des Seinsfeldes zu besetzen – zu leben, zu atmen und nach Liebe zu streben als Wesen, das weder völlig verleugnet wird noch vollständig anerkannt ist. Das Verhältnis zwischen Intelligibilität und dem Menschlichen ist eines, das sich aufdrängt und gerade an jenen Stellen, wo das Menschliche auf die Grenzen der Intelligibilität trifft, eine gewisse theoretische Dringlichkeit besitzt. Aus meiner Sicht hat diese Untersuchung sehr viel mit Gerechtigkeit zu tun. Denn Gerechtigkeit betrifft nicht nur oder vor allem die Frage, wie Personen behandelt werden und wie Gesellschaften beschaffen sind. Sie spielt auch eine Rolle in den folgenschweren Entscheidungen darüber, was eine Person ist, welche gesellschaftlichen Normen eingehalten und ausgedrückt werden müssen, damit ein Personenstatus zuerkannt wird, und wie wir beseelte andere als Personen anerkennen oder nicht – je nachdem, ob wir eine bestimmte Norm wiedererkennen oder nicht, die sich im und durch den Körper dieses anderen manifestiert. Das Kriterium, nach dem wir beurteilen, ob eine Person ein Geschlechtswesen

2 Michel Foucault, *Was ist Kritik?*, S. 15.

ist – womit ein kohärentes Geschlecht dem Mensch-Sein bereits vorausgesetzt ist – bestimmt nicht nur (zu Recht oder zu Unrecht) die Erkennbarkeit des Menschlichen. Es beeinflusst auch, wie wir uns selbst wahrnehmen oder nicht – auf der Ebene des Gefühls, des Begehrens oder des Körpers, in Augenblicken vor dem Spiegel oder Fenster und in Zeiten, in denen psychologischer, psychiatrischer, medizinischer oder rechtlicher Beistand gesucht wird, um das zu verhandeln, was sich wie Unkenntlichkeit des eigenen Geschlechts und daher wie Unkenntlichkeit des eigenen Personenstatus anfühlen könnte.

Ich möchte mich mit dem rechtlichen und psychiatrischen Fall einer Person befassen, die nach ihrer Geburt ohne Schwierigkeiten darauf festgelegt wurde, ein Junge zu sein, wenige Monate darauf zu einem Mädchen bestimmt wurde und die später im Teenager-Alter selbst beschloss, ein Mann zu werden. Es ist die Geschichte von David Reimer, bekannt als »der Fall von John/Joan«, der durch die BBC und durch verschiedene populäre psychologische und medizinische Zeitschriften an die Öffentlichkeit gebracht wurde. Ich stütze meine Analyse auf mehrere Dokumente: einen Artikel von Dr. Milton Diamond, einem Endokrinologen, auf das populärwissenschaftliche Buch *Der Junge, der als Mädchen aufwuchs* von John Colapinto, einem Journalisten des Magazins *Rolling Stone*, sowie auf verschiedene Veröffentlichungen von John Money und auf kritische Kommentare aus den wichtigen neueren Büchern von Anne Fausto-Sterling und Suzanne Kessler.[3] David Reimer hat sich mittlerweile in den Me-

3 Siehe John Colapinto, »The True Story of John/Joan«, und *Der Junge, der als Mädchen aufwuchs*; Suzanne Kessler, *Lessons from the Intersexed*; John Money und Richard Green, *Transsexualism and Sex Reassignment*; Natalie Angier, »Sexual Identity Not Pliable After All, Report Says«; Milton Diamond und Keith Sigmundsen, »Sex Reassignment at Birth«. Siehe auch den von der Intersex Society of North America herausgegeben Videofilm *Redefining Sex* mit wichtigen Perspektiven zur Ethik der Geschlechtsangleichung ⟨http://www.isna.org/⟩. Einen ausgezeichneten Überblick über diese Kontroverse bietet Anne Fausto-Sterling, *Sexing the Body*, S. 45-77.

dien offen geäußert und beschlossen, das Pseudonym abzulegen, mit dem ihn Milton Diamond und seine Kollegen abgeschirmt hatten. An einem bestimmten Punkt seiner Kindheit wurde David zu »Brenda«, was ich weiter unten noch erörtern werde, und anstatt von John und Joan zu sprechen, die beide nicht seine Namen sind, werde ich mich an die von ihm selbst verwendeten Namen halten.

David wurde mit XY-Chromosomen geboren. Als er acht Monate alt war, wurde sein Penis bei einer chirurgischen Behandlung versehentlich verbrannt und abgetrennt. Die Operation sollte zur Korrektur einer Phimose dienen – einer Vorhautverengung, die das Urinieren behindert. Zumeist ist das ein harmloser Eingriff, aber der Arzt, der diese Operation an David vornahm, verwendete eine neue Maschine, die er offensichtlich noch nicht bedient hatte und die nach Ansicht seiner Kollegen für diese Arbeit auch nicht notwendig war. Er hatte Schwierigkeiten, sie in Gang zu setzen, und erhöhte die Energiezufuhr so stark, dass sie einen Großteil des Penis wegbrannte. Die Eltern waren natürlich entsetzt und erschüttert. Ihren eigenen Schilderungen nach wussten sie nicht, was sie nun tun sollten. Etwa ein Jahr später sahen sie eines Abends John Money im Fernsehen, der über die chirurgische Behandlung von Transsexuellen und Intersexen sprach. Er vertrat die Ansicht, wenn ein Kind chirurgisch behandelt und in einem anderen als dem ihm bei der Geburt zugewiesenen Geschlecht sozialisiert werde, könne es sich ganz normal entwickeln, hervorragend an die neue Geschlechtsidentität anpassen und ein glückliches Leben führen. Die Eltern schrieben an Money, der sie nach Baltimore einlud. Dort wurde David an der Johns-Hopkins-Universität untersucht und Dr. John Money riet dringend dazu, ihn als Mädchen zu erziehen. Die Eltern willigten ein, daraufhin entfernten die Ärzte Davids Hoden und bereiteten die Operation zur Bildung einer Vagina vor. Mit dieser wollten sie jedoch warten, bis Brenda – so der neue Name des Kindes – alt genug wäre, um das Vorhaben abzuschließen. So wuchs Brenda als Mädchen auf, wurde Kontrolluntersuchungen unterzogen und in regelmäßigen Abständen John Moneys »Institut für Geschlechtsidentität« übergeben, um ihren Anpassungsprozess an das Mädchen-Sein zu fördern. Berichtet wird, dass Brenda mit acht oder neun Jahren den Wunsch entwickelte, sich eine Spielzeug-Maschinenpistole zu kaufen. Im Alter zwischen neun und elf sei ihr schließlich klar geworden, dass sie kein Mädchen war. Diese Erkenntnis fiel offensichtlich mit dem Verlangen nach bestimmten Arten von Spielzeug zusammen: anscheinend noch mehr Pistolen und einige Lastwagen. Auch ohne Penis urinierte Brenda gerne im Stehen. Als sie dabei einmal in der Schule erwischt wurde, drohten ihr die anderen Mädchen, sie »umzubringen«, falls sie damit weitermache.

Zu diesem Zeitpunkt boten ihr die psychiatrischen Teams, die Brendas Anpassung mit Unterbrechungen überwachten, Östrogen an, das sie jedoch ablehnte. Money versuchte, mit ihr ein Gespräch über die Möglichkeit zu führen, eine echte Vagina zu erhalten, was sie abermals ablehnte. Sie lief schreiend aus dem Raum. Money ließ sie detailgetreue Abbildungen von Vaginas betrachten. Er ging sogar so weit, Brenda Bilder mit gebärenden Frauen zu zeigen, und stellte ihr in Aussicht, sie könne vielleicht in die Lage kommen zu gebären, wenn sie eine Vagina hätte. In einer Szene, die dem Film *But I'm a Cheerleader!*[4] als Vorlage hätte dienen können, verlangte er schließlich, sie und ihr Bruder sollten auf sein Kommando hin zusammen Übungen machen, die den Geschlechtsverkehr nachstellten. Beide berichteten später, dass sie diese Forderung verängstigt und verwirrt hatte und sie ihren Eltern zunächst nichts davon erzählten. Im Allgemeinen habe Brenda Aktivitäten bevorzugt, die als männlich gelten, und das Wachstum ihrer Brüste habe ihr nicht gefallen. All diese Brenda betreffenden Beobachtungen sind Zuschreibungen eines weiteren Ärzteteams, einer psychiatrischen Arbeitsgruppe

4 *But I'm a Cheerleader!* (Universal Studios, 1999, Regie: Jamie Babbit).

aus Brendas örtlichem Krankenhaus. Dieses Team und andere örtliche medizinische Stellen griffen ein, weil sie der Überzeugung waren, in diesem Fall sei die Geschlechtsumwandlung ein Fehler gewesen. Schließlich wurde der Fall von Milton Diamond – einem Sexualforscher, der von der hormonellen Grundlage der Geschlechtsidentität überzeugt ist und Money seit Jahren bekämpfte – erneut begutachtet. Diese neue Gruppe von Psychiatern und weiteren Ärzten bot Brenda die Möglichkeit an, den eingeschlagenen Weg zu ändern. Sie willigte ein und begann im Alter von vierzehn Jahren ein Leben als Junge mit Namen David. David bat nun um männliche Hormone, die er auch bekam, und ließ seine Brüste entfernen. Im Alter zwischen fünfzehn und sechzehn, wurde ihm ein Phallus konstruiert – so Diamonds Bezeichnung. David ejakuliert nicht, sagen die Berichte, verspürt im Phallus jedoch ein gewisses sexuelles Lustempfinden und uriniert von seiner Ansatzstelle aus. Es ist ein Phallus, der einige seiner erwarteten Funktionen nur annähernd erfüllt und David nur ambivalent in die Norm integriert, wie wir sehen werden.

Während der Zeit, als David Brenda war, veröffentlichte Money laufend wissenschaftliche Stellungnahmen, die den Erfolg dieser Geschlechtsumwandlung feierten. Der Fall hatte erhebliche Konsequenzen, da Brenda ein eineiiger Zwilling war. Money konnte die Entwicklung beider Geschwister verfolgen und dabei von einer identischen genetischen Ausstattung ausgehen. Er beharrte darauf, dass sich beide normal und glücklich zu ihrem jeweiligen Gender entwickelten. Doch seine eigenen Interviews, größtenteils unveröffentlichte Aufzeichnungen, sowie spätere Forschungen von anderen lassen an seiner Glaubwürdigkeit zweifeln. Brenda war fast nie glücklich, weigerte sich, viele so genannte »Mädchen-Verhaltensweisen« anzunehmen, war empört und verärgert über Moneys andauernde zudringliche Verhöre. Trotzdem behaupten Veröffentlichungen der Johns-Hopkins-Universität, Brendas Anpassungsprozess an ihr Mädchen-Sein sei »erfolgreich« verlaufen, und ziehen daraus unmittelbar bestimmte ideologische Schlussfolgerungen. So kam Moneys »Klinik für Geschlechtsidentität«, die Brenda oft untersuchte, zu dem Ergebnis, Brendas gelungene Entwicklung als Mädchen liefere »einen überzeugenden Beweis dafür, dass das Tor zur Geschlechtsidentität einem normalen Kind bei der Geburt nicht weniger offen steht als einem, das mit unvollständigen Geschlechtsorganen geboren ist oder das vor der Geburt einer überhöhten oder verringerten Konzentration von Androgenen ausgesetzt war, und dass dieses Tor zumindest etwa das erste Lebensjahr über geöffnet bleibt«.[5]

Von den Medien wurde der Fall tatsächlich als Beweis für die These genutzt, was weiblich und was männlich sei, könne verändert werden, diese kulturellen Begriffe hätten keine festgelegte Bedeutung oder innere Bestimmung, und sie seien formbarer als man geglaubt hatte. Sogar Kate Millett zitiert den Fall, um zu zeigen, dass Biologie kein Schicksal sei.[6] Und Suzanne Kessler verfasste zusammen mit Money Aufsätze, die sozial-konstruktivistische Thesen vertraten. Später jedoch sollte Kessler dieses Bündnis aufkündigen und mit *Lessons from the Intersexed* eines der wichtigsten Bücher über die ethischen und medizinischen Dimensionen der Geschlechtszuweisung schreiben, das auch eine scharfe Kritik an Money enthält.

Moneys Methode, auf Brenda einzuwirken, bestand in der Heranziehung von Mann-zu-Frau-Transsexuellen, die mit Brenda über die Vorteile sprachen, ein Mädchen zu sein. In zahllosen Gesprächen wurde sie immer wieder gefragt, ob sie sich wie ein Mädchen fühle, welche Wünsche sie habe, wie sie sich ihre Zukunft vorstelle, ob dazu auch die Heirat mit einem Mann gehöre. Außerdem musste sie sich ausziehen und ihre Genitalien Medizinern zeigen, die der Fall interessierte oder die den Fall im Hinblick auf den Anpassungserfolg beobachteten.

5 John Money und Richard Green, *Transsexualism and Sex Reassignment*, S. 299.

6 Kate Millett, *Sexus und Herrschaft*, S. 46 f.

Als dieser Fall in der Presse diskutiert wurde und sich Psychiater und praktische Ärzte dazu äußerten, geschah das vor allem, um die Rolle von John Moneys Institut zu kritisieren. Man kritisierte insbesondere, wie schnell das Institut versucht hatte, Brenda als Beispiel für eigene theoretische Überzeugungen hinzustellen, Überzeugungen von der Gender-Neutralität der frühen Kindheit, einer Formbarkeit der Geschlechtsidentität und der primären Rolle der Sozialisation für die Herstellung der Geschlechtsidentität. Genau genommen ist das nicht alles, woran Money glaubt, aber lassen wir es dabei bewenden. Die Kritiker und Kritikerinnen dieses Falls wenden ein, hier zeige sich etwas völlig anderes. Wenn David den innigen Wunsch hatte, ein Junge zu werden, und es unerträglich fand, weiter als Mädchen zu leben, dann müssen wir auch bedenken, dass es ein tief sitzendes Gefühl für Gender in ihm gab, das David verspürte. Dieses Gefühl sei mit seiner ursprünglichen Genitalausstattung verbunden und existiere anscheinend als eine innere Wahrheit und Notwendigkeit, die kein noch so großer Aufwand an Sozialisation verdrehen konnte. Dieser Ansicht sind auch Colapinto und Milton Diamond.

Der Fall von Brenda/David wird nun also dazu verwendet, die Theorie der Geschlechtsentwicklung zu revidieren und neu zu orientieren. Diesmal soll er Beweismaterial liefern, um Moneys Thesen zu widerlegen und die Vorstellung von einem geschlechtlichen Wesenskern zu stützen, der auf unabänderliche Weise an die Anatomie und an ein deterministisches Biologieverständnis geknüpft ist. Colapinto stellt sogar einen Zusammenhang her zwischen Moneys Grausamkeit gegenüber Brenda und der »Grausamkeit« der sozial-konstruktivistischen Theorie. Moneys Weigerung, eine biologische oder anatomische Grundlage für den sozialen Geschlechterunterschied anzuerkennen, sei in den frühen siebziger Jahren »auch der damals aufkommenden Frauenbewegung nicht [entgangen], die jahrzehntelang gegen eine biologische Begründung der Geschlechtsdifferenzierung gekämpft hatte«.[7] Er behauptet, Moneys Aufsätze seien damals »bereits eine Grundlage des modernen Feminismus geworden« (ebd.). Als Beispiel einer solchen irrigen Aneignung von Moneys Ansichten zitiert er das Magazin *Time* mit der Aussage, der Fall stütze »ganz wesentlich einen der Hauptinhalte der Emanzipationsbewegung: dass nämlich die herkömmlichen Muster männlichen und weiblichen Verhaltens verändert werden können« (ebd.). Colapinto schreibt, chirurgisch umgewandelten Individuen gelinge es nicht, als »normale« und »typische« Frauen und Männer zu leben, denn sie erlangten niemals Normalität – und unterstellt damit den unstrittigen Wert des Normalzustandes selbst.

In ihrem Artikel über die Widerlegung von Moneys Theorie behauptete Natalie Angier in der *New York Times*, Davids Geschichte habe »allegorische Kraft« (14. März 1997). Um was für eine Kraft handelt es sich da? Und ist es eine Allegorie mit feststehendem Schluss? Angier schreibt, Diamond habe den Fall benutzt, um daraus eine Begründung für die operative Behandlung von Intersexen abzuleiten sowie implizit für den relativen Erfolg der operativen Geschlechtsangleichung bei Transsexuellen. Diamond führte zum Beispiel aus, intersexuelle Kleinkinder – die mit gemischten oder unbestimmten genitalen Eigenschaften geboren werden – hätten in der Regel ein Y-Chromosom. Der Besitz eines Y-Chromosoms sei eine angemessene Grundlage für die Schlussfolgerung, dass diese Kinder als Jungen erzogen werden müssten. Gegenwärtig wird aber die überwiegende Mehrheit intersexueller Kleinkinder operativ dem weiblichen Geschlecht zugewiesen, weil es schlichtweg als leichter gilt, einen behelfsmäßigen Vaginaltrakt herzustellen, als einen Phallus zu konstruieren, wie Cheryl Chase deutlich macht. Diamond vertritt die Ansicht, diese Kinder sollten dem männlichen Geschlecht zugeordnet werden, denn das Vorhandensein eines Y-Chromosom sei Grund genug zu vermuten, dass soziale Männlichkeit vorliegt.

7 John Colapinto, *Der Junge, der als Mädchen aufwuchs*, S. 81.

Tatsächlich äußerte sich Chase, Gründerin und Direktorin der Intersex Society of North America, skeptisch gegenüber Diamonds Empfehlungen. Ihre Auffassung, die auch von Anne Fausto-Sterling verteidigt wird, besagt, dass bei einem Kind zum Zweck des Aufbaus einer stabilen sozialen Identität durchaus eine Geschlechtszuordnung erfolgen sollte, daraus folge aber nicht, dass die Gesellschaft die Chirurgie zwangsweise einsetzen solle, um den Körper nach dem sozialen Bilde des betreffenden Genders umzugestalten. Solche Bemühungen um »Korrektur« verletzen nicht nur das Kind, sondern leisten auch der Idee Vorschub, Gender müsse auf der anatomischen Ebene in singulärer und normativer Form bestätigt werden. Gender ist eine andere Art von Identität und deren Verhältnis zur Anatomie ist kompliziert. Nach Ansicht von Chase kann sich ein Kind mit zunehmender Reife für einen Geschlechtswechsel entscheiden oder sogar eine hormonelle oder chirurgische Behandlung wählen, doch solche Entscheidungen sind gerechtfertigt, weil sie auf dem Wissen um die Wahl beruhen. Die Forschung hat gezeigt, dass solche Operationen ohne Wissen der Eltern vorgenommen wurden, dass solche Operationen durchgeführt wurden, ohne den Kindern selbst jemals wahrheitsgemäß davon zu erzählen und ohne zu warten, bis sie ein Alter erreicht haben, um darin einzuwilligen. Am erstaunlichsten aber ist der Zustand, in dem diese Körper zurückgelassen werden. Ihnen werden Verstümmelungen zugefügt und paradoxerweise im Namen des »normalen Aussehens« für vernünftig erklärt, auf das sich Mediziner immer wieder berufen, um diese chirurgischen Eingriffe zu rechtfertigen. Oft sagen sie den Eltern, ihr Kind werde ohne Operation nicht normal aussehen und sich im Umkleideraum schämen – im Umkleideraum, jenem Ort frühpubertärer Ängste vor den anstehenden Geschlechtsentwicklungen. Es sei für das Kind besser, normal auszusehen, selbst wenn die Operation diese Person für immer um ihre Sexualfunktionen und das sexuelle Lustempfinden bringe.

Während also einige Experten wie Money behaupten, das Fehlen eines vollständigen Phallus sei die soziale Begründung dafür, ein Kind als Mädchen zu erziehen, meinen andere wie Diamond, das Vorhandensein eines Y-Chromosoms sei der überzeugendste Beweis, es sei das, was in den anhaltenden Männlichkeitsgefühlen angezeigt sei, und lasse sich nicht wegkonstruieren. In dem einen Fall beruht die soziale Identität als Frau oder Mann auf dem anatomischen Aussehen, wie es anderen und mir selbst erscheint, wenn ich sehe, wie mich andere betrachten. Im anderen Fall gründet sie sich darauf, ob ein Y-Chromosom vorhanden ist, das die Gefühle und das eigene Selbstverständnis als Geschlechtswesen im Verborgenen strukturiert. Money verweist argumentativ auf die Leichtigkeit, mit der ein weiblicher Körper chirurgisch konstruiert werden kann, so als ob Weiblichkeit stets kaum mehr oder weniger als eine chirurgische Konstruktion, ein Entfernen, ein Wegschneiden wäre. Diamond tritt für die unsichtbare und notwendige Beständigkeit von Männlichkeit ein, die nicht einmal »erscheinen« muss, um als ausschlaggebendes Merkmal der Geschlechtsidentität selbst zu fungieren. Auf Angiers Frage, ob sie Diamonds Empfehlungen zur operativen Behandlung von Intersexen zustimme, antwortet Chase: »Die können sich nicht vorstellen, jemanden einfach in Ruhe zu lassen.« Dient denn der chirurgische Eingriff überhaupt dazu, einen »normal« aussehenden Körper zu schaffen? Die Verstümmelungen und bleibenden Narben beweisen das wohl kaum. Oder werden diese Körper, gerade weil sie »unvorstellbar« sind, der medizinischen Maschinerie unterworfen, die sie für ihr Leben zeichnet?

Hier zeigt sich ein weiteres Paradoxon – über das ich bei anderer Gelegenheit mehr schreiben möchte –, nämlich der Stellenwert der scharfen Maschinen und der Technologie des Messers in den Debatten um Intersexualität und um Transsexualität. Wenn der Fall von David/Brenda eine Allegorie ist oder die Kraft einer Allegorie hat, ist er offenbar der Fluchtpunkt, an dem die Debatten um Intersexualität (David ist kein Intersex) und Transsexualität (David ist kein Transsexueller) zusammenlaufen. Dieser Körper wird zum Bezugspunkt für eine Erzählung, in der es nicht um ihn geht, die aber an ihm ansetzt, um die Grenzen dessen in Frage zu stellen, was als menschlich vorstellbar ist. Zwar wird mit erzählerischen Mitteln das Unvorstellbare immer wieder eingeholt, aber es bleibt etwas aus der Erzählung ausgeschlossen, ein Widerstandsmoment, das eine hartnäckige Unvorstellbarkeit signalisiert.

Die Intersexenbewegung erlebte trotz Diamonds Empfehlungen mit dem Fall von David/Brenda einen schlagartigen Aufschwung, weil sie die Brutalität der ungefragt an Kleinkindern vorgenommenen Operationen, den Zwang und die bleibende Schädigung in die Öffentlichkeit bringen konnte. Ihr geht es um die Vorstellung von einer Welt, in der Individuen mit gemischten und unbestimmten Genitaleigenschaften akzeptiert und geliebt werden können, ohne dass sie in eine sozial kohärente oder normgerechte Version von Gender umgewandelt werden müssen. In diesem Sinne hat die Intersexenbewegung die Frage gestellt, warum die Gesellschaft am Ideal der morphologischen Zweigeschlechtlichkeit festhält, obwohl ein erheblicher Prozentsatz von Kindern verschiedenartige Chromosomen besitzt und zwischen männlich und weiblich ein Kontinuum existiert, das die Willkürlichkeit und Falschheit einer Norm nahelegt, die in der morphologischen Zweigeschlechtlichkeit eine Grundvoraussetzung menschlicher Entwicklung sieht. Es gibt Menschen, die in den Zwischenräumen dieses binären Verhältnisses leben und atmen und damit zeigen, dass es nicht erschöpfend, nicht zwingend ist. Zwar fordert die in sich vielstimmige Transsexuellenbewegung das Recht auf chirurgische Mittel, mit denen sich das Geschlecht umwandeln lässt, doch die idealisierte Zweigeschlechtlichkeit gerät – und Chase betont dies – auch in dieser Bewegung in die Kritik. Das wird in der Arbeit von Riki Wilchins deutlich, deren Geschlechtertheorie Transsexualität im Sinn einer Transformationsübung auffasst. Am radikalsten allerdings argumentiert Kate Bornstein, wenn sie sagt, der Übergang von Frau zu Mann oder von Mann zu Frau müsse nicht notwendig innerhalb des zweigeschlechtlichen Rahmens bleiben, sondern könne eine Möglichkeit sein, Geschlecht selbst als Umgestaltung zu begreifen. In gewisser Weise tritt Bornstein damit Simone de Beauvoirs Erbe an: Wenn eine nicht als Frau auf die Welt kommt, sondern zu einer wird, ist das Werden selbst ein Vehikel für Gender. Warum aber, könnten wir fragen, gibt David Anlass, über Transsexualität nachzudenken?

Obwohl David schließlich darauf besteht, lieber ein Mann zu sein, bleibt unklar, ob er selbst an die kausale Kraft des Y-Chromosoms glaubt. Diamond findet bei David Belege für seine Theorie, aber nach meiner Lektüre lässt sich nicht entscheiden, ob David darin Diamond zustimmt. David weiß offensichtlich Bescheid über Hormone, er verlangt sie und nimmt sie. Im transsexuellen Kontext hat er von der Penisplastik gehört, wünscht sich einen Phallus, lässt sich einen aufbauen und allegorisiert damit eine transsexuelle Umwandlung, ohne genau ein Beispiel dafür zu sein. Seiner Ansicht nach ist er ein als Mann geborener Mann, der vom medizinischen Establishment kastriert und von der Psychiatrie verweiblicht wurde und der dann die Möglichkeit bekam, wieder der zu werden, der er eigentlich ist. Doch um wieder der zu werden, der er eigentlich ist, muss und will er sich der hormonellen und chirurgischen Behandlung unterwerfen. Er allegorisiert Transsexualität, um ein Gefühl von Natürlichkeit zu erreichen. Diese Umwandlung wird von den behandelnden Endokrinologen begrüßt, die seine äußere Erscheinung jetzt in Übereinstimmung mit einer inneren Wahrheit sehen. Während Moneys Institut Transsexuelle anwirbt, um Brenda *im Namen der Normalisierung* im Frau-Sein zu unterrichten, verordnen die Endokrinologen das übliche Vorgehen für transsexuelle Geschlechtsumwandlungen, um Davids genetische Bestimmung *im Namen der Natur* wiederzugewinnen.

Moneys Institut zieht Transsexuelle heran, um Brendas vollständige Umwandlung in eine Frau zu allegorisieren. Die Endokrinologen dagegen schlagen die Anwendung chirurgischer Behandlungen aus einem transsexuellen Kontext vor, um David den Phallus aufzubauen, der aus ihm erkennbar einen Mann macht. Bezeichnenderweise scheint für Money ein intelligibles Geschlecht von Normen bestimmt zu sein, die gewaltsam aufgezwungen und im Verhalten angeeignet werden können. Die Formbarkeit der Geschlechterkonstruktion, die er vertritt, verlangt letzten Endes nach gewaltsamer Durchsetzung. Aber auch die von den Endokrinologen verteidigte »Natur« bedarf einer gewissen Nachhilfe mit chirurgischen und hormonellen Mitteln. Am Ende ist ein nicht-natürlicher Eingriff in Anatomie und Biologie genau das, was die Natur vorschreibt. Beide Male wird die ursprüngliche Prämisse durch die Mittel, mit denen sie erfüllt wird, widerlegt. *Formbarkeit wird sozusagen gewaltsam aufgezwungen. Und Natürlichkeit wird künstlich herbeigeführt*. Es ist möglich, sozial-konstruktivistisch zu argumentieren, ohne sich Moneys Projekt anzuschließen, doch darum geht es mir hier nicht. Und zweifellos kann man auf genetische Bestimmungsfaktoren Bezug nehmen, ohne dieselben interventionistischen Schlüsse zu ziehen wie Diamond und Sigmundsen. Aber auch das ist hier nicht mein Anliegen. Festzuhalten bleibt indes, dass die Vorgaben dieser Anbieter natürlicher und normativer Geschlechtsidentität keineswegs notwendig aus den Prämissen folgen, von denen sie ausgehen, und diese Prämissen selbst nicht zwingend sind. (Man kann zum Beispiel die Theorie der Geschlechterkonstruktion von der Hypothese geschlechtlicher Normativität abkoppeln und einen ganz anderen Ansatz zur sozialen Konstruktion haben als Money; auch lassen sich genetische Faktoren berücksichtigen, ohne zu unterstellen, sie seien der einzige Aspekt der »Natur«, der zu beachten ist, will man die sexuierte Charakteristik eines Menschen verstehen: Warum wird das Y-Chromosom als ausschließlicher und primärer Bestimmungsfaktor für Männlichkeit betrachtet, dem gegenüber allen anderen Faktoren ein privilegiertes Definitionsrecht zukommt?)

Ich habe diese Geschichte und ihre Aneignung für die Zwecke der Geschlechtertheorie jedoch aus einem anderen Grund geschildert. So wie sie uns übermittelt wird, beweist die Geschichte keine der beiden Thesen. Daher möchte ich eine andere Lesart vorschlagen, die die Theorie sozialer Konstruktion weder ablehnt noch bestätigt und die auch den Geschlechteressentialismus weder ablehnt noch bestätigt. Ich möchte vor allem den disziplinarischen Rahmen herausarbeiten, in dem David/Brenda einen Diskurs der Selbstauskunft und des Selbstverständnisses entwickelt. Denn dieser bildet das Raster der Intelligibilität, durch das sein eigenes Mensch-Sein sowohl in Frage gestellt als auch bekräftigt wird. Im Hinblick auf die Frage, was als Beweis für die Wahrheit des Geschlechtes dienen könnte, darf nicht außer Acht gelassen werden, dass Brenda/David während der gesamten Kindheit und Jugend von Psychologen überwacht wurde und dass Ärzte Brendas Verhalten laufend beobachteten. Ärzte verlangten von ihr und ihrem Bruder, sich vor ihnen auszuziehen, so dass die genitale Entwicklung beurteilt werden konnte. Es gab einen Arzt, der sie aufforderte, mit ihrem Bruder den Geschlechtsverkehr nachzuspielen, die Bilder anzusehen, den so genannten Normalzustand eindeutiger Genitalien zu kennen und zu wünschen. Es gab einen Wissensapparat, der an Person und Körper von Brenda/David angelegt wurde und der selten, falls überhaupt, als etwas berücksichtigt wird, worauf David reagiert, wenn er von den Gefühlen für sein wahres Geschlecht berichtet.

Der Akt der Selbstauskunft und der Selbstbeobachtung findet in Bezug auf ein bestimmtes Publikum statt, mit einem Publikum als imaginiertem Rezipienten, für den ein sprachliches und visuelles Selbstbild hergestellt wird. Die Sprechakte richten sich oft an diejenigen, die die Wahrheit über Brendas Gender über Jahre brutal ausgeforscht haben. Nun befinden sich Diamond, Sigmundsen und Colapinto zwar in der Position, David gegen Moneys Übergriffe zu verteidigen, doch auch sie fragen ihn, wie er sich fühlt und wer er ist, und versuchen, mit Hilfe seiner diskursiven Äußerungen die Wahrheit über sein Geschlecht zu ermitteln. Brenda wurde einer akribischen Prüfung unterzogen und vor allem immer wieder einer Norm unterworfen, einem durch unzählige Blicke vermittelten normalisierenden Ideal, einer Körpernorm, einer ständig gestellten Frage: Ist diese Person weiblich genug? Hat es diese Person zur Weiblichkeit geschafft? Wird Weiblichkeit hier angemessen verkörpert? Funktioniert die Verkörperung? Welche Anhaltspunkte können wir noch mobilisieren, um es zu wissen? Denn sicher wissen müssen wir es. Wir müssen sagen können, dass wir es wissen, müssen es in Fachzeitschriften mitteilen und unsere Entscheidungen und Handlungen rechtfertigen können. Mit anderen Worten, diese verhörähnlichen Übungen sollen herausbringen, ob die Geschlechternorm, die eine kohärente Personalität herstellt, erfolgreich zustande gebracht wurde. Die Befragungen und Untersuchungen lassen sich daher als gewaltsamer Versuch verstehen, die Norm durchzusetzen, und zugleich als Institutionalisierung dieser Durchsetzungsmacht.

Die Kinderärzte und Psychiater, die den Fall in den letzten Jahren nochmals begutachtet haben, führen Davids Selbstbeschreibung an, um ihre Ansichten zu untermauern. Sie beziehen sich auf Davids Erzählungen über sein Männlichkeitsempfinden, welche die Theorie stützen, dass David in Wahrheit männlich ist und immer war, auch als er Brenda war. David erzählt seinen Interviewern Folgendes über sich selbst:

> Von Anfang an gab es da Kleinigkeiten. Ich merkte, dass ich mich anders fühlte und auch anders war, als ich sein sollte. Aber ich wusste nicht, was das bedeutete. Ich dachte, ich bin eine Missgeburt oder so was [...] Ich schaute mich an und dachte, dass ich diese Art Kleidung nicht mochte, dass ich die Art Spielzeug nicht mochte, die ich immer bekam. Es machte mir Spaß, mit Jungs zu spielen und auf Bäume zu klettern und

> so. Aber Mädchen mögen so was nicht. Ich schaute in den Spiegel und [sah], dass meine Schultern so breit waren, also da [war] nichts Weibliches an mir. Ich [war] zwar dünn, aber das war auch alles. Aber so hab ich es rausgekriegt. [Ich dachte mir schon, dass ich ein Junge war,] aber ich wollte es nicht zugeben. Ich glaube, ich wollte wohl nicht in ein Wespennest stechen.[8]

So beschreibt David sich selbst. Ein Teil meines Vorhabens besteht darin, nicht nur meinem Thema, sondern auch der Person, die ich Ihnen skizziere, gerecht zu werden – dieser Person, über die so viel gesagt wurde und deren Selbstbeschreibung und Entscheidungen die Grundlage so vieler Thesen in der Geschlechtertheorie geworden sind. Deshalb sollte ich bei der Wiedergabe seiner Worte vorsichtig sein. Denn diese Worte können Ihnen nur einen Teil der Person vermitteln, die ich zu verstehen versuche, einen Teil ihrer verbalen Illustration. Da ich diese Person nicht wirklich verstehen kann, sie auch nicht kenne und keinen Zugang zu ihr habe, bleibt mir nur die Rolle eines Lesers einer begrenzten Auswahl von Worten, von Worten, die ich nicht selbst auswählte, sondern die für mich ausgesucht wurden. Sie wurden Interviewaufzeichnungen entnommen von Verfassern, die ihre Artikel für Zeitschriften wie *Archives of Pediatric Adolescent Medicine* über diese Person schrieben. Man könnte also sagen, dass ich über Fragmente der Person verfüge – über sprachliche Fragmente von etwas, das man eine »Person« nennt. Was könnte es nun heißen, jemandem unter diesen Umständen gerecht zu werden? Können wir das überhaupt?

Einerseits haben wir es mit einer Selbstbeschreibung zu tun, die wir respektieren müssen. Es sind Äußerungen, mit denen dieses Individuum sich zu verstehen gibt. Andererseits findet

8 Zitiert nach Diamond/Sigmundsen, »Sex Reassignment at Birth: A Long Term Review and Clinical Implications«, S. 299 f.; Auslassungen im Original.

die Selbstbeschreibung in einer Sprache statt, die bereits in Gebrauch ist, die schon von Normen gesättigt ist und die uns beeinflusst, wenn wir versuchen, über uns zu sprechen. Außerdem wurden diese Worte im Rahmen eines Interviews geäußert, das Teil eines langen und zudringlichen Beobachtungsprozesses war, der Brendas Entwicklung von Anfang an begleitete. David gerecht zu werden heißt sicher, ihn beim Wort zu nehmen und ihn bei seinem selbst gewählten Namen zu nennen, aber wie sollen wir sein Wort und seinen Namen verstehen? Sind es Worte, die er selbst hervorbringt? Oder sind es Worte, die er aufnimmt? Zirkulieren diese Worte bereits, bevor er als ein »Ich« entsteht, das vielleicht nur in den Normen dieser Sprache eine gewisse Berechtigung erlangt, eine Selbstbeschreibung anzufertigen? Wenn man spricht, spricht man eine Sprache, die bereits spricht – selbst wenn man sie nicht genau so spricht, wie sie zuvor gesprochen wurde. Wer oder was spricht hier also, wenn David berichtet: »Von Anfang an gab es da Kleinigkeiten. Ich merkte, dass ich mich anders fühlte und auch anders war, als ich sein sollte.« David versteht, so wird uns in dieser Behauptung am Rande mitgeteilt, dass es eine Norm gibt, die bestimmt, wie er sein sollte, und dass er diese Norm nicht erfüllt. Hier wird impliziert, Weiblichkeit sei die Norm, der zu entsprechen ihm nicht gelingt. Zum einen gibt es die von außen auferlegte Norm, vermittelt über eine Reihe von Erwartungen, die andere an ihn haben, und zum anderen die Welt der Gefühle und des Seins. Diese Bereiche sind für ihn deutlich getrennt. Seine Gefühle werden in keiner Weise durch die Norm erzeugt. Vielmehr ist die Norm etwas anderes und anderswo, nicht Teil dessen, wer er ist, wer er geworden ist, was er fühlt.

Im Wissen darum, wie David bisher angesprochen wurde, könnten wir, um ihm gerecht zu werden, die Frage stellen, was Brenda denn sah, wenn er sich betrachtete, was Brenda denn empfand, wenn er sich selbst empfand. Dass ich die Pronomen vermische, bedarf der Entschuldigung, doch die Dinge werden unbeständig. Wenn Brenda in den Spiegel sah und darin etwas Namenloses, Absonderliches, etwas zwischen den Normen erblickte, stand sie dann in diesem Augenblick nicht als Mensch in Frage? War sie dann nicht das Gespenst jener Missgeburt, in Abgrenzung zu der und durch die sich die Norm selbst einsetzt? Was war los mit Brenda, dass die Leute sie immer nackt sehen wollten, sie fragten, was sie sei und wie sie sich fühle, um herauszufinden, ob es dasselbe ist wie das, was normativ richtig ist, oder nicht? Unterscheidet sich ihre/seine Selbstsicht davon, wie man sie/ihn sieht? David scheint sich darüber klar zu sein, dass ihm die Normen äußerlich sind. Was aber, wenn die Normen zu dem Medium geworden sind, durch das er sieht, zum Rahmen seines eigenen Sehens und seiner Selbstsicht? Lässt sich vielleicht das Wirken der Norm nicht nur im von ihr errichteten Ideal wiederfinden, sondern eben auch in dem Gespür für Abweichung und Missbildung, das sie vermittelt? Wo genau ist die Norm am Werk, wenn David behauptet: »Ich schaute mich an und dachte, dass ich diese Art Kleidung nicht mochte«? Zu wem spricht David da? In welcher Welt, unter welchen Bedingungen gilt das Missfallen an dieser Art Kleidung als Beweis dafür, das falsche Geschlecht zu sein? Für wen wäre das wahr? Und unter welchen Bedingungen?

Brenda berichtet: »Ich mochte das Spielzeug nicht, das ich bekam.« Hier spricht Brenda als jemand, der versteht, dass diese Abneigung als Beweis dienen kann. Es ist durchaus anzunehmen, dass Brenda ihre Abneigung als Beweis für eine Gender-Dystopie verstand, um den Fachausdruck zu gebrauchen, denn immer wieder musste sie mit Leuten sprechen, die jede ihrer Äußerungen zu ihrem Erleben als Beleg für oder gegen ein richtiges Gender benutzten. Dass Brenda nun einmal gewisse Spiele, Spielzeuge und Puppen nicht gefielen, mag mit Blick auf die Frage von Bedeutung sein, wie und womit Brenda gerne spielte. Doch in was für einer Welt können solche Abneigungen als klarer, eindeutiger Beweis für oder gegen ein bestimmtes Geschlecht gelten? Stürzen Eltern immer sofort in Kliniken zur Behandlung der Geschlechtsidentität, wenn ihre Söhne mit Puppen, ihre Töchter mit Autos spielen? Oder muss nicht bereits eine ziemlich große Angst im Spiel sein, eine Angst um die Wahrheit des Geschlechts, die sich an diesem oder jenem Spielzeug festmacht, an dieser oder jener Bekleidungsvorliebe, an der Schulterbreite, an der Magerkeit des Körpers, damit man zu dem Schluss kommen kann, aus vereinzelten Wünschen, veränderlichen und unveränderlichen Körpermerkmalen, aus dem Knochenbau, aus der Neigung und Kleidung lasse sich irgendeine klare Geschlechtsidentität ableiten?

Was ergibt sich also aus meiner Analyse? Gibt sie uns Auskunft, ob das Geschlecht hier wahr oder falsch ist? Nein. Folgt aus ihr etwas für die Frage, ob man David operativ in Brenda oder umgekehrt Brenda in David hätte umwandeln sollen? Nein, nichts. Weder weiß ich, wie ich die Frage beurteilen soll, noch bin ich sicher, ob mir dieses Urteil zusteht. Muss ich mich entscheiden, damit ich David gerecht werden kann? Oder verlangt die Gerechtigkeit, dass ich mit der Entscheidung warte und sie aufschiebe, weil bereits zu viele ein vorschnelles Urteil gefällt haben? Es könnte in der Tat nützlich, wichtig und sogar gerecht sein, über einige Dinge nachzudenken, ehe wir eine Entscheidung treffen und ehe wir sicher sein können, dass es überhaupt an uns ist, zu entscheiden.

Zu bedenken ist etwa, dass für die Bewilligung einer operativen Geschlechtsangleichung meist eine geschlechteressentialistische Einstellung bekundet werden muss. Wer mit der Meinung ankommt, Geschlecht sei veränderlich, kann Psychiater und Ärzte nur schwer überzeugen, einen chirurgischen Eingriff vorzunehmen. In San Francisco üben Kandidaten für eine Frau-zu-Mann-Geschlechtsangleichung das verlangte essentialistische Erzählschema tatsächlich erst ein, bevor sie sich den Ärzten vorstellen. Mittlerweile gibt es sogar Nachhilfeunterricht von Dramaturgen der Transsexualität, die dabei helfen, eine bezahlte Geschlechtsangleichung bewilligt zu bekommen. Wir könnten sagen, dass Brenda/David die Chirurgie der Transsexualität zweimal durchmachte: Die erste Operation beruhte in Anbetracht des verkürzten Penis auf einer hypothetischen Annahme hinsichtlich des künftigen Geschlechts, die zweite Operation beruhte hinsichtlich des künftigen Geschlechts auf dem Verhalten und den verbalen Bekundungen der fraglichen Person. In beiden Fällen wurden bestimmte Schlüsse gezogen, nämlich eine Schlussfolgerung, die besagt, dass ein Körper eine bestimmte Beschaffenheit haben muss, damit ein Gender funktionieren kann, und eine andere, die besagt, dass ein Körper eine bestimmte Empfindungsqualität haben muss, damit ein Gender funktioniert. David hatte für die erste Gruppe von Ärzten irgendwann nur noch Verachtung und Abscheu übrig und entwickelte, könnten wir sagen, die Kritik eines Laien am Phallus, um seinem Widerstand Rückhalt zu geben:

> Der Doktor sagte: ›Es wird hart werden, man wird dich schikanieren, du wirst sehr allein sein, du wirst niemanden finden (außer du lässt an dir eine Vaginaloperation vornehmen und lebst als Frau).‹ Und ich dachte mir, wissen Sie, ich war zu dieser Zeit noch recht jung, aber es dämmerte mir, dass diese Leute ziemlich oberflächlich sein müssen, wenn sie denken, das sei das Einzige, was für mich zählt; dass der einzige Grund, weshalb man heiratet und Kinder hat und ein produktives Leben führt, das ist, was man zwischen den Beinen hat [...]. Wenn das alles ist, was sie über mich denken, wenn sie mich danach bewerten, was ich zwischen meinen Beinen habe, dann wäre ich ein totaler Versager.[9]

David unterscheidet hier zwischen dem »Ich«, das er ist, der Person, die er ist, und dem Wert, der seinem Personenstatus auf der

9 Diamond/Sigmundsen, »Sex Reassignment at Birth: A Long Term Review and Clinical Implications«, S. 301, Auslassungen im Original.

Grundlage dessen zugemessen wird, was zwischen seinen Beinen ist oder nicht ist. Er setzt darauf, dass er aus einem anderen Grund geliebt werden wird als dem, was zwischen seinen Beinen ist, oder dass zumindest sein Penis nicht der Grund sein wird, weswegen er geliebt werden wird. Unausgesprochen besteht er auf so etwas wie einer »Tiefenschicht«, die er der »Oberflächlichkeit« der Ärzte entgegenhält. Obwohl also David seinen neuen männlichen Status und seinen neuen Phallus wollte und erhielt, ist er auch etwas anderes als das, was er jetzt hat. Denn obwohl er sich dieser Umwandlung unterzogen hat, weigert er sich, auf das Körperteil, das er erworben hat, reduziert zu werden. »Wenn das alles ist, was sie über mich denken«, beginnt er seinen Satz und holt damit zu einer abgeklärten und kritischen Entgegnung auf das Wirken der Norm aus. Es gibt etwas an mir, das diesen Teil übersteigt, obwohl ich den Teil will und er zu mir gehört. Er will seinen Wert nicht durch das »gerechtfertigt« sehen, was er zwischen seinen Beinen hat. Demnach hat David ein anderes Verständnis davon, wie der Wert einer Person zu rechtfertigen ist. Wir könnten deshalb sagen, dass er sein Begehren lebt, indem er die Anatomie erwirbt, die er haben will, um sein Begehren zu leben, dass aber sein Begehren vielschichtig ist und sein Wert vielschichtig ist.

Zweifellos ist das der Grund, weshalb David so oft die Antwort verweigerte auf viele von Moneys Fragen, wie: »Möchtest du einen Penis haben? Möchtest du ein Mädchen heiraten?« Er lehnte die Fragen ab, weigerte sich, im selben Raum mit Money zu bleiben, und nach einiger Zeit wollte er überhaupt nicht mehr nach Baltimore fahren. Genau genommen tauschte David nicht eine Geschlechternorm gegen die andere. Es wäre ebenso falsch (von einem kritischen Standpunkt aus) zu behaupten, er habe einfach eine Geschlechternorm verinnerlicht, wie (von einem normalisierenden, medizinischen Standpunkt aus) zu behaupten, es sei ihm misslungen, einer Geschlechternorm zu entsprechen. Denn er hat deutlich gemacht, dass sein Wert durch Berufung auf ein

»Ich« rechtfertigt wird, das sich nicht auf die Vereinbarkeit seiner Anatomie mit der Norm reduzieren lässt. Er hält mehr von sich, als andere von ihm halten, er rechtfertigt seinen Wert nicht vollständig in Bezug auf das, was er zwischen seinen Beinen hat, er hält sich nicht für einen totalen Versager. Es gibt etwas, was die Norm übersteigt, dessen Unerkennbarkeit er anerkennt; in gewissem Sinne ist seine Distanz zum erkennbar Menschlichen die Bedingung für seine kritische Rede, als die Quelle seines Werts und als die Rechtfertigung seines Werts. Er sagt, wenn die Ärzte Recht hätten, dann müsste er ein totaler Versager sein, und impliziert damit, dass er es nicht ist, sondern dass etwas in ihm siegreich ist.

Doch er sagt noch mehr – er warnt uns vor dem Absolutismus der Unterscheidung selbst, denn sein Phallus begründet nicht seinen gesamten Wert. Der, der er ist, und das, was er hat, kommen nicht zur Deckung. Zwischen dem Phallus, den er hat, und dem Phallus, auf den sich die Erwartungen richten, besteht keine völlige Übereinstimmung (darin unterscheidet er sich von niemandem mit einem Phallus). Das heißt, er ist nicht eins geworden mit der Norm und ist dennoch jemand, der spricht, der beharrt und sogar auf sich selbst verweist. Und aus genau dieser Lücke, dieser Deckungsungleichheit zwischen der Norm, die eigentlich sein Mensch-Sein stiften soll, und dem ausgesprochenen Insistieren auf sich selbst, das er vorführt, leitet er seinen Wert ab und spricht seinen Wert aus. Wir können diese Person jedoch gerade in dem Moment, in dem sie ihren Wert ausspricht, nicht mit konkretem Inhalt füllen. Das bedeutet, gerade indem er nicht vollständig erkennbar, nicht völlig verfügbar und kategorisierbar ist, entsteht sein Mensch-Sein. Und das ist wichtig, weil wir verlangen könnten, er solle zuerst in die Intelligibilität eintreten, um zu sprechen und erkannt werden zu können. Stattdessen eröffnet er durch sein Sprechen eine kritische Perspektive auf die Normen, welche die Intelligibilität verleihen. Außerdem zeigt er, dass es ein Verstehen gibt, das die Normen der Intelligibilität selbst übersteigt. Und er erreicht dieses »Außen«, so könnten wir spekulieren, indem er die drängenden Verhöre verweigert, ihre Begriffe verkehrt und herausfindet, auf welche Weise er ihnen vielleicht entkommen kann. Wenn er sich denen gegenüber unintelligibel machen kann, die seine Identität erkennen und erfassen möchten, heißt das, dass es etwas an ihm gibt, das jenseits des Rahmens anerkannter Intelligibilität intelligibel ist. Wir sind vielleicht versucht zu behaupten, es gebe da irgendeinen Kern der Persönlichkeit und somit die Unterstellung eines Humanismus, der sich hier zeigt und hinzukommt zu den einzelnen Diskursen über sexuierte Intelligibilität und Gender-Intelligibilität, die ihn einschränken. Das würde aber nur bedeuten, dass er von dem einen Diskurs verurteilt wird, um dann von einem anderen Diskurs, dem humanistischen, aufgefangen zu werden. Oder wir könnten sagen, es gibt irgendeinen Kern des sprechenden Subjekts, des Subjekts, das jenseits des Sagbaren spricht, und dass es diese Unsagbarkeit ist, die Davids Sprechen markiert – die Unsagbarkeit des anderen, der nicht durch Sprechen enthüllt wird, sondern einen bedeutungsvollen Splitter seiner selbst in seinem Sprechen hinterlässt, eines Selbst, das jenseits des Diskurses existiert.

Allerdings würde ich es vorziehen, noch eingehender darüber nachzudenken, ob David, wenn er sich so hoffnungsvoll und unerwartet auf das »Ich« beruft, nicht von einer bestimmten Überzeugung spricht, die er zu der Frage hat, ob er liebenswert ist. Er sagt, »sie« müssten denken, er sei ein echter Versager, wenn er nur für das geliebt werden würde, was er zwischen seinen Beinen hat. »Sie« erzählen ihm, dass niemand ihn lieben werde oder er nicht eher geliebt werde, als bis er nehme, was sie für ihn hätten, und dass sie hätten, was er brauche, um Liebe zu bekommen, und dass er ohne das, was sie hätten, auf Liebe verzichten müsse. Er akzeptiert das, was sie in ihrem Diskurs anbieten, aber nicht als Liebe. Er weist ihr Liebesangebot zurück, weil er es als Bestechung, als Verführung zur Unterwerfung betrachtet.

Er werde aus einem anderen Grund geliebt werden, sagt er uns, aus einem Grund, den sie nicht verstünden und der uns nicht angegeben wird. Dieser Grund liegt offensichtlich jenseits des Vernunftregimes, das von den Normen der Sexualwissenschaft errichtet wird. Wir wissen nur, dass David auf einem anderen Grund besteht, wissen aber nicht, welche Art von Grund das ist oder welche Vernunft das sein kann. Er zieht die Grenzen für das, was sie wissen, und sprengt die Politik der Wahrheit, indem er seine »Entunterwerfung« (*désubjugation*) innerhalb dieser Seinsordnung dazu einsetzt, die Möglichkeit der Liebe jenseits des Zugriffs der Norm zu etablieren. Er setzt sich bewusst zur Norm in Beziehung, hält sich aber nicht an ihre Anforderungen. Er riskiert eine gewisse »Entsubjektivierung« (*désubjugation*): Ist er ein Subjekt? Wie sollen wir das wissen? In diesem Sinne bringt Davids Rede die Funktionsweise der Kritik selbst ins Spiel, einer Kritik, die nach Foucault gerade durch die Entunterwerfung des Subjektes innerhalb der Politik der Wahrheit definiert ist. Das heißt nicht, dass David unintelligibel und deshalb für die Politik wertlos wird. Vielmehr taucht er an den Grenzen der Intelligibilität auf und erlaubt damit einen Blick auf die unterschiedlichen Formen, in denen Normen das Menschliche eingrenzen. Gerade weil wir verstehen, ohne es richtig zu begreifen, dass er einen anderen Grund hat, dass er sozusagen ein anderer Grund *ist*, sehen wir auch die Grenzen für den Diskurs der Intelligibilität, der sein Schicksal entscheiden sollte. David bewohnt keine völlig neue Welt, denn er befindet sich immer noch irgendwo zwischen der Norm und ihrem Scheitern, sogar in der Syntax, die sein »Ich« hervorbringt. Letzten Endes ist er keines von beidem; er ist das Menschliche in seiner Anonymität, als das, von dem wir noch nicht wissen, wie wir es nennen sollen, oder als das, was allem Benennen eine Grenze setzt. Doch in diesem Sinne ist er die anonyme – und kritische – Situation des Menschlichen, wie es sich an der Grenze zu dem äußert, was wir zu wissen glauben.

Postskriptum: Als dieses Buch im Juni 2004 in Druck ging, erfuhr ich mit Bedauern, dass sich David Reimer im Alter von 38 Jahren das Leben genommen hat. Der Nachruf der *New York Times* vom 12. 5. 2004 erwähnt, dass sein Bruder zwei Jahre zuvor gestorben war und dass er von seiner Frau getrennt lebte. Es ist schwer zu sagen, was sein Leben letztlich unerträglich machte oder warum er das Gefühl hatte, dass es an der Zeit sei, dieses Leben zu beenden. Zweifellos gab es jedoch eine Frage, die sich ihm immer stellte und die er sich stellte: ob mit seinem Gender ein Überleben möglich sein würde. Es ist nicht klar, ob sein Gender das Problem war oder ob er an der »Behandlung« dauerhaft litt. Die Normen, die darüber befinden, was es heißt, ein achtbares, anerkennenswertes und erhaltenswertes Menschenleben zu sein, stützten sein Leben jedenfalls nicht in einer stetigen oder stabilen Weise. Das Leben war für ihn immer eine Wette und ein Wagnis, eine kühne und zerbrechliche Errungenschaft.

4. Die Entdiagnostizierung von Gender

Das *Diagnostic and Statistical Manual of Mental Disorders* (DSM-IV) enthält die Diagnose einer Störung der Geschlechtsidentität, um deren Status es in den letzten Jahren Debatten gegeben hat, bei denen insbesondere diskutiert wurde, ob es noch gute Gründe gibt, die Diagnose weiterhin im Katalog mentaler Pathologien zu führen, oder ob es dafür mittlerweile kaum mehr gute Gründe gibt. Auf der einen Seite gibt es in der GLBQTI-Community den Standpunkt, man solle die Diagnose beibehalten, weil sie die Attestierung eines Zustands ermögliche und den Zugang zu einer Vielzahl medizinischer und technischer Mittel des Geschlechtswechsels erleichtere. Außerdem würden einige Versicherungsunternehmen nur dann einen Teil der sehr hohen Kosten der Geschlechtsveränderung tragen, wenn sich zuvor begründen lässt, dass die Veränderung »medizinisch erforderlich« ist. Aus diesen Gründen ist es wichtig, die geschlechtsverändernde Chirurgie oder die Einnahme von Hormonen nicht als »fakultative Chirurgie« zu verstehen. Obwohl man sagen könnte, es handele sich um eine Wahl, und sogar um eine Wahl einschneidender und tiefgreifender Art, muss es sich zum Zweck der Kostenerstattung durch die Versicherung um eine medizinisch bedingte Wahl handeln. Wir können natürlich einige Zeit darüber nachdenken, was eine medizinisch bedingte Wahl eigentlich ist, aber zum Zweck dieser Argumentation ist es wichtig, zwischen einer Wahl zu unterscheiden, die durch eine Diagnose bedingt ist, und einer, die es nicht. Im letzten Fall kann die Wahl, den Geschlechtswechsel anzustreben, einige oder alle der folgenden Entscheidungen beinhalten: die Wahl, als ein anderes Geschlecht leben zu wollen, eine Hormonbehandlung durchzuführen, einen Namen zu finden und bekanntzugeben, einen neuen Rechtsstatus für die Geschlechtszugehörigkeit zu beantragen und sich dem chirurgischen Eingriff zu unterziehen. Wenn von psychologischen oder medizinischen Fachleuten beschlossen wird, dass dies erforderlich ist, das heißt, wenn festgestellt wird, dass ein Unterbleiben dieses Geschlechtswechsels Verzweiflung, Verhaltensauffälligkeit und andere Leidensformen hervorruft, dann folgt daraus offenbar, dass die Wahl des Wechsels als Entscheidung wahrgenommen wird, die von medizinischen Fachleuten, die letztlich über das Wohl der Person zu befinden haben, akzeptiert und gebilligt wird. Die »Diagnose« kann in mehreren Hinsichten Wirkung zeigen, aber eine Form, wie sie wirken kann und tatsächlich wirkt, ist die als Instrument der Pathologisierung, und zwar speziell in den Händen von Transphobikern.

Eine Geschlechtsidentitätsstörung (GID) diagnostiziert zu bekommen heißt, in gewisser Weise für krank befunden zu werden, für unnatürlich, nicht richtig, abweichend, unnormal, und infolge der Diagnose, sofern diese gestellt wird, eine bestimmte Stigmatisierung zu erleiden. Einige Aktivisten unter den Psychiatern und Transindividuen haben deshalb die Ansicht vertreten, die Diagnose solle vollkommen gestrichen werden, denn Transsexualität sei keine Störung und solle deshalb auch nicht als eine begriffen werden, und Transindividuen sollten als Menschen verstanden werden, die Selbstbestimmung praktizierten, ihre Autonomie ausübten. Einerseits wird die Diagnose also weiterhin geschätzt, weil sie einen ökonomisch machbaren Weg des Geschlechtswechsels erleichtert. Andererseits wird die Diagnose hartnäckig bekämpft, weil sie nach wie vor etwas pathologisiert, was als eine von vielen Möglichkeiten des Menschen verstanden werden sollte, sein Gender selbst zu bestimmen.

Schon aus dieser kurzen Skizze lässt sich ersehen, dass es in dieser Debatte eine Spannung gibt zwischen denjenigen, die – zum Zweck der Debatte – versuchen, Anspruchsberechtigung und finanzielle Beihilfe zu erlangen, und denjenigen, die darauf aus sind, die Praxis der Transsexualität auf eine Autonomievorstellung zu gründen. Wir könnten sofort Bedenken anmelden und fragen, ob diese zwei Auffassungen einander wirklich entgegengesetzt sind. Denn schließlich, so ließe sich argumentieren, und so ist gewiss schon argumentiert worden, wirke sich die Art, wie die Diagnose bestimmte Ansprüche auf Versicherungsleistungen,[1] auf medizinische Behandlung und auf einen Rechtsstatus ermögliche, tatsächlich förderlich auf das aus, was wir Transautonomie nennen könnten. Schließlich kann es durchaus sein, dass ich die Diagnose brauche, um mein Ziel zu erreichen, wenn ich den Wechsel will, und mein Ziel zu erreichen ist nichts anderes als eine Ausübung meiner Autonomie. In der Tat können wir die Meinung vertreten, dass niemand ohne Beistand oder Unterstützung seiner Gemeinschaft Autonomie erreicht, besonders dann nicht, wenn jemand eine mutige und schwierige Wahl trifft, wie den Wechsel der Geschlechtszugehörigkeit. Aber dann müssen wir fragen, ob die Diagnose eindeutig zu der »Unterstützung« gehört, die Individuen brauchen, um Selbstbestimmung in Bezug auf ihr Gender ausüben zu können. Immerhin macht die Diagnose viele Annahmen, die eine Transautonomie untergraben. Sie schließt sich Formen psychologischer Beurteilung an, die davon ausgehen, dass die diagnostizierte Person von Kräften beeinflusst wird, die er oder sie nicht versteht. Sie nimmt an, dass solche Menschen unter einer Wahnvorstellung oder Dysphorie leiden. Sie nimmt an, dass bestimmte Geschlechternormen nicht richtig verkörpert wurden und ein Fehler und ein Versagen vorliegen. Sie macht Annahmen über Väter und Mütter und darüber, was ein normales Familienleben ist und gewesen sein sollte. Sie übernimmt die Sprache von Korrektur, Anpassung und Normalisierung. Sie versucht, die Geschlechternormen der Welt in ihrer gegenwärtigen Verfassung zu erhalten, und neigt zur Pathologisierung eines jeden Versuchs, Gender auf eine Art

1 Siehe Richard Friedman, »Gender Identity«. Sein Standpunkt besagt allerdings auch, dass die Diagnose eine Pathologie beschreibt, so dass die Diagnose nicht nur aus instrumentellen Gründen erhalten bleiben sollte.

und Weise zu gestalten, die den existierenden Normen nicht entspricht (oder besser gesagt, einer bestimmten herrschenden Phantasie, was die existierenden Normen eigentlich sind, nicht entspricht). Es ist eine Diagnose, die den Menschen gegen ihren Willen gestellt worden ist, und es ist eine Diagnose, die den Willen vieler Menschen, insbesondere junger Menschen, die queer oder trans sind, wirksam gebrochen hat.

Die Debatte scheint also recht kompliziert zu sein, und anscheinend möchten diejenigen, die die Diagnose beibehalten wollen, dies deshalb tun, weil es ihnen hilft, ihre Ziele zu erreichen und in diesem Sinne ihre Autonomie zu verwirklichen. Und diejenigen, die diese Diagnose abschaffen wollen, möchten das, weil es zu einer Welt führen kann, in der sie vielleicht als nichtkrankhaft betrachtet und behandelt werden, und dadurch ihre Autonomie in wichtigen Hinsichten bestärkt wird. Ich denke, wir sehen hier die konkreten Grenzen für jede Autonomievorstellung, die das Individuum als bindungslos hinstellt, als frei von sozialen Voraussetzungen, ohne Abhängigkeit von sozialen Instrumenten verschiedenster Art. Autonomie ist eine sozial voraussetzungsvolle Weise, in der Welt zu leben. Instrumente wie die Diagnose beispielsweise können befreiend, aber auch restriktiv sein, und oft haben sie beide Eigenschaften zugleich.

Oberflächlich betrachtet könnte es so aussehen, als gebe es zwei verschiedene Ansätze zur Autonomie, aber es ist wichtig zu beachten, dass dies nicht nur ein philosophisches Problem ist, das sich abstrakt beantworten lässt. Um den Unterschied zwischen diesen Sichtweisen zu verstehen, müssen wir fragen, wie die Diagnose tatsächlich gelebt wird: Was heißt es, mit dieser Diagnose zu leben?[2] Hilft sie manchen Menschen zu leben, ein

2 Siehe Richard Pela, »Boys in the Dollhouse, Girls with Toy Trucks«, S. 55. Er argumentiert, dass »die American Psychiatric Association Kategorien für psychische Gesundheit erfunden hat – insbesondere die Störung der Geschlechtsidentität –, die dazu dienen sollen, Homosexualität zu pathologisieren und den Missbrauch schwuler Jugendlicher fortzusetzen«. Außerdem

Leben zu realisieren, das als lebenswert empfunden wird? Hindert sie manche Menschen am Leben, gibt sie ihnen das Gefühl, stigmatisiert zu sein, und trägt sie in einigen Fällen zu einem suizidalen Schluss bei? Auf der einen Seite sollten wir die Vorteile, welche die Diagnose gebracht hat, nicht unterschätzen – gerade für Transindividuen mit begrenzten ökonomischen Mitteln, die ihre Ziele ohne die Bezuschussung durch die Krankenversicherung nicht erreicht hätten. Auf der anderen Seite sollten wir die pathologisierende Kraft der Diagnose nicht unterschätzen, insbesondere nicht bei jungen Menschen, die vielleicht nicht die kritischen Hilfsmittel haben, sich dieser Kraft zu widersetzen. In solchen Fällen kann die Diagnose einen Menschen schwächen, wenn nicht sogar mörderisch sein. Manchmal tötet sie die Seele und manchmal wird sie zu einem Faktor, der zum Suizid beiträgt. Die Einsätze dieser Debatte sind also hoch, denn am Ende geht es offenbar um Leben und Tod, und einige sehen in der Diagnose anscheinend das Leben und andere sehen in ihr den Tod. Noch andere halten sie wohl für einen ambivalenten Segen oder sogar für einen ambivalenten Fluch.

Damit wir verstehen, wie diese beiden verständlichen Positionen aufgekommen sind, sollten wir uns zunächst anschauen, worin die Diagnose in den Vereinigten Staaten besteht, und sollten zweitens ihre Verwendungsweise in der Vergangenheit und Gegenwart eingehender betrachten. Die Diagnose einer gestör-

zitiert er Shannon Minter, der sinngemäß sagt: »Die GID ist bloß eine andere Art, Homophobie auszudrücken.« Siehe auch Katherine Rachlin, »Transgender Individuals' Experiences of Psychotherapy«. Sie weist darauf hin, dass »es Individuen ärgern kann, Zeit und Geld für psychologische Dienste ausgeben zu müssen, um medizinische Dienste zu erhalten. Sie können auch Angst davor haben, mit jemandem zu sprechen, der die Macht besitzt, ihnen den Zugang zu Eingriffen zu gewähren oder zu verweigern, die sie nach eigenem Empfinden brauchen. Angst und Verärgerung erzeugen eine Dynamik zwischen Therapeut und Klient, die sich auf den Verlauf und das Ergebnis der Behandlung auswirken kann.« Siehe auch A. Vitale, »The Therapist Versus the Client«.

ten Geschlechtsidentität hat gemäß der Definitionsmacht des DSM-IV einer Gender-Dysphorie zu entsprechen.[3] Die letzte Überarbeitung der betreffenden Definitionen wurde 1994 vorgenommen. Damit eine Diagnose vollständig ist, werden allerdings psychologische Tests benötigt, zusammen mit »Gutachten« von Therapeuten, die eine Diagnose abgeben und beglaubigen, dass das fragliche Individuum in der Identität des neuen anatomischen Geschlechts leben und gedeihen kann. Die Definition von 1994 ist das Ergebnis mehrfacher Änderungen und muss wahrscheinlich auch im Licht einer Entscheidung der American Psychiatric Association (APA) von 1973 gesehen werden, sich der Diagnose von Homosexualität als Störung zu entledigen, sowie im Licht ihrer Entscheidung von 1987, die »ego-dystonische Homosexualität« abzuschaffen, einen Überrest der früheren Definition.

3 Man muss sehen, dass der Transsexualismus erstmals im DSM-III von 1980 diagnostiziert wurde. Im DSM-IV, das 1994 veröffentlicht wurde, erscheint der Transsexualismus nicht gesondert, sondern wird stattdessen unter der Rubrik einer Störung der Geschlechtsidentität (GID) abgehandelt. So wie die Sache derzeit steht, verlangt die Diagnose, dass Bewerber für Chirurgie und Behandlung der Transsexualität »Anhaltspunkte [zeigen] für eine starke und beständige andersgeschlechtliche Identifikation, die der Wunsch ist, das andere Geschlecht zu sein, oder die feste Behauptung, dass man das andere Geschlecht ist.« Darüber hinaus »darf diese andersgeschlechtliche Identifikation nicht bloß der Wunsch sein, aus irgendwelchen empfundenen kulturellen Vorteilen heraus das andere Geschlecht zu sein«, sondern »es muss außerdem Belege geben für ein anhaltendes Unbehagen wegen der Geschlechtszugehörigkeit oder ein Gefühl der Unrichtigkeit in der Geschlechtsrolle dieses Geschlechts«. Die Diagnose »wird nicht gestellt, wenn das Indviduum gleichzeitig eine physische Intersex-Anlage hat«, und »um die Diagnose zu stellen, muss es Hinweise auf eine klinisch signifikante Verzweiflung oder Beeinträchtigung im Sozialen, am Arbeitsplatz oder in anderen wichtigen Bereichen der Funktionsfähigkeit geben«. Zu weiteren Informationen siehe ⟨http://trans-health.com⟩, Ausgabe 4, Band 1, Frühjahr 2002; siehe dieselbe Zeitschrift online, Ausgabe 1, Band 1, Sommer 2001, zu einer wichtigen Kritik unter dem Titel »The Medicalization of Transgenderism«, einer fünfteiligen Arbeit von Whitney Barnes (veröffentlicht in den Folgeausgaben), die sehr gründlich und prägnant eine Reihe sachdienlicher Themen abhandelt, die mit der diagnostischen Kategorie zusammenhängen.

Manche sind der Ansicht, die Diagnose einer GID übernehme etwas von der Funktion, die früher die Diagnose der Homosexualität geleistet hat, und dass die GID eine Methode sei, um Homosexualität indirekt als ein Problem der Geschlechtsidentität diagnostizieren zu können. Auf diese Weise setze die GID die homosexuellenfeindliche Tradition der APA fort, dies jedoch weniger ausdrücklich. Tatsächlich argumentieren konservative Gruppen wie die National Association of Research and Therapy of Homosexuality, die sich der »Korrektur« der Homosexualität verschrieben haben, dass man bei einem Kind, bei dem sich eine GID feststellen läßt, mit 75prozentiger Sicherheit voraussagen kann, dass es als Erwachsener homosexuell sein wird, ein Ergebnis, das für sie eine klare Abnormität und Tragödie darstellt. Die Diagnose einer GID ist daher in den meisten Fällen eine Diagnose der Homosexualität, und die Störung, mit der die Diagnose verknüpft wird, impliziert, dass Homosexualität ebenfalls eine Störung bleibt.

Schon die Art, wie sich diese Gruppen das Verhältnis zwischen GID und Homosexualität vorstellen, ist sehr problematisch. Wenn wir die GID auf der Grundlage einer Wahrnehmung von dauerhaften Gender-Charakteristika des anderen biologischen Geschlechts verstehen wollen, das heißt, Jungen mit »femininen« Attributen und Mädchen mit »maskulinen« Attributen, dann steht dahinter die Annahme, dass jungenhafte Züge zu einem späteren Begehren von Frauen führen werden und mädchenhafte Züge zu einem späteren Begehren von Männern. In beiden Fällen wird ein heterosexuelles Begehren unterstellt, bei dem sich vermeintliche Gegensätze anziehen. Im Grunde genommen wird damit argumentiert, Homosexualität sei als Gender-Inversion zu verstehen und der »sexuelle« Rollenpart bleibe, obschon umgekehrt, heterosexuell. Dieser Auffassung zufolge ist es offenkundig selten, dass jungenhafte Züge bei einem Jungen zu einem Begehren nach anderen Jungen führen und dass mädchenhafte Züge bei einem Mädchen zu einem Begehren nach anderen Mädchen führen. Die 75 Prozent derjenigen, die eine GID diagnostiziert bekommen haben, sind also nur dann als homosexuell zu betrachten, wenn wir Homosexualität nach dem Modell einer Gender-Inversion verstehen und Sexualität nach dem Modell des heterosexuellen Begehrens verstehen. Wenn 25 Prozent derjenigen mit einer GID-Diagnose nicht homosexuell werden, dann bedeutet das anscheinend, dass sie dem Modell der Gender-Inversion nicht entsprechen. Da aber das Gender-Inversionsmodell Sexualität lediglich als Heterosexualität verstehen kann, müssten doch die verbleibenden 25 Prozent homosexuell sein, das heißt, sie wären nicht im Einklang mit dem Modell der Homosexualität als umgekehrter Heterosexualität. Wir könnten folglich etwas spöttisch behaupten, dass demnach 100 Prozent aller Individuen mit einer GID-Diagnose homosexuell sein müssen!

Obwohl dieser Scherz für mich unwiderstehlich ist, weil er die National Association of Research and Therapy of Homosexuality aufscheuchen würde, ist es doch wichtig, ernsthaft darüber nachzudenken, wie Leute, die in diesen Begriffen denken, die Kartographie von Sexualität und Gender mit ihrer Fehlbeschreibung völlig verfälschen. Tatsächlich sind die Korrelationen zwischen Geschlechtsidentität und sexueller Orientierung bestenfalls nebulös: Wir können auf der Grundlage der Zugehörigkeit zu einem Gender nicht vorhersagen, welche Art von Geschlechtsidentität die Person einmal haben wird und welche Orientierung(en) des Begehrens er oder sie letztlich unterhalten und verfolgen wird. Obwohl John Money und andere so genannte Transpositionalisten glauben, die sexuelle Orientierung ergebe sich im allgemeinen aus der Geschlechtsidentität, wäre es ein großer Fehler, anzunehmen, die Geschlechtsidentität verursache die sexuelle Orientierung oder die Sexualität bilde auf irgendeine notwendige Weise eine ihr voraus liegende Geschlechtsidentität ab. Wie ich zeigen möchte, würde selbst dann, wenn man als unproblematisch akzeptieren könnte, was »feminine« Züge und was »maskuline« Züge sind, daraus nicht folgen, dass das »Feminine« zum Maskulinen und das »Maskuline« zum Femininen hingezogen wird. Das würde nur dann daraus folgen, wenn wir eine ausschließlich heterosexuelle Matrix verwendeten, um das Begehren zu verstehen. Und tatsächlich würde diese Matrix einige der Queer crossings in der Heterosexualität falsch darstellen, dann zum Beispiel, wenn ein feminisierter heterosexueller Mann eine feminisierte Frau möchte, damit sie »zusammen Mädchen« sein können. Oder wenn maskuline heterosexuelle Frauen von ihren Boys möchten, dass sie sowohl Girl wie Boy für sie sein sollen. Dieselben Queer crossings kommen im lesbischen und schwulen Leben vor, wenn Butch mit Butch eine spezielle lesbische Ausprägung männlicher Homosexualität hervorbringt. Darüber hinaus lässt sich die Bisexualität, wie ich vorher schon sagte, nicht auf zwei heterosexuelle Begehren zurückführen, wobei eine feminine Seite ein maskulines Objekt will oder eine maskuline Seite ein feminines Objekt. Solche Crossings sind so vielschichtig wie alles, was in der Heterosexualität oder Homosexualität abläuft. Sie kommen übrigens viel öfter vor, als allgemein zur Kenntnis genommen wird, und sprechen damit der Behauptung der Transpositionalisten Hohn, dass die Geschlechtsidentität ein Indikator für die sexuelle Orientierung ist. Tatsächlich ist es manchmal gerade die Entkoppelung von Geschlechtsidentität und sexueller Orientierung – das Verwirrspiel mit dem transpositionalistischen Modell –, was für manche Menschen das Erotischste und Aufregendste ausmacht.

Die Art, wie die Störung der Geschlechtsidentität von Forschern mit homosexuellenfeindlichen Zielen aufgegriffen worden ist, setzt stillschweigend die These voraus, dass Homosexualität der Schaden ist, der aus einer solchen Geschlechtsveränderung folgen wird. Es ist aber überaus wichtig, dagegen einzuwenden, dass es sich nicht um eine Störung handelt und dass es ein ganzes Spektrum komplexer Beziehungen zu Cross-gender-Lebensweisen gibt, dazu gehört beispielsweise, sich so zu kleiden wie das andere Geschlecht oder in einem anderen Gender zu leben, einige beinhalten vielleicht die Einnahme von Hormonen und den operativen Eingriff, und die meisten dieser Beziehungen umfassen eine oder mehrere dieser Möglichkeiten. Manchmal impliziert dies einen Wechsel der so genannten Objektwahl, manchmal aber auch nicht. Man kann Transmann werden und andere Männer wollen (und somit ein männlicher Homosexueller werden) oder man kann Transmann werden und Frauen wollen (und ein Heterosexueller werden) oder man kann Transmann werden und mehrere Wechsel der sexuellen Orientierung durchlaufen, die eine sehr spezielle Lebensgeschichte und Erzählung ausmachen. Diese Erzählung ist nicht mit einer Kategorie erfassbar oder kann vielleicht nur phasenweise mit einer Kategorie erfasst werden. Lebensgeschichten sind Geschichten des Werdens, und Kategorien können manchmal die Funktion haben, diesen Prozess des Werdens zum Stillstand zu bringen. Wechsel der sexuellen Überzeugung können in Reaktion auf bestimmte Partner auftreten, so dass sich Biographien, seien diese nun trans oder nicht trans, nicht immer als konsequent heterosexuell oder homosexuell erweisen, und auch die Bedeutung und gelebte Erfahrung der Bisexualität können sich im Laufe der Zeit ändern und eine besondere Lebensgeschichte hervorbringen, die bestimmte Arten von Erfahrungen widerspiegelt und nicht andere.

Die Diagnose der Gender-Dysphorie verlangt, dass ein Leben über die Zeit hinweg mehr oder weniger endgültig Gestalt annimmt; ein Gender kann nur dann diagnostiziert werden, wenn es den Test der Zeit besteht.[4] Man muss zeigen können, dass man schon sehr lange das Leben des anderen Geschlechts leben woll-

4 In der Geschichte der Diagnose gab es Veränderungen der Nomenklatur, um zwischen Individuen unterscheiden zu können, die von Anfang an für »gender-dysphorisch« gehalten werden, und solchen Individuen, die erst mit der Zeit selbst zu diesem Schluss kommen; zu einer Erörterung dieser Nomenklaturabwandlungen siehe »The Development of a Nomenclature«, in: *The Standards of Care for Gender Identity Disorders* der Harry Benjamin International Gender Dysphoria Association.

te. Außerdem wird der Nachweis verlangt, dass man einen praktischen und machbaren Plan hat, wie man das Leben im anderen Gender auf lange Sicht führen will. Auf diese Weise möchte die Diagnose sicherstellen, dass es sich bei dem Gender um ein verhältnismäßig dauerhaftes Phänomen handelt. Es wird zum Beispiel nicht ausreichen, in eine Klinik zu gehen und zu erzählen, erst durch die Lektüre eines Buches von Kate Bornstein sei dir klar geworden, was du eigentlich immer tun wolltest, es sei dir bis zu diesem Zeitpunkt nur nicht wirklich bewusst gewesen. Es kann eben nicht sein, dass sich das kulturelle Leben geändert hat, dass Worte geschrieben und Worte gewechselt wurden, dass du zu Veranstaltungen und Clubs gegangen bist und gesehen hast, dass bestimmte Lebensweisen möglich und erstrebenswert sind, und dass dir im Hinblick auf deine eigenen Möglichkeiten etwas klargeworden ist, was zuvor so nicht erkennbar gewesen war. Du wärest schlecht beraten, ihnen zu sagen, du seiest der Ansicht, dass die Normen, die bestimmen, was ein anerkennungswürdiges und lebenswertes Leben ist, veränderbar sind und dass in deiner Lebenszeit neue kulturelle Anstrengungen unternommen wurden, um diese Normen auszuweiten, so dass Menschen wie du in unterstützenden Gemeinschaften durchaus als Transsexuelle leben könnten, und dass es gerade dieser Wandel der öffentlichen Normen und das Vorhandensein einer Unterstützergemeinschaft sei, was dir das Gefühl gebe, dass der Geschlechtswechsel möglich und erstrebenswert geworden sei. In diesem Sinne kannst du dich einer Auffassung, wonach Veränderungen der Erfahrungen mit Gender auf Veränderungen sozialer Normen folgen, ausdrücklich nicht anschließen, denn das würde nicht ausreichen, um die von Harry Benjamin formulierten Standardregeln zur Behandlung einer gestörten Geschlechtsidentität zu erfüllen. Diese Regeln unterstellen in der Tat ebenso wie die GID-Diagnose, dass wir alle mehr oder weniger bereits »wissen«, was die Geschlechternormen – »maskulin« und »feminin« – sind, und dass alles, was wir wirklich tun müssen, darin besteht, herauszufinden, ob sie in diesem oder irgendeinem anderen Fall verkörpert sind. Was aber, wenn diese Begriffe die Beschreibungsarbeit nicht mehr leisten, die sie für uns leisten sollen? Was, wenn sie nur umständlich funktionieren, sobald sie die Erfahrung mit Gender beschreiben sollen, die jemand hat? Und was passiert mit Gender als einem Modus des Werdens, wenn die Normen für die Behandlung und die Kriterien für die Diagnose annehmen, dass wir dauerhaft in der einen oder anderen Weise beschaffen sind? Werden wir zum Stillstand gebracht, werden wir regulärer und kohärenter gemacht, als wir es unbedingt sein wollen, wenn wir uns den Normen unterwerfen, um die Bewilligungen erhalten, die man braucht, und den Status, den man erstrebt?

Obwohl die Diagnose stark kritisiert werden kann – und ich werde einige der Kritikpunkte weiter unten noch ausführen, wenn ich mich dem Text selbst zuwende –, wäre es falsch, ihre ersatzlose Streichung zu fordern, ohne zuerst Strukturen an ihre Stelle zu setzen, über die der Geschlechtswechsel bezahlt und der Rechtsstatus geändert werden kann. Mit anderen Worten, wenn die Diagnose derzeit das Instrument ist, mit dessen Hilfe Versicherungsleistungen und Rechtsstatus zu erlangen sind, dann kann man sich ihrer nicht entledigen, ohne andere tragfähige Lösungen zu finden, mit denen man zu den gleichen Ergebnissen kommt.

Eine naheliegende Antwort auf dieses Dilemma ist der Standpunkt, man solle die Diagnose *strategisch* angehen. Dann könnte man die Wahrheitsansprüche der Diagnose zurückweisen, das heißt, die von ihr gelieferte Beschreibung der Transsexualität, könnte aber dennoch von der Diagnose als einem reinen Instrument Gebrauch machen, könnte sie als Vehikel benutzen, um die eigenen Ziele zu erreichen. Man würde sich dann der Diagnose ironisch, spöttisch oder halbherzig unterziehen, auch wenn man im Innersten der Ansicht ist, dass am Wunsch nach Geschlechtswechsel oder am Entschluss, den Wunsch zu verwirklichen, nichts »pathologisch« ist. Doch hier haben wir zu fragen, ob nicht die Prozedur, sich einer solchen Diagnose zu unterziehen, mehr oder weniger bewusst eine gewisse Unterwerfung gegenüber der Diagnose beinhaltet, so dass man schließlich einige Aspekte der Diagnose internalisiert und sich selbst als geisteskrank auffasst oder als an der Normalität »gescheitert« oder als beides, auch wenn man versucht, eine rein instrumentelle Haltung zu diesen Begriffen einzunehmen.

Der wichtigere Punkt zur Stützung dieses letztgenannten Arguments hat mit Kindern und jungen Erwachsenen zu tun. Denn, wenn wir fragen, wer fähig wäre, ein rein instrumentelles Verhältnis zu der Diagnose aufrechtzuerhalten, dann wären das wohl abgebrühte und gewitzte Erwachsene, denen andere Diskurse zur Verfügung stehen, um zu verstehen, wer sie sind und sein wollen. Aber sind Kinder und Teenager immer fähig, die Distanz herzustellen, die nötig ist, um im Hinblick auf die Diagnose, der man unterzogen wird, eine rein instrumentelle Einstellung beibehalten zu können?

Dr. Richard Isay gibt als wichtigsten Grund dafür, die Diagnose im Ganzen zu streichen, ihre Wirkung auf Kinder an. Die Diagnose selbst, schreibt er, »könnte emotionalen Schaden anrichten, indem sie die Selbstachtung eines Kindes verletzt, das keine psychische Störung hat«.[5] Isay akzeptiert die Behauptung, dass viele schwule Jungen als Kinder so genanntes weibliches Verhalten bevorzugen: mit den Kleidern ihrer Mutter spielen, raue Spiele mit Balgereien ablehnen usw. Aber er meint, das Problem seien nicht diese Charakteristika, sondern die »elterlichen Ermahnungen [...], die darauf abzielen, dieses Verhalten zu verändern, [was] sich auf die Selbstachtung dieser Jungen schädlich auswirkt«. Seine Lösung lautet, Eltern sollten lernen, sich zu »geschlechtsuntypischen Wesenszügen« bestärkend zu verhalten. Isays Beitrag ist in vielen Hinsichten wichtig, doch eine klare Forderung dieses Beitrags ist die begriffliche Neufassung des Phänomens, die eine pathologisierende Sprache ablehnt: er

5 Richard Isay, »Remove Gender Identity Disorder from DSM«.

weigert sich, typische Gender-Attribute zum Maßstab psychologischer Normalität zu erheben oder atypische Eigenschaften als Abnormität herabzusetzen. Stattdessen lässt er die Sprache des für die Normalität Typischen ganz fallen. Ärzte, die gegen Isay argumentieren, bestehen nicht nur darauf, dass die Störung eben eine Störung *ist* und dass ein Aufweisen hartnäckig atypischer Gender-Charakteristika eine »Psychopathologie« ist,[6] sondern verbinden dieses Festhalten an der Pathologisierung mit einem paternalistischen Interesse für die Betroffenen, indem sie anführen, inwiefern die Diagnose für Versicherungsleistungen und andere Bewilligungen benötigt wird. Im Grunde genommen nutzen sie die eindeutige und unstrittige Tatsache aus, dass Anwärter auf den Geschlechtswechsel, die arm sind, die aus der Arbeiterklasse oder der Mittelschicht kommen, auf eine Bezuschussung ihrer Krankenversicherung und Rechtsbeistand angewiesen sind –, und das nicht nur, um den Standpunkt zu vertreten, man solle die Diagnose weiter im Katalog der Störungen führen, sondern auch, um ihre Auffassung starkzumachen, wonach es sich um eine Pathologie handelt, die behandelt werden muss. Selbst wenn man sich also der Diagnose als einem Instrument oder Vehikel nähert, um mit ihr das Endziel der Geschlechtsveränderung zu erreichen, kann sie (a) der Person, der die Diagnose gestellt wird, das Gefühl einer Geistesgestörtheit geben, (b) die Macht der Diagnose zementieren, der zufolge Transsexualität als eine Pathologie zu begreifen ist, und (c) von denjenigen als eine Begründung verwendet werden, die in finanziell gut ausgestatteten Forschungsinstituten arbeiten und ein Interesse daran haben, dass die Transsexualität im Bereich der mentalen Pathologien verbleibt.

Es hat auch noch andere Lösungsvorschläge gegeben, deren Bemühung dahin geht, die pathologischen Wirkungen der Diagnose abzuschwächen, indem man sie der Verantwortung

6 Siehe z. B. Friedman, »Gender Identity«.

von Psychologen und Psychiatern gänzlich entzieht. Jacob Hale zum Beispiel argumentiert, dieser Berufsstand sollte gar nicht hinzugezogen werden; die Frage, ob und wie man Zugang zu medizinischen und technischen Ressourcen erhält, sollte eine Angelegenheit bleiben, die ausschließlich zwischen Klient und Arzt geklärt wird.[7] Seiner Ansicht nach geht man wegen anderer Arten der rekonstruktiven Chirurgie oder wegen anderer Ursachen, bei denen sich Hormone als segensreich erweisen können, ebenfalls zum Arzt, und niemand stellt eine Menge Fragen zu den frühesten Phantasien oder zu den Spielen, die man in der Kindheit bevorzugt hat. Die Bescheinigung einer stabilen psychischen Verfassung wird nicht verlangt, wenn es um eine Brustverkleinerung oder um die menopausale Einnahme von Östrogen geht. Die vorgeschriebene Einschaltung eines Spezialisten für psychische Erkrankungen aus dem Grund, weil man den Geschlechtswechsel wünscht, führt eine paternalistische Struktur in den Vorgang ein und untergräbt genau die Autonomie, die überhaupt erst die Grundlage dafür ist, die Anspruchsberechtigung zu erwerben. Ein Therapeut ist aufgefordert, sich Gedanken darüber zu machen, ob man psychologisch betrachtet fähig sein wird, sich in eine bestehende soziale Welt zu integrie-

7 Jacob Hale, »Medical Ethics and Transsexuality«. Siehe auch Richard Green, »Should sex change be available on demand?«. Das war 1969 wohl kaum die Frage, als die nahezu unüberwindliche Hürde in der fachlich gebilligten Geschlechtsangleichung bestand. Wenn sich Gender-Patienten von Chirurgen behandeln lassen können, die keine Überweisung von Psychiatern oder Psychologen benötigen, sollte die Forschung eine Untersuchung anstellen, bei der sie das Ergebnis für diejenigen, die von Fachleuten überwiesen wurden, mit dem der selbst Überwiesenen vergleicht. Wenn der Erfolg unter den selbst Überwiesenen geringer (oder ein Scheitern häufiger) ist, könnte eine ethische Frage lauten: Sollten sonst kompetente Erwachsene diese Autonomie der Selbstbestimmung haben? Später fragt er, »sollte die Autonomie einer Person über den Körper eine Grenze haben?« (»Transsexualism and Sex Reassignment, 1966-1999«). Green begrüßt auch die Tatsache, dass einige Transgender den Beruf ergriffen haben, so dass sie diejenigen sind, die die Diagnose stellen und die medizinischen Leistungen auswählen.

ren, die durch pauschale Konformität gegenüber akzeptierten Geschlechternormen charakterisiert ist, doch der Therapeut ist nicht aufgefordert, zu beurteilen, ob man mutig genug ist oder ausreichend Unterstützung der Community hat, das Leben eines Transmanns oder einer Transfrau zu führen, wenn die Gefährdung durch Gewalt oder Diskriminierung größer sein wird. Der Therapeut wird nicht danach gefragt, ob deine Weise, die Genderdimension zu leben, dazu beitragen wird, eine Welt zu schaffen, in der Gender weniger Restriktionen unterliegt, oder ob du dieser wichtigen Aufgabe gewachsen bist. Der Therapeut soll eine Prognose abgeben, ob deine Wahl postoperativ doch bereut werden wird, und in diesem Punkt wird dein Wunsch auf seine Beständigkeit und Unbeirrbarkeit hin überprüft; was mit deinen beständigen und unbeirrbaren Wünschen passiert, wenn die soziale Welt und die Diagnose selbst sie zu psychischen Störungen herabwürdigen, kümmert wenig.[8]

Zu Beginn dieses Kapitels äußerte ich die Vermutung, dass die Sicht, die man zur Ablehnung oder Beibehaltung der Diagnose einnimmt, zum Teil davon abhängt, wie man sich die Bedingungen für Autonomie denkt. In den Argumenten von Isay sehen wir eine Argumentation, die geltend macht, dass die Diagnose nicht nur die Autonomie von Kindern untergräbt, sondern auch ihre Autonomie mit Pathologie verwechselt. In den von Hale vorgetragenen Argumenten, sehen wir, dass die Diagnose selbst eine andere Bedeutung bekommt, wenn sie nicht mehr von Fachleuten für psychische Krankheiten verwendet wird. Es bleibt trotzdem die Frage, ob praktizierende Mediziner ohne fachliche Zuständigkeit für psychische Krankheiten nicht trotzdem psychiatrische Kriterien anwenden werden, um Entscheidungen zu treffen, die keinen Deut günstiger sind als die von praktizie-

8 Zu einer Erörterung der Ätiologie der Diagnose, die jüngste psychologische Erkenntnise über postoperative Reue und »Erfolgsquoten« der chirurgischen Geschlechtsangleichung einbezieht, siehe P. T. Cohen-Kettenis und L. J. G. Gooren, »Transsexualism: A Review of Etioloy, Diagnosis, and Treatment«.

renden Psychologen und Psychiatern. Wenn Hale gleichwohl argumentiert, die Entscheidung solle im Zuge einer Kampagne zur Neudefinition der Diagnose den Ärzten übertragen werden, damit sie künftig keine Kriterien psychischer Gesundheit enthält, dann schlägt er auch eine neue oder keine Diagnose vor, da sich die Fassung des DSM-IV nicht von ihren psychiatrischen Kriterien trennen lässt. Um die Frage beantworten zu können, ob die Verlagerung zu rein medizinisch praktizierenden Ärzten günstig wäre, müssten wir fragen, ob den Neigungen praktizierender Ärzte diese Verantwortung generell anvertraut werden kann oder ob nicht die Welt fortschrittlicher Therapeuten eine bessere Chance bietet, den Prozess der Diagnose menschenwürdig und erfolgreich zu durchlaufen. Obwohl ich für diese Frage keine soziologisch begründete Antwort habe, denke ich doch, dass diesem Punkt nachgegangen werden muss, bevor man beurteilen kann, ob Hales Empfehlung angebracht ist. Der große Vorzug seines Standpunkts ist, dass der Patient wie ein Klient behandelt wird, der auf medizinischem Gebiet die Autonomie eines Verbrauchers ausübt. Von solcher Autonomie wird ausgegangen, und sie wird auch für den Prozess der Geschlechtsveränderung selbst als oberstes Ziel und letzter Sinn postuliert.

Das wirft aber die Frage auf, wie man sich in dieser Debatte Autonomie denken sollte und ob Änderungen an der Diagnose selbst einen Weg eröffnen könnten, mit dem sich die Pattsituation umgehen ließe, die offenkundig zwischen denjenigen besteht, die die Diagnose gestrichen haben möchten, und denjenigen, die sie wegen ihres instrumentellen Werts – insbesondere für die finanziell Bedürftigen – erhalten wollen. In der Debatte sind zwei verschiedene Auffassungen von Autonomie wirksam. Die Auffassung, die ganz und gar gegen die Diagnose ist, neigt zur individualistischen, wenn nicht gar libertären Haltung, und die Auffassungen, die sich für eine Beibehaltung der Diagnose aussprechen, neigen dazu, anzuerkennen, dass es für die Wahrnehmung von Freiheit materielle Voraussetzungen gibt. Die Auffassung, die sich darum sorgt, die Diagnose könne internalisiert werden oder schädlich sein, vermutet, dass die psychologischen Voraussetzungen für Autonomie untergraben werden können und untergraben worden sind und dass bei Jugendlichen ein viel höheres Risiko für eine solche Kompromittierung und Beschädigung ihres Selbstverständnisses besteht.

Autonomie, Freiheitsrechte und Freiheit sind alles zusammenhängende Begriffe, und sie implizieren auch bestimmte Arten von Schutzrechten und Rechtsansprüchen. Schließlich garantiert die Verfassung der Vereinigten Staaten das Streben nach Freiheit. Man könnte argumentieren, dass es diskriminierend ist, Transsexuellen und Transgendern restriktive Bedingungen aufzuerlegen, die sie an der Wahrnehmung einer Freiheit hindern, die ihrer Identität und Praxis entspricht. Paradoxerweise entwerten die Versicherungsunternehmen die Vorstellung von Freiheit, wenn sie zum Beispiel zwischen Mastektomien unterscheiden, die »medizinisch erforderlich« sind, und solchen, die »medizinisch nicht indiziert« sind. Die Ersteren werden als Operationen aufgefasst, für die sich niemand aus freien Stücken entscheidet, als Operationen, die den Individuen durch medizinische Umstände, im Normalfall Krebs, aufgezwungen sind. Doch selbst diese Begriffsbestimmung stellt die Wahl, die informierte Patienten bei der Art der Krebsbekämpfung treffen können, wenn die Behandlungsarten Bestrahlung, Chemotherapie, Tamoxifen, Lumpektomie, partielle und vollständige Mastektomie umfassen, falsch dar. Frauen werden eine unterschiedliche Behandlungsart wählen, die davon abhängt, wie sie zu ihren Brüsten und der Aussicht auf wieder auftretenden Krebs stehen, und die Bandbreite der Wahlentscheidungen ist recht umfassend. Manche Frauen werden darum kämpfen, ihre Brüste zu erhalten, koste es, was es wolle, und andere werden sie ohne große Schwierigkeiten aufgeben. Einige werden den Wiederaufbau der Brust wählen und im Hinblick auf die künftige Brust einige Entscheidungen treffen, und andere werden es vorziehen, das nicht zu tun.

In San Francisco gab es den Fall einer ziemlich maskulin wirkenden Lesbe, die Krebs in einer Brust hatte und nach Beratung mit ihrem Arzt beschloss, eine vollständige Mastektomie durchführen zu lassen. Sie glaubte, es sei eine gute Idee, auch die andere Brust entfernen zu lassen, da sie die Möglichkeit eines Wiederauftretens von Krebs möglichst gering halten wollte. Diese Wahl fiel ihr nicht besonders schwer, weil sie keine starke gefühlsmäßige Bindung an ihre Brust verspürte: sie bildete keinen wichtigen Bestandteil der geschlechtlichen Dimension ihres Selbstverständnisses. Während sich die Krankenversicherung bereit erklärte, für die erste Mastektomie zu zahlen, teilte sie bedauernd mit, bei der zweiten Brust handele es sich um »medizinisch nicht indizierte Chirurgie«, und wenn sie dafür zahlen würde, werde damit ein Präzedenzfall geschaffen, der die Kostenerstattung fakultativer Chirurgie der Transsexualität beträfe. Die Versicherung wollte somit zum einen die Patientenautonomie bei der medizinischen Entscheidungsfindung begrenzen (die Frau als jemand, der aus medizinischen Gründen die zweite Brust entfernt haben will) und zum anderen die Autonomie als Grundlage für eine Operation von Transsexuellen abweisen (die Frau als mögliche Anwärterin auf einen Geschlechtswechsel). Zur gleichen Zeit versuchte eine Freundin von mir, die sich von einer Mastektomie erholte, herauszufinden, welche Möglichkeiten der rekonstruktiven Chirurgie es für sie gebe. Von ihrem Arzt wurde sie an transsexuelle Klienten verwiesen, die ihr die verschiedenen Techniken und die jeweiligen ästhetischen Vorzüge solcher Optionen erklären könnten. Obwohl mir Bündnisse von Brustkrebsüberlebenden und Transsexuellen nicht bekannt sind, leuchtet mir ein, dass eine solche Bewegung leicht entstehen könnte: ihre Hauptforderung bestünde darin, die Versicherungsunternehmen zu verpflichten, die Rolle der Autonomie bei der Herstellung und Erhaltung von primären und sekundären Geschlechtsmerkmalen anzuerkennen. All das erscheint weniger absonderlich, würde ich sagen, wenn wir die kosmetische Chirurgie in einem Kontinuum mit allen anderen Praktiken sehen, die Menschen in Anspruch nehmen, um primäre und sekundäre Geschlechtsmerkmale aus kulturellen und sozialen Gründen zu erhalten und zu kultivieren. Ich nehme an, dass Männer, die eine Penisvergrößerung wünschen, oder Frauen, die eine Brustvergrößerung oder Brustverkleinerung wünschen, nicht zur Begutachtung zu Psychiatern geschickt werden. Es ist allerdings interessant, im Licht aktueller Geschlechternormen darüber nachzudenken, warum eine Frau, die eine Brustverkleinerung will, keine psychologische Unbedenklichkeitsbescheinigung braucht, ein Mann, der eine Penisverkleinerung will, hingegen schon. Es gibt keine Unterstellung einer geistigen Beeinträchtigung bei Frauen, die Östrogen nehmen, oder bei Männern, die Viagra nehmen. Ich nehme an, das liegt daran, dass sie sich innerhalb der Norm bewegen, insofern sie versuchen, das »Natürliche« zu verstärken, und dazu Anpassungen in den Grenzen akzeptabler Normen vornehmen und manchmal sogar traditionelle Geschlechternormen bestätigen und bestärken.

Die besagte Person, butch, fast trans, die ihre krebsbefallene und ihre nicht erkrankte Brust entfernen lassen wollte, sah ein, dass der einzige Weg, wie sie die Versicherungsleistung einer Mastektomie erhalten konnte, darin bestand, entweder Krebs in der anderen Brust zu bekommen oder ihre Gender-Wünsche der medizinischen und psychiatrischen Begutachtung zu unterziehen. Obwohl sie sich nicht als trans verstand, begriff sie, dass sie sich als trans präsentieren könnte, um sich für die GID zu qualifizieren und Versicherungsleistungen zu erhalten. Die rekonstruktive Chirurgie der Brust ist manchmal selbst dann, wenn sie aus fakultativen Gründen vorgenommen wird, durch die Krankenversicherung abgedeckt, die Mastektomie ist als fakultative Chirurgie jedoch nicht in die Versicherungsleistungen eingeschlossen. Im Weltbild der Versicherung erscheint es sinnvoll, dass eine Frau vielleicht weniger Brust haben will, aber es ergibt für sie keinen Sinn, dass sie keine Brust haben will. Keine

Brust zu wollen lässt Zweifel daran aufkommen, ob sie überhaupt noch eine Frau sein will. Es ist so, als ob der Wunsch der Butch, die Brust entfernen zu lassen, als eine vernünftige Option nicht recht plausibel ist, es sei denn, er ist Zeichen einer Störung der Geschlechtsidentität oder irgendeiner anderen medizinischen Problematik.

Aber warum ist es so, dass wir diese anderen Wahlentscheidungen als Wahl akzeptieren, ganz abgesehen davon, was wir für ihre soziale Bedeutung halten? Die Gesellschaft glaubt nicht, dass sie das Recht hat, eine Frau daran zu hindern, ihre Brust zu vergrößern oder zu verkleinern, und wir glauben nicht, dass Penisverlängerung ein Problem ist, es sei denn, sie wird von einem Arzt ohne Approbation ausgeführt, der das Ergebnis verpfuscht. Niemand wird zum Psychiater geschickt, weil er oder sie ankündigt, die Haare schneiden oder wachsen zu lassen oder auf Diät zu gehen, es sei denn, man neigt zur Anorexie. Doch diese Praktiken sind Teil alltäglicher Gewohnheiten zur Kultivierung sekundärer Geschlechtsmerkmale, wenn diese Kategorie so aufgefasst wird, dass sie all die verschiedenen körperlichen Indikatoren des biologischen Geschlechts umfasst. Wenn die Körpermerkmale das Geschlecht »anzeigen«, dann ist das biologische Geschlecht nicht ganz das gleiche wie die Mittel, mit denen es angezeigt wird. Das [biologische] Geschlecht wird durch die Zeichen, die anzeigen, wie es gelesen oder verstanden werden soll, verständlich gemacht. Diese körperlichen Indikatoren sind die kulturellen Mittel, mit deren Hilfe der sexuierte Körper gelesen wird. Sie sind selbst körperlich, und sie funktionieren wie Zeichen, so dass es keine einfache Methode gibt, zwischen dem zu unterscheiden, was am sexuierten Körper echt »materiell« und was echt »kulturell« ist. Ich will damit nicht sagen, dass rein kulturelle Zeichen einen materiellen Körper produzieren, sondern ich will lediglich sagen, dass der Körper ohne solche Zeichen sexuell nicht lesbar ist und dass solche Zeichen unhintergehbar kulturell und materiell zugleich sind.

Welche Versionen von Autonomie sind also in den verschiedenen Herangehensweisen an die DSM-Diagnose einer Störung der Geschlechtsidentität wirksam? Und wie können wir uns Autonomie so vorstellen, dass wir eine Möglichkeit finden, die nur allzu berechtigten Meinungsverschiedenheiten gründlich zu durchdenken, die im Hinblick auf die Frage entstanden sind, ob man die Diagnose erhalten oder abschaffen soll? Obwohl offensichtlich ist, dass nicht alle Individuen, die eine GID diagnostiziert bekommen, transsexuell sind oder werden wollen, betrifft die Verwendung der Diagnose, um die Ziele von Transsexuellen fördern, auch sie, denn die Verwendung der Diagnose bedeutet eine Stärkung ihres Rangs als nützliches Instrument. Das ist nun kein Grund, sie nicht zu verwenden, aber es beinhaltet ein gewisses Risiko und hat gewisse Implikationen. Eine gestärkte Diagnose kann Wirkungen haben, die ihre Verwender nicht beabsichtigen oder billigen. Wenngleich sie einem Individuum bei dessen wichtigen Bedürfnissen nach Sicherung des Personenstands und Finanzierung der Geschlechtsveränderung nützlich sein kann, so kann sie doch auch vom medizinischen und psychiatrischen Establishment benutzt werden, um den pathologisierenden Einfluss der Diagnose auf die gesellschaftlichen Gruppen der Transsexuellen, der Transjugendlichen und der lesbischen, bisexuellen und schwulen Jugendlichen auszuweiten. Vom Standpunkt des Individuums kann die Diagnose als ein Instrument betrachten werden, mit dem sich Selbstdarstellung und Selbstbestimmung verbessern lassen. Sie kann sogar zu den ganz wesentlichen Instrumenten gezählt werden, die man braucht, um einen Geschlechtswechsel durchzuführen, der das Leben lebenswert macht und die Grundlage abgibt für ein Gedeihen als verkörpertes Subjekt. Auf der anderen Seite fängt das Instrument an, ein Eigenleben zu führen, und kann denjenigen das Leben schwermachen, die darunter leiden, pathologisiert zu werden, und die aufgrund des Stigmas, das der Diagnose anhaftet – oder genauer gesagt, aufgrund des Stigmas, das durch die

Diagnose verstärkt und gefördert wird –, bestimmte Rechte und Freiheiten verlieren, darunter das elterliche Sorgerecht, Arbeitsplatz und Wohnung. Auch wenn es zweifellos am besten wäre, in einer Welt zu leben, in der es ein solches Stigma und eine solche Diagnose nicht gäbe, leben wir noch nicht in einer solchen Welt. Außerdem gibt es in Bezug auf den Geisteszustand derer, die Geschlechternormen verletzen, einen tiefsitzenden Argwohn, der die Mehrzahl der psychologischen Diskurse und Institutionen sowie der medizinischen Ansätze zu Gender strukturiert, desgleichen die rechtlichen und finanziellen Institutionen, von denen die Fragen des Personenstands und die Möglichkeiten finanzieller Bezuschussung und medizinischer Leistungen geregelt werden.

Allerdings gibt es aus der Perspektive der Freiheit ein wichtiges Argument vorzubringen. Man muss sich ins Gedächtnis rufen, dass die besonderen Formen, welche die Freiheit annimmt, von den sozialen Bedingungen und sozialen Institutionen abhängen, die derzeit bestimmen, welche Optionen den Menschen offenstehen. Wer behauptet, dass die Transsexualität eine Frage der Wahl oder eine Wahrnehmung von Freiheit ist und sein sollte, hat sicher recht und hat sicher auch recht damit, darauf hinzuweisen, dass die vielfachen Hindernisse, die von psychologischer und psychiatrischer Seite aufgebaut werden, paternalistische Formen der Macht sind, mit denen eine Grundfreiheit des Menschen unterdrückt wird. Einigen dieser Positionen liegt ein libertärer Ansatz zur Geschlechtsumwandlung zugrunde. Richard Green, Präsident der Harry Benjamin International Gender Dysphoria Association und starker Befürworter der Rechte von Transsexuellen, darunter der Rechte transsexueller Eltern, argumentiert im Interesse dieser Sache, es sei eine Angelegenheit der persönlichen Freiheit und des Privatlebens. Er beruft sich auf John Stuart Mill, wenn er sagt, dieser habe »mit Nachdruck vertreten, dass Erwachsene mit ihren Körper machen können sollten, was sie wollen, vorausgesetzt, dies würde andere nicht schädigen. Deshalb ist der Operationswunsch nichts, was die Gesellschaft angeht, wenn das dritte Geschlecht, die Transsexuellen, oder der [die] künftig leiblich Amputierte seine [ihre] sozialen Verpflichtungen auch postoperativ schultern kann.«[9] Obwohl Green diesen Anspruch erhebt, den er selbst als »philosophisch« bezeichnet, stellt er fest, dass sich damit im Hinblick auf die Frage, wer für die Kosten aufkommen soll und ob die Gesellschaft verpflichtet ist, für eine Prozedur zu zahlen, die als Angelegenheit persönlicher Freiheit verteidigt wird, ein Widerspruch ergibt.

Nach meiner Beobachtung gibt es nicht viele, die sich auf diesem Gebiet schriftlich äußern, mit Ausnahme von Vertretern aus dem Kreis der christlichen Konservativen, deren Reaktion auf die GID darin besteht, sie aus vollem Herzen anzunehmen, so als wollten sie sagen: »Nehmt mir diese Diagnose nicht weg! Pathologisiert mich doch bitte!« Es gibt natürlich viele Psychiater und Psychologen, die hartnäckig darauf bestehen, die Störung der Geschlechtsidentität als eine Pathologie einzustufen. Und es gibt einen großzügig mit finanziellen Mitteln ausgestatteten und unglaublich produktiven Professor für Neuropsychiatrie und Verhaltensforschung an der University of South Carolina namens George Rekers, der einen polemisch politischen Konservatismus mit dem Versuch verbindet, die Anwendung dieser Diagnose intensiver zu gestalten und auszuweiten.[10] Seine Hauptsorge gilt den Jungen, nämlich Jungen, die Männer werden, und Männern, die im Rahmen der heterosexuellen Ehe starke Väter werden. Er führt auch die Entstehung der gestörten Geschlechtsidentität auf den Zusammenbruch der Familie zurück, auf den Verlust starker

9 Richard Green, »Transsexualism and Sex Reassignment«.

10 Siehe z. B. George A. Rekers, »Gender Identity Disorder«, in: *The Journal of Family and Culture*, später überarbeitet für: *Journal of Human Sexuality*, eine Veröffentlichung von Christian Leadership Ministries, 1996, ⟨www.leaderu.com\jhs\rekers⟩. Er schlägt die Bekehrung zum Christentum als »Heilung« für Transsexualität vor und stellt in seinem *Handbook of Child and Adolescent Sexual Problems* einen psychologischen Leitfaden für diejenigen zur Verfügung, die mit diesem Leiden »geschlagen« und »reuig« sind.

Vaterfiguren für Jungen und die spätere »Verwirrung«, die dieser Verlust angeblich erzeugen soll. Seine sichtliche Besorgnis wegen der Entstehung von Homosexualität bei Jungen geht ebenfalls klar aus einer Erörterung hervor, in der er die Schlussfolgerung des DSM von 1994 anführt, wonach 75 Prozent der Jugendlichen mit einer Störung der Geschlechtsidentität als Erwachsene homosexuell sind. Rekers hat jede Menge Studien veröffentlicht, die mit »Daten« durchsetzt sind, die im Zusammenhang empirischer Forschungsberichte präsentiert werden. Obwohl er heftig polemisiert, versteht er sich als Naturwissenschaftler und Empiriker und schreibt seinen Gegnern ideologische Voreingenommenheit zu. Er schreibt, dass »wir in einer Generation, die durch radikale Ideologien über männliche und weibliche Rollen verunsichert ist, solide Forschung zu Männern und Frauen brauchen, die gut angepasste Vorbilder für eine stabile männliche Identität und eine stabile weibliche Identität sind.«[11] Seine »solide Forschung« soll zeigen, welche Vorteile es »für das Familienleben und die Kultur im Ganzen« hat, zwischen den Geschlechternormen und ihren Pathologien klar zu unterscheiden. Im gleichen Stil vermerkt Rekers ebenfalls, dass »in der Fachliteratur vorläufige Befunde veröffentlicht worden sind, die von den positiven therapeutischen Wirkungen einer religiösen Bekehrung bei der Heilung von Transsexualismus berichten [...] und von der positiven therapeutischen Wirkung eines kirchlichen Geistlichen auf bußfertige Homosexuelle« (ebd.). Über Mädchen scheint sich Rekers relativ wenig Sorgen zu machen, was mir vollkommen symptomatisch erscheint für seine unaufhörliche Beschäftigung mit patriarchaler Autorität und für seine Unfähigkeit, die Bedrohung zu sehen, die Frauen aller Art für seine Annahmen in Bezug auf männliche Macht darstellen können. Das Schicksal der Männlichkeit absorbiert die gesamte Studie, weil Männlichkeit, ein zerbrechliches und fehleranfälliges Konstrukt, die soziale

11 George A. Rekers, »Gender Identity Disorder«.

Unterstützung der Ehe und eines stabilen Familienlebens benötigt, damit sie auf den rechten Weg kommt. Aus seiner Sicht neigt die Männlichkeit tatsächlich dazu, von sich aus ins Wanken zu geraten, und muss durch verschiedene soziale Hilfsmaßnahmen aufgefangen und abgesichert werden, was nahelegt, dass Männlichkeit selbst eine Funktion dieser Sozialorganisation ist und außerhalb dieser sozialen Organisation keinerlei intrinsische Bedeutung hat. Jedenfalls gibt es Leute wie Rekers, die hartnäckig und sehr polemisch dafür eintreten, die Diagnose beizubehalten, und nicht nur dafür, sondern außerdem noch dafür, sie zu verstärken. Sie führen erzkonservative politische Gründe dafür an, die Diagnose starkzumachen, damit die Strukturen, welche die Normalität tragen, gestärkt werden können.

Ironischerweise sind es genau diese Strukturen, welche die Normalität tragen, die zunächst einmal die Notwendigkeit der Diagnose erzwingen, einschließlich ihres Nutzens für diejenigen, die sie brauchen, um eine Geschlechtsveränderung herbeizuführen. Es entbehrt also nicht der Ironie, dass diejenigen, die unter der Diagnose zu leiden haben, ebenfalls der Ansicht sind, dass kaum Hoffnung besteht, ohne sie auszukommen. Tatsache ist, dass unter den derzeitigen Bedingungen eine Reihe von Leuten Gründe haben, sich darüber Gedanken zu machen, welche Folgen es haben würde, falls ihnen die Diagnose gestrichen würde oder falls es ihnen nicht gelänge, die Eignung für diese Diagnose nachzuweisen. Die Reichen werden vielleicht in der Lage sein, den Betrag von mehreren zehntausend Dollar hinzulegen, den eine Frau-zu-Mann-Umwandlung mit sich bringt, darunter eine doppelte Mastektomie und eine sehr gute Phalloplastik, doch die meisten anderen, und ganz besonders arme Transsexuelle und solche aus der Arbeiterklasse, werden es sich nicht leisten können. Zumindest in den Vereinigten Staaten, wo eine sozialisierte Medizin im Großen und Ganzen für eine kommunistische Verschwörung gehalten wird, wird die Regelung einer Kostenerstattung dieser Prozeduren durch den Staat oder die Krankenversichung ohne den Nachweis, dass es ernste und dauerhafte medizinische und psychiatrische Gründe dafür gibt, keine Option sein. Es muss vielmehr ein Konflikt glaubhaft gemacht werden, es muss ein großer Leidensdruck da sein, es muss eine unablässige Imagination seiner selbst im anderen Geschlecht geben, es muss eine Erprobungsphase geben, in der tagsüber die Kleidung des anderen Geschlechts getragen wird, um herauszufinden, ob die Anpassung vorhersagbar ist, und es muss Therapiesitzungen und Gutachten geben, die den ausgeglichenen Geisteszustand der Person attestieren. Mit anderen Worten, man muss einem regulativen Apparat unterworfen werden, wie Foucault gesagt hätte, um an den Punkt zu gelangen, wo so etwas wie eine Wahrnehmung von Freiheit erst möglich wird. Man muss sich Etikettierungen und Namen, Aufdringlichkeiten und Einmischungen gefallen lassen, man hat sich an Maßstäben der Normalität messen zu lassen, und man muss den Test bestehen. Manchmal bedeutet das, dass man in Bezug auf diese Maßstäbe sehr gewitzt sein muss und wissen muss, wie man sich am besten präsentiert, um als überzeugender Kandidat anzukommen. Manchmal haben die Therapeuten das Gefühl, in einem Dilemma zu stecken, weil sie aufgefordert werden, für jemanden ein Gutachten zu erstellen, dem sie helfen wollen, aber schon die schiere Tatsache verabscheuen, dass sie dieses Gutachten in der Sprache der Diagnose schreiben müssen, um beim Zustandekommen des Lebens mitzuwirken, dass ihr Klient führen möchte.

In einem gewissen Sinne nimmt der regulative Diskurs rund um die Diagnose ein Eigenleben an: Diese beschreibt vielleicht nicht wirklich den Patienten, der die Sprache verwendet, um zu bekommen, was er oder sie will; sie gibt möglicherweise nicht die Überzeugungen der Therapeutin wider, die die Diagnose dennoch mit ihrem Namen unterzeichnet und weiterleitet. Der strategische Umgang mit der Diagnose bedeutet die Einbeziehung einer Reihe von Individuen, die nicht ganz glauben, was sie sagen, die sich auf eine Sprache verpflichten, die nicht das darstellt, was die Realität ist oder sein sollte. Die Verwendung der Diagnose, um das zu bekommen, was man haben will, hat den Preis, dass man die Sprache nicht gebrauchen kann, um zu sagen, was man wirklich für wahr hält. Man bezahlt sozusagen für seine Freiheit, indem man den Anspruch opfert, die Sprache aufrichtig zu verwenden. Mit anderen Worten, man erkauft die eine Sorte Freiheit, indem man eine andere aufgibt.

Vielleicht hilft uns das schon, das verzwickte Problem mit der Autonomie zu verstehen, das durch die Diagnose geschaffen wird, und auch das spezielle Problem, wie man sich Freiheit als etwas vorzustellen hat, das durch bestimmte soziale Mittel bedingt ist und artikuliert wird. Die einzige Methode, sich die Mittel zu sichern, mit denen die Geschlechtsumwandlung begonnen werden kann, besteht darin, zu lernen, wie man sich in einem Diskurs darstellt, der nicht der eigene ist, sondern ein Diskurs, der einen im Vorgang der Darstellung auslöscht, ein Diskurs, der die Sprache leugnet, die man vielleicht verwenden will, um zu beschreiben, wer man ist, wie man hierhin gelangte und was man von diesem Leben erwartet. Ein solcher Diskurs leugnet all dies, während er gleichzeitig das Versprechen in Aussicht stellt, wenn nicht gar die Erpressung übermittelt, dass man eine Chance hat, das Leben zu bekommen, das man haben will, das heißt den gewollten Körper und das erwünschte Gender, wenn man einwilligt, sich zu verfälschen, und indem man das tut, die Macht dieser Diagnose über viele andere Menschen in der Zukunft stützt und besiegelt. Wenn man sich für die Wahlfreiheit und gegen die Diagnose ausspricht, dann sieht es ganz so aus, als habe man mit den enormen finanziellen Folgen dieser Entscheidung für diejenigen fertig zu werden, deren Versicherung – so es denn eine Versicherung gibt – diese Wahl nicht als eine akzeptieren wird, die als mitversicherte fakultative Behandlung in die Kostenerstattung eingeschlossen ist. Selbst wenn lokal geltende Gesetze verabschiedet werden, die, wie im Falle von San Francisco, städtischen Angestellten, die solche Behandlungen wünschen, eine

Versicherung anbieten, sind trotzdem noch diagnostische Tests zu absolvieren, so dass die Wahl ihren Preis hat, manchmal sogar den Preis der Wahrheit selbst.

So wie die Dinge liegen, müssen wir wohl – wenn wir die Armen und die Unversicherten auf diesem Gebiet unterstützen wollen – die Bemühungen fördern, den Versicherungsschutz auszudehnen, und müssen im Rahmen der diagnostischen Kategorien arbeiten, die von der American Medical Association und der American Psychiatric Association akzeptiert und im DSM-IV niedergelegt sind. Die Forderung, Angelegenheiten der Geschlechtsidentität zu entpathologisieren und die fakultative Chirurgie und Hormonbehandlung als legitime fakultative Verfahren zu versichern, wird wohl schon deswegen zum Scheitern verurteilt sein, weil die meisten Ärzte, Versicherungsangestellten und Rechtsanwälte nur dann verpflichtet sind, den Zugang zu Techniken des Geschlechtswechsels zu befürworten, wenn wir von einer Störung sprechen. Argumentationen, die sinngemäß besagen, dass hier ein unwiderstehliches und legitimes menschliches Bedürfnis besteht, müssen sich zwangsläufig als unzulänglich erweisen. Zu den Rechtfertigungen, die idealerweise Sinn hätten und bei der Versicherung eine Kostenerstattung erwirken sollten, würden zum Beispiel folgende gehören: dieser Geschlechtswechsel wird jemandem erlauben, bestimmte menschliche Möglichkeiten zu verwirklichen, die seinem oder ihrem Leben zur Entfaltung verhelfen werden – oder: dies wird jemandem erlauben, Furcht, Scham und Erstarrung abzulegen und zu einer gesteigerten Selbstachtung zu finden und die Fähigkeit zu entwickeln, enge Bindungen mit anderen einzugehen – oder: diese Geschlechtsangleichung wird helfen, eine Quelle großen Leidens zu beseitigen – oder: sie wird einem wesentlichen menschlichen Wunsch Wirklichkeit verleihen, nämlich dem Wunsch, eine Körpergestalt anzunehmen, die ein grundlegendes Selbstverständnis ausdrückt. Einige Kliniken für das Spezialgebiet Geschlechtsidentität, wie die an der University of Minnesota von Dr. Walter

Bockting geleitete Klinik, arbeiten mit solchen Argumenten und bieten begleitende therapeutische Betreuung für Menschen an, die vorhaben, in dieser Frage eine Entscheidung zu treffen: sei es nun die Wahl, als Individuum transgender oder transsexuell zu leben, sei es, dem dritten Geschlecht anzugehören, sei es, den Übergangsprozess als ein Werden zu betrachten, dessen Ende nicht feststeht und vielleicht auch nie feststehen wird.[12] Aber auch diese Klinik muss den Krankenversicherungen Unterlagen liefern, die mit dem DSM-IV übereinstimmen.[13]

Die Wahrnehmung von Freiheit, wie sie sich in einem strategischen Umgang mit der Diagnose manifestiert, verstrickt einen zu einem gewissen Grad in Unfreiheit, da die Diagnose selbst die Fähigkeit zur Selbstbestimmung bei denjenigen herabsetzt, die sie der diagnostischen Beurteilung unterzieht, wobei sie jedoch deren Selbstbestimmung paradoxerweise manchmal fördert. Wenn die Diagnose strategisch verwendet werden kann und wenn sie ihre eigene Vorannahme unterminiert, wonach das Individuum der Diagnose unter einem Zustand leidet, über den es nicht durch Wahl verfügen kann, dann kann der Gebrauch der Diagnose die Zielsetzungen der Diagnose unterlaufen. Andererseits muss man sich der Sprache der Diagnose fügen, wenn man den Test bestehen will. Obwohl das erklärte Ziel der Diagnose darin besteht, wissen zu wollen, ob ein Individuum das Leben entsprechend den Normen des anderen Geschlechts erfolgreich meistern kann, scheint der eigentliche Test, den die GID darstellt, eine Prüfung zu sein, ob man sich der Sprache der Diagno-

12 Siehe Walter O. Bockting und Charles Cesaretti, »Spirituality, Transgender, Identity, and Coming Out«, und Walter Bockting, »From Construction to Context: Gender Through the Eyes of the Transgendered«.

13 Zu einer eindrucksvollen Darstellung, wie diese Klinik arbeitet, um ihren Klienten eine entlastende Atmosphäre zu bieten, während sie zugleich versucht, unter Verwendung der Diagnose Versicherungsleistungen für sie zu erhalten, siehe Walter O. Bockting, »The Assessment and Treatment of Gender Dysphoria«. Eine andere beeindruckende Darstellung ist Richard Green, »Transsexualism and Sex Reassignment, 1966-1999«.

se anpassen kann. Mit anderen Worten, es geht vielleicht nicht so sehr darum, ob man den Normen gerecht werden kann, die das Leben des anderen Geschlechts regieren, sondern vielmehr darum, ob man dem *psychologischen Diskurs* genügen kann, der darüber befindet, was das für Normen sind.

Schauen wir uns diese Sprache einmal näher an. Der Abschnitt zur Störung der Geschlechtsidentität im DSM beginnt mit der Klarstellung, dass sich diese Diagnose aus zwei Teilen zusammensetzt. Der erste Teil besagt, dass »eine starke und beständige Identifizierung mit dem anderen Geschlecht vorhanden sein muss«. Dies wird schwer nachzuweisen sein, würde ich meinen, weil Identifikationen nicht immer als solche in Erscheinung treten: sie können Aspekte verborgener Phantasie, Teile von Träumen oder unausgereifte Strukturen des Verhaltens bleiben. Das DSM fordert uns aber auf, bei unserem Ansatz zur Identifikation etwas positivistischer zu sein, in der Annahme, dass wir am Verhalten ablesen können, welche Identifikationen im psychischen Geschehen einer gegebenen Person wirksam sind. Die Identifizierung mit dem anderen Geschlecht wird als »der Wunsch [das andere Gechlecht] zu sein« definiert »oder als feste Behauptung, dass man [das andere Geschlecht] sei«. Für diesen Satz ist das »oder« bezeichnend, weil es impliziert, dass man wünscht, das andere Geschlecht zu sein, ohne notwendigerweise darauf zu bestehen. (Die Frage, was »das andere Geschlecht« ist, was, nebenbei gesagt, meines Erachtens nicht ganz klar ist, müssen wir augenblicklich aufschieben.) Es handelt sich um zwei getrennt zu betrachtende Kriterien. Sie müssen nicht als Gespann auftreten. Wenn man also feststellen kann, dass jemand diesen »Wunsch zu sein« hat, wenngleich er oder sie nicht darauf besteht, dann würde das offenbar ein zufriedenstellender Grund sein, um die Schlussfolgerung zu ziehen, dass eine Identifizierung mit dem anderen Geschlecht erfolgt. Und wenn die »feste Behauptung, dass man [das andere Geschlecht] sei«, vorhanden ist, dann würde das als ein eigenes Kriterium fungieren, das dann, wenn es erfüllt ist, den Schluss zulassen würde, dass die Identifizierung mit dem anderen Geschlecht gegeben ist. Für den zweiten Fall ist ein Sprechakt erforderlich, in dem jemand darauf besteht, das er oder sie das andere Geschlecht *ist*; diese feste Behauptung wird als eine Form verstanden, in der jemand das andere Geschlecht in der eigenen Rede für sich geltend macht und sich das andere Geschlecht selbst zuschreibt. Bestimmte Ausdrucksweisen dieses »Wunsches zu sein« und der »festen Behauptung, dass ich es bin« werden also als brauchbarer Beweis für den Anspruch ausgeschlossen. »Es darf nicht bloß der Wunsch sein, aus irgendwelchen empfundenen kulturellen Vorteilen das andere Geschlecht zu sein.« Das ist jetzt allerdings ein Augenblick zum Innehalten, denn hier geht die Diagnose davon aus, dass wir eine Erfahrung des [biologischen] Geschlechts haben können, ohne in ihr zu berücksichtigen, worin die kulturellen Vorteile einen gegebenen Geschlechts bestehen. Ist das tatsächlich möglich? Wenn das [biologische] Geschlecht von uns in einer kulturellen Matrix von Bedeutungen erlebt wird, wenn es seine Bedeutung und seinen Sinn durch den Bezug auf eine umfassendere soziale Welt erhält, wie können wir dann die Erfahrung des »Geschlechts« von seinen sozialen Bedeutungen trennen, darunter auch von der Art und Weise, wie Macht in allen diesen Bedeutungen operiert? »Geschlecht« ist ein Begriff, der für Menschen allgemein gilt, so dass es schwierig ist, auf mein »Geschlecht« Bezug zu nehmen, als ob es vollkommen singulär wäre. Wenn es allgemein gesprochen nie nur »mein Geschlecht« oder »dein Geschlecht« ist, was thematisiert wird, sondern eine Form, in der die Kategorie des »Geschlechts« über die persönlichen Aneignungen hinausgeht, dann wäre es doch wohl unmöglich, das Geschlecht außerhalb dieser kulturellen Matrix wahrzunehmen und diese kulturelle Matrix ohne die möglichen Vorteile, die sie vielleicht bietet, zu verstehen. Wenn wir an die kulturellen Vorteile denken, daran, ob wir etwas – irgendetwas – wegen der kulturellen Vorteile tun, die es bietet, müssen wir in der Tat fragen, ob das, was wir tun, vorteilhaft für mich ist, das heißt, ob es meine Wünsche befriedigt und meine Ziele fördert.

Es gibt krude Analysen, die besagen, die Frau-zu-Mann-Geschlechtsumwandlung geschehe nur deswegen, weil es einfacher sei, in der Gesellschaft Mann statt Frau zu sein. Aber diese Analysen fragen nicht, ob es einfacher ist, trans zu sein, als im wahrgenommenen Bio-Gender zu leben, das heißt, mit einem sozialen Geschlecht, das aus dem anatomischen Geschlecht bei der Geburt zu »folgen« scheint. Wenn all diese Entscheidungen einseitig vom sozialen Vorteil getragen wären, dann würden wahrscheinlich die Kräfte zugunsten der sozialen Angepasstheit den Sieg davontragen. Andererseits ließe sich durchaus argumentieren, dass es vorteilhafter ist, eine Frau zu sein, wenn man abends auf der Straße fabelhafte rote Schals und enge Röcke tragen will. An manchen Orten der Welt gilt das augenscheinlich, obgleich Frauen im Bio-Gender, alle, die sich in Drag hinausbegeben, Transgender und Transfrauen auf der Straße ausnahmslos bestimmte Gefährdungen teilen, und zwar besonders dann, wenn sie als Prostituierte wahrgenommen werden. Ebenso könnte man sagen, es sei im Allgemeinen kulturell vorteilhafter, ein Mann zu sein, wenn man in einem philosophischen Seminar ernst genommen werden will. Aber manche Männer sind überhaupt nicht im Vorteil, wenn sie die philosophische Redeweise nicht beherrschen; ein Mann zu sein ist keine hinreichende Bedingung dafür, im philosophischen Gespräch mitreden zu können. Ich frage mich deshalb, ob es möglich ist, zu überlegen, ob man das eine oder das andere Geschlecht werden will, ohne den kulturellen Vorteil mit zu bedenken, den das abwerfen könnte, weil der kulturelle Vorteil, den das abwerfen könnte, ein Vorteil für jemanden sein wird, der oder die bestimmte Arten von Wünschen hat und in der Lage sein möchte, bestimmte kulturelle Möglichkeiten für sich zu nutzen.

Wenn die GID darauf besteht, dass der Wunsch, ein anderes Geschlecht zu sein, oder die feste Behauptung, man sei das andere Geschlecht, ohne Bezugnahme auf den kulturellen Vorteil beurteilt werden sollen, könnte es sein, dass die GID einige der kulturellen Kräfte missversteht, die in die Entstehung und Beibehaltung bestimmter Wünsche dieser Art eingehen. Und außerdem würde die GID die espistemologische Frage zu beantworten haben, ob das [biologische] Geschlecht außerhalb der kulturellen Matrix der Machtbeziehungen, in welcher ein relativer Vorteil oder Nachteil mit der Matrix untrennbar verbunden wäre, *überhaupt* wahrgenommen werden kann.

Die Diagnose verlangt auch, dass es in Bezug auf das einem zugeordnete Geschlecht ein »andauerndes Unbehagen« oder Gefühl der »Unrichtigkeit« geben soll, und hier ist der Punkt, an dem der Diskurs des »es nicht geregelt kriegen« ins Spiel kommt. Die Annahme ist, dass es ein angemessenes Gefühl gibt, das Menschen haben können und tatsächlich haben, ein Gefühl, dass dieses Gender für mich, in Bezug auf mich passend ist. Und dass es ein Harmoniegefühl gibt, das ich haben würde, haben könnte, und dass dieses Harmoniegefühl zu haben wäre, wenn es nur die richtige Norm wäre. In einem nicht unerheblichen Sinne geht die Diagnose davon aus, dass Geschlechternormen verhältnismäßig festgeschrieben sind und dass das Problem darin besteht, dafür zu sorgen, dass man die richtige Norm findet, diejenige, die es einem erlauben wird, sich dort passend zu fühlen, wo man ist, behaglich in dem Gender, das man hat. Es muss Anhaltspunkte für »Verzweiflung« geben – ja, gewiss, Verzweiflung. Und wenn es keine »Verzweiflung« gibt, dann sollte es »Beeinträchtigung« geben. Hier ist es nun sinnvoll zu fragen, woher all das kommt: die Verzweiflung und die Beeinträchtigung, die Unfähigkeit, am Arbeitsplatz gut zu funktionieren oder bestimmte alltägliche Pflichten erledigen zu können. Die Diagnose vermutet, dass man Verzweiflung, Unbehagen und Unpassendheit empfindet, weil man im falschen Gender ist, und dass die Übereinstimmung mit einer anderen Geschlechternorm, falls für die fragliche Person praktizierbar, dazu führen wird, dass man sich besser fühlt. Die

Diagnose fragt aber nicht, ob es ein Problem mit den Geschlechternormen gibt, die sie als festgelegt und starr auffasst, ob vielleicht diese Normen Verzweiflung und Unbehagen hervorrufen, ob sie die Funktionsfähigkeit beeinträchtigen oder ob sie für manche oder viele Menschen Quellen des Leidens sind. Auch wird nicht danach gefragt, unter welchen Bedingungen sie ein Gefühl der Ausgeglichenheit oder der Zughörigkeit geben oder sogar zum Ort der Verwirklichung bestimmter menschlicher Möglichkeiten werden, die eine Person Zukunft, Leben und Wohlbefinden spüren lassen.

Die Diagnose versucht, Kriterien aufzustellen, mit denen eine Person bestimmt werden kann, die sich mit dem anderen Geschlecht identifiziert. Indem sie die Kriterien dafür artikuliert, formuliert sie aber eine sehr rigide Version der Geschlechternormen. So gibt sie die folgende Erklärung für Geschlechternormen in der Sprache eine einfachen Beschreibung (Hervorhebung von mir): »Bei Jungen manifestiert sich die Identifizierung mit dem anderen Geschlecht durch eine ausgeprägte Beschäftigung mit traditionell weiblichen Aktivitäten. Sie können eine Vorliebe haben, sich Mädchen- oder Frauenkleidung anzuziehen, *oder improvisieren solche Kleidungsstücke aus verfügbaren Materialien*, wenn echte Materialien nicht verfügbar sind. Handtücher, Schürzen und Schals werden verwendet, um lange Haare oder Röcke darzustellen.« Die Beschreibung beruht offenbar auf einer längeren Geschichte gesammelter und zusammengefasster Beobachtungen; jemand hat gesehen, wie Jungen dies tun, und hat es berichtet, andere haben dasselbe getan; diese Berichte werden gesammelt, und aus den beobachteten Daten werden Verallgemeinerungen abgeleitet. Aber wer beobachtet das und durch welches Raster werden die Beobachtungen angestellt? Das wissen wir nicht. Und obwohl uns gesagt wird, dass diese Identifizierung bei Jungen »ausgeprägt« ist durch eine Beschäftigung mit »traditionell weiblichen Aktivitäten«, wird uns nicht gesagt, worin diese Ausprägung besteht. Es scheint jedoch wichtig zu sein, weil die »Ausprägung« das sein soll, was die Beobachtung als Beweis für die vorliegende These auserwählt.

Tatsächlich untergräbt das, was aus dieser Behauptung folgt, anscheinend die Behauptung selbst, denn es heißt, Jungen befassten sich mit einer Reihe von Ersetzungen und Improvisationen. Man sagt uns, dass sie eine Vorliebe haben können für Mädchen- und Frauenkleidung, aber wir erfahren nicht, ob sich die Vorliebe darin zeigt, diese Kleidung tatsächlich anzuziehen. Man überlässt uns der vagen Vorstellung einer »Vorliebe«, die einfach einen vermuteten Geisteszustand oder eine innere Bereitschaft beschreiben könnte oder auf die aus der Praxis geschlossen werden könnte. Das Letztere ist offenbar interpretationsbedürftig. Man sagt uns, dass eine Handlungsweise, die sie praktizieren, eine Improvisation ist, weil sie verfügbare Dinge nehmen und diese zu weiblicher Kleidung umfunktionieren. Weibliche Bekleidung wird als »echte Kleidung« bezeichnet, was den Schluss nahelegt, dass die Materialien, mit denen diese Jungen improvisieren, nicht ganz echt sind, anders als echt sind, wenn nicht gar unecht oder »falsch« sind. »Handtücher, Schürzen und Schals werden verwendet, um lange Haare oder Röcke darzustellen.« Es gibt also ein gewisses Spiel der Einbildung und die Fähigkeit, einen Gegenstand mit Hilfe der Improvisation oder der Ersetzung in einen anderen zu verwandeln. Mit anderen Worten hier ist eine künstlerische Praxis am Werk, die mit dem einfachen Akt, einer Norm zu genügen, nur schwer zu benennen wäre. Etwas wird gemacht, etwas wird aus etwas anderem gemacht, etwas wird ausprobiert. Und wenn es eine Improvisation ist, ist es vorher nicht vollständig geplant worden.

Obwohl die Beschreibung weiterhin beharrlich behauptet, diese Jungen seien von »Puppen des stereotypen weiblichen Typs« – »Barbie« wird namentlich erwähnt – und auch von »weiblichen Phantasiefiguren« fasziniert, liefert sie uns keine wirkliche Erklärung des Stellenwerts, den Puppen und Phantasie bei der Formierung der geschlechtlichen Identifikation einnehmen. Denn, wenn ein gegebenes Gender ein Ort der Faszination sein kann oder wenn sogar ein so genanntes Stereotyp eine Quelle der Faszination sein kann, können durchaus mehrere Arten von Beziehungen zum Stereotyp eine Rolle spielen. Es ist denkbar, dass das Stereotyp faszinierend ist, weil es überdeterminiert ist – dass es zum Ort mehrerer widersprüchlicher Wünsche geworden ist. Das DSM nimmt an, dass mit der Puppe gespielt wird, weil sie den Typus verkörpert, der man sein möchte, doch vielleicht möchte man ihr Freund, ihr Rivale, ihr Geliebter sein. Möglicherweise auch alles zugleich. Vielleicht gibt es einen Rollentausch mit ihr. Das Spiel mit der Puppe ist vielleicht ebenfalls eine szenische Improvisation, die eine vielschichtige Gruppierung von Dispositionen zum Ausdruck bringt. Neben einem einfachen Akt des Übereinstimmens mit der Norm geht in diesem Spiel möglicherweise noch etwas anderes vor sich. Vielleicht wird die Norm selbst gespielt, erkundet, sogar niedergemacht. Wir müssten das Spiel als ein komplexeres Phänomen auffassen, als es das DSM tut, wenn wir anfangen wollten, Fragen dieser Art zu stellen und zu untersuchen.

Dass Mädchen eine Identifikation mit dem anderen Geschlecht haben, lässt sich dem DSM-IV zufolge anhand der Beobachtung feststellen, dass sie mit ihren Eltern darüber streiten, welche Art von Kleidung sie tragen. Sie bevorzugen anscheinend Jungenkleidung und kurzes Haar, sie haben hauptsächlich Freunde, die Jungen sind, sie drücken den Wunsch aus, ein Junge werden zu wollen, werden aber auch merkwürdigerweise »oft von Fremden für Jungen gehalten«. Ich versuche, gedanklich nachzuvollziehen, wie es sein kann, dass der Nachweis für jemandes Identifizierung mit dem anderen Geschlecht seine Bestätigung dadurch erhält, dass man von einem Fremden für einen Jungen gehalten wird. Offenbar fungiert die zufällige soziale Zuordnung als Beweis, so als ob der Fremde etwas über die psychologische Struktur dieses Mädchens *weiß* oder als ob das Mädchen diese Anrufung des Fremden erbeten hat. Das DSM sagt weiter, dass das Mädchen

»möglicherweise mit einem Jungennamen gerufen werden will«. Aber selbst da wird sie anscheinend zuerst als Junge angesprochen und erst danach möchte sie einen Namen annehmen, der die Richtigkeit dieser Ansprache bestätigt. Hier beginnt die gleiche Sprache, die das DSM zur Verfügung stellt, dessen eigene Argumente zu untergraben, da das diagnostische Handbuch die Identifizierung mit dem anderen Geschlecht als Teil einer Störung der Geschlechtsidentität deklarieren können will und somit als ein psychologisches Problem, das durch Behandlung angegangen werden kann. Es arbeitet mit der Vorstellung, dass jedes Individuum ein Verhältnis zu dem ihm »zugeordneten Geschlecht« hat und dass dieses Verhältnis entweder in Unbehagen oder Verzweiflung besteht oder in einem Gefühl der Stimmigkeit und inneren Ruhe. Doch selbst diese Vorstellung des »zugeordneten Geschlechts« – dem bei der Geburt »zugeordneten« Geschlecht – setzt bereits voraus, dass das [biologische] Geschlecht auf sozialem Wege hervorgebracht und weitervermittelt wird und dass es nicht bloß als private Reflexion für uns existiert, die jeder über sich selbst anstellt, sondern als eine kritische Befragung, die jeder von uns an einer sozialen Kategorie vornimmt, die uns übertragen ist, die uns in ihrer Allgemeinheit und Macht übersteigt, die sich infolgedessen aber auch am Ort unseres Körpers selbst exemplifiziert. Interessant ist, dass das DSM versucht, Gender als eine Reihe mehr oder weniger feststehender und konventioneller Normen zu sichern, selbst wenn es nicht aufhört, uns das Gegenteil zu beweisen, fast so, als wäre es mit den eigenen Zielen nicht ganz einverstanden. Genauso wie die Jungen, die im Spiel improvisierten und ersetzten, etwas anderes taten, als den bereits eingeführten Normen zu entsprechen, scheinen die Mädchen etwas von der sozialen Zuordnung zu verstehen, nämlich davon, was passieren könnte, wenn jemand anfängt, sie als Junge anzusprechen, und was dadurch möglich werden könnte. Ich bin mir nicht sicher, ob ein Mädchen, das sich auf diese vereinzelte und glückhafte Anrufung stürzt, Anhaltspunkte liefert für eine vorab definierte »Störung« jedweder Art. Ihr wird vielmehr klar, dass die gleichen Mittel, durch die das Geschlecht vermittelst der Zuordnung entsteht, Möglichkeiten der Neuzuordnung eröffnen, die ihren Sinn für Handlungsfähigkeit, Spiel und Möglichkeit anregen. Genau wie die Jungen, die mit einem Schal spielen, als ob es etwas anderes sei, sich bereits in der Welt der Requisiten und der Improvisation üben, so erforschen die Mädchen, indem sie sich auf die Möglichkeit stürzen, einen anderen Namen zu tragen, die Möglichkeit, sich im Kontext jener sozialen Welt selbst zu benennen. Sie liefern nicht einfach Anhaltspunkte für innere Zustände, sondern erproben bestimmte Handlungsarten und setzen dazu sogar Praktiken ein, von denen sich herausstellt, dass sie für die Hervorbringung von Gender wesentlich sind.

Das DSM betreibt einen bestimmten Diskurs des Mitleids, wie so viele Psychiater, die darauf verweisen, dass das Leben mit einer solchen Störung eine Ursache für Verzweiflung und Traurigkeit ist. Das diagnostische Handbuch hat seine eigene Ernüchterungsprosa zu diesem Thema: »Bei jüngeren Kindern zeigt sich die Verzweiflung an der erklärten Traurigkeit wegen des ihnen zugeordneten Geschlechts.« Und hier sieht es danach aus, als sei die Traurigkeit einzig von einem inneren Wunsch verursacht und nicht durch die Tatsache, dass es für solche Kinder keine soziale Unterstützung gibt, dass die Erwachsenen, denen sie ihren Kummer bekennen, sie diagnostizieren und pathologisieren, dass die Geschlechternorm das Gespräch strukturiert, in dem die Bekümmerung zum Ausdruck gebracht wird. Während das DSM nach eigenem Verständnis eine Verzweiflung diagnostiziert, die dann infolge der Diagnose eine Anwartschaft auf Leidensmilderung erhält, begreift es aber auch, dass »sozialer Druck [...] bei einem solchen Kind zu extremer Isolierung« führen kann. Das diagnostische Handbuch spricht nicht von Suizid, obwohl wir wissen, dass die Grausamkeit von Gleichaltrigen einen Druck ausübt, der Transgender-Jugendliche in den Selbstmord treiben kann. Das DSM spricht generell nicht über die tödlichen Gefährdungen, über Mord zum Beispiel, etwas, das 2002 nur einige Meilen von meinem kalifornischen Wohnort entfernt geschah, als Gwen Araujo, eine Transgender-Jugendliche, auf einer Party von Teenagern in einem Kleid erschien und ihr Körper später an den Ausläufern der Sierra gefunden wurde, erschlagen und erwürgt.

Die »Verzweiflung«, die vom Leben in einer Welt herrührt, in der Selbstmord und gewaltsam verursachter Tod echte Probleme bleiben, gehört offenkundig nicht zum Gegenstand der Diagnose einer GID. Das diagnostische Handbuch bemerkt immerhin nach einer kurzen Erörterung der »Hänselei und Ablehnung durch Gleichaltrige«, wie sie es beschönigend nennen, dass »Kinder eventuell den Schulbesuch ablehnen, weil sie gehänselt werden oder gezwungen sind, Kleidung anzuziehen, die für das ihnen zugeordnete Geschlecht typisch ist«. Hier scheint es in der Sprache des Textes ein Verständnis dafür zu geben, dass es aufgrund des Drucks sozialer Normen zu einer Beeinträchtigung der normalen Funktionsfähigkeit kommen kann. Doch schon im nächsten Satz wird die durch soziale Normen verursachte Verzweiflung verharmlost, indem behauptet wird, es sei die obsessive Beschäftigung der Person mit ihren auf die Identität des anderen Geschlechts gerichteten Wünschen, die oft »gewöhnliche Tätigkeiten stört« und schließlich in den Situationen sozialer Isolation endet. Die Tatsache sozialer Gewalt gegen Transgender-Jugendliche wird in gewisser Weise als Hänselei und Gruppendruck beschönigt, und die dadurch hervorgerufene Verzweiflung wird dann als ein inneres Problem ausgegeben, als ein Zeichen der obsessiven Beschäftigung, einer Selbstbefassung, die allein aus den Wünschen zu folgen scheint. Ist die hier vermerkte »Isolation« wirklich vorhanden, oder sind die unterstützenden Gemeinschaften von der Beobachtung ausgespart? Und wenn es die Isolation gibt, ist sie deshalb schon Zeichen einer Pathologie? Oder ist sie nicht vielmehr der Preis für die Äußerung bestimmter Arten des Begehrens in der Öffentlichkeit?

Am bedauerlichsten ist jedoch, wie die Diagnose ihren eigenen sozialen Druck ausübt, Verzweiflung verursacht, indem sie Wünsche als pathologisch einstuft sowie die Regulierung und Kontrolle derjenigen verstärkt, die sie in institutionellen Umgebungen äußern. Man muß tatsächlich fragen, ob nicht gerade die Diagnose von Transgender-Jugendlichen wie ein Gruppendruck, wie eine gehobene Form der Hänselei, wie eine beschönigte Form sozialer Gewalt funktioniert. Wenn ein Teil dessen, was die Diagnose zu bieten hat, eine Form sozialer Anerkennung ist und wenn dies die Form ist, die soziale Anerkennung annimmt, und wenn sich nur über diese Art sozialer Anerkennung erreichen lässt, dass beteiligte Dritte, darunter die Krankenversicherungen, gewillt sind, für die medizinischen und technischen Eingriffe zu zahlen, die manchmal gewünscht werden, ist es dann wirklich möglich, die Diagnose im Ganzen abzuschaffen? In gewisser Weise hat das Dilemma, mit dem wir konfrontiert sind, letzten Endes mit den Bedingungen zu tun, durch die soziale Anerkennung zurückgehalten wird. Denn selbst wenn wir versucht sind, der bürgerlich libertären Position zuzustimmen, wonach die Geschlechtsveränderung als ein persönliches Recht betrachtet wird, bleibt es Tatsache, dass persönliche Rechte nur mit sozialen und politischen Mitteln geschützt und wahrgenommen werden können. Ein Recht geltend zu machen ist nicht das Gleiche wie die Befugnis, es in Anspruch zu nehmen, und in diesem Fall ist das einzig in Frage kommende, anerkennbare Recht, das »Recht wegen einer Störung behandelt zu werden und medizinische und rechtliche Leistungen in Anspruch zu nehmen, die sie beheben sollen«. Man übt dieses Recht nur aus, indem man sich einem pathologisierenden Diskurs fügt, und indem man sich dem Diskurs fügt, gewinnt man auch eine gewisse Macht, eine gewisse Freiheit.

Es ist möglich und nötig zu sagen, dass die Diagnose auf den Weg zu Milderung des Leidens führt; und es ist möglich und nötig zu sagen, dass die Diagnose genau das Leiden verstärkt, das Milderung verlangt. Unter den gegenwärtigen, festgefügten sozialen Bedingungen, unter denen die Geschlechternormen immer noch auf konventionelle Weise artikuliert sind und Abweichungen von der Norm als suspekt angesehen werden, bleibt Autonomie ein Paradox.[14] Natürlich ist es möglich, in ein Land zu ziehen, wo der Staat für die chirurgische Geschlechtsanspassung aufkommt, oder Hilfe bei einem »Transgender Fonds« zu beantragen, den eine größere Gemeinschaft bereitstellt, um denen zu helfen, die die hohen Kosten nicht selbst tragen können, oder sich sogar um einen »Zuschuss« zu bewerben, der die Kosten »kosmetischer Chirurgie« abdeckt. Die Bewegung, die sich dafür einsetzt, dass Transindividuen selbst die Therapeuten und Diagnostiker stellen, hat bereits geholfen und wird sicherlich Verbesserungen bringen. All das sind Wege, das Dilemma zu umgehen, bis das Dilemma einst verschwindet. Wenn aber das Dilemma auf lange Sicht verschwinden soll, werden sich die Normen, die bestimmen, wie wir das Verhältnis zwischen Geschlechtsidentität und psychischer Gesundheit verstehen, radikal ändern müssen, so dass dann auch Wirtschafts- und Rechtsinstitutionen anerkennen, wie wesentlich es für uns – unser Gefühl für Personalität, unser Gefühl des Wohlbefindens, unsere Möglichkeit, als körperliches Wesen zu gedeihen – ist, ein Gender zu werden. Man braucht die soziale Welt nicht nur in einer bestimmten Form, damit man beanspruchen kann, was einem gehört, sondern es stellt sich zudem heraus, dass das, was einem gehört, immer schon von dem abhängig ist, was einem nicht gehört, von den sozialen Bedingungen nämlich, durch die Autonomie sonderbarerweise enteignet und aufgelöst wird.

In diesem Sinne müssen wir aufgelöst werden, um uns zu

14 In der oben angeführten Vorlesung legt Richard Green nahe, dass das Paradox nicht zwischen Autonomie und Unterwerfung liegt, sondern in der Tatsache steckt, dass der Transsexualismus eine Selbstdiagnose ist. Er schreibt: »[E]s ist schwer, ein anderes psychiatrisches oder medizinisches Leiden zu finden, bei dem der Patient die Diagnose stellt und die Behandlung verschreibt.«

schaffen: Wir müssen einer umfassenderen sozialen Struktur der Existenz angehören, um zu gestalten, wer wir sind. Das ist sicherlich das Paradox der Autonomie, ein Paradox, das verschärft ist, wenn sich Genderregulierungen so auswirken, dass sie die Handlungsfähigkeit in der Genderdimension auf verschiedenen Ebenen lähmen. Bis solche sozialen Bedingungen von Grund auf verändert sind, wird Freiheit Unfreiheit verlangen und ist Autonomie in Unterwerfung verwickelt. Wenn sich die soziale Welt – ein Zeichen unserer konstitutiven Heteronomie – ändern muss, damit Autonomie möglich wird, dann wird sich erweisen, dass die individuelle Wahl von vornherein an Bedingungen geknüpft ist, die keiner von uns vorsätzlich zustande bringt, und außerhalb des Kontextes einer vollkommen veränderten sozialen Welt wird kein Individuum in der Lage sein zu wählen. Diese Veränderung geht auf eine Zunahme von Handlungen zurück, die, kollektiv und diffus, keinem einzelnen Subjekt zuzuordnen sind, und dennoch besteht eine Wirkung dieser Änderungen darin, dass sie es ermöglichen, so zu handeln wie ein Subjekt.

5. Ist Verwandtschaft immer schon heterosexuell?

Das Thema der homosexuellen Ehe ist nicht das gleiche wie das der homosexuellen Verwandtschaft, doch wenn wir nicht nur zu hören bekommen, dass die Ehe eine heterosexuelle Institution und Bindung ist und bleiben sollte, sondern darüber hinaus, dass Verwandtschaft nicht funktioniert oder nicht als Verwandtschaft klassifizierbar ist, wenn sie keine erkennbar familiäre Form annimmt, dann sieht es so aus, also ob in der US-amerikanischen öffentlichen Meinung beides miteinander vermengt wird. Es gibt mehrere Möglichkeiten, beide Sichtweisen miteinander zu verbinden, und eine populäre Form besteht offenkundig darin, zu behaupten, dass Sexualität im Dienste reproduktiver Beziehungen organisiert werden muss und dass die Ehe, die der Familie einen legalen Status verleiht oder vielmehr als das angesehen wird, was diese Institution absichern sollte, indem sie ihr diesen legalen Status verleiht, der Dreh- und Angelpunkt bleiben *sollte*, der dafür sorgt, dass sich beide Institutionen gegenseitig stabilisieren.

Die Argumente gegen diese Verbindung von Ehe und Verwandtschaft sind zweifellos Legion, und sie nehmen national und international unterschiedliche Formen an. Auf der einen Seite gibt es verschiedene soziologische Möglichkeiten zu zeigen, dass in den USA viele Verwandtschaftsbeziehungen existieren und weiter Bestand haben, die nicht zum Modell der Kernfamilie passen und sich auf biologische und nicht-biologische Beziehungen stützen, damit aber über den Erfassungsbereich heutiger juristischer Konzeptionen hinausreichen und nach nicht formalisierbaren Regeln funktionieren. Wenn wir unter Verwandtschaft eine Reihe von Praktiken verstehen, die verschiedenartige

Beziehungen begründen, welche die Reproduktion des Lebens und die Erfordernisse des Todes bewältigen, dann werden verwandtschaftlich geprägte Praktiken solche sein, die sich auf die elementaren Formen menschlicher Abhängigkeit richten, zu denen Geburt, Kindererziehung, Beziehungen emotionaler Abhängigkeit und Unterstützung, intergenerationelle Bindungen, Krankheit, Sterben und Tod gehören, um nur einige zu nennen. Verwandtschaft ist weder eine völlig autonome Sphäre, die sich von Gemeinschaft und Freundschaft – oder den Regelungen des Staates – unterscheidet, weil dies definitorisch so verfügt wurde, noch ist sie schon deshalb »überholt« oder »tot«, weil sie, wie David Schneider schlüssig argumentierte, ihre Eigenschaft verloren hat, sich auf konventionelle Weise formalisieren und aufzeichnen zu lassen, wie das Ethnologen in der Vergangenheit versucht haben.[1]

In der neueren Soziologie sind Konzeptualisierungen von Verwandtschaft von der theoretischen Voraussetzung der Ehe gelöst worden, wodurch zum Beispiel Carol Stacks inzwischen klassische Studie *All Our Kin* zur urbanen afroamerikanischen Verwandtschaft zeigen kann, wie Verwandtschaft über ein Netzwerk von Frauen funktioniert, von denen manche biologisch miteinander verwandt sind und manche nicht.[2] Der anhaltende Einfluss der Geschichte der Sklaverei auf afroamerikanische Verwandtschaftsbeziehungen ist ins Zentrum neuer Untersu-

1 Vgl. David Schneiders wichtige Analyse dazu, wie der Ansatz zur Untersuchung von Verwandtschaftsbeziehungen durch unangemessene Vorannahmen über Heterosexualität und Ehe in ethnographischen Beschreibungen in verhängnisvoller Weise unterminiert wurde: *A Critique of the Study of Kinship*. Siehe auch ders., *American Kinship. A Cultural Account*. Zur Fortführung dieser Kritik, insbesondere was den präsupponierten Status der Ehe in Verwandtschaftssystemen angeht, siehe den kritischen Überblick über die zeitgenössische feministische Verwandtschaftsforschung von John Borneman, »Until Death Do Us Part. Marriage/Death in Anthropological Discourse«.

2 Vgl. Carol Stack, *All Our Kin. Strategies for Survival in a Black Community*.

chungen von Nathaniel Mackey und Fred Moten gerückt, die zeigen, wie die Enteignung von Verwandtschaftsbeziehungen durch die Sklaverei im Leben der Afroamerikaner das nachhaltige Erbe einer »verletzten Verwandtschaft« darstellt. Falls, wie Saidiya Hartman sagt, »Sklaverei der [böse] Geist in der Maschine der Verwandtschaft [ist]«,[3] dann deshalb, weil afroamerikanische Verwandtschaft zum Gegenstand einer intensiven staatlichen Kontrolle und zugleich einer Pathologisierung geworden sind, was für sie zu der Double-Bind-Situation führte, im Kontext einer kontinuierlichen sozialen und politischen Delegitimierung einem Normalisierungsdruck unterworfen zu sein. Infolgedessen ist es nicht möglich, Fragen der Verwandtschaft von Eigentumsverhältnissen (sowie der Wahrnehmung von Personen als Eigentum) zu trennen, ebenso wenig wie man sie von den Fiktionen einer »Abstammungslinie« und den nationalen und rassebezogenen Interessen lösen kann, von denen diese fiktiven Abstammungslinien aufrechterhalten werden.

Kath Weston hat ethnographische Beschreibungen von nichtehelichen Verwandtschaftsbeziehungen bei Lesben und Schwulen vorgelegt, die außerhalb heterosexuell fundierter Familienbindungen entstehen und der Familienform nur in einigen Fällen partiell gleichen.[4] Der Anthropologe Cai Hua hat in seiner neuen Untersuchung zu den Na in China, bei denen weder Ehemänner noch Väter für die Bestimmungsfaktoren von Verwandtschaft eine herausragende Rolle spielen, eine beeindruckende Widerlegung des Verwandtschaftsmodells von Lévi-Strauss geliefert, in dem Verwandtschaft als Aushandlung der patrilinearen Linie durch Heiratsallianzen aufgefasst wird.[5]

3 Saidiya Hartman, in einem Gespräch, Frühjahr 2001.

4 Kath Weston, *Families We Choose. Lesbians, Gays, Kinship.*

5 Im Klappentext zu Cai Huas Buch *A Society Without Fathers or Husbands. The Na of China* bemerkt Lévi-Strauss, dass Cai Hua eine Gesellschaft entdeckt habe, in welcher die Rolle von Vätern »verleugnet oder herabgesetzt wird«, und suggeriert damit, dass es diese Rolle durchaus noch gibt, doch von denen,

Die Ehe wurde in jüngster Zeit auch in dem Sinne von Fragen der Verwandtschaft getrennt, als Gesetzesvorlagen zur Schwulenehe vielfach Rechte auf Adoption oder auf Inanspruchnahme von Reproduktionstechnologien als legitime Rechtsansprüche der Ehe ausschließen. Solche Gesetzesvorlagen hat es nicht nur in Deutschland und Frankreich gegeben, sondern auch in den USA. Erfolgreiche Gesetzentwürfe für die *gay marriage* haben nicht immer eine direkte Auswirkung auf das Familienrecht, insbesondere dann nicht, wenn es ihnen in erster Linie darum geht, die »symbolische Anerkennung« für Paarbeziehungen durch den Staat zu erwirken.[6]

Der politische Vorstoß für das Recht auf Ehe bemüht sich um die staatliche Anerkennung nicht-heterosexueller Lebensgemeinschaften, wodurch es so aussieht, als ob der Staat einen Anspruch vorenthalte, den er in nicht diskriminierender Weise, in Absehung von der sexuellen Orientierung, eigentlich vergeben sollte. Dass aber das Angebot des Staates, die Ehe einzugehen, eine verstärkte Normalisierung zur Folge haben könnte, wird innerhalb des schwul-lesbischen Mainstreams, wie ihn die Human Rights Campaign repräsentiert, im Allgemeinen nicht als Problem angesehen.[7] Die normalisierenden Kräfte des Staates werden jedoch dann besonders deutlich, wenn wir uns vor Augen führen, wie die nach wie vor ungeklärte Verwandtschaftsproblematik die Debatten über die Ehe sowohl bestimmt

die dort Verwandtschaft praktizieren, in Abrede gestellt wird. Diese Interpretation schmälert tatsächlich die Brisanz dieser Studie, in der die These vertreten wird, dass das betreffende Verwandtschaftssystem nicht-patrilinear organisiert sei.

6 Ich nehme an, dass die neuere Gesetzgebung bei eheähnlichen Lebensgemeinschaften in Kalifornien und weiteren Staaten der USA für elterliche Rechte, die das Paar gemeinsam wahrnimmt, ausdrückliche Regelungen vorsieht, obwohl viele Gesetzentwürfe die Anerkennung dieser Lebensgemeinschaften vom Recht auf gemeinsame Elternschaft gerne trennen möchten.

7 Vgl. Michael Warner, *The Trouble with Normal. Sex, Politics, and the Ethics of Queer Life*.

als auch begrenzt. Anstelle einer Änderung der Bedingungen für Verwandtschaft und für individuelle oder gemeinsame Rechte, Kinder zu bekommen, zu adoptieren oder rechtmäßig gemeinsam zu erziehen, wird die symbolische Zulassung der Ehe oder eheähnlicher Gemeinschaften in einigen Kontexten den Vorzug erhalten. Denn Verwandtschaftsformen, die von normativen, dyadischen, heterosexuell fundierten und durch das Ehegelöbnis abgesicherten Familienformen abweichen, gelten nicht nur als gefährlich für das Kind, sondern auch für die vermeintlich natürlichen und kulturellen Gesetze, die, wie es heißt, die menschliche Intelligibilität aufrechterhalten.

Man muss wissen, dass die Debatten in Frankreich bestimmte US-amerikanische Auffassungen zur sozialen Konstruktion und Variabilität von Geschlechterbeziehungen attackierten, in denen man Hinweise darauf sah, dass sich in Frankreich eine gefährliche »Amerikanisierung« von Verwandtschaftsbeziehungen (*filiation*) anbahne.[8] Mein Aufsatz versucht nun auf diese Kritik, die ich im nachfolgenden dritten Abschnitt skizziere, eine Antwort zu geben, und zwar nicht als Versuch, eine »Amerikanisierung« zu verteidigen, sondern vielmehr um zu zeigen, dass sich die Nationen der Ersten Welt, was ihr Verwandtschaftsdilemma angeht, oft gegenseitig mit Allegorien beliefern, die ihre Besorgnis wegen der zerstörerischen Effekte abbilden, die sie vom Formenwandel der Verwandtschaft für ihre eigenen nationalen Projekte erwar-

8 Vgl. dazu die umfassende Betrachtung der französisch-amerikanischen Kulturbeziehungen im Hinblick auf Gender und Sexualität in den Arbeiten von Eric Fassin, die in vielerlei Hinsicht den Hintergrund für meine Ansichten zu diesem Thema bilden: Eric Fassin, *›Good Cop, Bad Cop‹. The American Model and Countermodel in French Liberal Rhetoric since the 1980s*; ders., »›Good to Think‹. The American Reference in French Discourses of Immigration and Ethnicity«; ders., »Le savant, l'expert et le politique. La famille des sociologues«; ders., Same Sex, Different Politics. *Comparing and Contrasting ›Gay Marriage‹ Debates in France and the United States*, unveröffentlichtes Manuskript; ders., »The Purloined Gender. American Feminism in a French Mirror«.

ten. Im Gegenzug dazu versuche ich, die französische Debatte über Verwandtschaft und Ehe auf den Prüfstand zu stellen, um zu zeigen, wie das Votum für die gesetzliche Verankerung gleichgeschlechtlicher Partnerschaften mit einer staatlichen Normalisierung anerkennenswerter Verwandtschaftsbeziehungen zusammenwirken kann, letztlich ein Zustand, der vertragliche Rechte ausweitet, ohne die patrilinearen Voraussetzungen der Verwandtschaft oder das Projekt einer einheitlichen Nation, das sie unterstützt, in irgendeiner Weise zu stören.

Im Folgenden werde ich zumindest zwei Dimensionen dieser gegenwärtigen Zwangslage erörtern, in welcher der Staat einerseits wegen der Anerkennung gefragt ist, die er gleichgeschlechtlichen Paaren verleihen kann, und andererseits wegen der regulativen Kontrolle bekämpft wird, die er nach wie vor zur Erzeugung normgerechter Verwandtschaft ausübt. Der Staat ist bei jeder dieser Bemühungen nicht der gleiche Staat, da wir die staatliche Intervention in dem einen Bereich fordern (Ehe), bloß um im anderen eine überzogene Regulierung zu erleiden (Verwandtschaft). Macht es die Hinwendung zur Ehe also schwieriger, für die Existenzfähigkeit alternativer Verwandtschaftsformationen und für das Wohlergehen des »Kindes« in einer Vielzahl sozialer Formen einzutreten? Mehr noch, was wird aus dem radikalen Projekt, die Formenvielfalt sexueller Praktiken unabhängig von Ehe und Verwandtschaftsverpflichtungen zu artikulieren und zu befürworten? Markiert die Hinwendung zum Staat das Ende einer radikalen Sexualkultur? Wird eine solche Aussicht fallengelassen, wenn wir mehr und mehr damit beschäftigt sind, den Staat für uns zu gewinnen, seines Begehrens teilhaftig zu werden?

Die Homo-Ehe: Das Begehren nach dem Begehren des Staates und die aus dem Blick verdrängte Sexualität

Das Dauerthema Homo-Ehe zehrt offenbar nicht nur von der tiefgreifenden und anhaltenden emotionalen Besetzung des heterosexuellen Paars per se, sondern auch von der Frage, welche Beziehungsformen durch den Staat legitimiert werden sollten.[9] Diese Krise der Legitimität kann unter einer Reihe von Perspektiven betrachtet werden, doch bleiben wir für den Moment bei dem ambivalenten Geschenk, zu dem eine Legitimation werden kann. Durch den Staat legitimiert zu werden bedeutet, auf die Bedingungen der Legitimität einzugehen, die er anbietet, und festzustellen, dass man beim öffentlichen und erkennbaren Sinn von Personalität grundlegend vom Lexikon dieser Legitimität abhängt. Und es folgt daraus, dass sich die Eingrenzung des Legitimen nur über eine bestimmte Exklusion vollziehen wird, wenn auch nicht über eine offenkundig dialektische. Die Sphäre der legitimen intimen Verbindung wird dadurch etabliert, dass Bereiche der Illegitimität produziert und intensiviert werden. Doch vollzieht sich hier ein noch grundlegenderer Ausschluss. Wir missverstehen das sexuelle Feld, wenn wir annehmen, dass das Legitime und das Illegitime dessen immanente Möglichkeiten erschöpfen. Es gibt außerhalb des Kampfes zwischen dem Legitimen und dem Illegitimen – ein Kampf, der die Umwandlung des Illegitimen in das Legitime zum Ziel hat – ein Feld, das schwerer vorstellbar und aus der Perspektive seiner endgültigen Umwandlung in das Legitime nicht zu erfassen ist. Das ist ein Feld außerhalb der Trennung in Illegitimes und Legitimes, eines, das noch nicht als Domäne, Sphäre oder Feld gedacht ist, etwas, das noch nicht legitim oder illegitim ist, das im expliziten Dis-

9 Im Jahre 1999 nahm der Staat Kalifornien die »Knight«-Gesetzesinitiative an, die vorschrieb, dass die Ehe einen Vertrag darstellt, den ausschließlich ein Mann und eine Frau abschließen können. Sie wurde mit 63 Prozent der Stimmen der wahlberechtigten Bevölkerung verabschiedet.

kurs der Legitimität noch nicht durchdacht worden ist. In der Tat wäre dies ein sexuelles Feld, das seinen Bezugspunkt und sein ultimatives Begehren nicht in der Legitimität hat. Die Debatte über gleichgeschlechtliche Ehen findet aber im Rahmen einer solchen Logik statt, denn wir können feststellen, dass diese Debatte sofort auf die Frage umgelegt wird, ob Ehen legitimerweise auf Homosexuelle beiderlei Geschlechts ausgedehnt werden sollten. Dies bedeutet, dass das sexuelle Feld in einer Weise eingegrenzt wird, dass Sexualität immer schon in Begriffen der Ehe gedacht wird und Ehe immer schon als Erwerb von Legitimität.

Am Beispiel der gleichgeschlechtlichen Ehen oder gesetzlich anerkannten Lebensgemeinschaften lässt sich beobachten, wie unterschiedliche sexuelle Praktiken und Beziehungen, die aus dem Geltungsbereich des legitimierenden Gesetzes herausfallen, unentzifferbar, oder, schlimmer noch, unhaltbar werden, und wie innerhalb des öffentlichen Diskurses neue Hierarchien entstehen. Diese Hierarchien erzwingen nicht nur die Unterscheidung zwischen legitimen und illegitimen schwul-lesbischen Lebensweisen, sie produzieren darüber hinaus auch unausgesprochene Unterscheidungen zwischen verschiedenen Formen der Illegitimität. Das feste Paar, das heiraten würde, wenn es nur könnte, gilt gegenwärtig als illegitim, ist aber Anwärter auf eine künftige Legitimität, während andere, die nicht im Rahmen des Ehebunds und seiner anerkannten, wenn auch illegitimen alternativen Form sexuell aktiv sind, nun sexuelle Alternativen darstellen, die sich niemals für eine Übersetzung in Legitimität eignen werden. Aufgrund der Priorität, welche die Diskussion um die Ehe angenommen hat, finden diese Varianten in der politischen Sphäre immer weniger Beachtung. Hier handelt es sich um eine Illegitimität, deren vorläufiger Zustand von jeder zukünftigen Veränderung ausgeschlossen bleiben soll. Sie ist nicht nur *noch nicht* legitim, sondern, so ließe sich sagen, die unwiederbringliche und irreversible Vergangenheit von Legitimität: das nie Werdende, das nie Gewesene.

Hieraus folgt eine gewisse normative Krise. Denn auf der einen Seite ist es wichtig zu markieren, wie das Feld der intelligiblen und benennbaren Sexualität eingegrenzt wird, damit wir erkennen können, wie Optionen außerhalb der Ehe als das Undenkbare ausgeschlossen werden und die Begriffe des Denkbaren von den beschränkten Debatten darüber erzwungen werden, wer und was in die Norm eingeschlossen wird. Auf der anderen Seite besteht aber immer die Möglichkeit, den Status des Undenkbaren – wenn es denn ein Status ist – auszukosten, als das, was am kritischsten, am radikalsten, am wertvollsten ist. Als das sexuell nicht Repräsentierbare können solche Varianten im zeitgenössischen Feld der Sexualität das Erhabene darstellen, ein Ort des reinen Widerstands, ein Ort, der sich von der Normativität nicht kooptieren lässt. Doch wie kann man sich vom Ort des nicht Repräsentierbaren aus die Politik denken? Und damit ich hier nicht missverstanden werde, stelle ich eine gleichermaßen drängende Frage: Wie kann man sich die Politik denken, ohne diese Orte des nicht Repräsentierbaren zu berücksichtigen?

Man mag sich hier ein ganz anderes Lexikon wünschen, und in der Geschichte der sexuellen Liberalisierung wird selbstverständlich immer wieder auf die Möglichkeit einer neuen Sprache und auf das Versprechen einer neuen Seinsweise rekurriert. Angesichts der Problematik mag man sich wünschen, aus der ganzen Sache auszusteigen und sich irgendwo zu bewegen, wo es weder legitim noch illegitim zugeht. Doch an diesem Punkt riskiert eine kritische Perspektive, die an der Grenze des Intelligiblen operiert, selbst als apolitisch zu gelten. Denn Politik, wie sie durch diesen Diskurs des Intelligiblen konstituiert wird, verlangt, dass wir für oder gegen gleichgeschlechtliche Ehen Stellung beziehen. Doch kritische Reflexion, die zweifellos Teil jeder ernsthaft normativen politischen Philosophie und Praxis ist, fordert, dass wir fragen, warum und wieso es überhaupt zu einem Thema werden konnte, zu definieren, was hier als sinnvoller politischer Diskurs gelten kann und was nicht. Warum hängt die Aussicht, »politisch zu werden«, unter den gegenwärtigen Bedingungen von unserer Fähigkeit ab, in diesem diskursiv errichteten binären Gegensatz zu operieren, und nicht davon, zu fragen und wissen zu wollen, ob das sexuelle Feld durch die Akzeptanz dieser Bedingungen zwangsweise eingeengt wird. Diese Dynamik des Zwangs gewinnt noch zusätzlich an Kraft, weil sie das zeitgenössische Feld des Politischen begründet, und zwar durch den gewaltsamen Ausschluss dieses sexuellen Feldes aus dem Politischen begründet. Und doch wird die Operation dieser ausschließenden Kraft aus dem Bereich der Auseinandersetzung herausverlegt, so als sei sie nicht Teil der Macht, als sei sie kein Gegenstand der politischen Reflexion. Politisch zu sein, in einer Weise zu handeln und zu sprechen, die erkennbar politisch ist, bedeutet demnach, auf einem Ausschluss genau desjenigen politischen Feldes aufzubauen, das kein Gegenstand politischer Analyse ist. Insofern ließe sich sagen, dass Politik ohne kritische Perspektive in fundamentaler Weise auf dem Unwissen – und der Entpolitisierung – genau der Kräfteverhältnisse beruht, von denen ihr eigenes Wirkungsfeld gebildet wird.

Kritisch zu sein ist somit keine Position per se, kein Ort und kein Platz, die innerhalb eines bereits abgesteckten Feldes lokalisiert werden könnten, obwohl in einer obligatorischen Katachrese von Orten, Feldern, Bereichen gesprochen werden muss. Eine kritische Funktion besteht darin, den Vorgang der Grenzziehung selbst zu untersuchen. Doch wenn ich empfehle, dass wir kritisch werden und im Nachdenken darüber, wie das sexuelle Feld konstituiert ist, Kritik wagen, will ich nicht suggerieren, dass wir ein atopisches »Anderswo« besetzen könnten oder sollten, das unbegrenzt und radikal frei wäre. Das Infragestellen von selbstverständlichen Bedingungen ist gelegentlich möglich, doch es lässt sich nicht mittels eines Gedankenexperiments, einer *epoché*, eines Willensaktes dorthin gelangen. Man gelangt dorthin, indem man sozusagen das Aufspringen, das Aufbrechen des Bodens selbst erleidet.

Sogar innerhalb des Feldes der intelligiblen Sexualität lässt sich feststellen, dass die binären Gegensätze, in denen ihre Funktionsweisen verankert sind, mittlere Zonen und hybride Formationen zulassen, die nahelegen, dass die binäre Logik das betreffende Feld nicht erschöpft. Es gibt tatsächlich mittlere Bereiche, hybride Regionen der Legitimität und Illegitimität, die keine klaren Namen tragen, ja, in denen die Benennung selbst in eine Krise gerät. Diese Krise wird von den wechselnden, mitunter gewaltsamen Grenzen legitimierender Praktiken hervorgerufen, die in einen gespannten, manchmal konflikthaften Kontakt miteinander treten. Das sind nicht gerade Orte, an denen man sich freiwillig aufhält, Subjektpositionen, die man gerne einnehmen wollte. Es handelt sich um Unorte, an denen man sich wider Willen befindet; tatsächlich sind es Unorte, an denen sich Anerkennung, einschließlich der Selbst-Anerkennung, als prekär, wenn nicht sogar unerreichbar erweist, trotz größter Anstrengungen, in irgendeinem erkennbaren Sinn ein Subjekt zu sein. Es sind keine Orte der Artikulation, sondern Verschiebungen in der Topographie, von denen eine kaum vernehmbare Forderung ausgeht: die Forderung des Noch-nicht-Subjekts und des beinahe Erkennbaren.

Dass es solche Regionen gibt und dass sie genau genommen keine Optionen sind, legt den Schluss nahe, dass manche sozialen Praktiken die Unterscheidung zwischen Legitimität und Illegitimität stören, insbesondere sexuelle Praktiken, die nicht sofort zum Lexikon der Legitimität zu passen scheinen, das uns zur Verfügung steht. Dies sind Orte von unbestimmter Ontologie und schwieriger Benennung. Und wenn es auch so aussieht, als wollte ich mich gleich dafür aussprechen, dass wir alle die Orte unbestimmter Ontologie und schwieriger Benennung aufsuchen und feiern, geht es mir eigentlich um einen etwas anderen Punkt. Es geht darum, auf den Ausschluss des Möglichen zu achten, der sich vollzieht, wenn aufgrund der Dringlichkeit, eine politische Forderung zu stellen, diejenigen Optionen naturalisiert werden, die innerhalb des sexuellen Feldes am besten lesbar sind. Das Augenmerk auf diesen Ausschluss zu richten, auf einen politischen Akt, den wir unwissentlich vollziehen, immer wieder unwissentlich vollziehen, bietet die Möglichkeit einer anderen Konzeption von Politik, und zwar einer Konzeption, die diese Ausschlüsse als Folge des eigenen bewussten politischen Aktivismus beachtet. Dennoch ist es nötig, sich zu diesem schwierigen Terrain zweischneidig zu verhalten, denn weder die Gewalt des Ausschlusses, die das Feld des Aktivismus stabilisiert, noch der Pfad der kritischen Paralyse, der auf der Ebene der grundsätzlichen Reflexion angesiedelt ist, werden für sich genommen ausreichen. Gerade beim Thema der gleichgeschlechtlichen Ehe wird es zunehmend wichtig, die Spannung zwischen einer kritischen Perspektive und einer politisch lesbaren Forderung aufrechtzuerhalten.

Es geht mir an dieser Stelle nicht darum vorzuschlagen, dass man sich in Bezug auf die Debatten über »Homoehen« und Verwandtschaft eher kritisch als politisch verhalten sollte, als ob eine solche Unterscheidung überhaupt möglich oder wünschenswert wäre, sondern darum, dass nur eine Politik, die ein kritisches Verständnis einbegreift, für sich in Anspruch nehmen kann, selbstreflexiv und undogmatisch zu sein. Politisch zu sein meint in der Hauptsache nicht, einen einzigen und dauerhaften »Standpunkt« zu beziehen. Es ist zum Beispiel nicht immer leicht, sich für oder gegen gleichgeschlechtliche Ehen auszusprechen; denn es mag sein, dass man dieses Recht für diejenigen sichern möchte, die von ihm Gebrauch zu machen wünschen, auch wenn man es selbst nicht nutzen würde. Oder es kann sein, dass man den homosexuellenfeindlichen Diskursen, die gegen schwul-lesbische Ehen mobilisiert wurden, etwas entgegenhalten möchte, aber deshalb noch nicht für diese Ehen ist. Möglicherweise ist man fest davon überzeugt, dass die Ehe die beste Lebensform für Lesben und Schwule darstellt, und würde sie deshalb gern als eine neue Norm institutionalisieren, eine Norm für die Zukunft. Oder es mag sein, dass man nicht nur in Bezug auf sich selbst, sondern auch in Bezug auf jeden anderen dagegen ist und dass die anstehende Aufgabe vielmehr darin besteht, die soziale Organisation von Freundschaft, sexuellen Kontakten und Gemeinschaft zu überdenken und zu reformieren, um nicht-staatsbezogene Formen der Unterstützung und Bündnisbildung zu schaffen. Denn die Ehe kann, in Anbetracht ihres historischen Gewichts, nur dann eine »Option« werden, wenn sie als Norm ausgeweitet wird (und damit andere Optionen ausschließt) – eine Norm, die zugleich Eigentumsverhältnisse ausweitet und die sozialen Formen der Sexualität konservativer macht.

Für eine fortschrittliche sexuelle Bewegung, auch eine solche, welche die Ehe als Option für Nicht-Heterosexuelle einführen möchte, ist die Aussicht, dass eine Heirat zur einzigen Möglichkeit wird, um Sexualität zu sanktionieren oder zu legitimieren, unannehmbar konservativ. Und selbst wenn es nicht um die Ehe ginge, sondern um rechtliche Verträge, mit denen Lebensgemeinschaften einen legalen Status erhalten würden, knüpften sich daran immer noch eine Reihe von Fragen: Warum sollte es so sein, dass die Ehe oder Rechtsverträge die Grundlage sind, auf der zum Beispiel Leistungen der Gesundheitsversorgung gewährt werden? Warum sollte es keine Möglichkeiten geben, den Anspruch auf medizinische Versorgung so zu organisieren, dass jeder, unabhängig von seinem Familienstand, Zugang zu ihr hätte? Wer sich für die Ehe als eine Möglichkeit ausspricht, solche Ansprüche zu sichern, würde der nicht auch bejahen, dass Ansprüche, die ebenso wichtig sind wie die Gesundheitsversorgung, weiterhin auf der Grundlage des Familienstands vergeben werden sollten? Was bedeutet das für die Gemeinschaft der Nicht-Verheirateten, der Singles, der Geschiedenen, der Desinteressierten, der Nicht-Monogamen, und wie wird das sexuelle Feld in seiner Lesbarkeit in dem Moment eingeschränkt, in dem wir die Ehe als Norm ausweiten?[10]

10 Vgl. Sylviane Agacinski, »Questions autour de la filiation. Interview mit Eric Lamien und Michel Feher«. Vgl. auch die exzellente Replik von Michel Feher, »Quelques réflexions sur ›politiques des sexes‹«.

Unabhängig von ihrer persönlichen Meinung über gleichgeschlechtliche Ehen sehen sich viele, die im Bereich der Sexualwissenschaften arbeiten, aufgefordert, auf einige der äußerst homosexuellenfeindlichen Argumente gegen Vorschläge zu einer Homo-Ehe etwas zu entgegnen. Viele dieser Argumente werden nicht nur von homosexuellenfeindlichen Ansichten genährt, sondern konzentrieren sich oft auf Ängste im Hinblick auf reproduktive Beziehungen – ob diese natürlich oder »künstlich« seien, und was aus dem Kind wird, dem Kind, dem armen Kind, der gequälten Gestalt einer offenkundig selbstsüchtigen oder verbissenen sozialen Fortschrittlichkeit? In der Tat sind die Diskussionen über gleichgeschlechtliche Ehen und schwul-lesbische Verwandtschaftsbeziehungen – zwei Themen, die oft miteinander vermischt werden – zu Orten intensiver Ersatzbildungen für andere politische Ängste geworden, für Ängste, die neue Technologien, die Bevölkerungsentwicklung und die Einheit und Tradierbarkeit der Nation selbst betreffen, für Ängste, dass der Feminismus, indem er am Recht auf Kinderbetreuung festhält, die Verwandtschaft praktisch über die Familie hinaus für Fremde geöffnet hat. In den französischen Debatten um die PACS (die Verträge »zivilrechtlicher Solidarität«, die für zwei beliebige, nicht blutsverwandte Individuen unabhängig von ihrer sexuellen Orientierung eine Alternative zur Heirat bieten) war die Verabschiedung des Gesetzentwurfs schließlich von einer Klausel abhängig, die nichtheterosexuellen Paaren das Recht verwehrt, Kinder zu adoptieren und reproduktive Technologien in Anspruch zu nehmen. Der gleiche Vorbehalt wurde kürzlich in Deutschland vorgeschlagen und angenommen.[11] Aus beiden Fäl-

11 In Deutschland hält das Gesetz zur »Eingetragenen Lebenspartnerschaft«, das im August 2001 verabschiedet wurde, eindeutig fest, dass die zwei Individuen, die diesen Bund eingehen, homosexuell sind und dass sie dieses Gesetz zu einer langfristigen Beziehung der wechselseitigen Unterstützung und Verantwortung verpflichtet. Das Gesetz verpflichtet damit zwei als homosexuell verstandene Individuen zur Annäherung an die Sozialform der Ehe. Wäh-

len wird ersichtlich, dass das Kind in dieser Debatte als der verdichtete Ort für die Übertragung und Reproduktion von Kultur auftaucht, wobei »Kultur« implizite Normen rassischer Reinheit und Vorherrschaft mit sich führt.[12] Ich denke in der Tat, dass es möglich ist, zwischen den Argumenten in Frankreich, die gegen die Bedrohung der »Kultur« Sturm laufen, welche in der Aussicht besteht, dass legal verbundene homosexuelle Menschen ein Kind haben könnten (wobei ich im Kontext dieser Thematik die Frage außer Acht lasse, was »haben« in diesem Fall bedeutet), und den Argumenten zur Einwanderung, dazu, was Europa ist, eine Konvergenz zu sehen. Die letztgenannte Angelegenheit wirft implizit und explizit die Frage auf darüber, was wahrhaft französisch ist, was die Grundlage von Frankreichs Kultur bildet, die im Zuge einer imperialen Logik zur Grundlage von Kultur überhaupt wird, ihrer universellen und unveränderlichen Voraussetzungen.

Doch in den Debatten geht es nicht nur darum, was Kultur ist und wer in sie aufgenommen werden sollte, sondern auch darum, wie die Subjekte einer Kultur reproduziert werden sollten. Diese Fragen berühren den Status des Staates und insbesondere seine Macht, unterschiedlichen Formen sexueller Verbindungen Anerkennung zu verleihen oder vorzuenthalten. Der Einwand gegen die gleichgeschlechtliche Ehe ist in Wahrheit immer, im-

rend der französische PACS nur das Recht der vertraglichen Übereinkunft auf beliebige zwei Individuen ausdehnt, die den Vertrag eingehen möchten, um Eigentum zu teilen oder zu vererben, verlangt die deutsche Regelung in neohegelianischer Manier, dass der Vertrag eine bestimmte Lebensform reflektieren soll, die erkennbar ehelich, der staatlichen Anerkennung würdig ist. Vgl. Deutscher Bundestag. 14. Wahlperiode. Drucksache 14/5627, 20. März 2001.

12 Lauren Berlant hat überzeugend argumentiert, dass »in der reaktionären Kultur des gefährdeten Privilegs der Wert der Nation nicht im Namen eines tatsächlich existierenden, arbeitenden Erwachsenen thematisiert wird, sondern im Namen eines zukünftigen Amerikaners, der sowohl keimhaft wie prähistorisch ist: besonders der amerikanische Fötus und das amerikanische Kind sind mit dieser Hoffnung besetzt.« Vgl. Lauren Berlant, *The Queen of America Goes to Washington City. Essays on Sex and Citizenship*, S. 5.

plizit oder explizit, eine Aussage darüber, was der Staat tun und was er zur Verfügung stellen sollte und welche Formen intimer Beziehungen sich für die staatliche Legitimierung eignen. Was ist das für ein Begehren, den Staat davon abzuhalten, nicht-heterosexuellen Partnern die Anerkennung anzubieten, und was ist das für ein Begehren, den Staat zu zwingen, solche Anerkennung zu vergeben? Auf beiden Seiten geht es nicht nur darum, welche Formen des Begehrens durch den Staat legitimiert werden sollten, sondern wer den Staat begehren und *wer das Begehren des Staates begehren darf.*

Aber die Fragen sind noch komplizierter: Wessen Begehren könnte als Begehren für staatliche Legitimierung in Frage kommen, doch auch: Wessen Begehren eignet sich als das Begehren des Staates? Wer darf den Staat begehren? Und wen darf der Staat begehren? Wessen Begehren wird das des Staates sein? Umgekehrt, und dies ist nur Spekulation – aber vielleicht kann ja die akademische Arbeit als der soziale Ort für eine solche Spekulation betrachtet werden –, scheint das, was man will, wenn man die »staatliche Anerkennung« einer Ehe will, und das, was man nicht will, wenn man versucht, den Geltungsumfang solcher Anerkennung für andere zu begrenzen, jeweils ein komplexer Wunsch zu sein. Der Staat wird zum Mittel, mit dem eine Phantasie formulierbar wird: Begehren und Sexualität sind ratifiziert, gerechtfertigt, bekannt, öffentlich vorgesehen, werden als dauerhaft und unverbrüchlich gedacht. Genau in diesem Moment werden Begehren und Sexualität enteignet und ersetzt, so dass das, was man »ist« und was die eigene Beziehung »ist«, keine privaten Angelegenheiten mehr sind. Tatsächlich ließe sich sagen, dass das persönliche Begehren durch eine Verehelichung ironischerweise eine bestimmte Anonymität und Austauschbarkeit annimmt, dass es gewissermaßen öffentlich vermittelt und auf diese Weise eine Form von legitimiertem öffentlichem Sex wird. Doch mehr als das: Eine Ehe verlangt, wenigstens ihrer Logik nach, allgemeine Anerkennung. Jeder muss dich durch die Tür des Krankenhauses lassen, jeder deinen Anspruch auf Trauer respektieren, jeder wird deine natürlichen Rechte auf ein Kind anerkennen, jeder wird deine Beziehung als in die Ewigkeit erhoben erachten. So gesehen ist der Wunsch nach universeller Anerkennung ein Begehren, universell und in der eigenen Universalität austauschbar zu werden, die einsame Partikularität der nicht ratifizierten Beziehung aufzugeben und, vielleicht mehr als alles andere, in dieser imaginären Beziehung zum Staat seinen Platz und seine Weihe zu erhalten. Ein Platz und eine Weihe: Das sind zweifellos starke Phantasien, und wenn wir an den Versuch denken, die gleichgeschlechtliche Ehe durchzusetzen, nehmen sie eine besonders phantasmatische Form an. Mitunter wird der Staat zum Ort einer Rezirkulation von religiösen Wünschen, dem Verlangen nach Erlösung, nach Zugehörigkeit, nach Ewigkeit. Und die Frage drängt sich auf, was mit der Sexualität passiert, wenn sie in diesen besonderen Kreislauf von Phantasien hineingerät: Wird ihr ihre Schuld genommen, ihre Devianz, ihre Diskontinuität, ihre Asozialität, ihre Gespenstigkeit? Und wenn sie von alldem bereinigt ist, wo genau werden diese negativen Qualitäten dann bleiben? Wird es nicht die Tendenz geben, sie auf all jene zu projizieren, die in diesen geheiligten Bezirk noch nicht eingetreten sind und auch nicht eintreten werden? Und wird diese Projektion die Form der moralischen Verurteilung anderer annehmen, der Inszenierung einer sozialen Verwerflichkeit, und wird sie somit zum Anlass werden, eine neue Hierarchie von legitimen und illegitimen sexuellen Arrangements zu errichten?

Das arme Kind und das Schicksal der Nation

Der Vorschlag aus Frankreich, zivilrechtliche Verbindungen (Verträge sozialer Solidarität) als Alternative zur Ehe einzuführen, war mit der Absicht verbunden, die Ehe zu umgehen und zugleich legale Bindungen zu ermöglichen. Er stieß jedoch auf eine Grenze, als Fragen der Reproduktion und Adoption in den Vordergrund rückten. In Frankreich geht die Sorge um die biologische Reproduktion mit der Sorge um die Reproduktion einer erkennbar französischen Kultur Hand in Hand. Wie oben erwähnt, ist eine gewisse implizite Identifikation der französischen Kultur mit dem Universalismus beobachtbar, und das hat seine Konsequenzen für die Phantasie von der Nation, die auf dem Spiel steht. Um diese Debatte zu verstehen, ist es wichtig zu erkennen, wie insbesondere die Figur des Kindes nicht-heterosexueller Eltern zu einem Ort wird, der von Ängsten um kulturelle Reinheit und kulturellen Erhalt besetzt ist. Im jüngsten Aufruhr um die PACS bestand die einzige Chance, den Gesetzesvorschlag durchzubringen, darin, denjenigen Individuen, die in solchen Beziehungen leben, das Recht auf eine gemeinsame Adoption zu verweigern. Wie Eric Fassin und andere gezeigt haben, ist die Änderung der Rechte auf Nachkommenschaft im französischen Kontext das größte Skandalon, nicht die Ehe an sich.[13] Der Geltungsbereich des Vertrags kann, in Grenzen, ausgeweitet werden, die Rechte auf Filiation hingegen können es nicht.

In einigen der kulturbezogenen Kommentare zu der Entscheidung, offen homosexuell lebenden Personen das Recht auf Adoption zu verwehren, erfuhren wir von Sylviane Agacinski, einer bekannten französischen Philosophin, dass es wider die »symbolische Ordnung« sei, homosexuellen Männern und Frauen die Gründung von Familien zu gestatten.[1414] Um welche Formen des sozialen Lebens es sich auch handeln möge, es seien keine Ehen und es seien keine Familien. Aus ihrer Sicht sind sie im Grunde noch nicht einmal richtiggehend »sozial«, sondern privat. Zum Teil ist das ein Streit um Worte, darum, wo und wie sie gelten, um ihre Plastizität und Zweideutigkeit. Genau genommen ist es je-

13 Fassin, »Same Sex«.

14 Agacinski, »Questions«, S. 23.

doch eine Auseinandersetzung darum, ob bestimmte Praktiken der Benennung die Prämissen zu den Grenzen dessen, was als menschlich anerkennbar ist, unangefochten lassen. Der Streit beruht dabei auf einem schwer zu leugnenden Paradox. Denn wer bestimmte menschliche Beziehungen *nicht* als einen Teil des als menschlich Anerkennbaren anerkennen will, der hat sie *schon* anerkannt und versucht, das zu leugnen, was er auf die eine oder andere Weise bereits verstanden hat. »Anerkennung« wird zu dem Versuch, das, was existiert, zu verleugnen, und wird folglich zu einem Instrument für die Verweigerung von Anerkennung. Auf diese Weise entsteht die Möglichkeit, eine normative Phantasie über das Menschliche gegenüber abweichenden Versionen ihrer selbst zu verstärken. Um die Grenzen dessen, was anerkennenswert ist, gegen das zu verteidigen, was sie in Frage stellt, muss man schon verstanden haben, dass die Normen, die eine solche Anerkennung regieren, bereits angefochten sind. In den USA sind wir an konservative und reaktionäre Polemiken gegen Homosexualität als etwas Unnatürliches gewöhnt, aber das entspricht nicht genau dem Weg, den die französische Polemik beschreitet. Agacinski zum Beispiel geht nicht von der Voraussetzung aus, dass die Familie eine natürliche Form besitzt. Der Staat ist ihrer Ansicht nach nicht wegen der Natur oder eines natürlichen Gesetzes dazu gezwungen, die Ehe als heterosexuell zu definieren, sondern durch etwas, was sie »symbolische Ordnung« nennt (und was einem natürlichen Gesetz entspricht und ein solches bekräftigt). Aufgrund der Diktate dieser Ordnung ist der Staat dazu verpflichtet, die Anerkennung solcher Beziehungen zu verweigern.

Ich werde Agacinskis Sicht gleich erläutern, und zwar nicht aus dem Grunde, weil sie die stimmgewaltigste Gegnerin der Veränderungen von Verwandtschaftsbeziehungen ist, die mit gleichgeschlechtlichen Ehen impliziert sein können, sondern weil mir vor einiger Zeit ein Kollege einen Leitartikel schickte, den sie für *Le Monde* geschrieben hatte, einen offenen Brief, der in irgendeiner Form nach einer Antwort verlangte.[15] In ihrem Artikel identifiziert Agacinski eine bestimmte amerikanische Strömung der Queer- und Gender-Theorie als die ungeheuerliche Zukunft, die sich für Frankreich abzeichnen würde, falls es wirklich zu diesen Veränderungen käme. Sagen wir also, ohne ins Detail zu gehen, dass es auf der ersten Seite von *Le Monde* zu einer Anrufung gekommen ist, in der mein Name als Zeichen für eine kommende Monstrosität stand. Man muss sehen, dass ich mich hier in einem Dilemma befinde, weil meine Auffassungen herangezogen werden, um vor einer ungeheuerlichen Zukunft zu warnen, die Wirklichkeit werden wird, wenn man Lesben und Schwulen erlaubt, mit staatlicher Billigung Verwandtschaftsbeziehungen auszubilden. Einerseits gibt es also das Erfordernis, auf diese Behauptungen zu reagieren und sie zu entkräften, andererseits ist es entscheidend, die Bedingungen, die die Kontrahentin der Debatte zugrunde legt, nicht zu akzeptieren. Wobei ich befürchte, dass diese Debatte eigentlich gar keine ist, sondern eine hochgradig auf Öffentlichkeitswirksamkeit und Angstmache zielende Polemik. Dies ist nicht allein mein persönliches Dilemma. Denn will ich, um gegen sie zu argumentieren, eine Position beziehen, in der ich mich für die staatliche Legimitierung ausspreche? Entspricht das dem, was ich wirklich will?

Auf der einen Seite wäre es nur zu leicht zu erklären, dass Agacinski unrecht hat und dass die Familienformen, um die es hier geht, existenzfähige soziale Formen sind, in deren Licht die gegenwärtige Episteme der Intelligibilität in konstruktiver Weise in Frage gestellt und umformuliert werden könnte.[16] Schließlich

15 Agacinski, »Contre l'effacement des sexes«.

16 Diese These steht im Zentrum meiner Replik auf lacanianische Argumente gegen die Lebensfähigkeit gleichgeschlechtlicher Ehen und zugunsten heteronormativer Familien in *Antigones Verlangen*. Zur weitergehenden Argumentation gegen den Skeptizismus von Jacques-Alain Miller und anderen Lacanianern in Bezug auf gleichgeschlechtliche Partnerschaften vgl. Judith Butler, »Competing Universalities«.

bestätigt und bestärkt ihre Sicht diejenigen, die der Ansicht sind, dass legitime sexuelle Beziehungen eine heterosexuelle und staatlich sanktionierte Form haben, und die dazu beitragen, existenzfähige und bedeutsame sexuelle Verbindungen, die mit diesem Modell nicht konform gehen, zu derealisieren. Diese Form von Derealisierung hat selbstverständlich Konsequenzen, die weit darüber hinausgehen, dass jemandes Gefühle verletzt oder bestimmte Leute beleidigt werden. Sie bedeutet zum Beispiel, dass du vielleicht ins Krankenhaus kommst, um deinen Partner oder deine Partnerin zu sehen, und keinen Zutritt erhältst. Sie bedeutet für den Fall, dass die geliebte Person in ein Koma fällt, dir bestimmte Vollmachten nicht erteilt werden. Sie bedeutet, dass du dann, wenn diese Person stirbt, eventuell den Leichnam nicht abholen darfst. Sie bedeutet für den Fall, dass der nicht-biologische Elternteil mit einem Kind zurückbleibt, dieser möglicherweise keine Chance hat, sich gegen Ansprüche der biologischen Verwandten gerichtlich zur Wehr zu setzen, und das Sorge- und Umgangsrecht verliert. Sie bedeutet, dass man sich nicht gegenseitig in der Krankenversicherung absichern kann. All dies sind sehr wichtige Formen der Entrechtung, die sich durch die persönlichen Derealisierungen, die im Alltag vorkommen und der Beziehung zwangsläufig ihren Preis abverlangen, noch verschlimmern. Wenn es euch gar nicht gibt, kann es schwierig werden, langfristig zueinander zu stehen. Das Gefühl der Legitimationslosigkeit kann es erschweren, eine Bindung aufrechtzuerhalten, eine Bindung, die es sowieso nicht gibt, eine Bindung, die gar nicht »existiert«, die niemals eine Chance hatte zu existieren und auch niemals existieren sollte. Die fehlende staatliche Legitimität kann hier innerpsychisch als durchgängiger, wenn nicht tödlicher Selbstzweifel in Erscheinung treten. Und wenn du tatsächlich eine geliebte Person verloren hast, die als solche niemals anerkannt war, hast du sie dann wirklich verloren? Ist das ein echter Verlust, und kann er öffentlich betrauert werden? Angesichts der Verluste durch Aids, der Verluste an Menschenleben und Liebesbeziehungen, die immer darum kämpfen mussten, überhaupt als solche anerkannt zu werden, ist das in der Gemeinschaft der Queers zweifellos zu einem allgegenwärtigen Problem geworden.

Auf der anderen Seite bringt das Streben nach einer staatlichen Anerkennung, die diese Verletzungen wiedergutmachen soll, eine Menge neuer Probleme, wenn nicht neues Leid mit sich. Die unterbleibende staatliche Anerkennung für die intimsten persönlichen Beziehungen kann nur dann als Derealisierung erlebt werden, wenn die Bedingungen staatlicher Legitimität die hegemoniale Kontrolle über die Normen der Anerkennung behalten, mit anderen Worten, wenn der Staat die Mittel der Anerkennung monopolisiert. Gibt es, abgesehen von der Sphäre staatlicher Anerkennung, keine anderen Wege, um sich als möglich, als intelligibel, sogar als real zu empfinden? Und sollte es keine Alternativen dazu geben? Vor dem Hintergrund ihrer jüngeren Geschichte leuchtet es ein, dass sich die Schwulen- und Lesben-Bewegung dem Staat zuwendet: Der gegenwärtige Hang zur Homo-Ehe stellt in manchen Hinsichten eine Antwort auf Aids dar, und zwar eine beschämte Antwort, mit der die Gay Community versucht, sich von ihrer so genannten Promiskuität loszusagen, eine Antwort, durch die wir als gesund und normal und in der Lage erscheinen, monogame Langzeitbeziehungen aufrechtzuerhalten. Dies führt mich zu der Frage zurück, die von Michael Warner in seinen jüngsten Schriften prägnant gestellt worden ist: Ob der Drang, unter den bestehenden Normen der Legitimität anerkennungswürdig zu werden, von uns verlangt, dass wir uns mit einer Praxis einverstanden erklären, welche diejenigen entlegitimiert, deren sexuelles Leben nicht von ehelicher Bindung und den Unterstellungen der Monogamie geprägt ist.[17] Ist dies eine Verleugnung, zu der die Gemeinschaft der Queers bereit

17 Michael Warner, »Beyond Gay Marriage«; vgl. ders., *The Trouble with Normal. Sex, Politics, and the Ethics of Queer Life.*

ist? Und mit welchen sozialen Konsequenzen? Und wie ist es möglich, dass wir dem Staat die Macht der Anerkennung in dem Moment überlassen, in dem wir darauf bestehen, dass wir ohne Anerkennung unwirklich und illegitim sind? Gibt es andere Mittel, mit deren Hilfe wir anerkennungswürdig werden können oder die wir mobilisieren können, um die derzeit maßgeblichen Ordnungen in Frage zu stellen, in denen die Bedingungen der Anerkennbarkeit greifen?

Hier zeigt sich das ganze Ausmaß des Dilemmas: Einerseits kann ein Leben außerhalb der Normen der Anerkennung zu beträchtlichem Leiden und zu Formen der Entrechtung führen, deren psychische, kulturelle und materielle Konsequenzen sich miteinander vermischen. Andererseits kann die Forderung nach Anerkennung, die eine sehr starke politische Forderung darstellt, zu neuen ungerechten Formen sozialer Hierarchien führen, zu einer übereilten Festschreibung des sexuellen Feldes und zu neuen Formen, die staatliche Macht zu stützen und auszubauen – sofern die Forderung keine kritische Infragestellung genau der Normen der Anerkennung in Gang setzt, die durch die staatliche Legitimation vorgegeben und verlangt werden. Mit dem Streben nach Anerkennung durch den Staat engen wir den Bereich der sexuellen Arrangements, die als legitim anerkannt werden können, praktisch ein und festigen damit sogar den Staat als Quelle von Normen der Anerkennung und blockieren andere Möglichkeiten in der Zivilgesellschaft und dem kulturellen Leben. Wenn man Anerkennung gemäß den Normen fordert und erhält, die die Ehe legitimieren und sexuelle Arrangements außerhalb der Ehe entlegitimieren, oder gemäß solchen Normen, die ein kritisches Verhältnis zur Ehe ausdrücken, bedeutet das, dass man den Schauplatz der Entlegitimierung vom einen Teil der Queer-Community in einen anderen verlegt, oder aber, dass man eine kollektive in eine selektive Entlegitimierung umwandelt. Eine solche Praxis ist schwerlich, wenn nicht unmöglich, mit einer radikal demokratischen, sexuell progressiven Bewegung zu vereinbaren. Was würde es bedeuten, diejenigen aus dem Feld potentieller Legitimität auszuschließen, die außerhalb der Ehe stehen, die nicht monogam leben, die allein oder in allen erdenklichen Verhältnissen leben, die nicht der Form der Ehe entsprechen?

Ich möchte einen weiteren Vorbehalt hinzufügen: Wir wissen gar nicht immer, was wir mit »dem Staat« meinen, wenn wir von der Form »staatlicher Legitimierung« sprechen, die mit der Ehe einhergeht. Der Staat ist kein simples Gebilde, und seine Teile und Operationen sind untereinander nicht immer koordiniert. Der Staat lässt sich nicht auf das Recht reduzieren, und Macht lässt sich nicht auf Staatsmacht reduzieren. Es wäre falsch, sich den Staat so vorzustellen, als operierte er im Sinne eines einzelnen Interessenbündels, und seine Wirkungen so zu bewerten, als seien sie durchgängig erfolgreich. Aus meiner Sicht kann der Staat ebenfalls benutzt und ausgebeutet werden, und Sozialpolitik, zu der die Anwendung des Rechts auf lokale Instanzen gehört, bietet sehr oft eine Gelegenheit, das Recht anzufechten, indem es zur Entscheidung vor Gericht gebracht wird, wo neue Verwandtschaftsregelungen eine Chance haben, neue Legitimität zu gewinnen. Natürlich werden bestimmte Vorschläge in hohem Maße kontrovers bleiben, wie die Adoption zwischen den Rassen, die Adoption durch einzelne Männer, durch schwule Paare, durch unverheiratete Paare, durch Verwandtschaftsgruppen, zu denen mehr als zwei Erwachsene gehören. Es gibt also Gründe, Zweifel zu haben an der Forderung nach staatlicher Anerkennung für intime Verbindungen, wenn man dadurch mitwirkt an der Ausweitung staatlicher Macht in den mitmenschlichen Bereich. Doch wiegen diese Gründe schwerer als andere Gründe, die wir dafür haben mögen, durch Eingehen eines rechtmäßigen Vertrags Anerkennung und Autorisierung anzustreben? Verträge wirken auf unterschiedliche Weise – und ganz sicher funktionieren sie im amerikanischen und im französischen Kontext unterschiedlich –, um staatliche Autorität zu akkumulieren und um die Individuen, die Verträge eingehen, einer regulierenden

Kontrolle zu unterwerfen. Doch selbst wenn wir uns auf den Standpunkt stellen, dass in Frankreich Verträge als individuelle Rechtstitel aufgefasst werden und deshalb weniger an die staatliche Kontrolle angebunden sind, wird die Form der Individuierung immer noch durch die staatliche Legitimität aufrechterhalten, selbst wenn oder genau dann, wenn es so scheint, als bleibe der Staat vom vertraglichen Prozess relativ distanziert.

Staatliche Normen funktionieren in den jeweiligen nationalen Kontexten sehr unterschiedlich. In den USA sind die Normen der Anerkennung, die der Staat vorgibt, oft nicht nur unfähig, die bestehende soziale Praxis zu beschreiben oder zu regulieren, sondern sie werden zu einem Ort, an dem sich eine Phantasie der Normativität artikuliert, die gerade in dem Moment eine ideologische Darstellung von Verwandtschaft projiziert und skizziert, in dem sie eine soziale Herausforderung und Verbreitung durchmacht. Danach sieht es so aus, als ob der Appell an den Staat gleichzeitig einen Appell an eine Phantasie darstellt, die vom Staat bereits institutionalisiert ist, und zugleich ein Abschiednehmen von der existierenden sozialen Komplexität beinhaltet, in der Hoffnung, endlich »sozial kohärent« zu werden. Dies bedeutet auch, dass es eine Stelle gibt, an die wir uns wenden können – nach allgemeinem Verständnis der Staat, der uns am Ende doch noch kohärent machen wird, eine Orientierung, die uns aber auf die Phantasie der staatlichen Macht verpflichtet. Jacqueline Rose hat überzeugend dargelegt, dass dann, »wenn der Staat nur »zum Teil als etwas Bestehendes« Bedeutung hat, wenn er auf dem Glauben der Individuen beruht, dass er »existiert oder existieren sollte«, er auf unheimliche Weise Züge dessen annimmt, was die Psychoanalyse als ein »Als-ob-Phänomen« bezeichnen würde.«[18] Er versucht mit seinen Regelungen nicht nur das zu organisieren, was existiert, sondern auch das soziale Leben in bestimmter Weise imaginativ vorwegzunehmen. Die

18 Jacqueline Rose, *States of Fantasy*, S. 8 f.

Unvereinbarkeit zwischen staatlicher Auflage und dem existierenden sozialen Leben führt dazu, dass eine Lücke geschlossen werden muss, damit der Staat seine Autorität weiter ausüben kann und die Art von Kohärenz veranschaulichen kann, die er den Subjekten verleihen soll. Wie Rose uns in Erinnerung ruft: »Weil sich der Staat von dem Volk, das er repräsentieren soll, so stark entfremdet und entfernt hat, muss er sich, Engels zufolge, immer verzweifelter auf die Heiligkeit und Unantastbarkeit seiner eigenen Gesetze verlassen.«[19]

Es gibt also zwei Seiten der Medaille, und ich möchte das Dilemma nicht zugunsten der einen oder anderen lösen, sondern eine kritische Praxis entwickeln, die beide im Blick behält. Ich halte daran fest, dass Legitimität zweischneidig ist: Es ist politisch unbedingt notwendig, dass wir Intelligibilität und Anerkennung beanspruchen, und es ist politisch notwendig, dass wir ein kritisches und reformorientiertes Verhältnis zu den Normen unterhalten, die darüber bestimmen, was als intelligible und anerkennenswerte Bindung und Verwandtschaft gilt und was nicht. Letzteres würde auch ein kritisches Verhältnis zum Wunsch nach staatlicher Anerkennung als solchem einschließen. Es ist auch entscheidend, die Annahme zu hinterfragen, wonach es stets der Staat ist, der diese Normen vorgibt, und uns kritisch zu dem zu verhalten, was der Staat in diesen Zeiten geworden ist, oder im Grunde genommen, wie er zum Ort geworden ist, an dem eine Phantasie artikuliert wird, die das leugnen oder abschaffen will, was uns die heutige Zeit gebracht hat.

Wenn wir damit zur französischen Debatte zurückkehren, ist es wichtig, uns daran zu erinnern, dass die Diskussion über Gesetze zugleich eine Diskussion darüber ist, welche Formen sexueller Arrangements und welche Verwandtschaftsformen zulässig sein sollen oder für möglich erachtet werden können und wo die Grenzen des Vorstellbaren verlaufen. Für viele, die

19 Ebd., S. 10.

gegen die PACS waren oder zumindest skeptische Meinungen über sie äußerten, war mit der Veränderlichkeit der legitimen sexuellen Verbindung der Status der Kultur selbst in Frage gestellt. Einwanderung und homosexuelle Elternschaft wurden als Herausforderungen für die Fundamente einer Kultur begriffen, die sich bereits gewandelt hatte, die den vollzogenen Wandel jedoch nicht wahrhaben wollte.[20] Um dies zu verstehen, müssen wir darüber nachdenken, was der Begriff »Kultur« leistet und wie der Begriff »Kultur« im französischen Kontext in diesen Debatten beschworen wurde, um damit nicht etwa kulturell veränderliche Strukturen des menschlichen Lebens zu bezeichnen, sondern um die allgemeingültigen Bedingungen für menschliche Intelligibilität anzugeben.

Natürliches, kulturelles, staatliches Gesetz

Obwohl die französische Philosophin Agacinski keine Lacanianerin ist und wohl kaum eine Psychoanalytikerin, finden wir in ihrem Kommentar, der in der französischen Debatte sehr bekannt wurde, eine anthropologische Überzeugung, die viele Anhänger Lacans und psychoanalytisch argumentierende Intellektuelle in Frankreich und anderswo teilen.[21] Diese Überzeugung besagt, dass es die Kultur selbst erfordert, dass ein Mann und eine Frau ein Kind zeugen und dass ein Kind diesen doppelten Bezugspunkt für seine Einführung in die symbolische Ordnung braucht, wobei die symbolische Ordnung aus einer Reihe von

20 Vgl. Catherine Raissiguier, »Bodily Metaphors, Material Exclusions. The Sexual and Racial Politics of Domestic Partnerships in France«.

21 Die Lévi-Strauss'sche Position ist von Françoise Héritier noch unnachgiebiger vertreten worden. Vgl. ihre vehemente Opposition gegen die PACS und ihre Bemerkung, dass keine Gesellschaft die homosexuelle Elternschaft gestatte; Françoise Héritier, »Entretien«, S. 16. Vgl. auch dies., *Masculin/ Féminin. La pensée de la difference* und dies., *L'exercise de la parenté.*

Regeln besteht, die unseren Sinn für Realität und kulturelle Intelligibilität ordnen und stützen.

Sie schreibt, dass die gleichgeschlechtliche Elternschaft in dem Sinne sowohl unnatürlich als auch eine Bedrohung für die Kultur ist, als der Geschlechtsunterschied, der aus ihrer Sicht unwiderlegbar biologisch ist, seine Bedeutung in der kulturellen Sphäre als Grundlage für die Erzeugung von Leben erlangt. »Diese Grundlage (für die Geschlechterdifferenz) ist die Erzeugung; dies ist der Unterschied zwischen der väterlichen und der mütterlichen Rolle. Es muss das Maskuline und das Feminine geben, um Leben spenden zu können.« Dieser lebensspendenden Heterosexualität am Fundament der Kultur steht das Gespenst der homosexuellen Elternschaft gegenüber, eine Praxis, die sich nicht nur von Natur und Kultur entfernt, sondern die sich auch auf die gefährliche künstliche Herstellung des Menschlichen verlegt und als eine Form von Gewalt oder Destruktivität gedacht wird. Sie schreibt: »Es bedarf einer gewissen ›Gewaltsamkeit‹, ein Kind zu wünschen, wenn man homosexuell ist [Il faut une certaine »violence«, quand on est homosexuel, pour vouloir un enfant]. [...] Ich denke, dass es kein absolutes Recht auf ein Kind gibt, da dieses Recht eine zunehmend künstliche Erzeugung von Kindern impliziert. Im Interesse des Kindes sollte sein doppelter Ursprung nicht beseitigt werden.« Der »doppelte Ursprung« ist sein unabänderlicher Beginn mit einem Mann und einer Frau, einem Mann, der den Platz des Vaters besetzt, und einer Frau, die den Platz der Mutter besetzt. »Dieser gemischte Ursprung, der natürlich ist«, so schreibt sie, »ist auch eine kulturelle und symbolische Grundlage.«[22]

Das Argument, dass es einen Vater und eine Mutter als doppelten Bezugspunkt für die Herkunft des Kindes geben muss, beruht auf einer Reihe von Annahmen, die mit der Lévi-Strauss'schen Position in den *Elementaren Strukturen der Verwandtschaft* von

22 Agacinski, S. 23.

1949 übereinstimmen. Obwohl Agacinski keine Lévi-Straussianerin ist, lehnt sich ihre Rahmenargumentation dennoch an eine Reihe strukturalistischer Prämissen zur Kultur an, die im Kontext der gegenwärtigen Debatte wiederbelebt und erneut eingesetzt worden sind. Es geht mir weniger darum, die Sicht von Lévi-Strauss für die Begriffe der aktuellen Diskussion verantwortlich zu machen, als zu fragen, welchem Zweck die Wiederbelebung dieser Sicht im zeitgenössischen politischen Horizont dient, wenn man berücksichtigt, dass die Lévi-Strauss'schen Thesen, die in den späten vierziger Jahren bekanntwurden, innerhalb der Anthropologie im Allgemeinen als überholt gelten und von Lévi-Strauss selbst schon nicht mehr in der gleichen Form vertreten werden.[23]

Nach Lévi-Strauss ist das ödipale Drama nicht als ein Moment oder als eine Phase der Entwicklung zu deuten. Es besteht vielmehr aus einem Verbot, das am Anfang der Sprache steht und das zu allen Zeiten allen im Werden begriffenen Subjekten den Übergang von Natur zu Kultur erleichtert. Die Schranke, welche die sexuelle Vereinigung mit der Mutter verbietet, wird tatsächlich nicht erst mit der Zeit erreicht, sondern ist als eine Vorbedingung für Individuation, als eine Voraussetzung und Unterstützung von kultureller Intelligibilität, in gewisser Weise immer schon da. Ohne diese Schranke oder dieses Verbot als seine Bedingung kann kein Subjekt entstehen, und wer nicht zuerst diese grundlegende Struktur durchlaufen hat, kann keine kulturelle Intelligibilität beanspruchen. Tatsächlich ist die Mutter verboten, weil sie zum Vater gehört, und wenn dieses Verbot

23 Lévi-Strauss steuerte einen eigenen Beitrag zur Debatte bei, in dem er klarstellte, dass seine Ansichten von vor über fünfzig Jahren nicht mit seinen gegenwärtigen Positionen zusammenfallen, und in dem er die Auffassung vertrat, dass die Theorie des Tausches nicht an die Geschlechterdifferenz gebunden sei, aber immer einen formalen und spezifischen Ausdruck haben muss; Claude Lévi-Strauss, »Postface«, in: Laurent S. Barry (Hg.), *Question de parenté*.

grundlegend ist und verstanden wird, dann sind Vater und Mutter logisch notwendige Elemente des Verbotes selbst. Die Psychoanalyse wird nun erklären, dass es Vater und Mutter nicht wirklich geben muss, dass sie Positionen oder imaginäre Figuren darstellen können, die jedoch in irgendeiner Weise strukturierend eine Rolle spielen müssen. Agacinskis Argument ist in dieser Hinsicht zwar ebenfalls ambivalent, doch sie besteht darauf, dass Vater und Mutter existiert haben müssen und dass ihre Existenz von dem Kind als wesentlich für die eigene Herkunft verstanden werden müsse.

Um zu verstehen, wie dieses Verbot für eine Konzeption von Kultur grundlegend werden kann, muss man nachvollziehen, wie der freudsche Ödipuskomplex bei Lacan in eine inaugurative Struktur der Sprache und des Subjekts umgestaltet wird, etwas, was ich in diesem Rahmen nicht zeigen kann und wahrscheinlich schon viel zu oft getan habe.[24] Was ich hier hervorheben möchte, ist die Verwendung des Ödipus, um eine Konzeption von Kultur zu etablieren, die einengende Konsequenzen sowohl für Gender als auch für sexuelle Beziehungen hat und die Kultur implizit als Ganzheit entwirft, als eine Einheit, der es darum geht, sich zu reproduzieren, die ihre einzigartige Ganzheit durch die Reproduktion des Kindes erhalten will. Wenn Agacinski zum Beispiel behauptet, dass es einen Vater und eine Mutter geben muss, damit ein Kind unter nichtpsychotischen Bedingungen aufwächst, scheint sie zunächst nicht die empirische Aussage zu machen, dass ein Vater und eine Mutter in allen Phasen der Kindererziehung präsent und bekannt sein müssen. Sie meint etwas viel Idealistischeres: dass es wenigstens einen psychischen Bezug auf Mutter und Vater und einen narrativen Versuch geben muss, um den männlichen und weiblichen Elternteil wettzumachen, auch wenn der eine oder die andere nicht präsent oder bekannt ist. Doch wenn dies auch ohne die soziale Praxis der Heterosexu-

24 Siehe Judith Butler, »Competing Universalities«.

alität zu gewährleisten wäre, hätte sie keinen Grund, sich gegen die lesbische und schwule Adoption auszusprechen. So hätte es den Anschein, als ob die soziale Ordnung die symbolische Struktur stützen und aufrechterhalten würde, selbst wenn umgekehrt die symbolische Struktur die soziale Ordnung legitimiert. Nach Agacinski ist der heterosexuelle Koitus als Ursprung des Kindes zu verstehen, gleichgültig von welchem Elternteil oder Elternpaar das Kind aufgezogen wird, und diesem Ursprung wird eine symbolische Bedeutung zugeschrieben.

Diese symbolische Bedeutung des Ursprungs eines Kindes in der Heterosexualität wird für die Kultur aus folgendem Grund als wesentlich verstanden: Wenn das Kind über einen Vorgang in die Kultur eintritt, bei dem es eine symbolische Position einnimmt, und wenn diese symbolischen Positionen kraft der Ödipalisierung ausdifferenziert werden, dann wird das Kind seine kulturelle Geschlechtsidentität vermutlich dadurch erhalten, dass es sich gegenüber den elterlichen Liebesobjekten positioniert, die als offen sexuelle Objekte verboten sind. Der Junge wird zu einem Jungen in dem Maße, wie er erkennt, dass er seine Mutter nicht haben kann und dass er eine Ersatzfrau für sie finden muss; das Mädchen wird zu einem Mädchen in dem Maße, wie sie erkennt, dass sie ihre Mutter nicht haben kann, diesen Verlust durch Identifikation mit der Mutter kompensiert und dann erkennt, dass sie den Vater nicht haben kann und ein männliches Liebesobjekt an seine Stelle setzt. Diesem reichlich rigiden Schema der Ödipalisierung zufolge wird die sexuelle Identität durch die Ausbildung eines heterosexuellen Begehrens erlangt. Diese Struktur, die hier im Versuch, Agacinskis Position zu rekonstruieren, starrer dargestellt wurde, als es bei Freud selbst nachzulesen wäre – entweder in den *Drei Abhandlungen zur Sexualtheorie* oder in *Das Ich und das Es* –, wird so von ihrem Status als einer Entwicklungsphase losgelöst und zum zentralen Mittel erklärt, durch das ein individuiertes Subjekt innerhalb der Sprache zustande kommt. Ein Teil der Kultur zu werden bedeutet, den geschlechtsdifferenzierenden Mechanismus dieses Tabus durchlaufen und sowohl die normative Heterosexualität als auch eine eigenständige Geschlechtsidentität erlangt zu haben.

Es gibt nun viele Gründe, diese besondere Auslegung der Ödipalisierung als Voraussetzung für Sprache und kulturelle Intelligibilität zurückzuweisen. Es gibt viele psychoanalytische Ansätze, die eine solche Schematisierung ablehnen, verschiedene Formen der Reformulierung des Ödipalen berücksichtigen und seine Funktion zugunsten der präödipalen Phase einschränken. Außerdem wurde zwar in manchen Zweigen der strukturalen Anthropologie versucht, den Austausch von Frauen in den Rang einer Voraussetzung von Kultur überhaupt zu erheben und das Exogamiegebot mit dem Inzesttabu zu identifizieren, das im ödipalen Drama wirkt, doch mittlerweile sind andere Kulturtheorien an ihre Stelle getreten und stellen diese strukturalistische Darstellung in Frage. Das Versagen des Strukturalismus angesichts von Verwandtschaftssystemen, die mit seinem Modell nicht übereinstimmen, ist von Anthropologen wie David Schneider, Sylvia Yanagisako, Sarah Franklin, Clifford Geertz und Marilyn Strathern herausgearbeitet worden.[25] Ihre Theorien bauen auf anderen Tauschbeziehungen auf, als den vom Strukturalismus angenommenen, und sie stellen auch den universalistischen Anspruch des Strukturalismus in Frage. Familiensoziologinnen wie Judith Stacey und Carol Stack ebenso wie die Anthropologin Kath Weston haben außerdem eine Vielzahl von Verwandtschaftsbeziehungen nachgewiesen, die nach Regeln

25 Schneider, *Critique*, und *American Kinship*; Sylvia Yanagisako, *Gender and Kinship. Essays Toward a United Analysis*; Sarah Franklin und Susan McKinnon, »New Directions in Kinship Study. A Core Concept Revisited«, in: *Current Anthropology*, und Sarah Franklin und Susan McKinnon (Hg.), *Relative Values. Reconfiguring Kinship Studies*; Marilyn Strathern, *The Gender of the Gift. Problems with Women and Problems with Society in Melanesia*, und *Reproducing the Future. Anthropology, Kinship, and the New Reproductive Technologies*; Clifford Geertz, *The Interpretation of Cultures*.

funktionieren, welche sich nicht einzig und allein auf das Inzesttabu zurückführen lassen.[26]

Warum also konnte die strukturalistische Erklärung der Geschlechterdifferenz, die einen ähnlichen Status wie der Frauentausch innehat, im Kontext der gegenwärtigen Debatten in Frankreich ein »Comeback« feiern? Warum hat eine ganze Reihe von Intellektuellen, unter ihnen feministische, erklärt, dass der Geschlechtsunterschied nicht nur für die Kultur, sondern auch für deren Tradierbarkeit fundamental sei, dass die Fortpflanzung das Vorrecht der heterosexuellen Ehe bleiben müsse und dass hinsichtlich überlebensfähiger und anerkennungswürdiger Formen nichtheterosexueller Elternschaft Grenzen zu ziehen sind?

Um die Wiederkehr eines weitgehend anachronistischen Strukturalismus in diesem Kontext zu verstehen, ist es wichtig, sich klarzumachen, dass das Inzesttabu bei Lévi-Strauss nicht nur dazu dient, die exogame Zeugung von Kindern sicherzustellen, sondern durch die obligatorische Exogamie, so wie sie sich über die Zwangsheterosexualität artikuliert, die Einheit des »Clans« aufrechtzuerhalten. Die Frau von außerhalb stellt sicher, dass die Männer von hier ihresgleichen reproduzieren. Sie sichert auf diese Weise die kulturelle Identität. Der mehrdeutige »Clan« bezeichnet 1949 für Lévi-Strauss eine »primitive« Gruppe, doch im Kontext eines Europas, das sich durch offenere Grenzen und neue Einwandererwellen bedrängt sieht, erfüllt er in den Jahren 1999/2000 eine ideologische Funktion für die kulturelle Einheit der Nation. Das Inzesttabu geht so mit einem rassistischen Projekt zur Reproduktion der Kultur einher und im französischen Kontext mit einer Reproduktion der impliziten Identifikation der französischen Kultur mit Universalität. Es ist ein »Gesetz« im Dienste des »Als-ob« und sichert die Phantasie einer Nation, die schon unwiderruflich unter Belagerung steht. In diesem

26 Judith Stacey, *In the Name of the Family. Rethinking Family Values in the Postmodern Age* und *Brave New Families. Stories of Domestic Upheaval in Late 20th Century America*; Stack, *All Our Kin;* und Weston, *Families We Choose.*

Sinne schützt die Beschwörung des symbolischen Gesetzes vor einer Bedrohung, die sich über neue Muster der Immigration, gehäufte Fälle von Rassenmischung und die Aufweichung nationaler Grenzen aufgebaut hat und weiter aufbaut und die Reinheit der französischen Kultur gefährdet. Bei Lévi-Strauss, dessen frühe Theorie der Clanbildung in seinem kurzen Text *Rasse und Geschichte* noch einmal aufgegriffen wird, sehen wir in der Tat die Reproduzierbarkeit einer rassischen Identität mit der Reproduktion von Kultur in einen Zusammenhang gerückt.[27] Gibt es eine Verbindung zwischen der Darstellung der kulturellen Reproduktion im frühen Werk von Lévi-Strauss und seinen späten Überlegungen zur kulturellen Identität und zur Reproduktion der Rasse? Gibt es eine Verbindung zwischen diesen Texten, die uns helfen könnte, die kulturelle Verknüpfung zu klären, die momentan in Frankreich Ängste aufgrund der Immigration mit dem Wunsch zusammenbringt, die nichtheterosexuelle Verwandtschaft gesetzlich zu regeln? Das Inzesttabu wirkt – speziell im französischen Kontext – insofern mit dem Tabu der Rassenmischung zusammen, als die Verteidigung der Kultur, die darin besteht, gesetzlich vorzuschreiben, dass die Familie heterosexuell zu sein hat, gleichzeitig eine Erweiterung neuer Formen eines europäischen Rassismus ist.

Wir finden dieses Zusammenwirken im Ansatz schon bei Lévi-Strauss, was zum Teil erklärt, warum im Kontext der gegenwärtigen Debatte ein Wiederaufleben seiner Theorie zu beobachten ist. Wenn Lévi-Strauss die These vertritt, das Inzesttabu bilde die Basis der Kultur und schreibe Exogamie beziehungsweise eine Verheiratung außerhalb der eigenen Verwandtschaftsgruppe vor, ist »der Clan« dann unter dem Aspekt der Rasse zu deuten, oder genauer gesagt unter dem Aspekt einer rassischen Voraussetzung der Kultur, die ihre Reinheit dadurch aufrechterhält, dass sie ihre

27 Vgl. die Diskussion von Lévi-Strauss über »Ethnozentrismus« in: *Race et histoire*, S. 19-26.

Tradierbarkeit reguliert? Die Verheiratung muss außerhalb des Clans erfolgen. Es muss Exogamie geben. Aber es muss auch eine Grenze für die Exogamie geben; das heißt, die Verheiratung muss außerhalb des eigenen Clans erfolgen, jedoch nicht außerhalb eines bestimmten rassischen Selbstverständnisses oder einer rassischen Gemeinsamkeit. Das Inzesttabu schreibt also die Exogamie vor, doch das Tabu der Rassenmischung schränkt die Exogamie ein, zu der das Inzesttabu verpflichtet. In die Ecke getrieben zwischen Zwangsheterosexualität und verbotener Rassenmischung reproduziert sich etwas in der und als die Universalität selbst, das Kultur genannt wird und erfüllt ist von der Sorge um die Identität einer dominanten europäischen weißen Rasse.

In den letzten Jahren sind viele andere Ansätze entstanden, die das Modell von Lévi-Strauss in Frage stellen, und dessen merkwürdiges Wiederaufleben in der jüngsten politischen Debatte wird den Anthropologen zweifellos wie das gespenstische Auftreten eines Anachronismus vorkommen. So ist zum Beispiel die Auffassung vertreten worden, dass andere Verwandtschaftsregelungen in einer Kultur möglich sind und dass es auch andere Möglichkeiten gibt, die Ordnungsprinzipien zu erklären, für die Verwandtschaftssysteme immer wieder als Beispiele gelten. Dabei handelt es sich jedoch um interne Debatten der Verwandtschaftsforschung, die davon ausgeht, dass Verwandtschaft ihren Platz primär in einer Kultur hat, und die größtenteils annimmt, dass eine Kultur eine einheitliche und eigenständige Totalität darstellt. Pierre Clastres hat vor einigen Jahren im französischen Kontext in sehr polemischer Weise genau darauf aufmerksam gemacht, indem er die These formulierte, dass es nicht möglich sei, die Verwandtschaftsregeln so zu behandeln, als lieferten sie die Regeln der Intelligibilität für jede beliebige Gesellschaft, und dass Kultur keine freischwebende Vorstellung ist, sondern grundsätzlich von Machtbeziehungen durchdrungen gedacht werden muss, die sich nicht auf Regeln reduzieren lassen.[28] Doch wenn wir uns darüber klarwerden, dass Kulturen keine freischwebenden Entitäten oder Einheiten sind, dass der Austausch zwischen ihnen und die Formen, in denen sie sich unterscheidbar voneinander abgrenzen, ihre vorläufige Ontologie bestimmen und dass sie infolgedessen mit Macht aufgeladen sind, dann sind wir genötigt, das Problem des Austauschs insgesamt zu überdenken: Den Tausch nicht länger als Vergabe von Frauen zu sehen, der die Selbst-Identität des patrilinearen Clans voraussetzt und produziert, sondern als eine Reihe von potentiell unvorhersehbaren und umstrittenen Praktiken der Selbst-Definition, die nicht auf eine primäre und kulturbegründende Heterosexualität zu reduzieren sind. Würde man diesen Punkt weiter ausführen, müsste man David Schneiders These aufgreifen, wonach Verwandtschaft eine Form des *Tuns* darstellt, ein Tun, das keine vorgängige Struktur reflektiert, sondern nur als ausgeübte Praxis verstanden werden kann. Dies könnte, wie ich glaube, dazu beitragen, von der Vorstellung abzurücken, dass hinter jeder konkreten sozialen Übereinkunft eine hypostasierte Struktur der Beziehungen lauert, und würde uns erlauben zu berücksichtigen, wie Formen regelgeleiteten und performativen Tuns Verwandtschaftskategorien zur Anwendung bringen und zu einem Mittel werden, durch das diese Kategorien verändert oder ersetzt werden.

Die hypostasierte Heterosexualität, die manche eher symbolisch als sozial auffassen und damit als Struktur, die das Feld der Verwandtschaft selbst begründet – und soziale Übereinkünfte prägt, ganz gleich wie sie aussehen, ganz gleich wozu sie dienen –, wurde zur Grundlage der Behauptung, dass Verwandtschaft immer schon heterosexuell ist. Nach diesem Grundsatz werden diejenigen, die sich als Nichtheterosexuelle auf das bestehende Sys-

28 Vgl. Pierre Clastres *Society Against the State. Essays in Political Anthropology* und ders., *Archeology of Violence.* Zu einer Erörterung der anthropologischen Studien zur Verwandtschaft nach Lévi-Strauss siehe Carsten, Janet/ Hugh-Jones, Stephen (Hg.), *About the House. Lévi-Strauss and Beyond.*

tem der Verwandtschaft einlassen, nur dann Sinn ergeben, wenn sie die Positionen von Mutter oder Vater besetzen. Die soziale Variabilität von Verwandtschaft hat kaum einen oder gar keinen Einfluss darauf, das grundlegende, alles beherrschende symbolische Gesetz umzuschreiben. Das Postulat einer grundlegenden Heterosexualität muss auch insofern als Teil der Funktionsweise von Macht angesehen werden – und, wie ich hinzufügen möchte, der Phantasie –, als wir fragen können, wie die Berufung auf eine solche Grundlegung am Aufbau einer Phantasie von Staat und Nation beteiligt ist. Die Tauschbeziehungen, welche die Kultur als eine Serie von Transaktionen oder Übertragungen konstituieren, sind nicht nur oder nicht primär sexuell, aber wenn es um die Frage der kulturellen Überlieferung und Reproduktion geht, machen sie die Sexualität sozusagen zu ihrer Angelegenheit. Damit möchte ich nicht sagen, dass sich kulturelle Reproduktion einzig und allein oder grundlegend über das Kind vollzieht. Ich meine allerdings, dass die Figur des Kindes in der kulturellen Reproduktion einen erotisierten Ort darstellt, der implizit die Frage aufwirft, ob es eine verlässliche Überlieferung der Kultur durch heterosexuelle Fortpflanzung geben wird – nicht nur in dem Sinne, ob die Heterosexualität dem Zweck der kulturellen Tradierung gewissenhaft dienen wird, sondern ob die Kultur zum Teil als das Vorrecht der Heterosexualität definiert werden wird.

Um diesen ganzen theoretischen Apparat in Zweifel zu ziehen, sind nicht nur die grundlegenden Normen der Heterosexualität zu hinterfragen, sondern es gilt auch darüber nachzudenken, ob bei »Kultur« überhaupt von einem autarken Feld oder Gebiet gesprochen werden kann. Und obwohl ich das selbst tue und dabei ein Ringen offenbare oder demonstriere, diese Position in einem Akt öffentlichen Nachdenkens durchzuarbeiten, ist mir bewusst, dass ich einen Begriff gebrauche, der nicht länger die Rolle spielt, die er einmal spielen konnte. Er ist ein Statthalter für eine vergangene Position, den ich benutzen muss, um diese Position und ihre Grenzen klarzumachen, den ich durch diesen Gebrauch jedoch auch aufhebe. Das Verhältnis von Heterosexualität und Einheit sowie, implizit, Reinheit der Kultur ist keine funktionale Beziehung. Obwohl wir versucht sein mögen zu erklären, dass Heterosexualität die Reproduktion der Kultur gewährleistet und dass Patrilinearität die Reproduktion der Kultur in Form einer Ganzheit sicherstellt, die über die Zeiten hinweg identisch reproduzierbar ist, ist ebenso wahr, dass die Eingebildetheit der Kultur als einer sich selbst tragenden und reproduzierenden Totalität die Naturalisierung der Heterosexualität befördert und dass die strukturalistische Herangehensweise an die Geschlechterdifferenz im Ganzen gesehen diese Tendenz, Heterosexualität über die Kulturthematik abzusichern, sinnfällig macht. Könnte es eine Möglichkeit geben, aus diesem Kreislauf auszubrechen, in dem Heterosexualität monolithische Kulturen begründet und monolithische Kulturen wiederum Heterosexualität begründen und naturalisieren?

Neuere Ansätze in der Anthropologie stufen Verwandtschaft nicht mehr als die Basis von Kultur schlechthin ein, sondern betrachten sie als ein kulturelles Phänomen, das mit anderen Phänomenen kultureller, sozialer, politischer und ökonomischer Art auf komplizierte Weise verflochten ist. Die Anthropologinnen Sarah Franklin und Susan MacKinnon schreiben zum Beispiel, dass Verwandtschaft in jüngeren Studien in einen Zusammenhang gestellt wird mit »der politischen Ausgestaltung nationaler und transnationaler Identitäten, den ökonomischen Bewegungen von Arbeit und Kapital, den Kosmologien der Religionen, den Hierarchien von Rasse, Gender und biologischer Spezies sowie mit den Epistemologien von Wissenschaft, Medizin und Technik [...]«. Infolgedessen habe sich die ethnographische Erforschung von Verwandtschaft in der Weise gewandelt, dass sie nun »Themen einschließt wie Kulturen in der Diaspora, die Dynamik der globalen politischen Ökonomie oder die Veränderungen, die sich auf dem Gebiet der Biotechnologie und Biomedizin vollziehen«.[29] Im Rahmen der französischen Diskussion hat Eric Fassin erklärt, dass die Berufung auf eine »symbolische Ordnung«, in der Ehe und Filiation in notwendiger und fundamentaler Weise miteinander verknüpft werden, als Kompensation für den historischen Zerfall der Ehe als einer hegemonialen Institution zu verstehen sei – eine Entwicklung, für die es im Französischen die Bezeichnung »*démariage*« gibt.[30] In diesem Lichte erscheint der Widerstand gegen die PACS als ein Versuch, auf den Staat einzuwirken, damit er eine bestimmte Phantasie von Ehe und Nation aufrechterhält, deren Hegemonie auf der Ebene der sozialen Praxis längst unwiderruflich bedroht ist.

Ganz ähnlich verstehen Sarah Franklin und Susan MacKinnon Verwandtschaft als einen Ort, an dem bereits gewisse Verschiebungen wirken, an dem Ängste im Hinblick auf Biotechnologie und transnationale Migrationen gebündelt und verleugnet werden. Dies scheint auch bei Agacinskis Position in mindestens zwei Hinsichten der Fall zu sein: Die Angst, die sie hinsichtlich einer »Amerikanisierung« von sexuellen Beziehungen und Geschlechterverhältnissen in Frankreich verrät, zeugt von einem Wunsch, diese Beziehungen in der spezifisch französischen Organisationsform beizubehalten; und der Appell an die Universalität der symbolischen Ordnung ist natürlich eine Trope für den französischen Versuch, das eigene nationalistische Projekt mit einem universalistischen gleichzusetzen. Zudem wird durch ihre Befürchtung, dass Lesben und Schwule anfangen könnten, menschliche Wesen herzustellen, und damit die Biotechnologie der Reproduktion auf die Spitze treiben, der Schluss nahegelegt, dass diese »unnatürlichen« Praktiken zu einer umfassenden sozialtechnischen Behandlung des Humanen führen werden, womit einmal mehr die Homosexualität mit einer potentiellen

29 Sarah Franklin/Susan McKinnon, »New Directions in Kinship Study: A Core Concept Revisited«. Vgl. auch dies. (Hg.), *Relative Values. Reconfiguring Kinship Studies.*

30 Fassin, »Same Sex«.

Wiederkehr des Faschismus in Verbindung gebracht wird. Man mag sich durchaus fragen, welche technischen Kräfte in der Weltwirtschaft oder welche Konsequenzen des Human-Genom-Projekts im heutigen kulturellen Leben solche Ängste auslösen, aber es erscheint als eine Verschiebung, wenn nicht gar als Halluzination, die Ursache dieser sozialen Bedrohung, wenn es denn eine ist, bei lesbischen Frauen auszumachen, die an einem kalten Wintertag in Iowa Sperma aus Trockeneis ausgraben, weil eine von ihnen gerade den Eisprung hat.

Franklin und MacKinnon schreiben, dass Verwandtschaft »nicht länger so konzeptualisiert wird, als ob sie in einer einzigen unumstößlichen Idee von ›natürlicher Beziehung‹ begründet wäre, sondern man sieht [Verwandtschaft] als aus einer Vielzahl möglicher Stücke und Teile bewusst zusammengesetzt an«.[31] Es wäre dann wichtig, diesen Vorgang der Zusammensetzung im Lichte der These zu sehen, dass Verwandtschaft selbst eine Form des Handelns darstellt, eine Praxis, die diese Zusammenführung von Bedeutungen in dem Moment vollzieht, in dem sie stattfindet. Doch kann Verwandtschaft in einer solchen Definition noch mit Bestimmtheit von anderen Gemeinschaft und Zugehörigkeit stiftenden Praktiken geschieden werden? Verwandtschaft verliert ihre Spezifik als Gegenstand in dem Moment, in dem sie lose als eine Form von dauerhafter Beziehung charakterisiert wird. Offenkundig sind nicht alle verwandtschaftlichen Beziehungen von Dauer, doch alle Beziehungen, die als verwandtschaftliche qualifiziert sind, unterliegen einer Norm oder Konvention von einiger Dauer, und diese Norm erhält ihre Dauerhaftigkeit dadurch, dass sie immer wieder hergestellt wird. Eine Norm braucht also nicht statisch zu sein, um Bestand zu haben; tatsächlich *darf* sie nicht statisch sein, wenn sie Bestand haben soll. Es handelt sich um Beziehungen, die zur Naturalisierung neigen und durch die Unmöglichkeit, das Verhältnis von Natur und Kultur festzulegen,

31 Franklin und McKinnon, »New Directions«, S. 14.

immer wieder destabilisiert werden. Mit den Worten von Franklin und McKinnon ist Verwandtschaft überdies eine Möglichkeit, den Ursprung von Kultur zu bezeichnen. Ich möchte es so formulieren: Die Geschichte von der Verwandtschaft, wie wir sie von Lévi-Strauss erzählt bekommen, ist eine Allegorie für den Ursprung von Kultur und ein Symptom für den Prozess der Naturalisierung selbst, der sich – brillant und heimtückisch – im Namen der Kultur vollzieht. So dass, wie sich hinzufügen lässt, die Diskussionen über den Unterschied zwischen Natur und Kultur, die immer dann intensiv werden, wenn die Unterscheidungen zwischen tierisch, menschlich, maschinenhaft, hybrid und cyborghaft nicht mehr feststehen, über den Gegenstand der Verwandtschaft ausgetragen werden, denn selbst eine radikal sozialkonstruktivistische Theorie von Verwandtschaft muss sich gegen eine diskreditierte »Natur« abgrenzen und verbleibt deshalb in einem konstitutiven und definitorischen Verhältnis mit dem, was sie zu transzendieren beansprucht.

Wenn man zum Beispiel die Politik internationaler Adoptionen und die Samenspender-Befruchtung berücksichtigt, sieht man sehr gut, wie schnell »Verwandtschaft« unter dem Gesichtspunkt der globalen Ökonomie ihre Spezifik verliert. Denn neue »Familien«, deren Filiation nicht biologisch begründet ist, sind in vielem von Innovationen in der Biotechnologie oder von internationalen Handelsbeziehungen und dem Adoptionsgeschäft mit Kindern abhängig. Und nun wird die Verfügung über genetische Ressourcen diskutiert, die als ein neues Segment von Eigentumsverhältnissen aufgefasst werden, deren Rechtsstatus erst noch durch die Gesetzgebung und Gerichtsurteile zu klären ist. Doch der Zusammenbruch der symbolischen Ordnung hat fraglos auch heilsame Konsequenzen, denn Verwandtschaftsbeziehungen, die Personen aneinander binden, können durchaus nicht mehr oder weniger sein als eine Intensivierung der Zusammengehörigkeitsgefühle von Gemeinschaften, sie können auf langfristige oder ausschließlich sexuelle Beziehungen gegründet sein oder auch nicht, sie können sehr wohl aus Ex-Geliebten, Nicht-Geliebten, Freunden oder Mitgliedern einer Gemeinschaft bestehen. In diesem Sinne ließe sich sagen, dass Verwandtschaftsbeziehungen eine Grenze erreichen, an der die Unterscheidbarkeit von Verwandtschaft und Gemeinschaft in Frage gestellt wird oder die eine andere Konzeption von Freundschaft erforderlich macht. Sie stellen einen »Zusammenbruch« traditioneller Verwandtschaft dar, der nicht nur den Stellenwert von biologischen und sexuellen Beziehungen aus der Definition von Verwandtschaft verdrängt, sondern der Sexualität einen separaten Bereich neben der Verwandtschaft zuweist, der es erlaubt, dauerhafte Bindungen außerhalb des ehelichen Rahmens zu denken und Verwandtschaft für eine Reihe gemeinschaftlicher Bindungen zu öffnen, die sich nicht auf die Familie reduzieren lassen.

Psychoanalytische Narration, normativer Diskurs und Kritik

Bedauerlicherweise ist die wichtige Arbeit in der Anthropologie auf dem Gebiet, das sich als Post-Verwandtschaftsforschung bezeichnen ließe, nicht durch vergleichbar innovative Ansätze in der Psychoanalyse ergänzt worden. Letztere stützt sich noch häufig auf die Unterstellung einer heterosexuellen Verwandtschaft, um ein theoretisches Konzept für die geschlechtliche Formierung des Subjekts auszuarbeiten, obgleich es auch hier einige wichtige Arbeiten gibt wie die von Ken Corbett zum Beispiel.[32] In der Anthropologie hingegen haben mehrere Forscher nicht nur die Bedeutung und möglichen Formen von Verwandtschaft erweitert, sondern haben Zweifel angemeldet, ob Verwandtschaft immer das konstitutive Element der Kultur darstellt. Wenn wir

32 Ken Corbett, »Nontraditional Family Romance. Normative Logic, Family Reverie, and the Primal Scene«.

jedoch das psychoanalytische Postulat in Frage stellen, wonach die Ödipalisierung, rigide aufgefasst, zur Bedingung von Kultur an sich wird, wie können wir dann zur Psychoanalyse zurückfinden, wenn diese Loslösung einmal stattgefunden hat? Wenn der Ödipus nicht mehr das *sine qua non* von Kultur ist, heißt das nicht, dass es für den Ödipus keinen Platz mehr gibt. Es bedeutet lediglich, dass der Komplex, der diesen Namen trägt, eine Vielzahl kultureller Formen annehmen kann und dass er nicht mehr die Funktion einer normativen Bedingung für Kultur überhaupt erfüllen kann. Der Ödipus mag universell wirksam sein oder auch nicht, doch selbst jene, die behaupten, dass er es ist, müssten untersuchen, in welchen Formen er auftritt, und könnten nicht behaupten, dass er immer in derselben Weise auftritt. Falls er eine Universalie darstellt – und ich gestehe, dass ich diesbezüglich einen agnostischen Standpunkt vertrete –, bestätigt das keineswegs die These, dass er die Bedingung von Kultur ist. Die letztere These gibt vor zu wissen, dass er immer in der gleichen Weise funktioniert, nämlich als eine Bedingung für Kultur an sich. Doch wenn der Ödipus in einem umfassenderen Sinne als Name für die Dreiecksstruktur des Begehrens interpretiert wird, dann drängen sich folgende Fragen auf: Welche Form hat diese Triangularität? Ist Heterosexualität wirklich ihre Voraussetzung? Und was geschieht, wenn wir den Ödipus unabhängig vom Frauentausch und von der Unterstellung eines heterosexuellen Austausches verstehen?

Die Psychoanalyse muss nicht unbedingt mit der reaktionären Auffassung in Verbindung gebracht werden, dass die Kultur auf einer unangreifbaren Heterosexualität beruht. Es gibt im Grunde genommen viele Fragen, denen die Psychoanalyse nachgehen könnte, um uns die Psyche derer verstehen zu helfen, die außerhalb normativer Verwandtschaftsbeziehungen oder in irgendeiner Mischform normativer und nicht-normativer Beziehungen leben: Wie sieht die Phantasie von homosexueller Liebe aus, die ein Kind in schwul-lesbischen Familien unbewusst ausbildet, und wie denken Kinder, die aus ihren Ursprungsfamilien herausgenommen wurden oder mit Hilfe künstlicher Befruchtung oder Spendersamen auf die Welt kamen, über ihre Wurzeln? Welche kulturellen Erzählungen stehen ihnen zur Verfügung, und welche besonderen Interpretationen geben sie ihren Lebensbedingungen? Muss die Geschichte über seine oder ihre Herkunft, die das Kind erzählt und die zweifellos immer wieder neu erzählt werden wird, mit einer einzigen Geschichte darüber, wie ein Mensch entsteht, übereinstimmen? Oder werden wir entdecken, dass das Menschliche aus narrativen Strukturen hervorgeht, die sich nicht zu *einer* Geschichte zusammenziehen lassen, der Geschichte einer großgeschriebenen Kultur? In welcher Weise müssen wir unser Verständnis von dem Bedürfnis, das ein Kind nach einem narrativen Selbstverständnis haben kann, korrigieren, so dass die im Laufe der Zeit erfolgenden Umarbeitungen und Unterbrechungen solcher Erzählungen Berücksichtigung finden? Und wie wird es uns möglich zu verstehen, welche Formen der Gender-Differenzierung beim Kind stattfinden, wenn die Heterosexualität keine Unterstellung der Ödipalisierung ist?

Dies ist nicht nur eine Gelegenheit für die Psychoanalyse, ihre eigenen unkritisch akzeptierten Vorstellungen von Kultur zu überdenken, sondern auch für neue Verwandtschaftsformen und Sexualbeziehungen, ein Überdenken von Kultur an sich zu erzwingen. Wenn verpflichtende Beziehungen nicht länger auf die heterosexuelle Fortpflanzung zurückgeführt werden, wird genau die Homologie zwischen Natur und Kultur, die Philosophen wie Agacinski unterstützen, unterminiert. Nicht einmal in ihren eigenen Arbeiten sind sie statisch konzipiert, denn wenn es die symbolische Ordnung ist, die heterosexuelle Ursprünge vorschreibt, und wenn das Symbolische als das verstanden wird, was soziale Beziehungen legitimiert, warum sollte sie sich dann über vermeintlich illegitime soziale Beziehungen Sorgen machen? Sie geht davon aus, dass Letztere die Kraft haben, das Symbolische zu untergraben, und legt damit nahe, dass das Symbolische dem

Sozialen nicht vorausgeht und ihm gegenüber letztlich keine Unabhängigkeit besitzt.

Es liegt auf der Hand, dass Psychoanalytiker, wenn sie öffentlich Behauptungen über den psychotischen oder gefährlichen Status der von Schwulen oder Lesben gebildeten Familien aufstellen, die öffentliche Diskussion in einer Weise beeinflussen, der entschieden entgegengetreten werden muss. Lacanianer haben auf solche Behauptungen kein Monopol. In einem Interview mit Jacqueline Rose wiederholt die bekannte Analytikerin Hanna Segal, eine Kleinianerin, ihre Ansicht, dass »Homosexualität einen Angriff auf das elterliche Paar darstellt« sowie »einen Stillstand in der Entwicklung«. Außerdem drückt sie ihre Empörung über eine Situation aus, in der zwei Lesben einen Jungen aufziehen. Sie fügt hinzu, dass sie »die homosexuelle Struktur bei Erwachsenen für pathologisch« hält.[33] Als sie im Oktober 1998 anlässlich eines öffentlichen Vortrags gefragt wurde, ob sie es gutheißen könne, dass zwei Lesben einen Jungen erziehen, antwortete sie mit einem glatten »Nein«. Segal direkt zu antworten, wie es viele getan haben, und auf der Normalität schwul oder lesbisch geprägter Familien zu bestehen, heißt zu akzeptieren, dass sich die Debatte auf die Unterscheidung zwischen dem Normalen und dem Pathologischen stützen sollte. Ob wir uns aber um Einlass in die heiligen Hallen der Normalität bemühen oder den Diskurs umkehren und unsere »Pathologie« als den einzig

33 Hanna Segal, »Hanna Segal interviewed by Jacqueline Rose«, S. 210 f. Vgl. auch folgende Bemerkung von Segal: »Ein Analytiker, der etwas taugt, kennt Krankheit von *innen heraus*. Er denkt nicht: ›Du bist ein Perverser und ich nicht‹ – er fühlt: ›Ich kenne deinen Zustand ein bisschen, ich habe mich selbst in ihm befunden und tue es zum Teil immer noch.‹ Falls er an Gott glaubt, wird er sagen: ›Durch Gottes Gnade ist mir so etwas nicht passiert.‹ […] Es ließe sich zu Recht sagen, dass heterosexuelle Beziehungen genauso oder in noch höherem Maße pervers oder narzisstisch sein können. Doch es ist ihnen nicht inhärent. Heterosexualität kann mehr oder weniger narzisstisch, sie kann sehr gestört sein oder auch nicht. Der Homosexualität ist es inhärent« (ebd., S. 212).

»vernünftigen« Standpunkt in einer homosexuellenfeindlichen Kultur mit Beifall feiern, stets haben wir den definitorischen Rahmen nicht in Frage gestellt. Und sobald wir uns einmal auf diesen Rahmen eingelassen haben, werden wir bis zu einem gewissen Grad von seinen Bestimmungen definiert, was bedeutet, dass wir *ebenso* sehr durch diese Begriffe definiert werden, wenn wir versuchen, uns innerhalb der Grenzen der Normalität zu etablieren, wie wenn wir von der Undurchlässigkeit dieser Grenzen ausgehen und uns als ihr permanentes »Außen« einrichten. Schließlich weiß selbst Agacinski, wie sie die Behauptung nutzen kann, dass Lesben und Schwule »an sich« subversiv sind, wenn sie erklärt, dass ihnen das Recht zu heiraten *nicht* gegeben werden sollte, weil die Homosexualität per definitionem »außerhalb von Institutionen und feststehender Modelle« angesiedelt ist.[34]

Man könnte nun meinen, dass uns ein zweischneidiges Denken nur politisch lähmen wird, wir sollten aber die noch ernsteren Konsequenzen bedenken, die sich ergeben, wenn wir uns für die Einnahme eines einzigen Standpunkts in solchen Debatten entscheiden. Wenn wir die Begriffe einsetzen, die diese Diskussionen liefern, dann billigen wir den Rahmen in dem Moment, in dem wir Stellung beziehen. Und dies signalisiert eine gewisse Lähmung angesichts der Ausübung von Macht, um die Begriffe zu ändern, mit denen solche Gegenstände dem Denken zugänglich gemacht werden. Es geht tatsächlich genau dann um eine viel radikalere soziale Veränderung, wenn wir uns zum Beispiel weigern, zuzulassen, dass Verwandtschaft auf »Familie« reduziert oder das Feld der Sexualität am Maßstab der Ehe gemessen wird. Denn so selbstverständlich wie Individuen und Partnerschaften außerhalb der Ehe das Recht auf Adoption und das Recht auf Reproduktionstechnologie zugesprochen werden sollte, so würde es doch eine drastische Beschneidung einer fortschrittlichen Sexualpolitik bedeuten, wenn Ehe und Familie oder selbst Ver-

34 Agacinski, »Questions«, S. 24.

wandtschaft die alleinigen Parameter bilden dürften, in deren Bezugsfeld das sexuelle Leben gedacht wird. Dass der sexuelle Bereich durch Debatten darüber ausgeschlossen wurde, ob wir heiraten, schwanger werden oder Kinder erziehen dürfen, macht deutlich, dass jede Antwort – sowohl das »Ja« wie das »Nein« – einer übereilten Eingrenzung der Realität in die Hände arbeitet. Wenn wir beschließen, dass dies die entscheidenden Fragen sind, und wenn wir wissen, auf welcher Seite wir stehen, dann haben wir ein epistemologisches Feld akzeptiert, das von einem elementaren Verlust strukturiert wird, von einem Verlust, den wir nicht einmal mehr ausreichend benennen können, um ihn zu betrauern. Gelebte Formen der Sexualität, Verwandtschaft und Gemeinschaft, die im Rahmen dieser Normen nicht mehr denkbar sein werden, stellen den abhandengekommenen Horizont einer radikalen Sexualpolitik dar, und wir finden unseren »politischen« Weg in der Spur dessen, was nicht betrauert werden kann.

6. Sehnsucht nach Anerkennung

Jessica Benjamins versucht in ihren jüngsten Arbeiten die Möglichkeit intersubjektiver Anerkennung zu ermitteln und damit einen philosophischen Maßstab für einen therapeutischen Diskurs zu setzen. Ihr Schaffen hat sich immer schon besonders dadurch ausgezeichnet, sowohl in der kritischen Gesellschaftstheorie als auch in der klinischen Praktik verwurzelt zu sein. Hatte die Frankfurter Schule immer ein starkes theoretisches Interesse an der Psychoanalyse beibehalten und dabei Alexander und Margarete Mitscherlichs wichtige Arbeiten, unter anderem *Die Unfähigkeit zu trauern*, hervorgebracht, ist es seitdem schwer, einen derart ausgebildeten kritischen Theoretiker zu finden, der aktiv Psychoanalyse praktiziert und dessen theoretische Beiträge kritische Reflexion und klinischen Einblick auf eine mit Benjamin vergleichbare Art und Weise verbinden. Zentral für ihr philosophisches Erbe ist die Idee der Anerkennung selbst, ein Schlüsselbegriff, der von Hegel in der *Phänomenologie des Geistes* entwickelt wurde und im Werk von Jürgen Habermas und Axel Honneth neue Bedeutungen gewonnen hat.[1] In gewisser Weise stützt sich Benjamins Schaffen auf die Annahme, dass Anerkennung möglich ist und dass sie die Bedingung ist, unter der menschliche Subjekte ein psychisches Verständnis ihrer selbst und Akzeptanz erreichen können.

In fast jedem ihrer Texte finden sich mehrere Abschnitte, die ein Gefühl davon vermitteln, was Anerkennung ist. Es ist nicht die simple Darstellung eines Subjekts für ein anderes, die die Anerkennung des Subjekts, das sich selbst darstellt, durch

1 Vgl. Axel Honneth, *Kampf um Anerkennung;* Jürgen Habermas, *Theorie des kommunikativen Handelns.*

den Anderen ermöglicht. Es ist vielmehr ein Prozess, der sich einstellt, wenn das Subjekt und der Andere sich als gegenseitig reflektiert begreifen, in dem aber diese Reflexion nicht damit endet, dass der eine mit dem Anderen zusammenfällt (beispielsweise durch eine einverleibende Identifizierung) oder mit einer Projektion, die die Andersheit des Anderen auslöscht. In Benjamins Aneignung des hegelschen Begriffs der Anerkennung ist Anerkennung ein normatives Ideal, ein Streben, das die klinische Praxis leitet. Anerkennung impliziert, dass wir den Anderen als getrennt, aber psychisch in einer Weise strukturiert betrachten, die wir teilen. Von äußerster Wichtigkeit für Benjamin ist die Idee, dass Kommunikation selbst sowohl ein Vehikel als auch ein Beispiel für Anerkennung wird. Darin folgt sie in gewisser Weise Habermas. Anerkennung ist weder eine Tat, die man ausübt, noch ist sie das Ereignis, durch welches wir einander »sehen« und »gesehen« werden. Sie findet durch – vor allem, aber nicht ausschließlich – verbale Kommunikation statt, in der Subjekte durch eben die kommunikative Praxis, mit der sie beschäftigt sind, transformiert werden. Man sieht hier, wie dieses Modell einen Standard sowohl für Gesellschaftstheorie als auch für therapeutische Praxis liefert. Es gereicht Benjamin zur Ehre, dass sie eine Theorie ausgearbeitet hat, die beide Bereiche auf solch produktive Weise umfasst.

Einer der charakteristischen Beiträge ihrer Theorie besteht darin, darauf zu beharren, dass Intersubjektivität nicht in Objektbeziehungen aufgeht und dass Intersubjektivität zu Objektbeziehungen die Idee eines äußerlichen Anderen hinzufügt, die die psychische Objektkonstruktion um komplementäre Bestimmungen erweitert. Das bedeutet, dass die psychische und phantasmatische Beziehung zum Objekt – wie auch immer sie beschaffen sein mag – im Hinblick auf eine umfassendere Dynamik der Anerkennung begriffen werden muss. Die Beziehung zum Objekt ist nicht identisch mit der Beziehung zum Anderen, aber die Beziehung zum Anderen stellt einen Rahmen für das

Verständnis der Objektbeziehung bereit. Das Subjekt bildet nicht nur bestimmte psychische Objektbeziehungen aus, sondern wird selbst von und durch diese psychischen Beziehungen gebildet. Darüber hinaus sind diese verschiedenartigen Ausbildungen implizit von einem Kampf um Anerkennung strukturiert, in dem der Andere mit dem Objekt, durch das er psychisch repräsentiert wird, gleichzeitig untrennbar verknüpft und nicht untrennbar verknüpft wird. Dieser Kampf ist vom Wunsch charakterisiert, in eine kommunikative Praxis mit dem Anderen einzutreten, in der Anerkennung weder als ein Ereignis noch eine Reihe von Ereignissen, sondern als ein laufender Prozess stattfindet, der gleichzeitig auch die psychische Gefahr der Zerstörung birgt. Während Hegel »Negation« als die Gefahr bestimmt, die Anerkennung immer in sich birgt, hält Benjamin an diesen Begriff fest, um einen differenzierten Relationalität zu beschreiben: Der Andere, das bin nicht ich, und aus dieser Unterscheidung folgen bestimmte psychische Konsequenzen. Es gibt problematische Weisen, mit dem Umstand der Negation umzugehen, und diese lassen sich natürlich teilweise mit Freuds Aggressionsbegriff und Kleins Konzept der Zerstörung erklären. Laut Benjamin bilden Menschen psychische Beziehungen mit Anderen auf der Grundlage einer notwendigen Negation aus, wobei aber nicht alle diese Beziehungen destruktiv sein müssen. Während die psychische Reaktion, die diese Negation zu bewältigen und zu beseitigen trachtet, destruktiv ist, muss eben gerade jene Zerstörung im Prozess der Anerkennung aufgearbeitet werden. Weil die menschliche Psyche sowohl durch einen Allmachtswunsch als auch durch ein Kontaktbedürfnis charakterisiert ist, schwankt sie zwischen den Möglichkeiten, »sich auf das Objekt zu beziehen und den äußeren (A)nderen anzuerkennen«.[2]

Benjamin sagt uns gewissermaßen, dass gerade dieses Schwanken oder diese Spannung die menschliche Psyche grundsätzlich

2 Jessica Benjamin, »Afterword to ›Recognition and Destruction‹«.

und unausweichliche konstituiert. Und doch scheint es, als würden wir gemäß einer Norm agieren, die die Transformation von Objektbeziehungen in Anerkennungsformen fordert, wodurch unsere Beziehungen zu Objekten gleichsam unter die Beziehungen zum Anderen subsumiert werden. Soweit wir diese Transformation erfolgreich zustande bringen, scheinen wir diese Spannung im Kontext einer flexibleren Idee von kommunikativer Praxis, wie sie schon erwähnt worden ist, ins Spiel zu bringen. Benjamin besteht auf dem »inhärent problematischen und konfliktgeladenen Aufbau der Psyche«[3] und nimmt das auch nicht zurück. Es wird aber schwierig zu verstehen, welche Bedeutung Anerkennung annehmen kann und muss, wenn man den konfliktgeladenen Charakter der Psyche voraussetzt. Anerkennung ist gleichzeitig die Norm, nach der wir ausnahmslos streben, die Norm, die therapeutische Praxis leiten soll und die Idealform von Kommunikation, wenn sie zu einem transformativen Prozess wird. Anerkennung ist jedoch auch der Name für den Prozess, der ständig der Gefahr der Zerstörung ausgesetzt ist und der, wie ich vorschlagen würde, ohne eine bestimmende und konstitutive Gefahr der Zerstörung gar kein Anerkennungsprozess sein könnte. Obwohl Benjamin klar argumentiert, dass Anerkennung immer Gefahr läuft, der Zerstörung anheimzufallen, scheint es mir doch so zu sein, dass sie immer noch auf ein Anerkennungsideal setzt, in dem Zerstörung eine gelegentliche und beklagenswerte Ausnahme ist, die in der Therapiesituation aufgehoben und überwunden wird und die sich nicht als grundsätzlich konstitutiv für Anerkennung erweist.

Obwohl die Spannung zwischen Allmacht und Kontakt, wie Benjamin formuliert, für die Psyche notwendig ist, gibt es nach meinem Verständnis ihres Projekts Möglichkeiten des Ertragens und Bearbeitens dieser Spannung, die zu keiner »Spaltung« führen, sondern diese Spannung sowohl am Leben erhalten als

3 Jessica Benjamin, *Der Schatten des Anderen. Intersubjektivität, Gender, Psychoanalyse.*

auch produktiv werden lassen. Ihrer Ansicht nach müssen wir darauf vorbereitet sein, Formen der Spaltung zu überwinden, die zwei verschiedene Formen der Verleugnen nach sich ziehen kann: Entweder setzen wir das Objekt herab, um uns selbst zu stützen, oder aber wir projizieren unsere eigenen Aggressionen auf das Objekt, um die psychisch unlebbaren Konsequenzen zu vermeiden, die sich ergeben, wenn wir diese Aggression als unserer eigene anerkennen. Aggression bildet einen Bruch im Anerkennungsprozess, und wir sollten solche, um ihre Formulierung aufzunehmen, »Zusammenbrüche« erwarten. Dabei wird die eigentliche Aufgabe sein, ihnen entgegenzuwirken und nach dem Triumph der Anerkennung über die Aggression zu streben. Noch in dieser hoffnungsvollen Formulierung bekommen wir jedoch den Eindruck, dass Anerkennung etwas anderes als Aggression ist; dass Anerkennung zumindest ohne Aggression auskommen kann. Das bedeutet, dass sich die Beziehung zum Anderen zeitweise in eine Objektbeziehung zurückverwandeln kann, dass die Beziehung zum Anderen aber wiederhergestellt werden kann und muss. Es bedeutet auch, dass Verkennung gelegentlich eintritt, nicht aber, wie Lacan dargelegt hat, ein konstitutiver und unhintergehbarer Charakterzug psychischer Realität ist und dass Anerkennung schließlich – als frei von Verkennung konzipiert – nicht nur triumphieren sollte, sondern auch kann.

Ich hoffe im Folgenden einige der Konsequenzen aufzuzeigen, die meiner Ansicht nach diese Auffassung und ihre einzelnen Elemente haben. Denn falls es möglich ist, dass sich Destruktivität tatsächlich in Anerkennung verwandelt, dann folgt daraus, dass Anerkennung Destruktivität hinter sich lassen kann. Stimmt das? Ist ferner das Verhältnis, das in der Anerkennung unterstellt wird, ein dyadisches Verhältnis, wenn man die Bedingung akzeptiert, dass der Anerkennungsprozess nun »ein Drittes« darstellt, das auf dem Ausschluss von anderen Formen der Triangulation beruht? Und gibt es eine Möglichkeit, Triangulation jenseits der Ödipalisierung zu denken? Hilft uns darüber hinaus das dyadische Anerkennungsmodell die besonderen Konvergenzen von heterosexuellem, bisexuellem und schwulem Begehren zu verstehen, die das Begehren ausnahmslos auf ein Jenseits der Dyade verweisen, in der es nur augenscheinlich auftaucht? Wollen wir in der Gender-Komplementarität verhaftet bleiben, wenn wir beispielsweise die besondere Wechselwirkung von Gender und Begehren im Fall von Transgender verstehen wollen? Ich werde schließlich zu Hegel zurückkehren und beobachten, wie er eine andere Version des Selbst als die von Benjamin hervorgehobene anbietet, um zu verstehen, ob eine bestimmte Teilung im Subjekt der Anlass und der Anstoß für ein anderes Modell der Anerkennung werden kann.

Von der Komplementarität zur postödipalen Triangulation

Im Laufe der Zeit hat sich der Schwerpunkt von Benjamins Arbeiten von einer Komplementarität, die eine dyadische Beziehung voraussetzt, zu einer Komplementarität hin verlagert, die einer triadischen Beziehung Rechnung trägt. Was ist das dritte Moment, in Verhältnis zu dem die Dyade konstituiert wird? Wie man nach ihren früheren Arbeiten erwarten kann, wird sich die Triade nicht auf die Ödipalisierung reduzieren lassen. Die Dyade wird nicht einfach stillschweigend und endgültig durch den Bezug auf ein Drittes strukturiert sein: das tabuisierte elterliche Objekt der Liebe. Laut Benjamin entsteht das Dritte tatsächlich anders, auf eine Art und Weise, die den Akzent nicht auf das Verbot und seine Folgen setzt, sondern auf »beide Partner in einem Erregungsmuster«. Dieses Muster ist das Dritte, und es ist »mitgeschaffen«: »außerhalb der mentalen Kontrolle beider Partner finden wir einen Ort der Vermittlung, die Musik des Dritten, auf die sich beide einstimmen«.[4] Tatsächlich bildet das Dritte

4 Benjamin, »›How was It for You?‹ How Intersubjective is Sex?«, S. 28.

für Benjamin ein Transzendenzideal, einen Bezugspunkt für gegenseitiges Begehren, das sich der Repräsentation entzieht. Das Dritte, das ist nicht der konkrete Andere, der um das Begehren wirbt, sondern der oder das Andere des Anderen, der oder das ein Verhältnis des Begehrens in Anspruch nimmt, motiviert und überschreitet und es gleichzeitig grundlegend konstituiert.

In *Der Schatten des Anderen* grenzt Benjamin ihre Position sorgfältig von derjenigen Drucilla Cornells oder jeglicher anderen Position ab, die von Levinas' Idee inspiriert ist, dass der Andere transzendent oder unbeschreiblich ist (S. 114). In ihren jüngsten Schriften erkennt sie jedoch diesen Anderen als dem psychischen Objekt äußerlich an, nähert sich der Levinas'schen Auffassung an und führt uns derart vielleicht die weitreichenden Möglichkeiten einer Kritikerin vor, die sich mit zuvor zurückgewiesenen Möglichkeiten identifiziert.

Dies ist eine glückliche Weise, sich der triadischen Beziehung zu nähern, und ich werde hier durchaus zugeben, dass ich nicht sicher bin, ob es letztendlich eine glaubhafte oder überhaupt wünschenswerte ist. Unbestreitbar eindrucksvoll ist sie jedoch als ein Vertrauensbeweis für Beziehungen – insbesondere für die therapeutische Beziehung. Gegen einen Vertrauensbeweis lassen sich allerdings schwierig »Argumente« ins Feld führen. Im Folgenden hoffe ich deshalb weniger, diesem Musterbeispiel an Beglückung entgegenzutreten, als einige Erwiderungen aus den Reihen der Ambivalenz anzubieten, in denen einige von uns weiterhin zu Hause sind. Weiterhin denke ich, dass vielleicht einige weniger überschwängliche Überlegungen zur Triangulation und zur triadischen Beziehung möglich sind, die uns ebenfalls nicht ins Gefängnis des Ödipus und dessen heterosexistischen Implikationen in Bezug auf Gender zurückwerfen. Schließlich möchte ich vorschlagen, dass die Annahme einer triadischen Struktur im Denken über das Begehren auch Auswirkungen auf die Konzeptualisierung von Gender jenseits der Komplementarität hat und die Möglichkeit bietet, die heterosexistische Befangenheit zu vermindern, die die Doktrin der Komplementarität mit sich bringt.

Ich bin kein großer Fan des Phallus und habe meine Ansichten zu diesem Thema schon an anderer Stelle veröffentlicht,[5] also schlage ich keine Rückkehr zu einer Idee vom Phallus als dem dritten Moment in jedem beliebigen Begehrensverhältnis vor. Ich akzeptiere auch die Sichtweise nicht, die den Phallus als das primäre und ursprüngliche Moment des Begehrens postuliert, so dass sich alles Begehren entweder durch Identifikation oder durch mimetische Widerspiegelung des väterlichen Signifikanten ausbreitet. Mir ist klar, dass progressive Lacanianer selbstverständlich zwischen dem Phallus und dem Penis unterscheiden und behaupten, dass das »Väterliche« nur eine Metapher ist. Was damit nicht erklärt wird, ist die Art und Weise, wie gerade diese Unterscheidung, die angeblich den »Phallus« und das »Väterliche« zum sicheren Gebrauch freigibt, sich weiterhin gerade auf die Korrespondenz Penis/Phallus und väterlich/mütterlich verlässt und die Übereinstimmung wieder einsetzt, die diese Unterscheidungen angeblich hinter sich gelassen haben. Ich glaube bis zu einem gewissen Grad an die Kraft subversiver Resignifikation und spende Versuchen Beifall, den Phallus zu disseminieren und beispielsweise lesbische Väter [*dyke dads*] oder Ähnliches zu fördern. Es wäre meiner Ansicht nach allerdings ein Fehler, entweder den Penis oder Vaterschaft als die Termini zu privilegieren, die in größtem Umfang und am radikalsten resignifiziert werden müssen. Warum diese und nicht irgendwelche anderen? Nach diesen »anderen« Termini soll hier natürlich gefragt werden, und Benjamin hat uns geholfen, uns theoretisch eine psychische Landschaft vorzustellen, in der der Phallus die Kreisläufe psychischer Effekte nicht kontrolliert. Aber sind wir schon gerüstet, das Problem der Triangulation neu zu überden-

5 Judith Butler, »Der lesbische Phallus und das morphologische Imaginäre«, in: dies., *Körper von Gewicht*, S. 89-133.

ken, wenn wir nur die Gefahren einer phallischen Reduktion begriffen haben?

Die Wende zum Präödipalen hatte natürlich den Sinn, das Begehren im Bezug auf das Mütterliche zu überdenken, aber eine solche Wende lässt uns unbeabsichtigt an der Auferstehung der Dyade teilnehmen: nicht der Phallus, aber das Mütterliche, da die zwei vorhandenen Optionen ja »Papa« und »Mama« sind. Aber gibt es nicht auch andere Beschreibungsmöglichkeiten, die das, was sich auf der Begehrensebene und eben auch auf der Ebene von Gender und Verwandtschaft abspielt, verkomplizieren könnten? Benjamin wirft ganz eindeutig ebendiese Fragen auf, und ihre Kritik am Beharren feministischer Lacanianer auf dem Vorrang des Phallus ist zu großen Teilen sowohl eine Kritik an dessen angenommener Heterosexualität als auch eine Kritik an der zweiwertigen Logik, mit der Gender konzipiert wird. Benjamins Gebrauch des Begriffs der allumfassenden Position [*overinclusivity*] impliziert, dass es eine postödipale Heilung von allumfassenden Identifikationen geben könnte und sollte, die für die präödipale Phase charakteristisch sind, in der Identifikationen mit dem einen Gender noch nicht die Ablehnung eines anderen zu Folge haben müssen.[6] Benjamin ist in diesem Zusammenhang darauf bedacht, mehrere gleichzeitig existierende Identifikationen zu berücksichtigen und sogar die Idee, dass wir mit solchen offenbar inkonsistenten Identifikationen in einem Zustand kreativer Spannung leben können, als Ideal therapeutischer Praxis zu empfehlen. Sie zeigt auch, wie der ödipale Rahmen das scheinbare Paradox eines femininen Mannes, der eine Frau liebt, oder eines maskulinen Mannes, der einen Mann liebt, nicht erklären kann. Insoweit angenommen wird, dass Gender-Identifikationen immer auf Kosten des Begehrens vorgenommen werden, gilt möglicherweise, dass sich kohärente Gender unweigerlich mit heterosexuellen Orientierungen decken.

6 Siehe Jessica Benjamin, *Phantasie und Geschlecht. Psychoanalytische Studien über Idealisierung, Anerkennung und Differenz.*

Ich sympathisiere sehr mit diesen Argumentationsschritten, insbesondere wie sie im zweiten Kapitel von *Im Schatten des Anderen*, »Konstruktionen mit ungesichertem Inhalt«, vollzogen werden. Obwohl ich weiterhin einige Fragen zur Doktrin der »allumfassenden Position« habe – wiewohl mir deren Konsequenzen gefallen – glaube ich, dass Benjamin in diesem Buch an einer nichtheterosexistischen Psychoanalyse arbeitet (S. 64 ff.). Allerdings glaube ich auch, dass (a) Triangulation möglicherweise gewinnbringend jenseits der Ödipalisierung oder tatsächlich als Teil der postödipalen Ablösung des Ödipalen überhaupt überdacht werden kann; dass (b) bestimmte Annahmen zum Primat des Gender-Dimorphismus den Radikalismus von Benjamins Kritik beschränken; und dass (c) das Modell der allumfassenden Position nicht gänzlich, wie Benjamin behauptet, die Bedingung für die Anerkennung von Unterschieden werden kann, weil es sich der Idee eines Selbst widersetzt, das ek-statisch[7] mit dem Anderen verknüpft und durch seine Identifikationen, die den fraglichen Anderen weder ein- noch ausschließen, dezentriert ist.

Bedenken wir zunächst die Möglichkeiten der postödipalen Triangulation. Ich schlage vor, als Ausgangspunkt die lacansche Formulierung zu nehmen, die darauf hinweist, dass Begehren nie nur eine dyadische Struktur aufweist. Ich möchte nicht nur sehen, ob diese Formulierung jenseits jeglichen Bezugs auf den Phallus gelesen werden kann, sondern auch, ob sie in Richtungen führen kann, die über das lacansche Feld hinaus reichen können. Wenn Jean Hyppolite in seinem Kommentar zu Hegels *Phänomenologie des Geistes* die Idee eines »Begehrens des Begehrens« einbringt, will er damit nicht nur andeuten, dass das Begehren seine eigene Erneuerung anstrebt (eine spinozistische Behauptung), sondern auch, dass es das Objekt des Begehrens für den

7 Ich führe die etymologische Fassung von Ekstase als *Ek-Stase* an, um mit Heidegger deren ursprüngliche Bedeutung kenntlich zu machen, die ein Außer-sich-selbst-Stehen impliziert.

Anderen zu sein sucht.[8] Wenn Lacan diese Formulierung von Hyppolite abändert, fügt er den Genitiv ein, um eine Mehrdeutigkeit zu schaffen: »Das Begehren [des Menschen] ist das Begehren *des* Anderen« (meine Hervorhebung, J.B.).[9] Was begehrt das Begehren? Es begehrt sich offensichtlich immer noch selbst; ja, es bleibt unklar, ob das begehrende Begehren ein anderes ist als das begehrte Begehren. Sie sind wenigstens homonym miteinander verknüpft, aber das bedeutet, dass sich Begehren selbst verdoppelt; es strebt seine eigene Erneuerung an, aber um seine eigene Erneuerung zu erreichen, muss es sich reduplizieren und so etwas anderes werden, als es gewesen ist. Es bleibt nicht ein einzelnes Begehren, sondern wird sich selbst ein anderes, indem es eine Gestalt außerhalb seiner selbst annimmt. Darüber hinaus will das Begehren den Anderen, wobei der Andere als verallgemeinertes Objekt verstanden wird. Begehren will auch das Begehren des Anderen, sofern man den Anderen als ein Subjekt des Begehrens begreift. Diese letzte Formulierung gebraucht die Grammatik des Genitivs und deutet an, dass das Begehren des Anderen die Vorlage für das Begehren des Subjekts wird.[10] Ich will nicht, dass mich der Andere will, sondern ich will sofern ich das Begehren des Anderen angenommen habe und mein Begehren nach dem Vorbild des Begehrens des Anderen gestaltet habe. Dies ist natürlich nur eine Perspektive aus einem ganzen Kaleidoskop möglicher Perspektiven. Es gibt in der Tat andere Lesarten dieser Formulierung, einschließlich einer ödipalen: Ich begehre, was der Andere begehrt (ein drittes Objekt), aber dieses Objekt gehört dem Anderen und nicht mir; dieser durch ein Verbot eingesetzte Mangel ist der Grund meines Begehrens. Eine

8 Jean Hyppolite, *Genèse et structure de la Phénomenologie de l'esprit de Hegel*, S. 151-171.

9 Jacques Lacan, *Schriften 1*, S. 220.

10 Für einer Kritik und Radikalisierung der lacanschen Formulierung dieser Darstellung mimetischer Wunschbildung siehe Mikkel Borch-Jacobson, *The Freudian Subject*.

andere ödipale Lesart ist die folgende: Ich will, dass der Andere mich eher will als das sanktionierte Objekt seines Begehrens; ich will nicht länger das verbotene Objekt des Begehrens sein. Die Umkehrung der letzten Formulierung ist: Ich möchte frei dazu sein, denjenigen zu begehren, der für mich verboten ist, und dem Anderen damit den Anderen wegnehmen und in diesem Sinne das Begehren des Anderen *besitzen*.

Lacans Art, diese Position zu formulieren, leitet sich natürlich zum Teil von Lévi-Strauss' Theorie des Frauentauschs her. Männliche Stammesangehörige tauschen Frauen, um eine symbolische Beziehung mit anderen männlichen Stammesangehörigen einzurichten. Frauen werden genau deshalb »gewollt«, weil sie vom Anderen gewollt werden. Ihr Wert wird also als ein Tauschwert festgesetzt, obwohl dieser sich nicht im marxschen Verständnis dieses Begriffs erschöpft. Die Vertreterin der Queer theory Eve Sedgwick hat in *Between Men* die Frage gestellt, wer in einem solchen Szenario denn tatsächlich wen begehrt. Ihr Argument erschöpfte sich im Hinweis darauf, dass sich das, was zunächst als ein Begehrensverhältnis eines Mannes zu einer Frau erscheint, unversehens als eine homosoziale Bindung [*homosocial bond*] zwischen zwei Männern entpuppt. Dieses Argument läuft nicht auf die Behauptung hinaus, dass – ganz im Sinne der Freunde des »Phallus« – die homosoziale Bindung auf Kosten des Heterosexuellen geht, sondern dass das Homosoziale (im Gegensatz zum Homosexuellen) gerade durch das Heterosexuelle artikuliert wird. Dieses Argument hat weitreichende Konsequenzen für unsere Überlegungen zur Heterosexualität und Homosexualität als auch zur symbolischen Natur der homosozialen Bindung (und folglich auch dem lacanschen Symbolischen im Ganzen). Es geht nicht darum, dass der Phallus von jemandem besessen wird und nicht einem anderen, sondern dass er in einem heterosexuellen und einem homosexuellen Kreislauf gleichzeitig zirkuliert und so die Identifikationspositionen für jeden »Akteur« auf der Bühne durcheinanderbringt. Der Mann, der die Frau einem anderen Mann zu schicken versucht, schickt auch einen Teil seiner selbst, und der Mann, der sie empfängt, empfängt ebenso ihn. Sie zirkuliert; aber wird sie letztendlich gewollt, oder dient sie nur als Beispiel für einen Wert, indem sie der Stellvertreter für das Begehren beider Männer wird, der Ort, an dem sich diese Begehren treffen und dieses Treffen misslingt, ein Ort, an dem diese potentiell homosexuelle Begegnung weitergeleitet, aufgeschoben und kontrolliert wird?

Ich werfe dieses Problem auf, weil mir scheint, dass es nicht möglich ist, die tiefsitzenden und vielleicht unvermeidlichen Arten und Weisen zu studieren, auf die Heterosexualität und Homosexualität sich gegenseitig definieren. Inwiefern ist beispielsweise heterosexuelle Eifersucht oft mit der Unfähigkeit verbunden, gleichgeschlechtliches Begehren einzugestehen?[11] Die Geliebte eines Mannes will einen anderen Mann, sie »besitzt« ihn sogar, was der erste Mann zu seinen Ungunsten verbucht. Welchen Preis muss dieser erste Mann zahlen? Wenn er in diesem Szenario das Begehren des Anderen begehrt, ist es (und stellen wir uns das ruhig vor) das Begehren seiner Geliebten? Oder ist es (und wir können uns auch das vorstellen) das Vorrecht, dass seine Geliebte einen anderen *Mann* als ihren Geliebten nehmen muss? Wenn er ihr wegen ihrer Untreue zürnt, ist der Grund seiner Wut, dass sie sich weigert, ein Opfer zu bringen, das er selbst schon gebracht hat? Und obwohl eine solche Lesart vielleicht impliziert, dass er sich in diesem Szenario mit ihr identifiziert, bleibt unklar, wie er das tut oder ob diese Identifikation letztendlich »weiblich« ist. Möglicherweise wünscht er sich ihre imaginierte Position in dieser Szene, aber wie stellt er sich ihre Position eigentlich vor? Man kann nicht voraussetzen, dass er ihre Position als »feminin« interpretiert, selbst wenn er sich vorstellt, dass sie auf den anderen Mann empfänglich rea-

11 Zu Eifersucht und der Verschiebung homosexuellen Begehrens siehe Sigmund Freud, »Über einige neurotische Mechanismen bei Eifersucht, Paranoia und Homosexualität«.

giert. Wenn es seine eigene Empfänglichkeit ist, die er hier ins Zentrum seiner eigenen Eifersuchtsphantasie verlagert entdeckt, ist es vielleicht angemessener zu behaupten, dass er sie sich in einer Position passiver männlicher Homosexualität vorstellt. Kann man letztlich in einem solchen Fall überhaupt zwischen einer heterosexuellen und einer homosexuellen Leidenschaft unterscheiden? Er hat sie schließlich verloren und das versetzt ihn in Wut, und sie hat ein Ziel erreicht, das er nicht erreichen kann oder will, und das versetzt ihn in Wut.

Benjamins Insistenz, dass wir Begehren und Identifikation nicht als sich gegenseitig ausschließend begreifen müssen, räumt diesen gleichzeitigen Leidenschaften deutlich mehr Platz ein. Aber eröffnet sie uns eine Möglichkeit zu beschreiben, wie Heterosexualität ein Ort für homosexuelle Leidenschaft wird oder wie Homosexualität ein Kanal für heterosexuelle Leidenschaft wird? Wenn sie Gender übergestülpt wird, scheint die dyadische Struktur eine Gender-Komplementarität anzunehmen, die gerade die Verbissenheit nicht sehen kann, mit der die »dyadische« Beziehung zu Beruhigungszwecken ausschließlich auf jene zwei beschränkt wird. Mit Benjamin zu behaupten, dass das Dritte in Form des intersubjektiven Prozesses selbst, als das »Überlebende« der Zerstörung – als einer eher lebbaren und kreativen »Negation« – hinzukommt, bedeutet schon, das Szenario per definitionem freudvoller darzustellen, als es ist. Sie lässt uns natürlich wissen, dass jede Beziehung von der Gefahr der Einverleibung und der Zerstörung bedroht ist, aber diese müssen verarbeitet werden, um die Möglichkeit einer Anerkennung zu schaffen, in der die »zwei« Selbste in Beziehung aufeinander kraft ihrer dynamischen Beziehung zueinander transformiert werden.

Was aber sollen sie mit dem anderen Dritten machen? Man beachte, dass in der Queer theory die Neubeschreibung des »Frauentauschs« nicht zum Beharren des lacanianischen Feminismus auf dem Vorrang des Phallus zurückkehrt. Man will das Begehren des Anderen nicht, weil dieses Begehren die eigene Position des Phallus-Habens mimetisch widerspiegelt. Noch will man, was andere Männer wollen, um sich noch vollständiger als ein Mann zu identifizieren. Tatsächlich vermehren sich zu Beginn der Triangulation, in der Heterosexualität in Homosexualität verwandelt wird, die Identifikationen mit genau der Komplexität, die der übliche lacanianische Standpunkt entweder verwirft oder als pathologisch beschreibt. Wo Begehren und Identifikation vor dem unausweichlichen Hintergrund einer (angeblich heterosexuellen) sexuellen Differenz als sich gegenseitig ausschließende Möglichkeiten gegeneinander ausgespielt werden, kann man von den Akteuren in der von mir beschriebenen Szene nur annehmen, dass sie ihre Positionen erfolglos im Krieg gegen ein Symbolisches, das im Voraus Vorkehrungen für ihre Niederlage getroffen hat, einnehmen wollen. Deshalb versucht der Mann, die sexuelle Differenz »zurückzuweisen«, indem er sich selbst in die Position der Geliebten mit einem anderen Mann hineinversetzt. Auf diese Weise findet innerhalb des abgekarteten Dramas der sexuellen Differenz noch einmal die moralisierende Degradierung des Begehrens zur Pathologie statt. Meiner Ansicht nach stimmt Benjamin mit mir überein, dass ein solcher Ansatz unhaltbar ist.

Aber worin genau unterscheiden wir uns? Erstens kann, wie ich oben vorgeschlagen habe, die Beziehung nicht unabhängig von ihrem Bezug auf das Dritte verstanden werden, und dieses Dritte kann leicht als der »Prozess« der Beziehung selbst beschrieben werden. Damit will ich weder nahelegen, dass das Dritte aus der Dyade »ausgeschlossen« ist noch dass die Dyade das Dritte ausschließen muss, damit sie sich überhaupt etablieren kann. Das Dritte ist gleichzeitig als konstituierende Leidenschaft innerhalb der Beziehung und »außerhalb« derselben als das teilweise unrealisierte und verbotene Objekt der Begierde.

Verkomplizieren wir das Szenario noch einmal, indem wir es vom Standpunkt der Frau aus überdenken. Stellen wir uns vor, dass sie bisexuell ist und versucht hat, eine Beziehung mit

»Mann Nummer 1« zu haben und dabei zeitweise ihre Begehren für andere Frauen auf Eis zu legen, die ganz oft Begehren sind, der passive Part [*bottom*] zu sein. Aber statt eine Frau als die »Dritte« zu finden, findet sie einen Mann (Mann Nummer 2) und wird »aktiv« [*»tops him«*]. Sagen wir um des Arguments willen, dass Mann Nummer 1 eher sterben würde, als sich von seiner Freundin »penetrieren« zu lassen [*be »topped«*], da ihn das queer machen würde. Er weiß also, dass sie einen anderen Mann penetriert, ihn möglicherweise sogar anal penetriert, und ist aus mehreren Gründen wütend. Was aber sucht sie? Wenn sie bisexuell ist, ist sie eine Bisexuelle, die »es« zufällig im Moment mit einigen Männern »hat« [*doing*]. Aber vielleicht inszeniert sie auch nur ein Schauspiel, in dem ein Eifersuchtsanfall die Beziehung in Gefahr bringt. Vielleicht tut sie dies, um mit der Beziehung zu brechen, um frei zu sein, »keine der vorgenannten« Alternativen zu verfolgen. Wäre es möglich, ihre Verstärkung heterosexueller Aktivitäten zu diesem Zeitpunkt als eine Weise zu interpretieren, (a) die Eifersucht ihres ersten Geliebten sichtbar zu machen und ihn zu größerer Besitzgier anzureizen; (b) ihren zweiten Geliebten zu penetrieren und damit das Begehren zu befriedigen, dass für sie mit ihrem ersten Geliebten tabu war; und (c) die beiden Männer gegeneinander auszuspielen, um Raum für die Möglichkeit einer lesbischen Beziehung zu schaffen, in der sie überhaupt nicht den aktiven Part übernimmt; und (d) ihre Heterosexualität zu intensivieren, um die psychischen Gefahren im Zaum zu halten, die sie damit verbindet, eine passive Lesbe zu sein? Man beachte, dass der eine Wunsch nicht unbedingt das Mittel zum Zweck eines anderen ist, so dass wir möglicherweise sagen könnten, welches der echte und authentische und welcher einfach eine Täuschung oder eine Ablenkung ist. Vielleicht kann diese besondere Person gar kein »wirklichen« Wunsch entdecken, der an die Stelle der durchlebten Abfolge tritt, und was »wirklich« ist, ist die Abfolge selbst. Aber die Affäre mit Mann Nummer 2 kann auch indirekt der Ort für das Zusammentreffen dieser Leidenschaften werden, ihrer momentanen Konstellation, und um sie zu verstehen, muss man vielleicht deren gleichzeitige und dissonante Wahrheitsansprüche zum Teil akzeptieren. Sicherlich ist das Muster, nach dem ein Mann und eine Frau, die in einer heterosexuellen Beziehung sind, freundschaftlich auseinandergehen, um ihre homosexuellen Begehren auszuleben, in urbanen Zentren nicht ungewöhnlich. Ich behaupte nicht, zu wissen, was in diesem Fall passiert oder was passiert, wenn ein schwuler Mann und eine Lesbe, die miteinander befreundet wird, miteinander zu schlafen beginnen. Aber die Annahme scheint gerechtfertigt, dass eine bestimmte Kreuzung [*crossing*] von homosexuellen und heterosexuellen Leidenschaften dergestalt stattfindet, dass diese Leidenschaften nicht zwei unterschiedliche Stränge einer Kette sind, sondern gleichzeitig füreinander Vehikel.

Das wird meines Erachtens am deutlichsten in Diskussionen über Transgender. Es wird schwierige zu bestimmen, ob die Sexualität einer Transgender-Person homosexuell oder heterosexuell ist. Der Begriff »queer« wurde häufig gebraucht, um solche Momente produktiver Unentscheidbarkeit anzusprechen, aber wir haben noch keinen psychoanalytischen Versuch beobachten können, diesen kulturellen Formationen, für die bestimmte schwankende Auffassungen von sexuellen Orientierungen konstitutiv sind, Rechnung zu tragen. Das wird am deutlichsten, wenn wir über Transsexuelle nachdenken, die sich gerade in einem Übergang befinden, in dem Identität im Prozess ist, erreicht zu werden, aber noch nicht da ist. Oder am eindrücklichsten für diejenigen Transsexuellen, die den Übergang als einen permanenten Prozess verstehen. Wenn wir in diesen Fällen nicht eindeutig auf Gender verweisen können, haben wir dann einen Bezugspunkt, um Behauptungen über Sexualität aufstellen zu können? Im Fall von Transgender, in dem Transsexualität gar nicht auftaucht, gibt es viele Arten der Kreuzung, die nicht als feste Errungenschaften verstanden werden können und in denen das Gender crossing selbst zu einem Teil die Möglichkeit der Erotisierung eröffnet. Im Film *Boys Don't Cry*[12] scheint Transgender sowohl die Identifikation mit einem Jungen als auch der Wunsch nach einem Mädchen zu sein, womit es sich um ein Crossing over handelt, einen Übergang vom Mädchen zum heterosexuellen Jungen. Brandon Teena identifiziert sich als ein heterosexueller Junge, aber wir beobachten auch mehrere Momente der Deidentifikation, in denen die Phantasie zusammenbricht und ein Tampon gefunden, gebraucht und dann spurlos entsorgt werden muss. Seine Identifikation beginnt somit neu, muss täglich neu als eine glaubwürdige Phantasie – eine Phantasie, die den Glauben an sie geradezu erzwingt – neu instrumentiert werden. Die Geliebte scheint nichts zu wissen, aber es handelt sich um das Nichtwissen des Fetischismus, einer unsicheren Grundlage für Erotisierung. Es bleibt unklar, ob die Freundin nichts weiß, auch wenn sie das behauptet, und es bleibt unklar, ob sie etwas weiß, selbst wenn sie dies behauptet. Tatsächlich ist es einer der ergreifendsten Momente des Films, wenn die Freundin – im Vollbesitz des Wissens – die Phantasie wiederaufrichtet. Und einer der zerbrechlichsten Momente des Films hat statt, wenn die Freundin – im Vollbesitz des Wissens – nicht länger in der Lage zu sein scheint, die Phantasie voll und ganz zu teilen. Die Leugnung ermöglicht nicht nur die Phantasie, sie bekräftigt sie, und sie bekräftigt sie gelegentlich bis zu einem Punkt, an dem sie sogar ein Geständnis überleben kann.

Ebenso wäre es nicht möglich zu sagen, dass Brandons Körper gar nicht auf dem Bildschirm auftaucht und dass dieser Ausschluss die Phantasie ermöglicht, weil er ja eben ins Blickfeld gerät, aber nur unter den Bedingungen, die die Phantasie stellt. Es handelt sich nicht um ein einfaches »Leugnen« der Anatomie, sondern um einen erotischen Einsatz des Körpers, sein Verbergen, seine prothetische Erweiterung für die Zwecke einer reziproken erotischen Phantasie. Es gibt Lippen und Hände und Augen, die

12 *Boys Don't Cry* (1999), Twentieth Century Fox, Regie: Kimberly Peirce.

Kraft von Brandons Körper auf und in Lana, seiner/ihrer Freundin, Arme, Gewicht und Druck. Deshalb ist es schwerlich ein einfaches Bild von »Entkörperung«, und auch schwerlich »traurig«. Wenn er/sie das Begehren seiner/ihrer Freundin begehrt, was genau will er/sie? Brandon besetzt den Ort des Subjekts des Begehrens, aber er/sie dreht sich nicht im Licht auf seinen/ihren Rücken und bittet sein/ihr Mädchen, seinen/ihren Dildo zu blasen. Vielleicht wäre das einfach zu »queer«, aber vielleicht würde es auch genau die Bedingungen zerstören, die für beide die Phantasie ermöglichen. Er/sie gebraucht den Dildo im Dunkeln, damit die Phantasie in ihrer vollen Kraft auftauchen kann, damit also die Bedingung der Leugnung erfüllt ist. Sie/er besetzt sicherlich diese Stelle und erleidet im Film die Verfolgung und die Vergewaltigung durch die Jungen exakt deshalb, weil sie/er sie zu perfekt besetzt. Ist Brandon eine Lesbe oder ein Junge? Ebendiese Frage bestimmt sicherlich Brandons Dilemma zu einem gewissen Grad, obwohl Brandon beständig auf dieses Dilemma reagiert, indem er sich selbst als Junge gibt und sich zum Jungen machen muss (*is doing himself as a boy*). Es funktioniert nicht zu sagen, dass es ein Zeichen dafür ist, dass Brandon lesbisch ist, dass er/sie sich selbst als ein Junge geben muss und sich zu einem Jungen machen muss. Denn auch Jungen geben sich sicherlich selbst als Jungen, und an Gender wirkt keinerlei Anatomie mit, ohne auf eine gewisse Weise »gemacht« zu werden.

Wäre es für uns auch nur einen Deut leichter, wenn wir fragen müssten, ob die Lesbe, die den Liebesakt nur vollzieht, indem sie ihre Freundin penetriert, deren Sexualität sich so sehr an das Skript offensichtlicher Heterosexualität hält, dass keine andere Beziehung möglich ist – ob dieses Lesbe ein Junge ist oder ein »Junge«? Wenn sie sagt, dass sie nur als ein »Junge« lieben kann, wird sie, so könnte man formulieren, zum Transgender im Bett, wenn nicht sogar auf der Straße. Brandons Crossing impliziert eine beständige Herausforderung an die öffentlichen Normen der Kultur und besetzt so einen öffentlicheren Ort im Kontinuum des Transgender. Es geht nicht einfach nur um die Möglichkeit, auf eine bestimmte Art und Weise Sex zu haben, sondern auch um den Anschein eines maskulinen Gender. In diesem Sinne ist Brandon also keine Lesbe, obwohl der Film – der hier allerdings nachgibt – ihn in der Tat nach der Vergewaltigung wieder in diesen Status zurückführen will und dabei unterstellt, dass die Rückkehr zum (das Erreichen des?) Lesbischsein(s) irgendwie durch diese Vergewaltigung ermöglicht wird. Brandon wird damit wieder, genauso wie es die Vergewaltiger versucht haben, zu einer »wahren« femininen Identität zurückgeführt, die sich mit seiner Anatomie »arrangiert«. Dieses »Arrangieren« meint nur, dass die Anatomie im Sinne akzeptabler kultureller Normen instrumentalisiert wird, wobei als der Effekt dieser Instrumentalisierung eine »Frau« erzeugt und Gender auch noch da normalisiert wird, wo es einen Wunsch danach, queer zu sein, durchaus erlaubt. Man könnte spekulieren, dass Brandon nur in der Öffentlichkeit ein Junge sein will, um die legitimen Rechte zu haben, seine sexuellen Beziehungen auf seine Weise zu führen, aber eine solche Erklärung nimmt an, dass Gender in Bezug auf Sexualität nur Mittel zum Zweck ist. Aber für Brandon hat Gender seine eigenen Freuden und verfolgt seine eigenen Ziele. Diese Freuden der Identifikation übersteigen diejenigen des Begehrens, und Brandon ist in diesem Sinne nicht nur – oder nicht einfach – eine Lesbe.

Anerkennung und die Grenzen der Komplementarität

Kann uns hier die Gender-Komplementarität weiterhelfen? Benjamin schreibt: »Die Kritik der Geschlechterkomplementarität führt notwendig zu einem Paradoxon: Sie verwirft die gegensätzlichen Kategorien Weiblichkeit / Männlichkeit, akzeptiert aber gleichzeitig, daß diese Kategorien zwangsläufig die Erfahrung strukturieren.«[13] Und kurz vor dieser Aussage fragt sie: »[...] ein Ansatz, der nicht vom Gegensatz zwischen Frau und Mann und von der negativen Position der Frau in diesem binären System ausgeht, [zerstört] eben die Grundlage, von der aus wir die Geschlechterkategorien überhaupt erst in Frage gestellt haben.« Aber wie sah diese Frage aus, und haben wir sie wirklich richtig gestellt? Waren wir im Recht, die binäre Unterscheidung von Mann und Frau vorauszusetzen, wenn es so viele gelebte Gender gibt, die sich dieser binären Unterscheidung nicht fügen? Waren wir im Recht, diese Beziehung als eine binäre Unterscheidung zu fassen, wenn der Bezug auf die dritte Stelle uns erlaubt hat, die homosexuellen Ziele zu erkennen, die sich durch heterosexuelle Relationalitäten ziehen? Sollten wir stattdessen die Frage nach Gender gestellt haben? Zu welchem Preis stabilisiert sich ein normatives Gender? Wie kommt es, dass die Annahme einer Komplementarität ein selbstreferentielles Heterosexuelles voraussetzt, das nicht schon *per definitionem* von homosexuellen Zielen durchkreuzt wird? Wenn wir diese Fragen in der Vergangenheit nicht stellen konnten, bilden sie nicht jetzt einen Teil der theoretischen Herausforderung für eine Fassung der Psychoanalyse, die sich um die Politik von Gender und Sexualität sorgt, feministisch als auch queer?

Diese Fragen auf diese Weise zu stellen ist wichtig, wenn wir Anerkennung ins Spiel bringen wollen, wenn wir glauben, dass Anerkennung ein reziproker Prozess ist, der verschiedene Selbste jenseits ihrer einverleibenden und destruktiven Veranlagungen hin zu einem Verstehen eines anderen Selbst führt, und dass es ein ethischer Imperativ ist, den Unterschied zwischen uns und diesem Selbst kenntlich zu machen. Ich hoffe, es ist deutlich, dass ich kein Problem mit der Norm der Anerkennung habe, so wie sie in Benjamins Arbeit am Werk ist, und tatsächlich denke ich, dass sie eine angemessene Norm für die Psychoanalyse darstellt.

13 Benjamin, *Der Schatten des Anderen*, S. 57.

Aber ich frage mich, ob sich nicht unter dem Titel der Anerkennung ein unhaltbarer Optimismus in ihre Beschreibung der Möglichkeiten eingeschlichen hat. Wie ich darüber hinaus oben angedeutet habe, hinterfrage ich im Besonderen, ob die von Benjamin beschriebene allumfassende Position (*overinclusivity*) die Bedingung für die Anerkennung eines getrennten Anderen werden kann, der weder abgewiesen noch einverleibt wird.

Wenden wir uns zunächst der Frage zu, ob Negation so eindeutig von der Zerstörung unterschieden werden kann, wie Benjamin das vorschlägt. Und überdenken wir dann den hegelschen Begriff der Anerkennung unter Hervorhebung seiner ek-statischen Struktur und fragen, ob sie mit dem Modell der allumfassenden Position zusammenpasst. Wie ergeht es solchen unterschiedlichen Modellen hinsichtlich der ethischen Frage, ob sie Anerkennung unterstützen, und in welcher Form? Was sind schließlich die Folgen dieser unterschiedlichen Ideen von Anerkennung in Bezug auf Überlegungen zum Selbst im Verhältnis zu Identität?

Benjamin behauptet ganz klar, es sei seit der Veröffentlichung von *Die Fesseln der Liebe* ihre Auffassung gewesen, dass »die Negation ein genauso wichtiges Moment für die Anerkennung [ist]. Ebenso wenig kann ein Appell an die Akzeptanz der Andersheit den unvermeidlichen Zusammenbruch der Anerkennung in die Dominanz negieren.«[14] Das fasst ihren 1998 veröffentlichten Standpunkt zusammen. Und doch ist sie seitdem von diesem »unvermeidlichen Zusammenbruch« abgewichen. Während ihre frühere Position zu behaupten schien, dass Anerkennung Negativität voraussetzt, scheint sie nun davon auszugehen, dass Negativität ein gelegentliches und kontingentes Ereignis ist, das über Anerkennung hereinbricht, sie aber in keinem Sinne definiert. Sie schreibt beispielsweise, dass wir »Zusammenbrüche der Anerkennung« erwarten sollten, dass »Zerstörung« aber über-

14 A.a.O., S. 108.

wunden werden kann: »Zerstörung dauert an, bis das Überleben auf einer authentischeren Ebene möglich wird.« Anerkennung ist der Name, den man dieser authentischen Ebene gibt, die als das Überschreiten des Destruktiven selbst definiert ist. Sie wird im Folgenden dann als ein »dialogischer« Prozess beschrieben, in dem Äußerlichkeit anerkannt wird. Der Analytiker ist in einer solchen Situation keine Idealisierung, weil es immer noch ein Versagen darstellen würde, den Analytiker aus der Innerlichkeit zu befreien. Wenn er oder sie aus dem idealen oder dem persekutorischen Bild ausbricht, ist es der/die Andere, der/die das »authentische« Auftauchen einer dialogischen Begegnung und die Schöpfung eines, wie Benjamin es nennt, »intersubjektiven Raums« kennzeichnet.

Meine Frage ist, ob ein intersubjektiver Raum in seiner »authentischen« Form jemals wirklich frei von Zerstörung ist? Und wenn er absolut frei von Zerstörung ist, findet er sich auch dergestalt jenseits der Psyche wieder, dass es der Psychoanalyse nichts mehr nutzen würde? Wenn das »Dritte« als die Musik oder die Harmonie der dialogischen Begegnung neu bestimmt wird, was geschieht mit den anderen »Dritten«? Das Kind, das die Begegnung stört, der frühere Geliebte in der Tür oder am Telefon, die unabänderliche Vergangenheit, die unverfügbare Zukunft, das Unbewusste selbst, wenn es das Auftauchen eines unvorhergesehenen Umstandes ausnutzt? Dies sind sicherlich alles Negativitäten, ja sogar Quellen der »Zerstörung«, die nicht vollständig bewältigt, aufgehoben oder in die harmonische Musik des Dialogs aufgelöst werden können. Welcher Missklang übertönt diese Musik? Was verleugnet sie, um überhaupt klingen zu können? Was, wenn sich die Musik als eine Symphonie Mahlers entpuppen würde? Wenn wir zugestehen, dass das Problem in der Beziehung sich nicht nur auf die Komplementarität bezieht, auf ein gegenseitiges Projizieren von dem, was dem Selbst eigen ist, auf ein gegenseitiges Einverleiben des Anderen, der eigentlich als losgelöst betrachtet werden sollte, dann fällt es schwer, das Modell der Anerkennung beizubehalten, das letztendlich in seiner Struktur dyadisch bleibt. Wenn wir aber einsehen, dass Begehren für den Anderen Begehren für das Begehren des Anderen sein könnte, muss man meiner Ansicht nach annehmen, dass im Anerkennen des Anderen die Dyade selten – wenn überhaupt jemals – das ist, was sie zu sein scheint. Wenn Beziehungen hauptsächlich dyadisch sind, bleibe ich im Zentrum des Begehren des Anderen, und damit ist *per definitionem* den Bedingungen des Narzissmus Genüge getan. Wenn aber Begehren durch Kanäle wirkt, die nicht immer einfach zu verfolgen sind, wird das, was ich für den Anderen bin, *per definitionem* von einer Verschiebung gefährdet sein. Kann man den geliebten Anderen unter Ausblendung all der Anderen finden, die sich an der Stelle dieses Anderen einquartiert haben? Kann man den Anderen sozusagen von der gesamten Geschichte psychischer Verdichtung und Verschiebung oder sogar von den Ablagerungen aufgegebener Objektbeziehungen ablösen, die das Ego selbst erst bilden? Oder bedeutet den Anderen »anzuerkennen« immer auch, anzuerkennen, dass der Andere notwendigerweise mit einer Geschichte kommt, die einen selbst nicht zum Zentrum hat? Gehört das nicht zu einer Bescheidenheit, die für jegliche Anerkennung und gerade für die Form der Anerkennung, die an der Liebe beteiligt ist, nötig ist?

Ich glaube, Benjamin würde vielleicht sagen, dass man, wenn man anerkennt, dass man nicht im Zentrum der Geschichte des Anderen ist, damit auch schon Differenz anerkennt. Und wenn man auf diese Anerkennung nicht mit Aggression, mit allmächtiger Zerstörung, reagiert, dann hat man die Möglichkeit, Differenz als solche anzuerkennen und diese charakteristische Eigenart des Andern als ein Verhältnis der »Negation« (Nicht-Ich) zu verstehen, das nicht zur Zerstörung führt. Negation ist überlebte Zerstörung. Wenn das aber tatsächlich ihre Antwort ist, scheint sie mir auch ein darüber hinaus führendes Anerkennen des notwendigen Zusammenbruchs des Dyadischen zu bedingen, seine Verwandlung in etwas, das in dieser begrenzte Struktur nicht eingeschlossen oder unterdrückt werden kann. Die Dyade ist ein Ergebnis, keine Voraussetzung. Die Schwierigkeiten, sie überhaupt zum Laufen zu bringen, rühren zum Teil daher, dass sie innerhalb eines psychischen Horizonts erzeugt wird, der ihr gegenüber im Grunde indifferent ist. Wenn Negation überlebte Zerstörung ist, worin besteht dann dieses »Überleben«? Diese Formulierung beinhaltet sicherlich, dass »Zerstörung« irgendwie bewältigt wird, sogar ein für alle Mal bewältigt wird. Aber ist das wirklich jemals möglich – zumindest für Menschen? Und würden wir jemandem Glauben schenken, der die Behauptung aufstellt, dass er Destruktivität ein für alle Mal zu Gunsten einer harmonischen Dyade bewältigt hat? Ich für meinen Teil wäre vorsichtig.

Wir müssen keiner Triebtheorie zustimmen, die behauptet, dass Aggression für alle Zeiten existiert und dafür, wer wir sind, konstitutiv ist, um einzusehen, dass Destruktivität selbst eine beständige Gefahr bedeutet. Diese Gefahr ist ein ewiger und unlösbarer Aspekt der menschlichen Psyche. Demzufolge scheint sich eine jegliche therapeutische Norm, die Destruktivität zu bewältigen sucht, auf eine unmögliche Voraussetzung zu stützen. Nun mag es der Fall sein, dass der ethische Imperativ, den Benjamin aus ihrer Unterscheidung zwischen Zerstörung und Negation abzuleiten sucht, darauf hinausläuft, dass Erstere beständig in der Gestalt der Negation überlebt werden muss, und dass dies eben eine ununterbrochene Aufgabe ist. Aber die zeitliche dynamische Kraft, auf die Benjamin sich beruft, ist nicht die eines sich ständig wiederholenden Kampfes, eine Arbeit an der Destruktivität, die immer wieder und ständig unternommen werden muss, eine Beziehung, in der Formen des Zusammenbruchs erwartet werden und unvermeidlich sind; sie ist eher ein Dialog, der Spannung als einen »Selbstzweck« aufrechterhält, eine, in anderen Worten, teleologische Bewegung, in der die Bewältigung der Destruktion der Endzweck ist.

Wenn Hegel den Begriff der Anerkennung im Kapitel zur Herrschaft und Knechtschaft in der *Phänomenologie des Geistes* einführt, erzählt er die ursprüngliche Begegnung mit dem Anderen im Hinblick auf einen Selbstverlust. »Selbstbewußtsein [...] ist *außer sich* gekommen. [...] [E]s hat sich selbst verloren, denn es findet sich als ein *anderes* Wesen«.[15] Man könnte Hegel so verstehen, dass er bloß einen pathologischen Zustand beschreibt, in dem die Phantasie einer Verzehrung durch den Anderen eine frühe oder primitive Erfahrung bildet. Aber er sagt mehr. Er behauptet, dass, was auch immer Bewusstsein ist, was auch immer das Selbst ist, nur über eine Reflexion seiner selbst in einem Anderen zu sich selbst finden wird. Um es selbst zu sein, muss es den Selbstverlust durchlaufen; und wenn es diesen durchlaufen hat, wird es nie zu dem »zurückgeführt«, was es war. In einem Anderen oder als ein Anderer reflektiert zu werden wird jedoch für das Bewusstsein eine doppelte Bedeutung haben, weil sich Bewusstsein durch die Reflexion auf eine gewisse Weise selbst wiederfinden wird. Es wird sich aber auf Grund des äußerlichen Status der Reflexion als sich selbst äußerlich wiederfinden und sich deshalb ständig weiter verlieren. Das Verhältnis zum Anderen wird deshalb ausnahmslos ambivalent bleiben. Der Preis des Selbstwissens wird der Selbstverlust sein. Der Andere bietet die Möglichkeit, dieses Selbstwissen sowohl zu sichern als auch zu untergraben. Was jedoch klar wird, ist, dass das Selbst nie frei vom Anderen zu sich selbst zurückkehrt, dass seine »Relationalität« dafür bestimmend wird, wer das Selbst ist.

In diesem letzten Punkt stimmen Benjamin und ich überein. Wo wir uns unterscheiden, ist meiner Ansicht nach unser Verständnis dieser Relationalität. In meinen Augen hat Hegel uns eine ek-statische Idee des Selbst geliefert, eines Selbst, das notwendigerweise außerhalb seiner selbst ist, nicht selbstidentisch, von Beginn an differenziert. Das Selbst auf dieser Seite erwägt

15 G.W.F. Hegel, *Phänomenologie des Geistes*, S. 141.

seine Reflexion auf der anderen Seite, aber es ist gleichermaßen – reflektiert und reflektierend – auf der anderen Seite. Seine Ontologie ist es gerade, auf unwiderrufliche Weise geteilt und segmentiert zu sein. Welches Selbst auch immer im Verlauf der *Phänomenologie des Geistes* auftaucht, es hat sich tatsächlich von seinen früheren Erscheinungen entfernt; es hat sich durch seine Begegnung mit der Andersheit verwandelt, nicht, um zu sich selbst zurückzukehren, sondern um ein Selbst zu werden, das es nie war. Differenz wirft es voran in eine unabänderliche Zukunft. Ein Selbst zu sein bedeutet unter diesen Umständen, entfernt zu sein davon, wer man ist, nicht um das Vorrecht der Selbst-Identität (was Hegel Selbstgewissheit nennt) zu genießen, sondern um immer außerhalb sich selbst gesetzt zu werden: der Andere seiner selbst. Ich glaube, dass diese Fassung des Selbst einen anderen Hegel herausstellt als den, der sich in Benjamins Arbeiten findet. Es ist sicher ein Hegel, für den die Metapher der »Einschließung« (*inclusion*) – wie etwa in »das inklusive Selbst« – nicht so richtig passen würde. Ich werde zu erklären versuchen, warum.

Im Kapitel »Der Schatten des anderen Subjekts« unternimmt Benjamin eine tiefgehende Erörterung – wahrscheinlich die wichtigste publizierte Erörterung, die es überhaupt gibt – des Bandes *Der Streit um Differenz*, den ich zusammen mit vier anderen feministischen Philosophen geschrieben habe. Sie sorgt sich darum, dass ich einer Idee des Selbst anhänge, die Ausschließung (S. 128) voraussetzt, und dass mir ein entsprechender Begriff für »Einschließung« fehlt. Sie schlägt vor, dass es, wenn ich bestimmte Arten beanstande, auf die das Subjekt durch Ausschließung gebildet wird, es auch Sinn ergeben würde, eine normatives Ideal zu begrüßen, mit dem Ausschließung bewältigt werden könnte: »Damit ist es [...] allein die Einschließung, das erneuerte Eingestehen des Nichteingestandenen, kurz, die *Aneignung*, die dem Anderen einen Ort außerhalb des Selbst im Bereich des Äußerlichen gestattet, ihm eine vom Selbst losgelöste

Anerkennung gewährt« (S. 129). Hier taucht natürlich ein metaphorisches Problem auf, insofern »Einschließung« den Prozess benennt, in dem das »Äußerliche« anerkannt wird. Aber es geht um mehr als eine metaphorische Schwierigkeit; oder skizziert uns hier diese metaphorische Schwierigkeit nicht vielmehr den Umriss einer problematischeren theoretischen Frage? Benjamin bietet »Einschließung« als das ergänzende Gegenteil der negativen Form der Ausschließung oder Verwerfung an, die ich in *Körper von Gewicht* erörtere, aber behält sich den Begriff »äußerlich« auch für den Aspekt des Anderen vor, der unter den Bedingungen eines authentischen Dialogs auftaucht. Ausschließung im Sinne von Austreibung, Verwerfung oder Verleugnung bleibt also ihrer Meinung nach im Rahmen einer komplementären Form einer Spaltung, die den Anderen durch eine verleugnete Projektion vollkommen auslöscht. Der Andere taucht demnach als »äußerlicher« nur dann auf, wenn er nicht länger »ausgeschlossen« ist. Aber ist der Andere in diesem Moment »angeeignet«, oder findet eine bestimmte Enteignung statt, die dem Anderen überhaupt erst zu erscheinen erlaubt? Letzteres wäre Laplanches Argument, und es wäre auch sicherlich das von Levinas und Drucilla Cornell.[16] Genau diese Bewegung, die die Logik des Annehmens und Verstoßens überschreitet, befreit den Anderen aus dem narzisstischen Zirkel des Subjekts. In der Tat entsteht bei Laplanche Andersheit, könnte man sagen, jenseits aller Fragen der Aneignung.[17]

Ich möchte darauf hinweisen, dass dieser ek-statische Begriff des Selbst auf gewisse Weise auch in Hegels Idee eines Selbst mitschwingt, das sich immer in dem Anderen verliert, der die Existenz des Selbst absichert. Das »Selbst« ist hier nicht das Gleiche wie das Subjekt, das der Phantasie einer autonomen Selbstbestimmung gleichkommt. Hegels Selbst ist von einer ursprünglichen

16 Siehe Drucilla Cornell, *The Philosophy of the Limit*; Emmanuel Levinas, *Jenseits des Seins oder anders als Sein geschieht*.

17 Siehe Jean Laplanche, *Essays on Otherness*.

Fesselung an den Anderen gekennzeichnet, in der dieses Selbst gefährdet ist. Der Augenblick in »Herrschaft und Knechtschaft«, in dem sich die beiden Selbstbewusstseine gegenseitig anerkennen, ist demnach im »Kampf auf Leben und Tod« der Augenblick, in dem beide ihre jeweilige Macht erkennen, den Anderen auszulöschen und damit die Bedingung ihrer eigenen Selbstreflexion zu zerstören. Anerkennung wird so in einem Augenblick fundamentaler Verletzlichkeit möglich, und das Bedürfnis wird selbstbewusst. Anerkennung hält in einem solchen Augenblick sicherlich die Zerstörung in Schach. Aber es bedeutet auch, dass das Selbst nicht sein eigenes ist, dass es dem Anderen vor jeglicher weiteren Beziehung übergeben wird, aber dergestalt, dass der Andere es auch nicht besitzt. Und der ethische Gehalt seiner Beziehung zum Anderen kann in diesem fundamentalen und reziproken Zustand des »Übergeben-Werdens« gefunden werden. Bei Hegel würde die Behauptung nur teilweise gelten, dass das Selbst den Anderen »einschließt«. (Benjamin würde zwischen »Einschließung« und »Einverleibung« unterscheiden und sie sogar als Gegensätze darstellen.) Denn das Selbst ist sich selbst immer ein Anderes und deshalb kein »Container« oder keine Einheit, die Andere in ihren Wirkungsbereich »einschließen« könnte. Das Selbst findet sich ganz im Gegenteil immer als die Anderen wieder, wird ein Anderer seiner selbst, und das ist eine andere Art und Weise, das Gegenteil von »Einverleibung« zu kennzeichnen. Es nimmt den Anderen nicht in sich auf; es findet sich außerhalb seiner selbst in eine unumkehrbares Verhältnis der Andersheit überführt.

Obwohl sich Benjamin manchmal auf »postmoderne« Fassungen des Selbst bezieht, die seinen »gespaltenen« und »dezentrierten« Charakter voraussetzen, erfahren wir nicht, was genau mit diesen Begriffen gemeint ist. Es wird nicht genügen zu sagen, dass es zuerst ein Selbst gibt, das dann einer »Spaltung« unterzogen wird, weil das von mir hier umrissene Selbst von Beginn an jenseits seiner selbst ist und von dieser ontologischen Ek-Stase bestimmt wird, dieser grundlegenden Beziehung zum Anderen, in dem es sich selbst auf mehrdeutige Weise außerhalb seiner selbst eingesetzt findet. Dieses Modell ist, wie ich vorschlagen würde, eine Möglichkeit, jegliche Position anzufechten, die die Selbstgenügsamkeit des Subjekts oder in der Tat den einverleibenden Charakter jeglicher Identifikation behauptet. In diesem Sinne ist es nicht so weit von Benjamins Position entfernt. Es mag sich nicht um »Spaltung« im genauen psychoanalytischen Sinne handeln, aber vielleicht um eine ontologische Gespaltenheit, auf der die psychoanalytische Idee der Spaltung beruht und die sie ausarbeitet. Wenn wir annehmen, dass das Selbst erst existiert und sich dann spaltet, nehmen wir an, dass der ontologische Status des Selbst selbstgenügsam ist, bevor es der Spaltung unterzogen wird (ein, wenn man so will, aristophanischer Mythos, der in der Metapsychologie der Ich-Psychologie wieder auflebt). Damit versteht man aber weder den ontologischen Vorrang der Relationalität selbst noch seine Folgen für Überlegungen zum Selbst in seiner notwendigen (und ethisch folgenreichen) Uneinigkeit.

Sobald wir uns auf diese Denkweise einlassen, wird überhaupt erst sichtbar, wie Verbformen dem Ausdruck dieser fundamentalen Relationalität äußerst nahe kommen. Obwohl uns der gesunde Menschenverstand fragen lassen würde: Gibt es nicht ein Selbst, das sich identifiziert? Ein Selbst, das trauert? Wissen wir nicht alle, dass ein solches Selbst existiert? Aber hier scheinen die konventionellen und vorkritischen Anforderungen der Grammatik den Anspruch kritischer Reflexion auszustechen. Denn es ergibt sehr wohl Sinn, von einem Selbst zu sprechen: Aber sind wir sicher, dass es vor dem Vorgang der Spaltung intakt ist? Und was bedeutet es, auf einem Subjekt zu bestehen, das seine Spaltung »vollführt« (*performs*)? Gibt es denn nichts, von dem ein Subjekt von vornherein abgespalten ist, das die Bildung des Subjekts selbst erst veranlasst? Gibt es keine Produktion des Unbewussten, die die Bildung des Subjekts begleitet, verstanden als selbst-bestimmende Arbeit? Und wenn das Selbst, das sich selbst spaltet, eines ist, das sich immer schon entfernt hat, wie sollen wir verstehen, was die Spaltung für dieses Selbst bedeutet? Ja, es ist möglich und notwendig zu sagen, dass sich das Subjekt spaltet, aber aus dieser Formulierung folgt noch nicht, dass das Subjekt eine einzelnes Ganzes oder autonom war. Denn wenn das Subjekt sowohl gespalten ist als auch spaltet, wird es notwendig zu erkennen, welche Art der Spaltung die eröffnende war, welche als ein kontingentes psychisches Ereignis durchlebt wurde und wie diese verschiedenen Ebenen des Spaltens sich zueinander verhalten – wenn sie das überhaupt tun.

Es gibt also eine, von Hegel abstammende Sichtweise der Relationalität, die behauptet, dass das Selbst Anerkennung sucht und sie anderen anbietet, aber es gibt noch eine andere, die behauptet, dass der Prozess der Anerkennung selbst verrät, dass das Selbst immer schon außerhalb seiner selbst platziert ist. Das ist keine eigentlich »postmoderne« Erkenntnis, weil sie sich vom deutschen Idealismus und früheren mittelalterlichen ekstatischen Traditionen herleitet. Sie gibt einfach nur zu, dass »wir«, die wir in Beziehung gesetzt sind, nicht unabhängig von diesen Beziehungen sind und uns selbst nicht außerhalb der dezentrierenden Effekte denken können, die diese Relationalität mit sich bringt. Wenn wir darüber hinaus bedenken, dass die Beziehungen, durch die wir definiert sind, nicht dyadisch sind, sondern immer auf ein historisches Erbe und Zukunftshorizonte verweisen, die nicht im Anderen enthalten sind, die aber so etwas wie das Andere des Anderen darstellen, dann scheint daraus zu folgen, dass das, was wir »sind«, grundsätzlich ein Subjekt in einer zeitlichen Kette des Begehrens ist, die nur gelegentlich und vorläufig die Form der Dyade annimmt. Ich möchte noch einmal wiederholen, dass wir, indem wir das binäre Modell von Relationalität ersetzten, besser in der Lage sein werden, die triangulierenden Echos im heterosexuellen, homosexuellen und bisexuellen Begehren anzuerkennen und unser Verständnis des Verhältnisses von Sexualität und Gender zu komplizieren.

Wir müssen Jessica Benjamin dankbar sein, dass sie den wichtigsten Dialog zu Gender und Sexualität angestoßen hat, den wir in den Zwischenräumen zwischen Philosophie und Psychoanalyse haben. Beginnen wir nun, darüber nachzudenken, was es bedeuten könnte, sich gegenseitig anzuerkennen, wenn es dabei um so viel mehr geht als nur uns beide.

7. Zwickmühlen des Inzestverbots

Ich würde gerne zwei Themen ansprechen, die der Psychoanalyse nicht nur einiges Unbehagen bereitet haben, sondern die sich auch innerhalb der Psychoanalyse selbst als die Bereiche etabliert haben, an denen das Unbehagen seinen angemessenen Platz findet: Inzest und normative Verwandtschaft. Beide Themen sind aufeinander bezogen, und zwar am markantesten durch das Inzesttabu, durch das, was das Tabu einerseits ausschließt, und das, was es andererseits eröffnet und legitimiert. Ich möchte zwei voneinander getrennte Bemerkungen zu Inzest und Verwandtschaft machen: Eine hat mit zeitgenössischen Debatten über Inzest und mit der Frage zu tun, wie und ob er begrifflich gefasst werden kann. Die andere betrifft das Verhältnis zwischen dem Inzestverbot und der Einrichtung normativer Verwandtschaftsarrangements, die eine mutmaßlich heterosexuelle Form annehmen. Was ich vorschlagen möchte ist, dass sich die Psychoanalyse – als Theorie und als Praxis – sehr wohl einer Verjüngungskur unterziehen könnte, indem sie zu Fragen des Inzests und der Verwandtschaft ebenso wie zu deren Zusammenhang zurückkehrt. Zum einen hat die psychoanalytische Theorie angenommen, dass dem ödipalen Drama, in dem die inzestuöse Liebe des Sohns zur Mutter phantasiert und gefürchtet wird, eine Untersagung folgt, die den Sohn dazu zwingt, eine andere Frau als seine Mutter zu lieben. Die inzestuöse Leidenschaft der Tochter ist im Freudschen Werk weniger vollständig ausgearbeitet, aber ihr Verzicht auf das Begehren nach dem Vater gipfelt in einer Identifikation mit ihrer Mutter und der Hinwendung zum Kind als einem Fetisch oder Penisersatz. Im Kontext der strukturalistischen Linguistik wird dieses ursprüngliche Inzesttabu der Weg, auf dem die sexuellen Positionen besetzt werden, auf dem »männlich« und »weiblich«

unterschieden und Heterosexualität gesichert wird. Selbst wenn uns die Psychoanalyse diesen Weg durch die Normalisierung von Gender und Sexualität skizziert hat, hat sie gleich von Beginn an darauf beharrt, dass die beschriebene »Entwicklung« in keinem Sinne sichergestellt ist. Die Psychoanalyse präsentiert uns demzufolge etwas von diesem Drama der sexuellen Normalisierung und gleichzeitig das Drama unvermeidlicher Abweichungen – sie bringt das Drama für uns vielleicht sogar erst auf die Bühne.

In der Entwicklungsgeschichte wird Inzest im Allgemeinen als eine strafbare Phantasie beschrieben. Und eine der Hauptfragen, die im Kontext der zeitgenössischen sozialen Diskussionen über Inzest auftaucht, ist, ob sie real oder phantasiert ist und wie man den Unterschied zwischen beiden epistemologisch bestimmen könnte. Für einige liegt der Ausweg aus der epistemologischen Zwickmühle in der Frage, ob es überhaupt falsche Erinnerungen geben kann und bis zu welchem Grad man Erzählungen in der ersten Person ernst nehmen muss, die ja oft auf die frühe Kindheit zurückgeführt werden. Für andere verknüpft sich die Frage der »Realität« des Inzests mit weiteren Fragen zur Historiographie des Gedächtnisses, ob etwa historische »Ereignisse« jenseits des Interpretationsraums, in dem sie auftauchen, bestätigt werden können und ob demnach so etwas wie die Unbestreitbarkeit traumatischer Ereignisse, die gewöhnlich durch die Auslöschung der europäischen Juden repräsentiert wird, zuversichtlich gegen revisionistische Historiker ins Feld geführt werden kann.

Diese Fragen werden mit dem Auftauchen der Traumaforschung [*trauma studies*] nun noch um einiges verkompliziert (Caruth, Felman, Laub), da hier das Argument allgemein akzeptiert wird, dass das Trauma *per definitionem* nicht repräsentativ oder gar durch Erinnern erfasst werden kann. Das Trauma ist, ganz im Gegenteil, das, was jegliche Erinnerung verfälscht, so könnte man sagen. Es kann nur durch den Riss erkannt werden, der alle Versuche narrativer Rekonstruktion spaltet.

Im Hinblick auf den Inzest wendet sich die Frage also den Beziehungen zwischen Erinnerung, Ereignis und Begehren zu: Ist der Inzest ein Ereignis, das einer Erinnerung *vorausgeht*? Ist er eine Erinnerung, die nachträglich ein Ereignis postuliert? Ist er ein Wunsch, der die Form einer Erinnerung annimmt? Diejenigen, die nachdrücklich auf die weite Verbreitung des Inzests als einer Praktik des Missbrauchs in Familien hinweisen wollen, bestehen eher darauf, dass er ein Ereignis und, insofern er als eine Erinnerung auftaucht, eine Erinnerung an ein Ereignis darstellt. Und manchmal nimmt dies sogar die Form einer dogmatischen Prämisse an: Damit der Inzest traumatisch und real sein kann, muss er als ein Ereignis verstanden werden. Dieser Standpunkt wird jedoch genau von der oben erwähnten Position der Traumaforschung vereitelt, für die das Anzeichen des Traumas – und damit der Beweis seiner Realität – gerade darin liegt, dass es sich der narrativen Struktur des Ereignisses widersetzt.

Diejenigen, die sich um falsche Anschuldigungen Sorgen machen und glauben, dass wir uns inmitten einer öffentlichen Epidemie solcher falschen Anschuldigungen befinden, können sich entweder vollkommen gegen eine psychoanalytische Perspektive aussprechen oder für eine ganz bestimmte plädieren. Sie können beispielsweise darauf bestehen, dass Inzest entweder eine von der Therapie erzeugte Erinnerung ist oder in weniger Fällen ein zu einer falschen Erinnerung umgewandelter Wunsch. Dieser Standpunkt behauptet, dass der narrative Bericht vom Inzest mit einem psychischen, aber nicht mit einem historischen Ereignis einhergeht und dass man die beiden Ereignisebenen klar voneinander unterscheiden kann. Eine dritte Position ist jedoch innerhalb der Psychoanalyse möglich; sie besteht darauf, dass das Trauma seinen Tribut von der Narrativität fordert; das heißt, dass Inzest, insofern er eine traumatische Form annimmt, nicht als ein Ereignis geborgen werden kann; als Trauma kann er nicht die Form eines erinnerten oder erzählbaren Ereignisses annehmen. Deshalb ist der Anspruch auf historische Wahrhaftigkeit nicht durch den Nachweis der Ereignisstruktur des Inzests gesichert. Ganz im Gegenteil bezeugt gerade seine Undarstellbarkeit – wann und wo immer Inzest also gerade *nicht* als Ereignis dargestellt werden kann – seinen traumatischen Charakter. Das wäre natürlich eine »Zeugenaussage«, die schwerlich in einem Gerichtssaal anerkannt werden würde: Ein Gericht arbeitet ja mit der Annahme, dass ein Ereignis als empirisches Ereignis bestimmt ist. Trauma fordert demgegenüber aber auch vom Empirismus seinen Tribut.

Man stellt sich also das Inzesttrauma in unterschiedlicher Form vor: als brutalen Zugriff auf den Körper eines Kindes, als ausbeuterische Anregung des Begehrens eines Kindes, als das radikal Undarstellbare in der Erfahrung eines Kindes oder in der Erinnerung eines Erwachsenen, um dessen Kindheit es geht. Insofern die Psychoanalyse die Inzestphantasie und das Inzestverbot dem Prozess zurechnet, in dem die Gender-Differenzierung (als auch die sexuelle Gender-Anordnung) stattfindet, bleibt es darüber hinaus schwierig, zwischen Inzest als einer traumatischen Phantasie, die in der Psyche entscheidend an der sexuellen Differenzierung mitwirkt, und Inzest als einem Trauma zu unterscheiden, das eindeutig als eine missbräuchliche Handlung gekennzeichnet werden sollte, die in keiner Hinsicht als wesentlich für die psychische und sexuelle Entwicklung betrachtet werden kann.

Hier wimmelt es nur so von Anlässen zu entzweienden Debatten. Von einem psychoanalytischen Standpunkt aus (der ausdrücklich keine einheitliche oder harmonische Gruppe von Ansichten ist) scheinen die dringenden Fragen die folgenden zu sein: Wie werden wir dem Umstand gerecht, dass das Inzesttabus und seine traumatischen Folgen mehr oder weniger universell als ein Teil des Differenzierungsprozesses fortbesteht, der den Weg zu einer erwachsenen Sexualität ebnet? Wie können wir dabei vermeiden, Inzestvorwürfe herabzuwürdigen, die sicherlich auch auf unnötige und unannehmbare Weise traumatisch sind? Die Anstrengung, jegliche Behauptungen der Realität von Inzest auf die Symptome einer verleugneten Phantasie zurückzuführen, ist genau so unakzeptabel wie der Versuch, von vornherein die Wahrhaftigkeit aller Inzestvorwürfe zu unterstellen. Unsere Aufgabe wird sein, herauszufinden, wie die inzestuösen Leidenschaften, die Teil einer entstehenden Sexualität in der Kindheit sind, genau von den Inzestpraktiken ausgebeutet werden, die Verbotsgrenzen überschreiten, die fest verankert bleiben sollten. Um das Traumatische an diesen Praktiken zu verstehen, wird es darüber hinaus wichtig sein, die psychischen Register des Schmerzes nicht abzutun und auch die Abwesenheit eines empirischen Beweises oder einer erzählbaren Geschichte nicht als ein Anzeichen dafür zu lesen, dass dieses Trauma ausschließlich auf der Ebene der Phantasie existiert. Wenn die Traumatheorie mit Recht behauptet, dass ein Trauma oft zur Unmöglichkeit seiner Repräsentation führt, dann kann man Fragen bezüglich des psychischen und sozialen Status' von traumatischem Inzest nicht mit Hilfe eines direkten Rückgriffs auf seine Repräsentation entscheiden. Man wird ein Leser der Ellipse werden müssen, des Risses, der Abwesenheit; und das bedeutet, dass die Psychoanalyse die Fähigkeit, gebrochene Erzählungen zu lesen, wiedererlernen muss.

Es gibt zwei kurze Argumente, die ich in Bezug auf die hier sichtbar gewordenen epistemologischen Zwickmühlen rekapitulieren möchte. Zunächst ist daran zu erinnern, dass die Unterscheidung zwischen Ereignis und Wunsch nicht so klar ist, wie manchmal angenommen wird. Es ist nicht nötig, Eltern-Kind-Inzest als einen einseitigen Übergriff der Eltern auf das Kind darzustellen, weil jeder tatsächliche Übergriff auch im Bereich der Phantasie verbucht wird. Um die Verletzung zu verstehen, die der Inzest bedeuten kann – und auch um zwischen denjenigen Inzestfällen zu unterscheiden, die eine Verletzung darstellen, und denen, die dies nicht tun – ist es in der Tat unnötig, sich den Körper des Kinds ausschließlich als eine

Oberfläche vorzustellen, auf die von außen eingewirkt wird. Zu befürchten ist natürlich, dass es von unserem Verständnis des Eltern-Kind-Inzests als einer Verletzung ablenkt, wenn es sich herausstellt, dass das Begehren des Kindes durch Inzest ausgebeutet oder erregt wurde. Die Verdinglichung des Körpers des Kindes als einer passiven Oberfläche würde sich also – auf einer theoretischen Ebene – als eine weitere Deprivation des Kindes erweisen: die Deprivation der Psyche. Man könnte auch sagen, dass damit auch noch eine weitere Deprivation anderer Art vollzogen würde. Wenn wir darüber nachdenken, welcher Art die Ausbeutung für den Inzest charakteristisch sein könnte, so ist es oft gerade die Liebe des Kindes, die im Inzestszenario ausgebeutet wird. Durch die Weigerung, in Betracht zu ziehen, was der Liebe und dem Begehren des Kinds in der traumatischen Inzestbeziehung zu einem Erwachsenen widerfährt, versäumen wir es, der Tiefe und den psychischen Folgen dieses Traumas gerecht zu werden.

Man könnte versucht sein zu folgern, dass das Ereignis immer psychisch verbucht wird und folglich nicht im strengen Sinne von der psychischen Inszenierung des Ereignisses zu trennen ist: Was erzählt wird – wenn es denn erzählt werden kann – ist eben gerade eine Mischung dieser beiden Ebenen. Aber diese Lösung lässt das Nicht-Erzählbare außer Acht, für das es keine Geschichte gibt, keinen Bericht, keine linguistische Repräsentation. Das Verhältnis eines Traumas, das weder Ereignis noch Erinnerung ist, zum Wunsch ist nicht einfach zu entziffern. Um die Ernsthaftigkeit der Verletzung zuzugeben – was ethisch geboten ist –, ist es nicht nötig, das Subjekt zum Nachweis der historischen Wahrhaftigkeit des »Ereignisses« zu zwingen. Denn es kann ja sein, dass es gerade ein Zeichen für das Trauma sein könnte, dass der Zugriff auf die Mittel, die historische Wahrhaftigkeit begründen, unmöglich ist; dass, in anderen Worten, die Unterscheidung zwischen dem, was historisch wahr ist und was nicht, unverständlich und undenkbar wird.

Vom klinischen Standpunkt aus ist es immer möglich zu behaupten, dass es nicht wichtig ist, ob das traumatische Ereignis stattgefunden hat oder nicht, weil es darum geht, die psychische Bedeutung eines Berichts zu hinterfragen, ohne seinen Realitätsgehalt zu beurteilen. Aber können wir die Frage der psychischen Bedeutung wirklich von der des »Ereignisses« trennen, wenn eine bestimmte Verschwommenheit und Unsicherheit, ob das Ereignis stattgefunden hat, ein Bestandteil seines traumatischen Effektes ist? Vielleicht ist das Undenkbare gerade die verleugnete Phantasie; vielleicht ist das Undenkbare die Handlung, die ein Elternteil vollzogen hat (oder vollziehen wollte); vielleicht ist das Undenkbare aber gerade auch, dass diese beiden Momente zusammen in einem Ereignis kulminiert sind.

Was macht die Grenze des Denkbaren, des Erzählbaren, des Intelligiblen aus? Was macht *die Grenze dessen, was für wahr gehalten werden kann,* aus? Das sind meines Erachtens Fragen, die die Psychoanalyse immer gestellt hat, weil sie gerade auf eine Form des analytischen Zuhörens oder eine Form des »Lesens« angewiesen ist, die voraussetzt, dass sich das, was sich als der undenkbare Bereich konstituiert, auf den Ausschluss (Unterdrückung oder Verwerfung) dessen gründet, was schwer oder unmöglich zu denken bleibt.

Damit ist freilich nicht gesagt, dass nichts gedacht wird, keine Geschichte erzählt wird und keine Repräsentation erstellt wird. Gesagt ist damit nur, dass jegliche Geschichte oder Repräsentation, die auftaucht, um über dieses Ereignis, das keines ist, Rechenschaft abzulegen, der gleichen Katachrese unterliegen wird, die ich benutze, wenn ich ungenau von einem Ereignis spreche; sie wird im Hinblick auf das in ihr Angedeutete, das sie nicht aussprechen kann, oder im Hinblick auf das Unsagbare im Gesagten gelesen werden müssen. Entscheidend bleibt es, eine Art des Lesens zu praktizieren, die nicht versucht, die Wahrheit darüber herauszufinden, was passiert ist, sondern eher fragt, was dieses Nicht-Ereignen mit der Wahrheitsfrage angestellt hat. Denn Teil des Effekts dieser Verletzung – wenn es denn eine ist – ist es eben, dass sie die Erkenntnis der Wahrheit in unendlich weite Ferne rückt: Das ist seine epistemische Gewalt. Auf der Wahrheitsprüfung zu beharren bedeutet daher gerade, die Effekte der fraglichen Verletzung zu verfehlen, die darin liegen, die Möglichkeit der Wahrheitserkenntnis in eine andauernde Krise zu werfen.

Ich füge also weiterhin diese Einschränkung hinzu: »Wenn Inzest eine Verletzung ist«, um darauf hinzuweisen, dass ich es meiner Meinung nach auch Umstände gibt, unter denen er keine Verletzung darstellt. Warum sollte ich auf diese Weise sprechen? Nun, ich glaube tatsächlich, dass es möglicherweise Inzestformen gibt, die nicht notwendigerweise traumatisch sind oder ihren traumatischen Charakter aus dem Bewusstsein der sozialen Scham beziehen, die sie erzeugen. Was mich aber am meisten beschäftigt ist, dass der Begriff »Inzest« zu viele Dinge mit einschließt; dass das von ihm bezeichnete Abweichen von sexueller Normalität zu einfach mit anderen Arten der Abweichung verschwimmt. Inzest wird als beschämend betrachtet, weshalb er unter anderem so schwer zu artikulieren ist. Aber in welchem Ausmaß wird er als eine sexuelle Regelwidrigkeit stigmatisiert, die Furcht einflößend, abstoßend und auf eine Art undenkbar ist, wie es bei anderen Abweichungen von normativer exogamer Heterosexualität nicht der Fall ist? Die Verbote, die am Werk sind, nichtnormativen sexuellen Austausch zu unterbinden, bewirken auch die Einsetzung und Kontrolle von Normen angeblich heterosexueller Verwandtschaft. Obwohl Inzest als eine Abweichung von der Norm verstanden wird, behaupten interessanterweise einige Theoretiker, unter ihnen Linda Alcoff, dass er eine Praktik ist, die im Allgemeinen den Patriarchismus der Familie unterstützt. Aber innerhalb der Psychoanalyse, vor allem der strukturalistischen Psychoanalyse, gelten Positionen wie die der Mutter oder des Vaters als differentielle Effekte des Inzesttabus. Und das, obwohl die Existenz eines Tabus gegen Inzest selbst voraussetzt, dass es eine Familienstruktur schon gibt: Denn wie würde man das Verbot sexueller Beziehungen mit Mitgliedern der eigenen Familie ohne eine vorausgehende Familienvorstellung verstehen können? Im Strukturalismus sind jedoch die symbolischen Positionen der Mutter und des Vaters nur durch das Verbot abgesichert, so dass das Verbot sowohl die Position der Mutter als auch des Vaters im Sinne einer Reihe vorgeschriebener endogamer sexueller Beziehungen herstellt. Einige lacansche Analytiker behandeln diese Positionen so, als ob sie zeitlos und notwendig wären, psychische Statthalter, die jedes Kind hat oder sich durch den Eintritt in die Sprache aneignet.

Obwohl dies eine komplizierte Frage ist, die ich an anderer Stelle verfolge werde, ist es hier wichtig zu beachten, dass der symbolische Status dieser Position nicht für das Äquivalent seiner sozialen Position gehalten wird und dass die soziale Variabilität der Elternschaft und der Familienstruktur sich nicht in der andauernden binären Unterscheidung von Mutter/Vater widerspiegelt, die auf der symbolischen Ebene angelegt ist. Wer darauf pocht, dass Verwandtschaft durch linguistische und symbolische Mittel eingeführt wird, die dezidiert nicht sozial sind, begreift meiner Ansicht nach nicht, dass Verwandtschaft eine kontingente soziale Praxis ist. In meinen Augen gibt es keine symbolische Position der Mutter oder des Vaters, die nicht eine Idealisierung und Verknöcherungen von kontingenten kulturellen Normen bedeutete. Diese wandelbaren Normen als Grundvoraussetzungen für Kultur und psychische Gesundheit zu behandeln hieße demnach, die Psychoanalyse der sexuellen Differenz vollständig von ihrem soziologischen Kontext abzutrennen. Es würden auch vorhandene Vorstellungen zur Normativität denjenigen vorbehalten, die immer schon in einem universellen Gesetz der Kultur eingetragen sind.

Deshalb behauptet das Gesetz, durch das das Inzesttabu als die Grundlage der symbolischen Familienstruktur zementiert würde, die Universalität des Inzesttabus ebenso wie die Universalität seiner notwendigen symbolischen Konsequenzen. Eine der symbolischen Konsequenzen eines derart formulierten Gesetzes ist eben die Derealisierung von lesbischen und schwulen Formen der Elternschaft, alleinerziehenden Müttern, gemischten Familienarrangements, in denen es möglicherweise mehr als eine Mutter oder einen Vater gibt, in denen die symbolische Position selbst verstreut und in neuen sozialen Anordnungen reartikuliert ist.

Wenn man an der durchgehenden symbolischen Wirksamkeit dieses Gesetzes festhält, scheint es mir schwierig, wenn nicht unmöglich, inzestuöse Handlungen als etwas zu begreifen, das auch tatsächlich stattfindet. Es wird auch schwierig, wenn nicht gar unmöglich, den psychischen Ort des Elternteils oder der Eltern auf eine Weise zu begreifen, in der sie heterosexuelle Normativität herausfordern würden. Ob es eine Herausforderung exogamer Heterosexualität von innen heraus (durch Inzest) oder von einer rivalisierenden sozialen Gestaltung von Sexualität aus (lesbisch, schwul, bisexuell und auch nichtmonogam) ist, jede dieser Abweichungen von der Norm lässt sich schwerlich innerhalb eines Schemas anerkennen, das behauptet, das wirksame Inzesttabu bestimme das Feld sexueller Intelligibilität. Inzest wird in einem gewissen Sinne vom Gesetz gegen den Inzest verhindert, und Formen der Sexualität, die in einiger Entfernung von der Norm entstehen, werden unintelligibel (werden manchmal beispielsweise sogar eine Psychose hervorrufen, wie wenn etwa Analytiker in strukturalistischer Manier argumentieren, dass gleichgeschlechtliche Elternschaft die Gefahr einer Psychose für Kinder birgt, die in diesen Verhältnissen aufwachsen).

Ein Argument, das die Psychoanalyse manchmal ins Feld führt, ist, dass das Inzesttabu, obwohl es angeblich heterosexuelle Exogamie unterstützt, nie wirklich funktioniert und dass das Spektrum der Perversionen und Fetischismen, die die reguläre menschliche Sexualität bevölkern, vom Misslingen des symbolischen Gesetzes zeugen, unsere sexuellen Leben in Gänze zu regeln. Mit diesem Argument sollen wir davon überzeugt werden, dass sich niemand jemals in dieser Norm eingerichtet hat, und dass die Psychoanalyse aus uns allen Perverse und Fetischisten macht. Das Problem an dieser Antwort ist, dass die Form der Norm, so unlebbar sie auch immer sein mag, unverändert bestehen bleibt, und obwohl diese Formulierung uns alle gleichermaßen zu Abweichlern machen würde, würde sie nicht aus den begrifflichen Strukturen ausbrechen, die eine einzigartige und unveränderliche Norm und dann davon abweichende Richtungen postulieren. Es gibt, mit anderen Worten, keine Möglichkeit, schwule Elternschaft oder Bisexualität als eine vollkommen intelligible kulturelle Formation anzuerkennen und demnach ihre Positionierung als Abweichung zu vermeiden. Ähnlich gibt es keine Möglichkeit, zwischen Abweichungen von der Norm wie etwa lesbischer Sexualität und inzestuösen Handlungen zu unterscheiden, wie man das eigentlich müsste.

Wenn es überhaupt Formen der Liebe gibt, die verboten oder wenigstens von den vom Inzesttabu aufgestellten Normen derealisiert worden sind, stellen sowohl Homosexualität als auch Inzest solche Formen dar. Im ersten Fall führt diese Derealisierung zu einem Mangel an Anerkennung für legitime Liebe; im letzteren zu einem Mangel an Anerkennung für das, was vielleicht eine traumatische Reihe von Begegnungen sein könnte, obwohl auch die Anmerkung wichtig ist, dass nicht alle Formen des Inzests notwendigerweise traumatisch sind (Inzest zwischen Bruder und Schwester in der Literatur des 18. Jahrhunderts erscheint manchmal beispielsweise als Idylle). Aber ob es darum geht, eine nicht-normative Form der Sexualität zu legitimieren oder sie zu delegitimieren: In beiden Fällen scheint es ausschlaggebend zu sein, dass wir einen theoretischen Rahmen zur Verfügung haben, der entscheidende Darstellungen nicht schon im Voraus verwirft. Denn wenn wir sagen, dass bestimmte Formen der Sexualität *per definitionem* nicht intelligibel sind oder dass sie gar nicht existiert haben könnten, laufen wir Gefahr, in der verwendeten theoretischen Sprache selbst genau jene Verleugnungsweisen zu verdoppeln, die die Psychoanalyse ans Licht bringen muss.

Für diejenigen strukturalistischen Psychoanalytiker, die von Lévi-Strauss' Analyse ausgehen, erschafft das Inzesttabu heterosexuell normative Verwandtschaft und verwirft aus der Sphäre der Liebe und des Begehrens jene Formen der Liebe, die diese Gruppe von Verwandtschaftsbeziehungen durchkreuzen und durcheinanderbringen. Im Falle des Inzests ist das Kind, dessen Liebe ausgebeutet wird, vielleicht nicht länger in der Lage, sich zu erholen oder sich zu dieser Liebe als Liebe zu bekennen. Und sich nicht zu seiner Liebe bekennen zu können, so schmerzhaft dies auch sein mag, produziert seine eigene Melancholie, die unterdrückte und ambivalente Alternative zur Trauer. Wie steht es also um die anderen Arten, in denen Verwandtschaft, die für die strukturalistische Perspektive die Bedingungen kultureller Intelligibilität liefert, von einer Liebe außer Kraft gesetzt ist, die die Grenzen dessen sprengt, was soziale Beziehungen ausmacht und ausmachen sollte, und die doch weiterlebt? Hier kommt eine weitere Art der Katachrese oder des uneigentlichen Sprechens ins Spiel. Denn wenn das Inzesttabu auch das Subjekt in die heterosexuelle Normativität einführen soll, und wenn, wie manche behaupten, diese Einführung die Möglichkeitsbedingung für ein symbolisch oder kulturell intelligibles Leben ist, dann tritt homosexuelle Liebe als das Unintelligible im Intelligiblen auf: eine Liebe, die im Namen der Liebe keinen Platz hat, eine Position in der Verwandtschaft, die keine Position ist.

Wenn das Inzesttabu in diesem Sinne daran arbeitet, eine Liebe zu verwerfen, die gar nicht inzestuös ist, ist das Ergebnis ein schattenhaftes Reich der Liebe, eine Liebe, die trotz ihrer Verwerfung in einem ontologisch ausgesetzten Modus fortdauert. Es taucht eine Melancholie auf, die das Leben und Lieben außerhalb des Lebbaren und außerhalb des Feldes der Liebe begleitet.

Es ist dann vielleicht nötig, das Inzestverbot neu zu überdenken als das, was manchmal vor einer Verletzung schützt und manchmal genau das Werkzeug einer Verletzung wird. Was dem Inzesttabu entgegentritt, eckt nicht nur deshalb an, weil es oft die Ausbeutung derer mit sich bringt, deren Zustimmungsfähigkeit in Frage steht, sondern weil es die Abweichung innerhalb normativer Verwandtschaft zur Schau stellt, eine Abweichung, die vielleicht auch wesentlich gegen die Fesseln der Verwandtschaft eingesetzt werden kann, um eine Änderung und Ausdehnung genau dieser Konditionen zu erzwingen. Wenn die Psychoanalyse in ihrer Theorie und Praxis heterosexuelle Verwandtschaftsnormen als Grundlage ihrer theoretischen Bemühungen aufrechterhält, wenn sie diese Normen mit kultureller Intelligibilität gleichsetzt, dann wird sie auch selbst das Werkzeug, mit dem diese Melancholie auf einer kulturellen Ebene geschaffen wird. Oder wenn sie darauf besteht, dass über Inzest ein Tabu verhängt ist und er deshalb gar nicht existieren kann: Welch Verlust analytischer Verantwortlichkeit gegenüber psychischem Leid ist damit vollzogen? In beiden Fällen manifestiert sich ein Unbehagen, mit dem wir nicht zu leben brauchen.

8. Körperliche Geständnisse

Ich schlage in diesem Kapitel vor, das Verhältnis von Sprache, Körper und Psychoanalyse zu überdenken, indem ich mich auf einen spezifischen Akt konzentriere: den Akt des Geständnisses.[1] Es handelt sich dabei bekanntlich nicht um einen schlichten Akt, aber er hat eine zentrale Beziehung zum klinischen Szenario, so wie ich es verstehe. In der Populärkultur wird die Praxis des Therapeuten oft als ein Raum dargestellt, in den man geht, um ein Geständnis abzulegen. Im ersten Band von Michel Foucaults *Geschichte der Sexualität* wird die Psychoanalyse als der historische Nachkömmling des Beichtstuhls beschrieben, und diese Sichtweise wird von seinen Anhängern als ein korrektes Bild der Psychoanalyse akzeptiert.[2]

Die Organisation moderner politischer Macht behält einige Elemente christlicher Institutionen bei und lässt sie zirkulieren, und auf diese Weise überlebt etwas bis in spätmoderne Institutionen hinein, das Foucault »Pastoralmacht« nennt. Mit diesem Terminus will er darauf hinweisen, dass sich historisch eine bestimmte Gruppe von Leuten etabliert hat, die sich um die Seelen anderer Menschen kümmert und sie betreut. Ihre Aufgabe wird darin bestehen, diese Seelen ethisch zu kultivieren und ihr Gewissen zu kennen und zu lenken. Diese christliche Idee des Pastors impliziert laut Foucault auch, dass er ein sicheres Wissen über die von ihm betreute Person besitzt und dass die Anwen-

1 Dieses Kapitel wurde im Frühling 1999 als Vortrag bei der *American Psychological Division Meetings (Division 39)* in San Francisco gehalten.

2 Eine andere Einstellung zum Verhältnis von Körper und Sprache in der Psychoanalyse findet sich in Shoshana Felman, *The Scandal of the Speaking Body. Don Juan with Austin, or Seduction in Two Languages*. Für weitere Überlegungen zu diesem Punkt siehe meine Einleitung zu diesem Band.

dung dieses Wissen auf diese Person das Mittel ist, durch das sie verwaltet und kontrolliert wird. Pastoralmacht ist demnach eine Machtform, mit deren Hilfe die Seelen verwaltet werden. Der Anspruch, die Seele des anderen wirklich zu kennen und in der Lage zu sein, sie einem gutem Gewissen und der Erlösung zuzuführen, ist ein machtvoller Anspruch; nur bestimmte, gut ausgebildete Individuen sind in der Lage, ihn zu erheben. Indem sie das angebotene Wissen über sich selbst annehmen, akzeptieren diejenigen, deren Seele auf diese Weise verwaltet wird, dass der Pastor einen autoritativen Diskurs über die Wahrheit ihrer Identität beherrscht. Sie beginnen also über sich selbst innerhalb desselben Wahrheitsdiskurses zu sprechen.

Im ersten Band von *Sexualität und Wahrheit* ist laut Foucault das Mittel, durch das wir von einem solchen autoritativen Diskurs kontrolliert werden, das Geständnis. Wir sagen, was wir gedacht oder getan haben, und diese Information wird dann das Material, anhand dessen wir interpretiert werden. Es legt uns sozusagen für den autoritativen Diskurs desjenigen offen, der die Pastoralmacht ausübt. Im Geständnis zeigen wir, dass wir nicht wirklich unterdrückt sind, da wir selbst den versteckten Inhalt öffentlich zum Vorschein kommen lassen. Das Postulat, dass »Sex unterdrückt ist«, dient eigentlich einem Plan, der uns den Sex offenbaren lässt. Der uns auferlegte Offenbarungszwang stützt sich auf die spekulative These, dass der Sex unterdrückt sei, und instrumentalisiert sie. In Foucaults Augen ist der einzige Grund für die Behauptung, der Sex sei unterdrückt, dass wir ihn so an die Oberfläche zerren können. Die Idee des unterdrückten Sex ebnet unserem Geständnis den Weg, und es ist unser Geständnis, das wir anscheinend am meisten genießen.[3]

Warum? Warum sollten wir alles so arrangieren, dass wir (gegen Widerstände zwar, aber auch mutig) unser Begehren vor einem anderen menschlichen Wesen aussprechen können, und

3 Siehe Michel Foucault, »Das Subjekt und die Macht«.

auf die Worte warten, die uns zur Antwort gegeben werden? Foucault stellt sich den Analytiker als einen leidenschaftslosen Richter und »Experten« vor, der ein Urteil fällt und Kontrolle auszuüben sucht, der auf ein Geständnis dringt, um den Analysanden einem normalisierenden Urteil zu unterwerfen. Wie sich herausstellt, verwirft Foucault in seinen späteren Arbeiten diese Darstellung der Pastoralmacht. Er wendet sich der Geschichte der Beichtpraxis in der Spätantike zu und entdeckt dort gerade, dass diese nicht ausschließlich zu Regulierungs- und Kontrollzwecken eingesetzt wurde. In »About the Beginning of the Hermeneutics of the Self«[4] unterzieht er seine frühere Position einer »Selbstkritik« (S. 161), in deren Verlauf er die Rolle des Geständnisses in Senecas Schriften erörtert. Foucault behauptet, hier eine Darstellung des Geständnisses gefunden zu haben, in der es nicht um die Enthüllung eines »tiefen Begehrens« (S. 167) geht, sondern um ein sprachliches Bemühen, »reines Wissen und einfaches Bewusstsein in eine wirkliche Lebensweise zu verwandeln« (S. 167). In diesem Fall ist laut Foucault »Wahrheit nicht durch eine Korrespondenz zur Realität bestimmt, sondern als eine prinzipieninhärente Kraft, die in einem Diskurs entfaltet werden muss« (S. 167). Das Geständnis funktioniert hier ohne die Repressionshypothese, wie sie von Foucault im ersten Band von *Sexualität und Wahrheit* herausgearbeitet worden ist. Es gibt hier keine Wünsche, die von repressiven Regeln zum Schweigen gebracht werden, sondern nur eine Tätigkeit, durch die sich das Selbst im Diskurs mit Hilfe der Anwesenheit und Rede eines Anderen hervorbringt. Er schreibt, dass »das Selbst nicht etwas ist, das als ein äußerst verborgener Teil unseres Selbst entdeckt oder entziffert werden muss. Das Selbst muss, ganz im Gegenteil, nicht entdeckt, sondern durch die Kraft der Wahrheit erst

4 Michel Foucault, »About the Beginning of the Hermeneutics of the Self«; Nachweis im Folgenden mit Seitenzahlen im Text. Für eine ausführlichere Darstellung von Foucaults frühen Ansichten zu Geständnis und Repression siehe das erste Kapitel von *Der Wille zum Wissen*.

erzeugt werden. Diese Kraft liegt in der rhetorischen Qualität des Diskurses des Herren; und diese rhetorische Qualität hängt wiederum teilweise vom Exposee des Schülers ab, der erklären muss, wie weit er in seiner Lebensweise von den ihm bekannten wahren Prinzipen entfernt ist« (S. 168).

In seinen Überlegungen zu Johannes Cassianus, einem Kirchenvater, erörtert Foucault, wie das Geständnis als eine »permanente Verbalisierung« (S. 178) konstruiert wird. Ziel dieser Verbalisierung ist es, die Bindung, die das menschliche Wesen zu sich selbst hat, in eine Bindung zu etwas zu verwandeln, das jenseits des Menschlichen liegt – zu Gott. In diesem Sinne ist, schreibt Foucault, »Verbalisierung ein Selbstopfer« (S. 179). Für Cassianus ist laut Foucault das Opfer, das in einem Geständnis dargebracht wird, ein Aufgeben des Begehrens und des Körpers. Er schreibt, »wir müssen dieses Opfer nicht nur als einen radikalen Wandel in der Lebensweise verstehen, sondern als eine Folge einer Formel wie dieser: Du wirst die Manifestation der Wahrheit werden, wenn (und nur wenn) du verschwindest oder dich selbst – als einen wirklichen Körper und eine wirkliche Existenz – zerstörst« (S. 179). Diese Fassung des Geständnisses bringt eine vollständige Zurückweisung eines Subjekts des Willens mit sich, die aber nichtsdestotrotz mit Hilfe der Verbalisierung zu Wege gebracht wird. Folglich kann das Geständnis als eine Verbalisierung, die den Willen selbst auflöst, verstanden werden.

Diese Fassung des Geständnisses sieht ganz nach einem Beleg dafür aus, dass Foucaults frühere Behauptung, dass Pastoralmacht von Beherrschungs- und Kontrollzwecken bestimmt ist, in gewisser Weise danebenliegt. Wir könnten Selbstaufopferung als ein erzwungenes Produkt der Macht lesen, als eine Strategie der Beherrschung; aber dabei würden wir ihr Motiv und ihre Leistung missdeuten. Es geht nicht darum, verborgene Wünsche aufzustöbern und ihre Wahrheit an die Öffentlichkeit zu zerren. Es geht vielmehr darum, die Wahrheit seiner selbst durch ebenjene Verbalisierung erst zu erzeugen. Ersteres stützt sich auf die Repressionshypothese; Letzteres betont demgegenüber die performative Kraft der gesprochenen Äußerung. Auch die Rolle des Beichtvaters ist in dieser späteren Fassung eine etwas andere: »Die Rolle des Interpreten wird von der Arbeit einer kontinuierlichen Verbalisierung auch noch der unmerklichsten Denkbewegungen übernommen«, weil sich der Interpret auf diese »unmerklichsten Bewegungen« nicht konzentriert, um eine schon vorher existierende Wahrheit zu entdecken, sondern um eine Loslösung des Selbst von sich selbst zu ermöglichen. Das Ziel des Opfers – die Neuschöpfung des Selbst in einem göttlichen Licht – verlangt also »die Öffnung des Selbst als ein Feld unendlicher Interpretation« (S. 180).

Wenn sich Foucaults frühe Fassung der Pastoralmacht als unvollständig oder falsch entpuppt und wenn die Psychoanalyse weiterhin als ein Erbe der Pastoralmacht bezeichnet wird: Auf welche Art und Weise überlebt dann die Pastoralmacht in der Psychoanalyse? Die Rolle des Beichtvaters in der Pastoralmacht muss anders verstanden werden. Sie ist nicht länger hauptsächlich vom Wunsch geleitet, die eigene Macht zu vergrößern, sondern ermöglicht durch den Verbalisierungsprozess einen Übergang oder eine Bekehrung und öffnet das Selbst für die Interpretation und letzten Endes für eine andere Art der Selbstschöpfung im Gefolge des Opfers.

Aber wenn Foucault darin irrt, dass die Psychoanalyse als Erbe der Pastoralmacht das Geständnis dazu zu nutzen sucht, ihre eigene Kontrolle und Macht auszubauen, was wäre dann der Grund dafür, so angestrengt den Wünschen zu lauschen, die eine andere Person nur gegen so große Widerstände zum Vorschein bringen kann? Wenn diejenigen, die den Geständnissen anderer Leuten beiwohnen, nicht von simplem Sadismus motiviert sind, wie erklären wir dann den Zweck dieser Art des Zuhörens? Und wenn es nicht darum geht, die »Wahrheit darüber, was wirklich geschehen ist«, herauszufinden und die Sprache des Analysanden als eine zu behandeln, die sich auf eine Reihe innerlicher oder äußerlicher Ereignisse bezieht, welche Rolle spielt dann die Sprache in diesem Austausch?

Die Psychoanalyse hört natürlich nicht nur auf das Begehren. Und die Aussage scheint gerechtfertigt, dass die meisten Therapeuten und Analytiker kein Urteil über die Wahrheit dessen fällen, was im Kontext ihrer Praxen geäußert wird. Es mag tatsächlich so sein, dass das Auffinden von Bedeutungen und das Auffinden von Wahrheiten zwei äußerst verschiedene Sachen sind und dass eine Möglichkeit, Bedeutungen aufzufinden, darin besteht, solche Formen des Urteilens zu suspendieren, die der Kommunikation hinderlich sein könnten. Das Geständnis scheint mir ein bedenkenswerter Moment zu sein, weil es in der psychoanalytischen Situation nicht nur als eine Kommunikation darüber, was jemand begehrt oder getan hat, eine Rolle spielt. Das Sprechen selbst stellt vielmehr eine weitere Handlung dar, die im Rahmen der psychoanalytischen Situation einer Tat (wenn es sich denn um eine fragliche Tat handelt) erst eine gewisse Realität verleiht und die den Analytiker als Zuhörer ebenfalls mit in das Szenario des Begehrens hineinzieht. Wenn es ein bestimmter Wunsch ist, den der Analysand gegenüber dem Analytiker auszusprechen wünscht, dann ist es wiederum ein anderer, der sich im Prozess des Sprechens selbst verwirklicht. Denn sobald gesprochen wird, wünscht der Analysand, dass der Analytiker Bescheid weiß, und erwartet oder befürchtet irgendeine Reaktion auf das Gesagte. Auf diese Weise konfrontiert das Geständnis den Analytiker nicht einfach mit einem bereits existierenden Wunsch oder einer schon begangenen Tat. Es verändert den Wunsch und die Tat dergestalt, dass keins von beiden jemals das gewesen ist, was es wird, sobald es einmal vor dem Analytiker ausgesagt wurde.

Rücken wir das Geständnis vielleicht noch in ein etwas dramatischeres Licht. Foucault glaubte in seinen früheren Arbeiten, es gehe in der Analysesituation darum, dass jedermann die Möglichkeit erhält, von seinen verstohlenen Wünschen zu sprechen;

sie erteilt die Erlaubnis, über Sex zu sprechen. Er formuliert auch, vielleicht wider Willen, ein psychoanalytisches Argument, wenn er behauptet, dass das, was am meisten genossen wird, gerade dieses Sprechen über Sex ist: Verbalisierung wird zum Schauplatz der Sexualität. Meine Frage setzt hier an: Ist die Lust am Sprechen über Sex eine Lust am Sex oder eine Lust am Sprechen? Und wenn es sich bei beiden um verschiedene Formen der Lust handelt, sind sie vielleicht aufeinander bezogen? Was ist der Inhalt des Geständnisses? Ist es eine Tat, ein Begehren, eine Angst und andauernde Schuld, für die die Geständnisform Linderung verspricht? Zu Beginn konzentriert sich das Geständnis gewöhnlich auf eine Tat, aber vielleicht verdeckt die Tat nur die Quelle des Geständniswunsches. Aber beginnen wir mit der anfänglichen Annahme des Beichtvaters, dass es eine Tat gibt, die ihrer Enthüllung im Sprechen harrt. Der Analysand spricht, weil er sich den Inhalt des Geständnisses als eine Tat, eine Tat des Begehrens, einen sexuellen Akt vorstellt. Aber dieses Sprechen wird selbst wiederum zu einem Vehikel; denn der Akt wird tatsächlich ein neuer Akt oder ein neues Leben für den alten Akt. Man hat jetzt nicht nur die Tat begangen, sondern auch darüber gesprochen und etwas durch dieses Sprechen getan; durch ein Sprechen, das *vor* und indirekt auch *zu* einem Anderen stattfindet, ein Sprechen, das Anerkennung unterstellt und erbittet und den ersten Akt als einen öffentlichen, als einen bekannten, als einen, der wirklich stattgefunden hat, festsetzt. Das geständige Sprechen in der psychoanalytischen Situation wird also ein anderer körperlicher Akt als derjenige, der gestanden wird; aber was ist die Konstante in diesen beiden Akten? Der Körper auf der Couch ist derselbe Körper, der die Tat begangen hat, aber auf der Couch wird die Tat verbal weitergegeben; wieder handelt der Körper, aber dieses Mal durch den körperlichen Akt des Sprechens selbst. Bringt das Sprechen von der Tat die Tat zwischen dem Analytiker und dem Analysanden ins Spiel? Und was ist mit dem Körper? Er ist der Referent der Tat; seine Tätigkeiten werden berichtet, weitergeleitet und kommuniziert. Aber im Geständnis handelt der Körper noch einmal, indem er seine Fähigkeit zur Ausführung einer Tat zur Schau stellt; er kündet, abgesehen vom tatsächlich Gesagten, auch davon, dass er anwesend ist, aktiv und sexuell. In seinem Sprechen manifestiert sich das gegenwärtige Leben des Körpers, und obwohl die Tat dadurch wirklicher gemacht wird, dass sie ausgesprochen wird, erscheint sie im Moment der Äußerung auch merkwürdig vergangen, abgeschlossen, vorbei. Vielleicht werden deshalb Geständnisse immer nachträglich abgelegt und bis zu einem Zeitpunkt aufgeschoben, zu dem der Sprecher bereit ist, das Objekt zu opfern, wie es das Aussprechen der Worte manchmal mit sich bringt.

Wenn man ein Geständnis ablegen muss, muss natürlich auch etwas ausgesprochen werden, das für einige Zeit zurückgehalten worden ist. Ein Geständnis ablegen zu müssen bedeutet, dass es noch nicht abgelegt worden ist, dass es da ist, fast schon in Worten, aber dass das Sprechen im Zaum gehalten wird und dass sich der Sprecher aus der Beziehung auf eine gewisse Weise zurückgezogen hat. Es bedeutet aber auch, dass jene Worte dem Analytiker noch nicht vorgetragen worden, dass die Worte noch nicht als Material angeboten worden sind. Die Worte, die Taten, die sie ausdrücken, sind noch keiner anderen Perspektive ausgesetzt worden, sie sind noch nicht verletzbar durch diese andere Perspektive, die die Worte und die Taten einer Reinterpretation unterziehen könnte. Die ursprünglich hochgradig besetzte Bedeutung, mit der die Taten aufgeladen wurden, ist noch nicht zu einem Ereignis geworden, dessen Bedeutung intersubjektiv festgelegt wäre. Das Geheimnis untergräbt die unterstellte Intersubjektivität der analytischen Situation, kann aber auch zu einem neuen Ereignis werden, einem Ereignis, das nur unter der Bedingung zum Material für die Analyse werden kann, dass das Geständnis das Geheimnis ans Licht zerrt. Und vielleicht ist zum Zeitpunkt des Geständnisses dieser Aufschub wiederum zu einem Anlass für Schuld und Reue geworden.

Ich möchte eine andere Sichtweise anbieten, indem ich eine Stelle in Sophokles Stück *Antigone* benutze, an der Antigone Kreon gesteht, dass sie das Gesetz gebrochen und ihren Bruder Polyneikes begraben hat.[5] Ihr Verbrechen ist nicht wirklich sexueller Natur, obwohl ihre Beziehung zu Polyneikes sehr eng, wenn nicht sogar durch eine inzestuöse Bedeutung überdeterminiert ist. Sie ist schuldig, die von Kreon erlassene Verordnung missachtet zu haben, die jeden zum Tode verurteilt, der ihren Bruder Polyneikes begräbt. Aber ist sie auch aus anderen Gründen schuldig, Gründen, die von ihrem großen öffentlichen Verbrechen überdeckt werden? Und wenn sie ihr Geständnis ablegt, vermehrt sie dadurch ihre Schuld? Wird sie darüber hinaus einer anderen Tat schuldig als der, die sie möglicherweise begangen hat? Verschärft ihr Geständnis nicht eigentlich ihre Schuld?

Antigone wird uns bekanntlich durch und im Moment der Tat vorgestellt, mit der sie Kreons Souveränität die Stirn bietet. Sie stellt in ihr die Macht seiner Verordnung in Frage, die in Form eines Imperativs erlassen wird, als ausdrückliches Verbot, jenen Körper zu begraben.[6] Antigone macht sich also über Kreons Autorität lustig; sie fordert ihn verbal heraus, indem sie sich weigert, zu leugnen, dass sie es war, die das Verbrechen begangen hat: »Ich sage, daß ich's tat, und leugn es nicht« (Zweiter Akt, Erste Szene), »Ja, ich gestehe es« oder »Ich sage, ich tat's« – so beantwortet sie eine Frage, die ihr von einer anderen Autorität gestellt worden ist, und so erkennt sie auch die Autorität an, die dieser Andere über sie hat. »Ich werde meine Tat nicht leugnen« – »Ich werde nicht leugnen«, ich werde mich nicht zu einer Verleugnung zwingen lassen, ich werde mich weigern, durch die Sprache

5 Für eine interessante Behandlung der Frage, was dieses Geständnis »tut«, siehe Peter Brooks *Troubling Confessions: Speaking Guilt in Law and Literature*.

6 Alle Zitate aus Sophokles' *Antigone* nach Sophokles, *Die Trauerspiele des Sophokles*, üb. von Friedrich Hölderlin, Basel: Stroemfeld/Roter Stern 1986. Teile der folgenden Diskussion nehmen ein Argument wieder auf, das ich in *Antigones Verlangen* vorgebracht habe.

des Anderen zu einer Verleugnung gezwungen zu werden, und was ich nicht leugnen werde, ist meine Tat – eine Tat, die Antigone zum Besitz und zur Besessenheit [*possession*] wird, die nur im Rahmen der Szene Sinn ergibt, in der sie sich einem erzwungenen Geständnis widersetzt. Zu behaupten: »Ich werde meine Tat nicht leugnen«, bedeutet in anderen Worten, sich zu weigern, den Akt einer Verleugnung zu vollbringen; es bedeutet aber nicht wirklich, die Tat auch zu behaupten. Zu sagen »Ja, *ich sage*, dass ich es getan habe«, würde bedeuten, die Tat zu behaupten, aber es würde auch bedeuten, mit ebendieser Behauptung eine weitere Tat zu begehen, die Handlung, seine Tat öffentlich zu machen, ein neues kriminelles Unterfangen, das das vorhergehende verdoppelte und seinen Platz einnimmt.

Antigones Tat ist tatsächlich von Anfang an mehrdeutig, und zwar nicht nur die trotzige Handlung, dass sie ihren Bruder begräbt, sondern auch die verbale Handlung, mit der sie Kreons Frage beantwortet; ihr Handeln ist also ein Handeln in der Sprache. Sein Handeln in der Sprache öffentlich zu machen ist auf gewisse Weise die Vervollständigung des Handelns; es ist der Moment, der sie in den Hybris genannten maskulinen Exzess einbezieht. Interessanterweise tauchen in dem Moment, in dem kenntlich wird, dass sie sich Kreon aufs schärfste entgegenstellt, wenigstens zwei störende Probleme auf. Erstens fängt sie an, ihm zu ähneln. Beide trachten danach, ihre Taten öffentlich zur Schau zu stellen und für ihr Handeln öffentliche Anerkennung zu gewinnen. Zweitens spricht sie zu und vor ihm, und er wird so zum Zielpublikum ihres Geständnisses, derjenige, für den es gedacht ist, derjenige, der es empfangen muss. Sie benötigt also seine Anwesenheit, auch wenn sie sich ihm aufs bitterste widersetzt. Ist sie wie er? Bindet sie sich durch ihr Geständnis noch fester an ihn?

Ihre erste Tat war schlimm genug. Sie hat das Gesetz gebrochen und ihren Bruder begraben. Sie hat es im Namen eines höheren Gesetztes getan, einer anderen Rechfertigungsebene, aber sie ist nicht in der Lage, klarzumachen, was dieses Gesetz genau ist. Doch wenn sie zu gestehen und damit sprachlich zu handeln beginnt, scheinen sich ihre Beweggründe zu verändern. Ihre Rede soll ihre eigene Souveränität unterstreichen, aber etwas anderes kommt dabei zum Vorschein. Obwohl sie Sprache benutzt, um ihre Tat zu behaupten und eine »männliche« und aufsässige Autonomie zu beanspruchen, kann sie diese Handlung nur begehen, indem sie die Normen der Macht verkörpert, der sie sich entgegenstellt. Was diesen Sprechakten ihre Kraft verleiht, ist in der Tat das normative Wirken der Macht, das sie verkörpern, ohne gänzlich zu ihm zu werden.

Antigone beginnt also nicht nur auf eine Weise zu handeln, die man männlich nennt, weil sie aufsässig dem Gesetz zuwiderhandelt. Sie spricht auch mit der Stimme des Gesetzes, indem sie gegen das Gesetz handelt. Sie begeht die Tat nicht nur in ihrer Weigerung, dem Erlass zu folgen, sondern wiederholt diese auch durch die Weigerung, zu leugnen, dass sie sie begangen hat, und eignet sich dadurch die Rhetorik der Handlungsfähigkeit von Kreon selbst an. Ihre Handlungsfähigkeit entsteht gerade durch ihre Weigerung, seine Anordnung zu akzeptieren; und doch gleicht sich die Sprache dieser Weigerung genau den Bedingungen der Souveränität – Kreon ist letztendlich das Musterbild der Souveränität – an, denen sie sich verweigert. Er erwartet, dass seine Worte ihre Taten leiten werden; sie antwortet ihm und kontert seinen souveränen Sprechakt mit einer Behauptung ihrer eigenen Souveränität. Das Behaupten wird zu einem Akt, der den Akt wiederholt und bestätigt, und erweitert den Insubordinationsakt, indem das Bekenntnis zu ihm in der Sprache abgelegt wird. Dieses Bekenntnis erfordert aber paradoxerweise eine Aufopferung ihrer Autonomie zu just dem Zeitpunkt, an dem es abgelegt wird: Sie behauptet sich dadurch, dass sie sich die Stimme des Anderen aneignet, die Stimme desjenigen, dem sie sich entgegenstellt. Sie gewinnt ihre Autonomie also durch die Aneignung der autoritativen Stimme desjenigen, dem sie widersteht. Diese Aneignung trägt in sich Spuren einer gleichzeitigen Verweigerung und Assimilation genau dieser Autorität.

In ihrer offenen Herausforderung des Staates erfahren wir noch etwas anderes über ihre Beweggründe. In den Augenblick, in dem sie sich Kreon widersetzt, wird sie dem Bruder ähnlich, den sie begraben hat. Sie wiederholt das aufsässige Handeln ihres Bruders und wiederholt damit seine Aufsässigkeit; damit bestätigt sie ihre Loyalität zu ihrem Bruder, platziert sich aber auch als diejenige, die ihn ersetzen kann, ihn verdrängt und ihn vielleicht territorialisiert, indem sie seinen Platz in einem gewalttätigen Austausch ihrer selbst für ihn einnimmt, ihn schließlich auslöscht – möglicherweise im Namen ihrer Treue zu ihm. Sie erlangt Männlichkeit durch die Auslöschung der Männlichkeit, aber sie löscht sie nur aus, indem sie sie idealisiert. An einer Stelle scheint ihre Tat eine Rivalität und Überlegenheit Polyneikes gegenüber zu erschaffen. Sie fragt: »Obwohl, woher hätt ich wohllautenderen Ruhm [*kleos*], als wenn ich in das Grab den Bruder lege?«

Wenn wir also dachten, dass ihre treue Liebe zu ihrem Bruder sie zu ihrer Handlungsweise getrieben hat, stellen ihre eigenen Worte das augenscheinliche Ziel ihrer Tat in Frage. Man könnte vielleicht sagen, dass die Tat mit dem Begräbnis beginnt, aber in ihrem Geständnis eskaliert. Und mit diesem Geständnis, einem offenbar unschuldigen Geständnis, gelangt Antigone zu ihrer Macht und besiegelt gleichzeitig ihren Tod. Sie scheint das Gesetz herauszufordern, liefert sich aber auch seinem Todesurteil aus. Warum würde sie diese Handlungsoption wählen, die zu ihrem sicheren Tod führt? Warum erfleht sie förmlich in Tat und Wort diese endgültigste aller Strafen?

In seinem Aufsatz »Die Verbrecher aus Schuldbewusstsein« berichtet Freud von Patienten, die Verbrechen deshalb begehen, weil sie verboten waren und »mit ihrer Ausführung eine seelische Erleichterung für den Täter verbunden war«.[7] Die Hand-

7 Sigmund Freud, »Die Verbrecher aus Schuldbewußtsein«.

lung scheint den Patienten deshalb zu erleichtern, weil nun sein »Schuldbewußtsein [...] wenigstens irgendwie untergebracht« ist. Freud besteht darauf, dass »das Schuldbewußtsein früher da war als das Vergehen, daß es nicht aus diesem hervorging, sondern umgekehrt, das Vergehen aus dem Schuldbewußtsein«. Er bemerkt weiterhin, dass dieses »dunkle Schuldgefühl«, eine Schuld, die ihre eigenen Existenzgründe nicht kennt, »aus dem Ödipuskomplex stamme, eine Reaktion sei auf die beiden großen verbrecherischen Absichten, den Vater zu töten und mit der Mutter sexuell zu verkehren«. Und weiter spekuliert er, dass »die Menschheit ihr Gewissen, das nun als vererbte Seelenmacht auftritt, am Ödipus-Komplex erworben hat«. In einem seltenen Augenblick beruft er sich auf Nietzsche, der diejenigen, die Verbrechen aus Schuldbewusstsein begangen haben, als »bleiche Verbrecher« bezeichnet; doch dies ist sicher ein Zusammenhang, der bei einer anderen Gelegenheit genauer verfolgt werden muss.

Für unsere Fragestellung scheint nun Freuds Annahme interessant zu sein, dass die zwei großen verbrecherischen Absichten – den Vater zu töten, mit der Mutter zu verkehren – von Ödipus abstammen; aber bei Antigone, die wiederum von Ödipus abstammt, ist vielleicht eine andere Art von krimineller Intention am Werk, die eine dunkle Schuld erzeugt, für die der Tod selbst die passende Strafe zu sein scheint. Antigone befindet sich bekanntlich in einem Dilemma, wenn sie ausruft, dass sie ihr Verbrechen für ihren »liebsten Bruder« begangen hat, da ihr Bruder nicht nur Polyneikes ist, sondern auch Eteokles, der auch erschlagen wurde, und Ödipus, der Sohn ihrer Mutter und seiner Frau Iokaste. Sie liebt ihren Bruder, und deshalb begräbt sie ihn. Wer aber ist dieser Bruder? Und ist Polyneikes – als ihr Bruder – von jenem anderen toten Bruder überdeterminiert, dem auch ein angemessenes Begräbnis verweigert wurde, von Ödipus selbst? Sie liebt ihren Bruder, sagt sogar, dass sie »bei ihm liegen« will, und sucht den Tod, den sie auch ihr »Brautbett« nennt, um für immer bei ihm zu sein. Sie ist ein Inzestkind, aber wie zirkuliert Inzest in ihrem eigenen Begehren? Und wie werden diese verbrecherischen Absichten gerade von dem Verbrechen überdeckt, das sie begeht? Gibt es noch ein anderes Verbrechen, das Phantom eines Verbrechens, die Ahnung eines Verbrechens, ein nicht begangenes Verbrechen, von dem eine dunkle Schuld zeugt? Und gibt sich diese Schuld nicht zugleich zu erkennen und hält sich weiterhin versteckt, indem sie die verbrecherische Handlung begeht, Poyneikes zu begraben, und dann noch einmal die Tat verdoppelt, indem sie ein Geständnis ablegt, das ihr das Todesurteil einbringt, von dem sie genau wusste, dass es sie erwarten würde? Ist es ihre Schuld, für die sie die Todesstrafe verdient, oder die Schuld ihres Vaters? Und kann man schließlich beide überhaupt auseinanderhalten, da ja beide in offenbar ähnlicher Weise verflucht sind? Und ist die Bestrafung ein Weg, die Sünde abzubüßen, oder produziert sie die Möglichkeit eines phantasmatischen Szenarios, in dem Antigone schließlich vom kulturellen Tabu befreit ist, frei, mit ihrem Bruder in alle Ewigkeit zu liegen?

Ich habe dieses Kapitel mit einem Schwerpunkt auf dem Geständnis als einer Handlung begonnen, die das Begehren, von dem sie berichtet, verschiebt – vor allem wenn es in der Analysesituation abgelegt wird. Ich will es aber mit der Bemerkung beenden, dass das Geständnis nicht nur einen »Themenwechsel« weg vom fraglichen Vergehen bedingt [*»changes the subject«*]. Genauso gut kann es aktiv ein Schuldgefühl verdecken und rationalisieren, das sich aus keiner eigenen Tat ableiten lässt. Antigones Geständnis macht klar, was sie getan hat, aber es enthüllt ihr Begehren nicht auf eine transparente Weise. Und ihr Geständnis ist das Mittel, durch das sie sich der Strafe unterwirft, die Kreon für sie vorgesehen hat, und ihre eigene Bewegung in Richtung Tod beschleunigt. Obwohl es als schuldloses Aufbegehren gelesen werden kann, scheint es in der Tat eine selbstmörderische Handlung zu sein, die von einem dunklen Schuldgefühl getrieben ist.

Das Geständnis zeitigt also eine Reihe von Konsequenzen, die im Rückblick einen Wunsch nach Bestrafung enthüllen, nach einer endgültigen Befreiung von Schuld. Wie wichtig muss es dann erst sein, dass der Analytiker weiß, dass das Geständnis auch einen Kreon erwarten oder anflehen könnte.

Foucault hat zweifelsohne einen Fehler begangen, wenn er dachte, dass das Geständnis dem Analytiker immer nur die Gelegenheit bietet, die Kontrolle und Autorität über die Wahrheit einer bestimmten Seele zu erlangen. Aber vielleicht hat Foucault etwas über die Angst vor der Analyse ausgesprochen, in der der Analytiker als ein Pastor und Richter gezeichnet wird und die Leistung des Analysanden sein Geständnis ist, das zu einer unausweichlichen und immer wiederkehrenden Strafe führt. Natürlich muss genau diese Phantasie der Analyse in die Analysesituation selbst eingebracht und nach seinen Besetzungen abgetastet werden, im Besonderen dem Abwehrmechanismus. Der Analytiker ist kein Kreon, aber es bleibt wahrscheinlich richtig, dass die Erwartung von Kreons Bestrafung auch den Geständniswunsch strukturieren kann – zumindest den Geständniswunsch, wie Foucault sich ihn vorstellt. Das Aussprechen des Verbrechens ist daher eine weitere Handlung, eine neue Tat, die sich einem bestrafenden Gesetz entweder widersetzt oder unterwirft, aber die noch nicht weiß, wie diese Phantasie vom Gesetz selbst wiederum Gegenstand der Reflexion werden kann. Derjenige, für den Selbstdarstellung als Geständnis figuriert, kann die Erwartung haben, dass die Bestrafung der Schuld wörtlich genommen und externalisiert wird – ganz wie es bei Antigone der Fall war. Schuld funktioniert als eine Art psychischer Bestrafung, die ihrer Tat und ihrem Eingeständnis vorausgeht; als projizierte Urteilsandrohung durch den Analytiker erscheint sie in verstärkter Form. Eindeutig wirft jedoch das Sprechen, insofern es als Geständnis strukturiert ist, die Frage auf, ob der Körper abgeurteilt werden wird. Das Geständnis aus einem dunklen Schuldbewusstsein heraus wird ebendiese Sprechweise sein, die ihre eigene Verurteilung fürchtet und erbettelt. Umso mehr Gründe, dass der Analytiker, der sich in der Rolle des Beichtvaters – oder tatsächlich in Kreons Lage – wiederfindet, diese Ehre ablehnen und jenes Sprechen als inständige Bitte um Hilfe verstehen muss, den Fluch zurückzunehmen, dessen tödliche Folgen manchmal so unausweichlich scheinen.

Postskriptum zu Sprechakten und zur Übertragung

Analytisches Sprechen hat die Tendenz, rhetorisch zu sein. Damit meine ich, dass das in der Analyse Gesagte nicht immer oder ausschließlich daraufhin untersucht wird, was es zu sagen vorgibt; es muss auch in Betracht gezogen werden, was das Aussagen selbst bedeutet, was die Form des Sprechens selbst aussagt, was die bloße Wortwahl bewirkt. Das ist natürlich immer ein verzwicktes Geschäft, da der Analysand auf eine gewisse Weise seine Intentionen respektiert wissen will; es ereignet sich aber doch ein gewisses respektvolles Missachten der Intention, wenn der Analytiker der Form oder dem Modus des Sprechakts Aufmerksamkeit schenkt, der Konsequenz des Sprechakts, seinem Timing oder seiner Grundhaltung. Indem er auf die rhetorischen Aspekte des Sprechens eingeht, entdeckt der Analytiker Bedeutungen, die über die Intention hinausgehen und sie manchmal vereiteln, und meines Wissens läuft die Antwort auf solch ein Sprechen Gefahr, etwas Ungewolltes zu bewerkstelligen und Folgen zu zeitigen, die über die Absichten des Analytikers hinausgehen und sie manchmal vereiteln.

Ein Sprechakt im Rahmen der Übertragung kann also als ein Versuch gelten, einen Inhalt zu kommunizieren, aber auch als eine Darstellung oder Aufführung einer anderen Reihe von Bedeutungen, die eine Beziehung zum gesagten Inhalt haben können oder nicht. Natürlich gibt es Meinungsunterschiede darüber, wie mit dem »Inhalt« oder der Oberflächenbedeutung der Äußerung umzugehen ist. Aber eines scheint klar: Der Inhalt, die intendierte Bedeutung, kann nicht vollständig überwunden oder transzendiert werden, weil die Art und Weise, wie man diesen Inhalt äußert – oder das, was die Äußerung dieses Inhalts selbst vollbringt –, wahrscheinlich den Inhalt kommentieren wird, wahrscheinlich auch die Intentionen kommentieren wird, die der Inhalt mit sich führt. Deshalb muss in diesem Sinne die Konstellation von intendierter Bedeutung, Art der Vermittlung und nicht intendiertem Effekt gewissermaßen als Einheit aufgefasst werden, sogar wenn alle Aspekte des Sprechakts sich in unterschiedlichen Beziehungen auf verschiedenartige Weisen verknüpfen.

Ein in diesem Zusammenhang besonders zentraler Aspekt des Sprechakts ist der Umstand, dass Sprechen ein körperlicher Akt ist. Es ist eine Stimmgebung; es nimmt den Kehlkopf, die Lungen, die Lippen und den Mund in Anspruch. Alles Gesagte durchläuft nicht nur den Körper, sondern liefert auch eine bestimmte Präsentation des Körpers. Ich spreche nicht darüber, wie der Mund aussieht – obwohl ich mir vorstellen kann, dass das in einigen Therapiesitzungen relevant sein kann, besonders wenn der Patient dem Analytiker von Angesicht zu Angesicht gegenübersteht. Aber das Sprechen ist ein Weiterklingen des Körpers, seine einfache Behauptung, eine stilisierte Behauptung seiner Anwesenheit. Gewiss, ich sage, was ich meine: Aber es ist auch ein Körper anwesend, und es existiert kein Aussagen ohne diesen Körper – eine möglicherweise erniedrigende, möglicherweise produktive Tatsache des Lebens. Natürlich gibt es Wege zu sprechen, die ihre körperliche Bedingtheit verdecken, die so tun, als ob die übermittelten Bedeutungen einem körperlosen Geist entspringen and sich an einen andern körperlosen Geist richten. Aber das ist sozusagen immer noch eine Art und Weise, den Körper einzusetzen, eine Weise, den Körper körperlos zu machen [*doing the body as disembodied*].

Im Fall des sexuellen Geständnisses sagt der Sprecher gewöhnlich etwas darüber, was der Körper getan hat oder was dem

Körper passiert ist. Das Aussagen wird in die Handlung, die es übermittelt, involviert, denn Aussagen ist natürlich eine andere Art und Weise, auf die der Körper etwas tut. Aussagen ist, könnte man sagen, eine andere körperliche Tat. Und der Körper, der seine Tat ausspricht, ist derselbe Körper, der sie begangen hat, was bedeutet, dass im Aussagen eine Präsentation dieses Körpers vorliegt – vielleicht sogar eine andauernde Verkörperung der Schuld im Aussagen selbst. Der Sprecher kann von einer Reihe von Ereignissen aus der Vergangenheit berichten, aber der Sprecher tut auch noch etwas darüber hinaus: Der Sprecher präsentiert im Sprechen den Körper, der die Tat begangen hat, und begeht zur selben Zeit eine weitere Tat: Er präsentiert den Körper in seinem Handeln. Und in solch einem Fall stellt sich eine implizite rhetorische Frage, eine Frage danach, ob dieses Sprechen angenommen werden wird. Weil aber Sprechen eine Handlung des Körpers ist, stellt sich noch eine weitere Frage: Wird auch dieser Körper angenommen werden?

Übertragung ist also ganz klar eine Frage nach sprachlichem Austausch, aber weil gesprochen wird, ist es auch immer eine Frage danach, wie Körper diesen Austausch orchestrieren – sogar wenn sie still sitzen oder liegen. Gesprochene Worte sind auf eine eigenartige Weise körperliche Angebote: zaghaft oder kräftig, verführerisch oder zurückhaltend, oder beides auf einmal. Die Couch nimmt den Körper nicht aus dem Spiel, sondern erzwingt eine bestimmte Passivität des Körpers, eine Bloßstellung und Empfänglichkeit, die impliziert, dass jegliche Handlung, die der Körper in dieser Position ausführen kann, durch das Sprechen selbst geschehen muss.

Wenn Übertragung eine Form der Liebe – oder wenigstens die Inszenierung einer bestimmten Beziehung zur Liebe – ist, dann könnten wir darüber hinaus sagen, dass es sich um eine Liebe handelt, die sich in der Sprache ereignet. Damit ist nicht gesagt, dass Sprache den Körper ersetzt, denn das stimmt nicht wirklich. Das gesprochene Wort ist ein körperlicher Akt und bildet zur gleichen Zeit eine bestimmte Synekdoche des Körpers. Der stimmgebende Kehlkopf und Mund werden der Teil des Körpers, der das Drama des ganzen aufführt; was der Körper gibt und annimmt, sind keine Berührungen, sondern die psychischen Konturen eines körperlichen Austauschs, eine psychische Kontur, die den Körper in Anspruch nimmt, den sie repräsentiert. Ohne diesen Moment der Offenlegung, einem Moment, in dem man etwas mehr darstellt, als man intendiert, gibt es keine Übertragung. Und natürlich kann dieses Darstellen nicht intentional inszeniert werden, weil es immer in einer kritischen Distanz zur Intention selbst geschieht. Wir können Folgendes für das Geständnis im Herzen der Psychoanalyse halten: die Tatsache, dass wir immer etwas mehr oder etwas anderes zeigen, als wir meinen, und diesen unwissenden Teil unserer selbst einem anderen übergeben, auf dass er zu uns auf Wegen zurückkehren möge, die wir im Voraus nicht antizipieren können. Wenn sich dieser Moment des Geständnisses als zentraler Moment der Psychoanalyse erweist, ist er damit aber nicht auch schon der Moment, in dem wir uns notwendigerweise der Fremdkontrolle aussetzen, wie es Foucault in seinen früheren Schriften vorgeschlagen hat. Wie Foucault in seiner Darstellung Cassians eingesehen hat, bringt Verbalisierung eine gewisse Enteignung mit sich, das Lösen einer Bindung zum Selbst, aber nicht auch aus demselben Grund gleich das Opfer einer jeglichen Bindung. Das »relationale« Moment beginnt, das Sprechen zu strukturieren, so dass man zu, in Anwesenheit von und manchmal sogar trotz eines anderen spricht. Darüber hinaus wird in diesem Augenblick nicht das Selbst in seiner Priorität entdeckt, sondern im Verlauf des Gesprächs in einer neuen Weise durch das Sprechen ausgearbeitet. In diesen Sprechsituationen entdecken beide Gesprächspartner, dass das, was sie sagen, in gewissem Maße jenseits ihrer Kontrolle ist, aber nicht auch aus demselben Grund vollkommen außer Kontrolle. Wenn Aussagen eine Form des Tuns [*doing*] ist, wenn ein Teil dessen, was gemacht wird, das Selbst ist, dann ist das

Gespräch eine Art, etwas gemeinsam zu machen und sich dabei zu verändern; etwas wird im Verlauf dieses Austauschs erreicht werden, aber niemand wird wissen, was oder wer da gemacht worden ist, bevor es passiert ist.

9. Das Ende der Geschlechterdifferenz?

Ich bin mir nicht sicher, ob das Millennium eine aussagekräftige Art ist, die Zeit oder sogar die Zeit des Feminismus zu charakterisieren. Aber es ist immer wichtig, Bilanz zu ziehen, wo der Feminismus steht, selbst wenn ein solcher Reflexionsversuch zwangsläufig verzerrt ist. Niemand hat die Perspektive, die eine umfassende Sicht auf den Feminismus bieten könnte. Niemand hat eine Definition des Feminismus, die auf Dauer unbestritten bliebe. Ich denke, man kann wohl sagen, dass Feministinnen überall mehr substanzielle Gleichheit für Frauen anstreben und dass sie eine gerechtere Regelung sozialer und politischer Institutionen wollen. Sobald wir uns allerdings in einem Raum zusammenfinden, um darüber nachzudenken, was wir damit meinen und wie wir handeln könnten, sind wir sehr schnell mit der Schwierigkeit der Begriffe konfrontiert, die wir verwenden müssen. Sofort tauchen Meinungsverschiedenheiten darüber auf, ob Gleichheit bedeutet, dass Männer und Frauen austauschbar behandelt werden sollten. Die Bewegung für Gleichstellung in Frankreich hat die Meinung vertreten, dass das in Anbetracht der sozialen Nachteile für Frauen bei den derzeitigen politischen Verhältnissen keine geeignete Vorstellung von Gleichheit ist. Wir werden uns sicherlich auch über Gerechtigkeit streiten und darüber, mit welchen Mitteln sie verwirklicht werden sollte. Ist sie dasselbe wie »faire Behandlung«? Unterscheidet sie sich von der Konzeption der Gleichheit? Wie verhält sie sich zur Freiheit? Welche Freiheiten sind erwünscht, wie hoch werden sie geschätzt, und was machen wir mit echten Unstimmigkeiten unter Frauen in der Frage, wie sexuelle Freiheit definiert werden soll und ob man ihr eine Formulierung geben kann, die im internationalen Kontext sinnvoll wäre?

Zu diesen Zonen der Auseinandersetzung kommen noch die weiter anhängigen Fragen, was eine Frau ist, wie wir dazu kommen, »wir« zu sagen, wer das sagt und in wessen Namen das jemand sagt. Es scheint so, als ob der Feminismus in der Klemme sitzt, unfähig, die Begriffe stabil zu halten, die eine sinnvolle Tagesordnung erleichtern. Die Kritik, der Feminismus beachte die Rassenfrage nicht und übersehe die Bedingungen globaler Ungleichheit, die seiner europäisch-amerikanischen Ausprägung zugrunde liegen, nähren außerdem Zweifel an der breiten Koalitionsfähigkeit der Bewegung. In den Vereinigten Staaten stellt die instrumentelle Verwendung der Doktrin zur sexuellen Belästigung durch die konservative Rechte, die Untersuchungen zu Sex am Arbeitsplatz für Verfolgungen ausnutzt, für Feministinnen der Linken ein ernstes Problem öffentlicher Vermittlung dar. Das Verhältnis zwischen dem Feminismus *und* der Linken ist in der Tat eine weitere haarige Angelegenheit, da es jetzt wirtschaftsfreundliche Formen des Feminismus gibt, die sich darauf konzentrieren, das unternehmerische Potential von Frauen zu verwirklichen, und dafür Modelle der Selbstdarstellung aus einer früheren, fortschrittlichen Phase der Bewegung in Anspruch nehmen.

Man könnte fast verzweifeln, aber ich glaube, diese Probleme gehören zu den interessantesten und produktivsten ungelösten Fragen zu Beginn dieses Jahrhunderts. Das Programm des Feminismus ist keines, bei dem wir zunächst von einer Reihe gemeinsamer Prämissen ausgehen können, um es dann aus diesen Prämissen mit logischer Methode zu entwickeln. Es ist vielmehr eine Bewegung, die gerade dadurch voranschreitet, dass sie kritische Aufmerksamkeit auf ihre Prämissen richtet, in dem Bemühen, ihr Selbstverständnis weiter zu klären und die widersprüchlichen Interpretationen zu vermitteln, die als wilde demokratische Kakophonie ihrer Identität vernehmbar sind. Als ein demokratisches Unternehmen musste der Feminismus die Vorannahme fallenlassen, dass wir uns im Grunde genommen doch alle auf ein paar Dinge einigen können oder, was auf das Gleiche hinausläuft, er musste die Vorstellung akzeptieren, dass nicht einer unserer wichtigsten Werte unangefochten ist und dass sie umstrittene Bezirke der Politik bleiben werden. Das mag so klingen, als ob ich sage, der Feminismus könne nie auf irgendetwas bauen, er werde sich in der Selbstbespiegelung verlieren, er werde über dieses selbstreflexive Moment niemals hinauskommen und den Schritt zur aktiven Auseinandersetzung mit der Welt gar nicht erst schaffen. Es ist aber ganz im Gegenteil so, dass diese Formen des inneren Dissenses gerade im Zuge der engagierten politischen Praxis auftreten. Und ich würde emphatisch dafür plädieren, dass wir dem Wunsch widerstehen müssen, diese Meinungsvielfalt in Geschlossenheit zu überführen, weil es genau das ist, was die Bewegung lebendig hält.

Die feministische Theorie ist vom Feminismus als einer sozialen Bewegung nie ganz zu trennen. Die feministische Theorie hätte keine Inhalte, gäbe es keine Bewegung, und die Bewegung mit ihren unterschiedlichen Richtungen und Erscheinungsformen war immer in die Theorietätigkeit einbezogen. Die Theorie als Tätigkeit bleibt nicht auf die akademische Welt beschränkt. Sie findet immer dann statt, wenn über eine Möglichkeit nachgedacht wird, wenn eine kollektive Selbstreflexion beginnt, wenn ein Streit um Werte, Prioritäten und Sprachgebrauch geführt wird. Ich glaube, dass ein hoher Wert darin zu sehen ist, die Angst vor immanenter Kritik zu überwinden und an dem demokratischen Wert festzuhalten, eine Bewegung zu bilden, die widersprüchliche Interpretationen in grundsätzlichen Fragen aushalten kann, ohne sie zu domestizieren. Als Nachzüglerin der zweiten Welle nähere ich mich dem Feminismus in der Einstellung, dass keine unbestrittene Prämisse im globalen Kontext Zustimmung findet. Deshalb lässt sich, aus praktischen wie aus politischen Gründen, kein Nutzen daraus ziehen, Kontroversen zu unterdrücken. Die Fragen lauten vielmehr: Wie geht man am besten mit ihnen um, wie trägt man sie am produktivsten aus und wie handelt man so, dass die unaufhebbare Komplexität, die besagt, wer wir sind, durch die Handlungsweise anerkannt wird?

Ich schlage vor, dass wir hier eine Reihe von Begriffen eingehender betrachten, die miteinander in Konflikt geraten sind: Geschlechterdifferenz, Gender und Sexualität. Mein Titel legt vielleicht nahe, dass ich das Ende der »Geschlechterdifferenz« in ihrer unterstellten Faktizität oder als nützlichen theoretischen Eintrag in den Fragenkatalog des Feminismus verkünde. Intendiert ist mein Titel als Zitat einer skeptischen Frage, die Theoretikerinnen, die zu Gender oder Sexualität arbeiten, oft gestellt wird, eine Herausforderung, die ich verstehen möchte und für die ich eine Antwort vorschlagen möchte. Es geht mir nicht darum, eine Debatte zu gewinnen, sondern zu verstehen, warum die Begriffe von denjenigen, die sie verwenden, für so wichtig gehalten werden und wie wir das, was jeweils als Notwendigkeit empfunden wird, miteinander in Einklang bringen können, sobald diese Begriffe untereinander Konflikte erzeugen. Ich bin hier ebenso an den theoretischen Gründen interessiert, die dafür vorgebracht werden, dass ein Rahmen auf Kosten eines anderen gebraucht wird, wie an den institutionellen Möglichkeiten, die diese begrifflichen Rahmen in wechselnden Kontexten jeweils eröffnen oder ausschließen.

Ich stelle also nicht die Frage nach dem Ende der Geschlechterdifferenz, um ein Plädoyer für deren Ende zu halten. Ich werde nicht einmal Gründe dafür aufzählen, warum es meiner Meinung nach dieser theoretische Rahmen oder, je nach Einstellung, diese »Realität«, nicht wert ist, weitergeführt zu werden. Für viele, denke ich, ist die strukturierende Realität der Geschlechterdifferenz nicht etwas, das man hinwegwünschen oder gegen das man argumentieren könnte; ja, hier überhaupt irgendwelche Forderungen aufstellen zu wollen scheint vielen sinnlos. Die Geschlechterdifferenz ist eher so etwas wie ein notwendiger Hintergrund für die Möglichkeit des Denkens, der Sprache und der Existenz als Körper in der Welt. Und wer gegen sie anzugehen versucht, argumentiert in genau der Struktur, die sein Argument möglich macht. Zuweilen gibt es eine Antwort, die das Problem lachend beiseiteschieben möchte: »Sie meinen, dass Sie die Geschlechterdifferenz abschaffen können, aber genau dies Begehren, sie abzuschaffen, ist nur ein weiterer Beweis ihrer anhaltenden Kraft und Wirksamkeit.« Verteidiger der Geschlechterdifferenz beziehen sich abfällig auf die berühmten »Proteste« in der Psychoanalyse, und so wird der Protest aus dem Feld geschlagen, bevor er überhaupt artikuliert wurde. Gegen das Konzept der Weiblichkeit anzugehen, ist der weibliche Akt *par excellence*, ein Protest, der einzig als Beleg für das, was er bestreitet, gelesen werden kann. Die Geschlechterdifferenz – müssen wir sie uns als einen Rahmen vorstellen, aufgrund dessen wir schon von vorneherein besiegt sind? Was auch immer gegen sie gesagt werden kann, ist ein Beweis, dass sie das, was wir sagen, strukturiert. Ist die Geschlechterdifferenz also irgendwie ursprünglich da und taucht wie ein Gespenst immer wieder in den allerersten Unterscheidungen und in dem strukturellen Schicksal aller Bedeutungsstiftung auf?

Luce Irigaray macht klar, dass die Geschlechterdifferenz keine Tatsache ist: kein Fundament welcher Art auch immer, auch nicht das widerspenstige »Reale« des lacanschen Jargons. Im Gegenteil: Sie ist eine Frage, eine Frage an und für unsere Zeit. Als Frage bleibt sie ungelöst und nicht beantwortet, das, was noch nicht und niemals als Aussage formuliert werden kann. Ihre Anwesenheit ist nicht die von Tatsachen und Strukturen, sondern sie ist da als etwas, das uns erstaunen und Fragen stellen lässt und nicht zur Gänze erklärt werden kann. Und wenn sie denn die Frage an und für unsere Zeit ist, wie Irigaray in *Die Ethik der sexuellen Differenz* betont,[1] dann ist sie nicht eine Frage unter anderen, sondern ein besonders dichter Moment der Unlösbarkeit in der Sprache, der den gegenwärtigen Horizont der Sprache als den unseren markiert. Ähnlich wie bei Drucilla Cornell folgt die

1 Luce Irigaray, *Ethik der sexuellen Differenz*, S. 3.

Ethik, an die Irigaray denkt, nicht etwa aus der Geschlechterdifferenz, sondern sie ist eine Frage, die sich genau in den Begriffen der Geschlechterdifferenz stellt: Wie kann man diese Andersheit durchqueren? Wie kann man sie durchqueren, ohne sie durchzustreichen, ohne ihre Begriffe zu zähmen? Wie kann man dem auf der Spur bleiben, was an dieser Frage ständig ungelöst bleibt?

Irigaray argumentiert nicht für oder gegen die Geschlechterdifferenz, sondern sie bietet eine Möglichkeit, über die Frage nachzudenken, die von der Geschlechterdifferenz gestellt wird bzw. in der die Geschlechterdifferenz *besteht*, eine Frage, deren Unentschiedenheit eine bestimmte historische Verlaufskurve für uns zeichnet, für uns, die wir diese Frage stellen und die diese Frage betrifft. Die Argumente dafür und dagegen erscheinen als Anzeichen für die Fortdauer dieser Frage, eine Fortdauer, deren Status nicht ewig ist, sondern die, wie sie sagt, *dieser Zeit* angehört. Es ist eine Frage, die Irigaray in Bezug auf Modernität stellt, eine Frage, die für sie Modernität bezeichnet. Daher ist es eine Frage, die eine gewisse Problematik der Zeit einführt, eine Frage, deren Antwort nicht demnächst zu erwarten ist, eine Frage, die eine Zeit der Unentschiedenheit eröffnet und diese Zeit der Unentschiedenheit als unsere eigene markiert.

Ich denke, viele von uns haben den Eindruck, dass wir in traurigen Zeiten, ja sogar in einer Zeit der Niederlage für den Feminismus leben. Eine Freundin fragte mich neulich, was ich heute in einem Kurs über feministische Theorie unterrichten würde, und ich musste ihr antworten, dass feministische Theorie keine andere Aufgabe hat, als dort zu reagieren, wo Feminismus angefochten wird. Reaktion auf solche Angriffe soll aber nicht eine defensive Bekräftigung von Begriffen und Engagement bedeuten, keine gegenseitige Erinnerung an das, was wir bereits wissen, sondern etwas ganz anderes, so etwas wie ein Nachgeben gegenüber dem Verlangen nach einer Neuformulierung, einem Verlangen, das aus der Krise hervorgeht. Es ist sinnlos, würde ich sagen, an theoretischen Paradigmen und liebgewordenen

Terminologien festzuhalten, den Feminismus auf der Basis der Geschlechterdifferenz voranzutreiben oder diese Idee gegen die Thesen zu kulturellem Geschlecht, Sexualität, Rasse oder gegen die allumfassenden Behauptungen der Kulturwissenschaften zu verteidigen. Ich fange mit Irigaray an, weil ich meine, dass ihre Beschwörung der Geschlechterdifferenz etwas anderes als eine Grundlegung ist. Geschlechterdifferenz ist keine Gegebenheit, keine Prämisse, keine Basis, auf der sich Feminismus errichten ließe; sie ist nicht etwas, dem wir bereits begegnet sind und das wir schon kennen; nein, sie ist *eine Frage*, die feminstische Untersuchungen auslöst, etwas, was nicht ausgesagt werden kann, was die Grammatik der Aussage verwirrt und was mehr oder weniger dauerhaft zu befragen bleibt.

Wenn Irigaray die Frage der Geschlechterdifferenz als die Frage an und für unsere Zeit bezeichnet, so bezieht sie sich anscheinend auf Modernität. Ich gebe zu, dass ich nicht weiß, was Modernität ist, aber ich weiß, dass viele Intellektuelle sich über diesen Begriff sehr echauffieren, ihn entweder verteidigen oder ablehnen. In letzter Zeit bemerke ich, dass diejenigen, denen man ein schwieriges Verhältnis zur Modernität nachsagt oder die als postmodern angesehen werden, auf folgende Weise charakterisiert werden: »stellt in Frage oder entmystifiziert Begriffe wie Vernunft, Subjekt, Authentizität, Universalität, progressives Geschichtsbild«. Was mir bei diesen Formen vulgärer Verallgemeinerungen auffällt, ist, dass »in Frage stellen« mit »entlarven« (und nicht mit »revitalisieren«) gleichgesetzt wird und dass der Frage als Frage kein Spielraum gewährt wird. Wenn man solche Begriffe in Frage stellt, heißt das, dass sie nicht mehr verwendet werden können? Heißt das, dass einem nun das Über-Ich der theoretischen Postmoderne die Verwendung solcher Begriffe verbietet oder dass offiziell ihre Erschöpfung und Verbrauchtheit verkündet wird? Oder handelt es sich eher darum, dass diese Begriffe nicht mehr ganz in derselben Weise wie einstmals funktionieren?

Vor kurzem hatte ich in einer Podiumsdiskussion Gelegenheit, mit Leo Bersani über sein Buch *Homos* zu sprechen. Ich bemerkte, dass er sich nicht mehr sicher war, ob er sagen kann, dass Lesben Frauen seien, und ich musste ihm versichern, dass niemand ein Verbot erlassen hätte, diesen Begriff zu benutzen. Ich habe gewiss keine Skrupel, solche Begriffe zu benutzen, und ich werde heute, nach Überlegungen zu einigen internationalen Debatten, mit einer Überlegung schließen, wie man weiterhin die Begriffe der Universalität *zugleich* in Frage stellen *und* benutzen kann. Wenn beispielsweise die Idee des Subjektes nicht mehr eine Gegebenheit, eine fraglose Vorannahme darstellt, so heißt das nicht, dass sie keine Bedeutung für uns hat, dass sie nicht mehr geäußert werden sollte. Im Gegenteil, es bedeutet einzig, dass der Begriff nicht mehr ein Baustein ist, auf den wir uns verlassen können, keine unhinterfragte Prämisse für politische Argumente. Im Gegenteil, der Begriff ist zu einem Objekt theoretischer Aufmerksamkeit geworden, und wir sind zur Rechtfertigung gezwungen. Ich nehme an, dass dies mich auf der Scheidelinie zwischen Moderne und Postmoderne ansiedelt, wo solche Begriffe zwar im Spiel bleiben, aber nicht mehr als Fundament dienen.

Verschiedentlich wurde argumentiert, dass die Schlüsselbegriffe der Moderne auf dem Ausschluss von Frauen, von Farbigen beruhen, dass sie entlang der Klassengrenzen und mit starken kolonialen Interessen geprägt wurden. Aber es wäre ebenfalls wichtig, mit Paul Gilroy hinzuzufügen, dass der Kampf gegen diese Ausschlüsse sehr oft auf eine Wiederaneignung genau dieser Begriffe aus der Moderne hinausläuft, wobei sie angeeignet werden, um gerade den Eintritt in die Moderne einzuleiten, als auch um die Parameter der Moderne zu verändern. Freiheit bedeutet nun, was es niemals zuvor bedeutet hat; Gerechtigkeit umfasst nun genau das, was in ihrer Beschreibung nicht enthalten sein konnte.[2]

2 Zu einer ausführlicheren Erörterung von Gilroys Werk zu diesem Thema, siehe Kapitel 11 in diesem Band.

So wie die Begriffe einer mit Ausschlüssen arbeitenden Moderne zur fortschrittlichen Nutzung umgewidmet wurden, können fortschrittliche Begriffe für reaktionäre Ziele angeeignet werden. Die Begriffe, die wir im Verlauf politischer Bewegungen verwendet haben und von der Rechten zu misogynen Zwecken angeeignet wurden, sind deshalb nicht schon strategisch gesperrt. Diese Begriffe sind nie ein für alle Mal an einen Gebrauch gekettet. Die Aufgabe der Wiederaneignung besteht darin, die Anfälligkeit dieser oft kompromittierten Begriffe für eine überraschend progressive Möglichkeit aufzuzeigen; solche Ausdrücke gehören zu niemandem speziell, sie gewinnen ein Leben und einen Zweck, mit denen sie über die Gebrauchsweisen, bei denen sie bewusst eingesetzt wurden, hinausgehen. Sie dürfen nicht einfach deshalb, weil sie zu sehr mit der Geschichte der Unterdrückung verbunden waren, als verseuchte Güter betrachtet werden, aber genauso wenig sollte man annehmen, dass sie eine reine Bedeutung haben, die aus ihren unterschiedlichen Verwendungen in politischen Kontexten herausdestilliert werden könnte. Die Aufgabe besteht anscheinend darin, die Begriffe der Moderne dazu zu zwingen, diejenigen mit einzuschließen, die traditionell ausgeschlossen waren, und zu wissen, dass solch ein Einschluss nicht einfach sein kann; er würde die Regierungsform, die es versuchte, aus den Angeln heben und in den Ruin führen. Es handelt sich nicht um eine einfache Assimilation und Anpassung dessen, was ausgeschlossen gewesen war, an die bestehenden Begriffe, sondern vielmehr darum, den Sinn für Differenz und Zukünftigkeit in die Moderne einzuführen und so für die Moderne eine unbekannte Zukunft zu errichten, die den Patrouillen ihrer konventionellen Grenzen Angst einflößt. Wenn es eine Moderne ohne Grundlegungswahn geben kann, dann werden in ihr die Schlüsselbegriffe ihres Operierens nicht von vornherein gänzlich gesichert sein können, dann wird sie eine zukünftige Form der Politik annehmen müssen, die nicht gänzlich vorausgesehen werden kann: und das wird eine Politik der Hoffnung wie der Befürchtung sein.

Das Begehren, keine offene Zukunft zu haben, ist jedoch stark, und es ist wichtig, die Macht des Begehrens, Zukünftigkeit schließen und verwerfen zu wollen, nicht zu unterschätzen.[3] Dies ist einer der Gründe, warum das Stellen gewisser Fragen als gefährlich angesehen wird. Stellen Sie sich die Situation vor, dass Sie ein Buch lesen und denken: Ich kann die Fragen, um die es hier geht, nicht stellen, weil das bedeuten würde, dass ich Zweifel an meinen politischen Überzeugungen zulassen müsste, und Zweifel an meinen politischen Überzeugungen zuzulassen könnte zur Auflösung dieser Überzeugungen führen. In einem solchen Moment wird die Furcht vor dem Denken, ja die Furcht vor der Frage, als Verteidigung der Politik moralisiert. Und Politik wird zu etwas, das einen gewissen Antiintellektualismus erfordert. Die mangelnde Bereitschaft, seine Politik auf der Basis anliegender Fragen zu überdenken, bedeutet die Wahl einer dogmatischen Haltung auf Kosten von Leben wie Denken.

Einen Begriff in Frage zu stellen, einen Begriff wie Feminismus, heißt zu fragen, wie er funktioniert, welche Besetzungen er trägt, welche Ziele er anstrebt, welche Veränderungen er erfährt. Das veränderliche Leben dieses Begriffes schließt seine Verwendung nicht aus. Wenn ein Begriff fraglich wird, heißt das, dass er nicht mehr benutzt werden kann und dass wir nur solche Begriffe verwenden können, von denen wir *bereits wissen, wie wir sie beherrschen können*? Woran liegt es, dass einen Begriff zu befragen als dasselbe angesehen wird, wie ein Verbot seiner Verwendung zu verhängen? Woran liegt es, dass wir manchmal den Eindruck haben, wir könnten, wenn ein Begriff von seinem grundlegenden Platz weggerückt wird, nicht mehr leben, überleben, Sprache verwenden und für uns selbst sprechen? Welche Art von Garantie vermittelt die Fixierung von Grundlagen und welche Art Schrecken verhindert sie? Ist es so, dass im Modus der Grundlegung Begriffe angenommen werden, Begriffe wie

3 Ich danke Homi Bhabha für dieses Argument.

Subjekt und Universalität, und dass die Hinsicht, in der sie angenommen werden »müssen«, eine *moralische* ist, in der Form eines Imperativs und, wie so manches moralische Verbot, einer Verteidigung gegen das, was uns am meisten Angst macht? Sind wir nicht wie gelähmt von einer Art moralischem Zwang, der uns hindert, die Begriffe zu befragen und das Risiko auf uns zu nehmen, die Begriffe zu leben, die wir in Frage gestellt haben und weiterhin in Frage stellen?[4]

Um zu zeigen, wie eine Leidenschaft für Grundlegungen und Methoden zuweilen eine Analyse der gegenwärtigen politischen Kultur erschwert, schlage ich vor, zu betrachten, wie die Bemühungen, sich eine theoretische Basis für den politischen Kampf zu sichern, oft direkt gegen die Verlaufsrichtung gewisser politischer Schlüsselwörter in der zeitgenössischen Öffentlichkeit angehen. Am verwirrendsten ist für mich der Status des Begriffs Gender (sprachliches und kulturelles Geschlecht) in Bezug auf Feminismus einerseits und auf Lesben- und Schwulentheorie andererseits. Ich war, vielleicht naiverweise, überrascht, von meinen schwulen Kollegen zu hören, dass eine vorgeschlagene Methodologie für Schwulen- und Lesbentheorie die Vorstellung akzeptiert, dass die »eigentlichen« Gegenstände der Lesben- und Schwulentheorie angeblich Sex, also biologisches Geschlecht, und Sexualität seien, wohingegen Feminismus sich angeblich dem Gender, also dem sprachlichen und kulturellen Geschlecht, als Gegenstand seiner Untersuchungen widme. Man sagt uns, dass Gender nicht mit Sexualität verwechselt werden dürfe, was in gewisser Hinsicht einleuchtet, aber stellen Sie sich dann meine Überraschung vor, als der Vatikan erklärte, der Ausdruck Gender müsse aus dem Programm der Nicht-Regierungs-Organisationen zum Status der Frauen gestrichen werden, weil er nichts anderes sei als ein Code für Homosexualität![5] Zu meiner

4 Ein Teil dieser Überlegungen erschien bereits in »Implizite Zensur und diskursive Handlungsmacht«, in: *Haß spricht*.

5 »La Chiesa si prepara alle guerre dei 5 sessi«, *La Repubblica*, 20. Mai 1995, S. 11.

Irritierung trägt zudem noch bei, dass die meisten meiner engsten Bekannten in der feministischen Theorie die Vorstellung von Gender verachten. Sie behaupten, dass Geschlechterdifferenz als Begriff dem Ausdruck Gender vorzuziehen sei, dass Geschlechterdifferenz einen grundlegenden Unterschied und Gender lediglich einen konstruierten oder veränderlichen Effekt anzeige.

Die letzten UNO-Treffen haben eine weitere Herausforderung an das akademische Engagement gezeigt. Ich denke hier an den Status der universellen Behauptungen im Bereich der internationalen Menschenrechtsarbeit. Obwohl viele Feministinnen zu der Schlussfolgerung gekommen sind, dass das Universelle immer einen Deckmantel für einen gewissen epistemologischen Imperialismus darstelle und gegenüber kultureller Textur und Differenz gleichgültig sei, so bleibt doch die rhetorische Kraft unbestritten, die die Behauptung von Universalität beispielsweise für die Rechte der sexuellen Selbstbestimmung und für die damit in Zusammenhang stehenden Rechte der sexuellen Orientierung innerhalb des Bereichs der internationalen Menschenrechte hat.

Betrachten Sie zunächst die überraschende Verwendung von Gender im UNO-Zusammenhang. Der Vatikan prangerte nicht nur den Begriff Gender als Code für Homosexualität an, sondern bestand darauf, dass die Sprache des Programmes zur Vorstellung eines biologischen Geschlechtes zurückkehre, anscheinend mit dem Ziel, eine Verbindung zwischen Weiblichkeit und Mutterschaft als natürliche und gottverordnete Notwendigkeit sicherzustellen. In den letzten Apriltagen des Jahres 1995 versuchten mehrere Mitgliederstaaten im Laufe der Vorbereitungen für das Treffen der Nicht-Regierungs-Organisationen in Peking (oder vielmehr: außerhalb Pekings) – die so genannten »Prepcom« – unter Führung der katholischen Kirche, das Wort »*gender*« aus dem Aktionsprogramm zu tilgen und durch den Ausdruck »*sex*« zu ersetzen: Einige Mitglieder des Prepcom-Komitees nannten dies »einen beleidigenden und herabsetzenden Versuch, die von Frauen erzielten Gewinne umzukehren, uns einzuschüchtern und weiteren Fortschritt zu verhindern«.[6] Sie schrieben weiterhin: »Wir lassen uns nicht in das Konzept von »Biologie als Vorsehung« zurückdrängen, welches versucht, Frauen und Mädchen zu definieren, zu begrenzen und auf ihre körperlichen Geschlechtsmerkmale zu reduzieren. Das werden wir nicht zulassen – nicht zuhause, nicht am Arbeitsplatz, nicht in unseren Gemeinden, nicht in unseren Ländern und gewiss nicht in den Vereinten Nationen, von denen Frauen in der ganzen Welt sich Menschenrechte, Gerechtigkeit und Führung erhoffen.«

»Die Bedeutung des Wortes ›*gender*‹«, bemerkt die Erklärung,

> hat sich in Absetzung von dem Wort ›*sex*‹ entwickelt, um der Realität Ausdruck zu verleihen, dass Rollen und Ansehen von Frauen und Männern sozial konstruiert sind und einem Wandel unterliegen. Im gegenwärtigen Zusammenhang erkennt ›*gender*‹ die vielfältigen Rollen an, die Frauen und Mädchen in unseren Lebenszyklen ausfüllen, die Verschiedenheit unserer Bedürfnisse, Anliegen, Fähigkeiten, Lebenserfahrungen und Erwartungen. [...] Die Vorstellung von ›*gender*‹ fügt sich in den gegenwärtigen sozialen, politischen und gesetzlichen Diskurs ein. Sie ist in die konzeptionelle Planung, Sprache, Dokumente und Programme des UNO-Systems integriert worden. Die Einführung von ›*gender*‹-Perspektiven in alle Aspekte der UNO-Aktivitäten stellt ein wichtiges Engagement dar, das in vergangenen Konferenzen gutgeheißen wurde, und sie muss auf der vierten Weltkonferenz erneut bestätigt und bestärkt werden.[7]

Diese Debatte führte Russell Baker dazu, sich in der *New York Times* zu fragen, ob der Begriff Gender die Vorstellung Sex so sehr ersetzt habe, dass wir bald in Bezug auf unser Sexualleben davon sprechen werden, Gender mit jemand gehabt zu haben.

6 »IPS: Honduras Feminists and Church«, Interpress Service, 25. Mai 1995.
7 *Report of the Informal Contact Group on Gender*, 7. Juli 1995.

Während Gender in der UNO-Diskussion zunehmend als Code für Homosexualität gehandelt wurde, schlugen die lokalen Bewegungen der Schwulentheorie und des Feminismus eine gänzlich andere Richtung ein, zumindest dem Anschein nach. Die von methodenorientierten Schwulentheoretikern vorgeschlagene Analogie, der zufolge Feminismus sich angeblich mit Gender und Lesben- und Schwulentheorie sich mit Sex und Sexualität beschäftigen, scheint von der oben erwähnten Debatte weit entfernt. Aber es ist überraschend zu sehen, dass in dem einen Fall Gender anscheinend für Homosexualität steht und im anderen Fall aber für das Gegenteil.

Was ich sagen will, ist nicht einfach, dass die akademische Debatte von der zeitgenössischen politischen Verwendung solcher Begriffe bedauerlich weit entfernt ist, sondern dass die Bemühung um Abstandnahme von dem Ausdruck Gender charakteristisch für zwei politische Bewegungen ist, die in vieler Hinsicht in Gegensatz zueinander stehen. In der internationalen Debatte brandmarkt der Vatikan die Verwendung des Begriffes Gender, weil er entweder (1) einen Code für Homosexualität darstellt, oder (2) weil er eine Möglichkeit bietet, Homosexualität als ein Gender unter anderen zu verstehen, und daher droht, Homosexualität mit männlich, weiblich, bisexuell und transsexuell in eine Reihe zu stellen oder, wahrscheinlicher noch, den Platz des Männlichen und des Weiblichen insgesamt einzunehmen. Hier zeigt sich also die Furcht des Vatikans – Anne Fausto-Sterling wird in diesem Zusammenhang angeführt[8] –, dass Homosexualität eine Vermehrung der Gender bedeutet (*La Repubblica* behauptet, dass die Zahl der Gender sich in den Vereinigten Staaten auf fünf erhöht habe). Diese Sicht der Homosexualität als einer Vermehrung der Gender scheint auf der Vorstellung zu beruhen, dass Homosexuelle in gewisser Weise von ihrem biologischen Geschlecht ab-

8 Siehe Anne Fausto-Sterling, »The Five Sexes: Why Male and Female are Not Enough«.

gewichen seien, dass sie keine Männer oder Frauen mehr seien, sobald sie Homosexuelle geworden sind, und dass Gender, so wie wir es kennen, mit Homosexualität radikal inkompatibel sei; in der Tat ist es so inkompatibel, dass Homosexualität ein eigenes Gender werden muss und dabei die binäre Opposition zwischen männlich und weiblich insgesamt verschiebt.

Interessanterweise scheint der Vatikan eine bestimmte Voraussetzung mit denjenigen zu teilen, die aus der Schwulentheorie eine vom Feminismus unterschiedene Methodologie machen wollen: Während der Vatikan befürchtet, dass der Geschlechtsverkehr als notwendiges Fortpflanzungsziel der Heterosexualität durch Sexualität im weiteren Sinne ersetzt werden könnte, locken diejenigen, die eine methodologische Abgrenzung zwischen Schwulentheorie und Feminismus akzeptieren, mit dem Versprechen, dass Sexualität über Gender hinausgehen und es ersetzen könnte. Insbesondere Homosexualität lässt Gender hinter sich. Diese beiden Vorstellungen sind nicht nur unabhängig voneinander, sondern sie schließen sich wechselseitig aus, und es besteht eine Spannung zwischen ihnen, aufgrund deren schwule Sexualität einem utopischen Leben jenseits des Gender zustrebt, wie Biddy Martin es so gekonnt ausgemalt hat.[9] Der Vatikan versucht, Gender zunichtezumachen in der Bemühung um eine Rehabilitation des biologischen Geschlechtes, wohingegen die methodenorientierte Schwulentheorie Gender zunichtezumachen versucht in der Bemühung, Sexualität in den Vordergrund zu stellen. Der Vatikan fürchtet sich vor einer Abtrennung der Sexualität vom biologischen Geschlecht, denn das würde die Vorstellung einer sexuellen Praxis einführen, die nicht durch vermeintlich natürliche Fortpflanzungsziele im Zaum gehalten wird. Und anscheinend in diesem Sinne befürchtet der Vatikan, indem er sich vor Gender fürchtet, die Abtrennung der Sexua-

9 Biddy Martin, »Extraordinary Homosexuals and the Fear of Being Ordinary«.

lität im weiteren Sinne vom Geschlechtsverkehr, der unter der leitenden Vorstellung des biologischen Geschlechtes steht, und fürchtet sich daher vor der Schwulentheorie. Die Methodologie der Schwulentheorie besteht jedoch auf Sexualität, ja sogar, im *Lesbian and Gay Reader*, auf »Sexualität und biologischem Geschlecht«, und schließt Gender ebenfalls aus, aber nur deshalb, weil Gender für Feminismus und dessen vermutete Heterosexualität steht.[10]

In beiden Zusammenhängen Debatten über Begrifflichkeit: Ob der Begriff Gender in der Sprache der Programme für die Treffen der Nicht-Regierungs-Organisationen zulässig sei; ob der Ausdruck »sexuelle Orientierung« Bestandteil der endgültigen Sprachregelung der Resolutionen der UNO-Konferenz sein würde. (Die Antwort lautet im ersten Fall ja; im zweiten nein, aber Sprachregelungen betreffs sexueller Selbstbestimmung wurden für akzeptabel gehalten.) Begriffen wie »Gender«, »sexuelle Orientierung«, sogar »Universalität« wurde öffentlich widersprochen, und zwar genau in Hinblick auf die Frage, was sie bedeuten würden; ein spezielles UNO-Treffen wurde für den Juli 1996 anberaumt, um Einverständnis über die Bedeutung von Gender zu erzielen.

Meine Haltung ist, dass keine einfache Definition von Gender genügen wird und dass die Fähigkeit, die Reisen dieses Begriffes durch die öffentliche Kultur zu verfolgen, wichtiger ist als eine strikte und anwendbare Definition. Während ich dies schreibe, ist der Ausdruck Gender zum Schauplatz verschiedenster Interessenkonflikte geworden. Nehmen Sie das Beispiel der USA, wo Gender oft als eine Möglichkeit angesehen wird, die politische Dimension des Feminismus zu entschärfen, wo Gender einfach zu einer diskursiven Bezeichnung von männlich und weiblich geworden ist, als Konstruktionen, die außerhalb eines feminis-

10 Henry Abelove, Michele Aina Barale und David M. Halperin (Hg.), *The Lesbian and Gay Studies Reader.*

tischen Rahmens untersucht werden können, oder als einfache Selbst-Produktionen, irgendwelche handgefertigten kulturellen Effekte; die Einführung von »Gender studies«-Programmen (nicht nur in den Vereinigten Staaten) als Möglichkeit, einen akademischen Bereich zu legitimieren und doch abzulehnen, die neuere Polemik gegen Feminismus zu attackieren; die Einführung von »Gender studies«-Programmen und Zentren in Osteuropa, wo die Überwindung des »Feminismus« mit der Überwindung der marxistischen Staatsideologie verbunden ist, der zufolge feministische Ziele nur unter der Bedingung einer Verwirklichung der kommunistischen Ziele erreichbar waren.

Als ob dieser Kampf innerhalb der Gender-Arena nicht genug wäre, zieht zudem die anglo-europäische theoretische Perspektive im akademischen Bereich den Wert einer allzu soziologischen Konstruktion des Begriffes in Zweifel: So ist man im Namen der Geschlechterdifferenz gegen Gender, und zwar genau deshalb, weil Gender eine sozial-konstruktivistische Sicht von Männlichkeit und Weiblichkeit unterstützt und dadurch den *symbolischen* Status der Geschlechterdifferenz und das politische Spezifikum des Weiblichen verschiebt oder entwertet. Ich denke hier an die Kritik, der dieser Begriff von Seiten Naomi Schors, Rosi Braidottis, Elizabeth Grosz' und anderer ausgesetzt war.

Inzwischen ist die Geschlechterdifferenz innerhalb einiger der herrschenden Paradigmen der Schwulentheorie eindeutig in Ungnade gefallen. In der Tat wird genau im Versuch der Schwulentheorie, Feminismus als Anachronismus darzustellen, Feminismus als ein Projekt beschrieben, das unzweideutig dem Gender verpflichtet sei. Innerhalb der kritischen Theorien zu Rasse findet man, glaube ich, wenig Bezugnahmen auf Geschlechterdifferenz als Begriff.[11]

11 Während Feminismus zwar der Schlüssel ist und die Konzepte »Frauen« und sogar »Frauenrechtlerin« oft zentral sind, liegt die Betonung – in den Arbeiten von Kinberle Crenshaw und Mari Matsuda – verstärkt auf dem epistemologischen Gesichtspunkt derer, die aufgrund ihrer Rassenzuordnung

Aber was ist nun Geschlechterdifferenz? Sie ist nicht eine einfache Gegebenheit, aber genauso wenig ist sie einfach ein Effekt von Gegebenheiten. Wenn sie psychisch ist, dann ist sie auch sozial, und im Grunde ist das noch gar nicht ausgearbeitet worden. Viele neuere Forschungen beschäftigen sich damit, wie psychische Strukturen in die Dynamik der sozialen Macht verwickelt werden. Wie können wir dieses Zusammentreffen oder Auseinandertreten verstehen, und was hat es mit der Theoretisierung der Geschlechterdifferenz zu tun?

Ich möchte den Vorschlag machen, dass die Debatten in Bezug auf die theoretische Priorität der Geschlechterdifferenz gegenüber Gender, von Gender gegenüber Sexualität, von Sexualität gegenüber Gender allesamt von einem anderen Problem durchkreuzt werden, von einem Problem, das die Geschlechterdifferenz darstellt, nämlich von der ständigen Schwierigkeit zu bestimmen, wo das Biologische, das Psychische, das Diskursive, das Soziale anfangen und aufhören. Wenn der Vatikan die Rede von Gender durch die Rede von biologischem Geschlecht erset-

strukturell untergeordnet und marginalisiert sind. Die Betonung des sozialen Charakters dieser Unterordnung ist nahezu absolut, mit Ausnahme einiger psychoanalytischer Versuche, die psychischen Mechanismen der Rassenzuschreibung zu skizzieren, wobei »eine Rassenzugehörigkeit erhalten« als Interpellation mit weitreichenden psychischen Auswirkungen verstanden wird. Die Relevanz dieses Themas zeigt sich in der Rückkehr zu Fanon, die in der zeitgenössischen Rassentheorie in letzter Zeit ganz beachtliche Ausmaße angenommen hat. Und hier liegt die Betonung nicht auf dem Sozialen in einem einschränkenden Sinne, sondern auf dem sozial artikulierten Imaginären, auf der auf Spiegeleffekten beruhenden Produktion von Rassenerwartungen, auf der visuellen Entfremdung und dem untergründigen Wirken der Rassensignifikanten. Dort, wo Geschlechterdifferenz eine Rolle spielt, wie beispielsweise im Werk Rey Chows, dann mit dem Ziel, die frauenfeindlichen Konsequenzen von Fanons Widerstand gegen den Rassismus zu unterstreichen. Homi Bhabha hat erst vor kurzem in einer auf Fanon basierenden Analyse des weißen männlichen Subjektes die Hypothese aufgestellt, dass die Aufspaltung im Sinne einer homophoben Paranoia verstanden werden müsse, in der das bedrohte und externalisierte Verhältnis zur Andersheit Homosexualität und Geschlechterdifferenz zugleich verwirft.

zen möchte, so liegt das daran, dass der Vatikan die Geschlechterdifferenz rebiologisieren möchte, das heißt, er möchte die biologisch enge Vorstellung von Fortpflanzung als dem sozialen Schicksal der Frauen wiedereinführen. Wenn aber beispielsweise Rosi Braidotti darauf besteht, dass wir zur Geschlechterdifferenz zurückkehren, dann ist das etwas gänzlich anderes als der Aufruf des Vatikans zu solch einer Rückkehr; wenn für sie Geschlechterdifferenz eine »Differenz« ist, die sich weder auf Biologie noch auf Kultur und auch nicht auf soziale Konstruktion zurückführen lässt, wie sollen wir dann den ontologischen Status der Geschlechterdifferenz verstehen? Vielleicht ist es genau dies: dass Geschlechterdifferenz einen ontologischen Status einnimmt, der fortwährend schwierig zu bestimmen ist.[12] Geschlechterdifferenz ist weder gänzlich gegeben noch gänzlich konstruiert, sondern beides zu Teilen. Diese Vorstellung eines »teilweise« entzieht sich jeder klaren Bestimmung als »Teilung«; Geschlechterdifferenz funktioniert so als Kluft, aber die Begriffe, die überlappen und ineinander übergehen, sind vielleicht gar nicht so sehr männlich oder weiblich als vielmehr die Problematik der Konstruktion selber; das, was konstruiert wird, geht notwendig der Konstruktion voraus, auch wenn es keinen Zugang zu diesem vorausliegenden Moment gibt als durch die Konstruktion.

So wie ich sie verstehe, ist die Geschlechterdifferenz ein Ort, an dem wieder und wieder eine Frage in Bezug auf das Verhältnis des Biologischen zum Kulturellen gestellt wird, an dem sie gestellt werden muss und kann, aber wo sie, streng genommen, nicht beantwortet werden kann. Wenn wir sie als eine Grenzvorstellung verstehen, so hat die Geschlechterdifferenz psychische, somatische und soziale Dimensionen, die sich niemals gänzlich ineinander überführen lassen, die aber deshalb nicht endgültig voneinander abgesetzt sind. Schwankt die Geschlechterdifferenz

12 Diese Anregung verdanke ich Debra Keates' Artikel zur Geschlechterdifferenz in *Psychoanalysis and Feminism: A Critical Dictionary.*

also hin und her, als eine schwankende Grenze, die eine erneute Artikulation dieser Begriffe ohne jede Vorstellung von Endgültigkeit verlangt? Ist sie daher kein Ding, keine Tatsache, keine Vorannahme, sondern vielmehr ein Verlangen nach erneuter Artikulation, das niemals zur Gänze verschwindet – aber das sich ebenso wenig jemals zur Gänze zeigen wird?

Wie beeinflusst diese Weise, Geschlechterdifferenz zu denken, unser Verständnis von Gender? Ist das, was wir mit Gender meinen, derjenige Teil der Geschlechterdifferenz, der *tatsächlich* als das Soziale erscheint (Gender wäre so der Extremfall der Sozialität in der Geschlechterdifferenz), als das Konstruierte, als das, worüber sich verhandeln lässt, als genau das, was der Vatikan auf »biologisches Geschlecht« und so an den Ort des Natürlichen zurückführen möchte, wo das Natürliche selbst als feststehend und unveräußerlich vorgestellt wird? Ist das Projekt des Vatikans ebenso illusorisch wie das Projekt, Gender aus dem Nichts hervorzubringen, sei es aufgrund der Ressourcen der Kultur oder durch irgendeinen phantastischen Willen? Ist der Versuch von Schwulen, sich über Gender hinwegzusetzen oder es an eine überwundene Vergangenheit zu verweisen als den eigentlichen Untersuchungsgegenstand irgendeines anderen Ansatzes, eines feministischen, der nicht der eigene ist – stellt dies nicht einen Versuch dar, Geschlechterdifferenz ruhigzustellen als das, was sich radikal von Sexualität abtrennen lässt? Die Regulation von Gender war schon immer ein Teil der Arbeit heterosexistischer Normativität, und auf der radikalen Trennung von Gender und Sexualität zu beharren heißt die Gelegenheit verpassen, diese spezifische Operationsweise homophober Macht zu analysieren.[13]

13 Ich habe erst vor kurzem versucht, die theoretischen Probleme, die ich mit diesem Verständnis des disjunktiven Verhältnisses zwischen Gender und Sexualität habe, darzulegen. Dennoch will ich versuchen, kurz die Hauptpunkte dieses Argumentes zu rekapitulieren. Während »biologisches Geschlecht und Sexualität« als die eigentlichen Gegenstände der Lesben- und Schwulentheorie gehandelt werden und dies mit Feminismus in Analogie gesetzt wird,

Aus ganz anderer Ecke setzen sich die Bemühungen, Gender mit einem schändlichen Feminismus in Zusammenhang zu bringen, auf andere Weise fort. In einer besorgniserregenden Übernahme antiimperialistischer Diskurse ging der Vatikan so weit zu be-

dessen eigentlicher Gegenstand mit Gender umschrieben wird, scheint mir, dass auf den Großteil der feministischen Forschung diese Beschreibung nicht zutrifft und dass Feminismus in den meisten Fällen darauf beharrt, dass die Verhältnisse im Bereich des biologischen und des kulturellen Geschlechtes zwar keineswegs kausal, aber entscheidend strukturell verknüpft sind. Die Charakterisierung des Feminismus im Sinne einer ausschließlichen Konzentration auf Gender stellt auch die neuere Geschichte des Feminismus in verschiedenen entscheidenden Punkten falsch dar: 1) Die Geschichte der radikalfeministischen Sexualpolitik wird von der eigentlichen Charakterisierung des Feminismus gestrichen. 2) Die verschiedenen antirassistischen Positionen, die innerhalb des feministischen Rahmens entwickelt wurden, für die Gender keineswegs zentraler ist als Rasse oder auch nicht zentraler als die koloniale Stellung oder als Klasse – die ganzen Bewegungen des sozialistischen Feminismus, des postkolonialistischen Feminismus, des Feminismus in der Dritten Welt –, sind nicht mehr Teil des zentralen oder eigentlichen Anliegens des Feminismus. 3) MacKinnons Darstellung von Gender und Sexualität wird als paradigmatisch für den Feminismus verstanden. Darin versteht sie Gender als die Kategorien »Frauen« und »Männer«, die Positionen der Unterordnung und Herrschaft innerhalb eines sozialen Arrangements der Sexualität institutionalisieren, das immer als heterosexuell vorausgesetzt wird; der starke Widerstand gegen ihr Werk von feministischer Seite wird aus der vorgeschlagenen Definition des Feminismus ausgeschlossen. 4) Gender wird auf sex, als feststehend oder »gegeben« betrachtet, zurückgeführt (und zuweilen auf Zuschreibungen von Sex), und die umstrittene Geschichte der Unterscheidung zwischen Sex und Gender wird aus dem Gesichtsfeld gerückt. 5) Die normative Operationsweise von Gender in der Regulierung der Sexualität wird geleugnet. 6) Und schließlich ist die Anfechtung der Gender-Normen durch das Sexuelle in keinem der beiden Rahmen mehr »Gegenstand« der Analyse, da sie genau die Analysebereiche durchquert und verwirrt, die diese methodologische Behauptung der Lesben- und Schwulentheorie auseinanderzuhalten bemüht ist. – Der entscheidende Unterschied zwischen Feministinnen, die die Kategorie Gender verwenden, und denjenigen, die innerhalb des Rahmens der Geschlechterdifferenz bleiben, wird durch diese intellektuell unhaltbare Formulierung dessen, was Feminismus ausmacht, aus dem Gesichtsfeld getilgt. Und wie sollten wir die Geschichte des schwarzen Feminismus, die weitreichende Überschneidung dieser Anliegen verstehen, wenn wir einem solchen Anliegen weißer Feministinnen folgen wollten, die Gender als isolierbare Analysekategorie verstehen?

haupten, Gender sei ein Import aus dekadenten Zweigen innerhalb des westlichen Feminismus, der den »Dritt-Welt-Ländern« – oft gleichwertig mit dem Ausdruck »Entwicklungsländer« benutzt – aufgezwungen werde.

Obwohl klar ist, dass Gender in der Tat auf den letzten UNO-Konferenzen zu einem Banner feministischer Organisationen wurde, so zeigte sich dieses Thema doch besonders spannungsgeladen, als eine honduranische Frauengruppe gegen die Ernennung einer ultrakonservativen christlichen Delegation zur Repräsentation der honduranischen Regierung auf der September-Konferenz Einspruch erhob. Unter der Leitung von Oscar Rodriguez, dem Präsidenten der lateinamerikanischen Bischofskonferenz, wandten sich Bürgerbewegungen im Land, darunter das sehr aktive Zentrum für Frauenrechte in Honduras, gegen den Versuch, gegen einen als »westlich« bezeichneten Feminismus anzugehen.[14] Der Staatsapparat eignet sich so in Verbindung mit der Kirche eine antikulturimperialistische Sprache an, um Frauen im eigenen Land zu entmächtigen. Neben der Behauptung, dass Peking einen Feminismus repräsentieren werde, der eine »Kultur des Todes« darstelle und »Mutterschaft als Sklaverei« betrachte, behauptete diese bisher namenlose Form des Feminismus ebenso, dass die Anliegen der Peking-Konferenz einen falschen Feminismus repräsentierten. (Auch der Vatikan versuchte in dem Brief, in dem er sich für seinen Patriarchalismus entschuldigte, zwischen einem Feminismus zu unterscheiden, der dem Wesen der Würde der Frauen verpflichtet bleibe, und einem, der Mutterschaft und Geschlechterdifferenz zerstören würde.) Sowohl Rodriguez wie auch der Vatikan zielten ebenso auf »unnatürliche Gender«, Homosexuelle und Transsexuelle. Das Zentrum für Frauenrechte antwortete mit dem Hinweis, dass es kein Interesse daran habe, Mutterschaft zu zerstören, sondern dass es dafür kämpfe, Mütter von Missbrauch zu befreien

14 InterPress Third World News Agency, ⟨www.ips.org⟩.

und dass das Hauptanliegen der Peking-Konferenz nicht »unnatürliche Gender« seien, sondern »die Auswirkungen der Strukturanpassungspläne auf die wirtschaftliche Stellung von Frauen und auf Gewalt gegen Frauen«. Bezeichnenderweise war die christliche Gruppe, die Honduras repräsentierte, gleichfalls aktiv gegen Abtreibung, da für sie die Verbindung zwischen unnatürlichen Geschlechtern, der Zerstörung von Mutterschaft und der Förderung des Rechts auf Abtreibung klar auf der Hand lag.

In der Sprache des Programms durfte »Gender« schließlich bleiben, aber »lesbisch« musste »in Klammern« gesetzt werden. In San Francisco sah ich sogar einige Delegierte, die sich auf die Treffen vorbereiteten, indem sie T-Shirts trugen, auf denen »lesbisch« in Klammern stand. Die Klammern sollten ursprünglich natürlich anzeigen, dass es sich um eine umstrittene Sprachregelung handelt, dass es keine Übereinstimmung über die angemessene Verwendung dieses Begriffes gibt, und obwohl sie dem Wort seine Macht nehmen sollten, indem sie seine Zulässigkeit in Frage stellen, streichen sie den Begriff als eine mit diakritischen Zeichen zusammengesetzte Wendung heraus, die eine Art überdeutliche Sichtbarkeit gerade aufgrund ihrer Fragwürdigkeit erzielt.

Der Ausdruck »lesbisch« wurde schließlich, nach der in Klammern gesetzten Form, gänzlich fallengelassen. Aber der Erfolg dieser Strategie schien den Verdacht nur anzuheizen, dass der Ausdruck an anderen linguistischen Orten wiederauftauche: durch das Wort Gender, durch den Diskurs der Mutterschaft, durch Bezüge auf sexuelle Selbstbestimmung und sogar auf die Wendung »anderer Status« – ein Status, der nicht direkt benannt werden konnte, der aber Lesben durch die Indirektheit der Wendung bezeichnete: Sie wissen schon, der Status, der »anders« ist, der hier nicht auszusprechen ist, der hier unaussprechbar gemacht wurde, der Status, der keiner ist.

Innerhalb des diskursiven Rahmens dieses internationalen Treffens scheint es von entscheidender Bedeutung, zu fragen, woran genau es liegt, dass die Aufnahme von Rechten für Lesben mit der Produktion von unnatürlichem Gender und der Zerstörung von Mutterschaft sowie mit der Einführung einer Kultur des Todes in Verbindung gebracht wird (vermutlich »gegen das Leben«; eine vertraute rechte Übersetzung für die Position, die eine gewisse Wahlfreiheit in Bezug auf Schwangerschaft befürwortet). Ganz eindeutig nehmen diejenigen, die auf dieser Grundlage gegen Rechte für Lesben sind (und es gab andere, die aus anderen Gründen dagegen waren), an, dass Lesben entweder keine Mütter sind oder dass sie, wenn sie es sind, dennoch an der Zerstörung von Mutterschaft teilhaben. Meinetwegen.

Wichtig ist jedoch, denke ich, dass in dieser Szene eine Reihe von Themen gleichzeitig im Spiel sind, die sich nicht leicht voneinander trennen lassen. Die Annahme, dass Gender ein Code für Homosexualität sei, dass die Einführung des Lesbischen die Einführung eines neuen und unnatürlichen Gender sei und dass sie zu einer Zerstörung von Mutterschaft führen werde, in Verbindung gesehen mit den feministischen Bemühungen um Rechte bei der Fortpflanzung, ist unhintergehbar homophob und frauenverachtend zugleich. Zudem wurde das von einer Koalition zwischen Kirche und Staat hervorgebrachte und von der US-Delegation ebenfalls wiederholte Argument, dass sexuelle Rechte vom Westen aufgezwungen würden, am kräftigsten dazu gebraucht, die Forderungen basisdemokratischer Frauenbewegungen in Lateinamerika nach Repräsentation von Frauen auf der Konferenz niederzumachen und klein zu halten. Wir sehen daher eine Vermehrung der staatlichen/kirchlichen ideologischen Macht über die Frauenbewegung genau durch die Aneignung des antiimperialistischen Diskurses von solchen Bewegungen.

Gegen eine Koalition von Staat und Kirche, die in ihrer Bemühung, Forderungen nach sexueller Selbstbestimmung zu behindern, traditionelle ethnische Reinheiten zu rehabilitieren und zu verteidigen suchte, entstand bei den Treffen eine Koalition unter Feministinnen, die Sprachregelungen suchten zur Unterstützung von Rechten bei der Fortpflanzung, von Frauenrechten gegen Missbrauch in der Ehe und von Rechten für Lesben.

Bezeichnenderweise fand die Organisation bei beiden Konferenzen zum Thema sexueller Orientierung nicht, wie der Vatikan annahm, unter dem Deckmantel des Ausdrucks Gender statt; trotz all seiner legalen und medizinischen Merkwürdigkeit wurden »sexuelle Orientierung« und »lesbisch« die Sprachregelungen, die die Internationale Kommission für Menschenrechte für Schwule und Lesben unter die Grundlagen, auf denen Menschenrechtsverletzungen gegen Frauen stattfinden können, aufgenommen sehen wollte.

Was jedoch bemerkenswert erscheint, ist die Tatsache, dass die UNO-Konferenz in der Tat Übereinstimmung in Bezug auf die folgende Sprachregelung erzielte: Die Sprachregelung ist rhetorisch wichtig, weil sie den herrschenden internationalen Konsens zu diesem Thema darstellt und von Regierungs- wie Nicht-Regierungs-Organisationen in den verschiedensten Ländern benutzt werden kann, um politische Ziele voranzutreiben, die der Formulierung entsprechen:

> # 97: Die Menschenrechte der Frauen beinhalten ihr Recht, in Angelegenheiten, die ihre Sexualität betreffen, inklusive der Gesundheit der Sexual- und Fortpflanzungsfunktionen, die Kontrolle auszuüben und frei und verantwortlich ohne Zwang, Diskriminierung oder Gewalt zu entscheiden. Gleichberechtigte Beziehungen zwischen Frauen und Männern bezüglich sexueller Beziehungen und Fortpflanzung, inklusive voller Achtung für die Integrität der Person, erfordern gegenseitige Achtung, Einverständnis und geteilte Verantwortung für das sexuelle Verhalten und seine Folgen.

Schließlich scheint es noch wichtig, nach dem Status der UNO-Formulierungen selber zu fragen, Formulierungen, die aus internationalem Konsens, nicht Einstimmigkeit, entstanden sein sollen, die den Konsens darüber darstellen sollen, was universell akzeptierte Forderungen und universell vorausgesetzte Rechte sind. Die Tatsache, dass das, was im Begriff »universell« zugelassen wird, als von einem »Konsens« abhängig verstanden wird, scheint die Macht dieser Universalität etwas zu unterlaufen. Aber vielleicht ist das doch nicht der Fall. Der Vorgang setzt voraus, dass nicht ein für alle Mal geklärt werden kann, was die Sprache der universellen Berechtigung beinhalten und was sie nicht beinhalten soll, dass ihre zukünftige Gestalt im Moment nicht gänzlich vorausgesehen werden kann. Die UNO-Überlegungen wurden der Ort des öffentlichen Rituals, das den Konsens über die Grenzen der Universalität wieder und wieder erneut artikuliert.

Die Bedeutung des Universellen erweist sich als eine kulturelle Variable, und die spezifischen kulturellen Ausprägungen des »Universellen« laufen seinen Ansprüchen auf einen transkulturellen Status zuwider. Das heißt nicht, dass man sich nicht auf das Universelle beziehen dürfe oder dass es für uns ein Ding der Unmöglichkeit geworden sei. Im Gegenteil. Es bedeutet einzig, dass es kulturelle Bedingungen für seine Artikulation gibt, die nicht immer dieselben sind, und dass der Begriff seine Bedeutung für uns durch genau die entschieden weniger als universellen Bedingungen seiner Artikulation erhält. Diesem Paradox wird jede Aufforderung zu einer universellen Einstellung begegnen. Denn es mag sein, dass in der einen Kultur gewisse Rechte als universell angesehen werden und dass in einer anderen genau diese Rechte die Grenzen der Universalisierbarkeit markieren; das heißt, »wenn wir diesen Leuten solche Rechte geben, werden wir die Fundamente des Universellen, so wie wir es kennen, untergraben«. Das wurde mir insbesondere im Bereich der Lesben- und Schwulenrechte klar, wo »das Universelle« ein umstrittener Begriff ist und wo verschiedene Regierungen und verschiedene Menschenrechtsgruppen des Mainstream Zweifel äußern, ob lesbische und schwule Menschen wirklich zum »Menschlichen« dazugehören sollten, ob ihre vermeintlichen Rechte zu den bestehenden Konventionen passen, die den Umfang der als universell angesehenen Rechte beherrschen.

Es überrascht mich nicht, dass der Vatikan den möglichen Einschluss der Lesbenrechte als »antimenschlich« bezeichnet; vielleicht ist das richtig; das Lesbische in den Bereich des Universellen zuzulassen könnte die Abschaffung des Menschlichen bedeuten, zumindest in seiner gegenwärtigen Form, aber es könnte auch heißen, sich das Menschliche jenseits seiner konventionellen Grenzen vorzustellen.

Die Vorstellung von Universalität ist hier keine Grundlegung und auch keine Vorannahme; sie ist das, was gegen die Grundlagen angeht, die üblicherweise als Grundlagen akzeptiert wurden, und sie zerstört. Für gewisse Rechte Universalität zu fordern, gerade wenn bestehende Konventionen zur Regelung des Umfangs der Universalität genau solch eine Forderung ausschließen, bedeutet sowohl ein Konzept des Universellen zu zerstören wie auch das zuzulassen, was sein »konstitutives Außen« war, und dadurch das Gegenteil jedes Aktes der Anpassung an eine *bestehende* Norm zu vollziehen. Ich beharre darauf, dass solch eine Forderung das produktive Risiko eingeht, eine radikale Neuartikulation der Universalität selbst zu provozieren und zu verlangen, dabei das Universelle sozusagen in Klammern zu setzen und ein starkes Bewusstsein der Unwissenheit darüber zu erzwingen, worin es besteht und was es umfassen könnte.

Aus dem Universellen ausgeschlossen zu sein und doch unter Berufung darauf Forderungen zu machen impliziert einen gewissen performativen Widerspruch. Man könnte als dumm und unsinnig erscheinen, als ob solchen Forderungen nur mit Spott begegnet werden könnte; oder der Einsatz könnte zum Gegenteil führen, als ein Teil dessen, was von entscheidender Bedeutung ist für die fortwährende Überarbeitung und Ausarbeitung des historischen Standards von Universalität, wie sie der zukunftsgerichteten Bewegung der Demokratie selbst eigen ist. Zu behaupten, dass das Universelle noch nicht artikuliert worden ist, bedeutet darauf zu beharren, dass das »noch nicht« dem Verständnis des Universellen selber eigen ist: das, was durch das Universelle »unverwirklicht« bleibt, konstituiert es wesentlich. Das Universelle beginnt seine Artikulation zu erfahren genau durch die Angriffe auf seine *bestehende* Ausformulierung, und diese Herausforderung geht von denen aus, die nicht von ihm umfasst sind, die keine Berechtigung haben, den Ort des »wer« einzunehmen, die aber nichtsdestoweniger verlangen, dass das Universelle als solches sie einschließen müsse. Das Ausgeschlossene konstituiert in diesem Sinne die kontingente Grenze der Universalisierung. Dieses Mal fielen die Klammern um »lesbisch« weg, nur um dem »anderen Status« zugewiesen zu werden, dem Status dessen, was der Sprache, die wir sprechen, gegenüber anders bleibt, anders gegenüber der Sprechbarkeit überhaupt, der Andersheit, durch die das Sprechbare eingesetzt wird, die seine Grenzen heimsucht und das Sprechbare durch Ersetzungen zu betreten droht, die nicht immer entdeckt werden können. Obwohl Gender nicht das Vehikel war, mit dem Homosexualität die offizielle UNO-Sprache betrat, so war es doch »sexuelle Freiheit«, eine Rubrik, die Lesben und heterosexuelle Frauen für eine Weile zusammenbrachte und die jegliche Rückkehr zu einer Vorstellung von schicksalshafter Biologie ablehnte. Vielmehr handelt es sich um eine Rubrik, die eine Herausforderung für die Grenzen der Universalität, wie wir sie kennen, darstellt und die keine Entscheidung darüber trifft, was Geschlechterdifferenz ist, sondern die diese Entscheidung offenlässt, irritierend und unentschieden.

Entgegnung auf Rosi Braidottis ›Metamorphoses‹

Metamorphoses ist Braidottis drittes großes Buch auf dem Gebiet der feministischen Theorie, nach *Patterns of Dissonance* und *Nomadic Subjects*. Es ist der erste von zwei Bänden, der zweite erscheint noch bei Polity Press. Bevor wir auf Einzelheiten des Buches eingehen, sollten wir bedenken, was dieses Werk überhaupt leisten will. Es versucht, eine deleuzesche Perspektive auf den Körper und das Werden zusammenzubringen mit einer feministischen Perspektive auf die Geschlechterdifferenz und das Frauwerden; es widmet sich einer längeren Arbeit auf dem Gebiet der philosophischen und kulturellen Filmkritik und untersucht insbesondere die Art und Weise, wie Körper, Maschinen und Tiere unter bestimmten sozialen Bedingungen der Produktion und Konsumtion vermischt werden. Es ist nicht nur eine entschiedene Verteidigung von Irigaray, sondern auch ein pädagogischer Versuch, Leser von Irigaray dazu zu bringen, sie anders zu lesen. Der Text bedient sich – trotz einiger deleuzeianischer Einwendungen gegen eine psychoanalytische Perspektive – auch einer psychoanalytischen Darstellung des Subjekts, die ein Nicht-Zusammenfallen des Subjekts mit seiner eigenen psychischen Konstitution, die Hartnäckigkeit des unbewussten Wunsches und die kulturelle und soziale Strukturierung unbewusster Ziele betont. Der Text verrät auch einen Glauben an den konstanten Gebrauch der Psychoanalyse als eine Kur für bestimmte Klassen psychischer Leiden. Wenn man, bevor man diesen Text gelesen hat, meinte, dass es schwierig sein könnte, Deleuze und Lacan zusammenzubringen, oder dass es strapaziös sein könnte, beide Autoren einer feministischen Lesart zu unterziehen, die auf dem Primat der Geschlechterdifferenz besteht, oder dass es Schwierigkeiten bereiten dürfte, diese ganze hohe Theorie mit einer kulturell geistreichen Analyse populärer Filme zusammenzubringen, dann hatte man zweifellos recht. Aber der Text erreicht einen gewissen Synkretismus der Auffassungen, und diese synkretistische Leistung wird im Dienst einer Theorie der Affirmation mobilisiert, die sich nicht nur gegen die Logik der Negativität richtet, die mit Hegel verbunden ist, sondern auch die Möglichkeit eines Aktivismus enthält, der nicht auf eine liberale Ontologie des Subjekts angewiesen ist.

Der Text liefert auch eine komplexe und kenntnisreiche

Technologiekritik, die es ablehnt, bei einer vortechnologischen Vergangenheit Zuflucht zu suchen. Braidotti glaubt vielmehr, dass ein philosophischer Ansatz zum Ursprung des Lebens in der Geschlechterdifferenz konkrete ethische Implikationen für technische Eingriffe in körperliche und reproduktive Lebensvorgänge hat. Wenngleich sie den Zusammenbruch von Unterscheidungen zwischen Mensch, Tier und Maschine gutheißt, die der Humanismus aufrechterhalten hat, warnt uns Braidotti davor, zu glauben, wir könnten den Körper in *alle und jede* Richtung entwickeln und verändern. Transformation ist zwar die erklärte Aufgabe ihres Textes, und wir könnten sagen, sie ist das Ereignis dieses Textes, trotzdem wäre es falsch zu meinen, diese Nomadologie, wie Braidotti sie begreift, oder die Arbeit der Metamorphose, des buchstäblichen Gestaltwandels, sei eine unendliche Aufgabe, der keine Grenzen gesetzt seien. Es gibt Transformationsweisen, die mit dem Körper arbeiten oder durch den Körper wirken, doch gibt es ihrer Ansicht nach auch andere, die das körperliche Leben überwinden oder die Parameter des körperlichen Unterschieds hinter sich lassen wollen. Diese letzteren Transformationsweisen lehnt Braidotti aus ethischen und politischen Gründen ab. Denn es kommt zum Beispiel den Zielen des Phallogozentrismus entgegen, »Transformation« als die Überwindung der Geschlechterdifferenz auszulegen oder sie als Anlass zu nutzen, maskuline Formen der Herrschaft und Autonomie wiedereinzusetzen, damit aber die Geschlechterdifferenz und den speziellen symbolischen Bereich – die spezielle symbolische Zukunft – des Femininen auszulöschen. Braidotti ist ebenso gegen jede Kapitulation vor einer technischen Neuschöpfung des Körpers, die mit der Somatophobie gemeinsame Sache macht, mit einem Versuch, dem körperlichen Leben insgesamt zu entrinnen. (Differenz und Körper bleiben nach Braidotti nicht nur die Bedingungen für Transformation, sondern auch das eigentliche Vehikel und Instrument der Transformation, ohne das Transformation im normativen Sinne nicht stattfinden kann.)

Braidottis Auffassung von Transformation begründet nicht nur ein Verhältnis zu einem bestimmten philosophischen Erbe, sondern stellt auch eine der wichtigsten Dimensionen ihres eigenen Beitrags zur Philosophie dar. Als eine Theorie des Aktivismus oder eine aktivistische Theorie arbeitet ihre Darstellung der Verkörperung philosophisch und politisch zugleich und interpretiert Transformation auf beide Arten. Während einige Kritiker des Poststrukturalismus behauptet haben, ohne situiertes und einheitliches Subjekt könne es keine »Handlungsfähigkeit« geben, zeigt Braidotti, dass Tätigkeit, Affirmation und die Fähigkeit, die Verhältnisse zu verändern, von einem Subjekt kommen können, das vielschichtig aufgebaut ist und sich in mehrere Richtungen bewegt. Braidotti folgt einer Theorieströmung, die von Spinoza zu Deleuze führt und eine gewisse Lesart der Psychoanalyse beinhaltet, zudem aber gewisse Affinitäten zu Nietzsche aufweisen kann und argumentiert, der Wille zu leben, die Affirmation des Lebens vollziehe sich durch das Spiel der Multiplizität. Die dynamische Interaktion multipler Wirkungen bringe die Transformation hervor. Für Vertreter der Meinung, dass ein multipel zusammengesetztes Handlungssubjekt diffus oder zersplittert sei, sollte man hinzufügen, dass Multiplizität für Braidotti eine Form darstellt, das Spiel der Kräfte zu verstehen, die aufeinander einwirken und neue Lebensmöglichkeiten erzeugen. Multiplizität ist nicht der Tod der Handlungsfähigkeit, sondern deren ureigenste Bedingung. Wenn wir nicht verstehen, wie multiple Kräfte interagieren und den eigentlichen Dynamismus des Lebens erzeugen, haben wir eine falsche Vorstellung darüber, woher das Handeln kommt.

Die Transformation wird vom Spiel der Kräfte hervorgebracht, wobei manche dieser Kräfte bemerkenswerterweise unbewusst sind und durch körperliche Mittel wirken, so dass ein Auftreten von Kreativität, bei dem etwas Neues entsteht, das Resultat einer Aktivität ist, die dem wissenden Subjekt vorausgeht, dem Subjekt deswegen aber nicht völlig äußerlich ist. Etwas, das mir vorhergeht, bestimmt, wer ich bin, und dieses Paradox führt zur Artikulation einer Konzeption des Subjekts, das nicht auf Bewusstsein reduzierbar ist. Wir beziehen uns nicht auf ein Meistersubjekt – ein liberales Individuum, das über Wissen verfügt und über eine Handlung entscheidet –, so als ob das Subjekt das Handeln einfach nur beginnen würde und nicht selbst Gegenstand unterschiedlichster Einflüsse wäre. Dass das Subjekt in der Geschlechterdifferenz produziert wird, heißt für Braidotti offenbar, dass es sich um einen Körper handelt, auf den andere Körper einwirken und damit die Möglichkeit einer gewissen Transformation schaffen. Es ist eine Einführung ins Leben, eine Verführung zum Leben, wobei das Leben selbst nicht unabhängig von der dynamischen Transformation verstanden werden kann, für die wir eine Erklärung geben möchten.

Diese philosophische Sicht hat für diejenigen besondere allgemeine und kulturelle Relevanz, die wissen möchten, wie Transformation im Kontext dynamischer globaler Netzwerke aussehen könnte. Während manche wohl sagen würden, beispielsweise in marxistischer Einstellung, dass die soziale Welt die Summe totalisierender und totalisierter Effekte ist, würde Braidotti diese Stase wohl nicht hinnehmen und wissen wollen, wie durch verschiedene, technische und ökonomische Netzwerke Möglichkeiten der Transformation bedingt und geschaffen werden. Aber auch hier müssen wir verstehen, dass diese Transformation nur vor sich gehen kann, wenn wir körperliche Prozesse als ihre Bedingung und ihren Austragungsort auffassen. Für Braidotti müssen körperliche Prozesse unter dem Aspekt der Geschlechterdifferenz spezifiziert werden. Und die Geschlechterdifferenz ist der Name für ein künftiges Symbolisches, das das Nicht-Eine als die Bedingung für Leben an sich zu schätzen weiß.

Ich habe gewissermaßen, und ohne dies wirklich zu wissen, einige der Texte produziert, gegen die Braidotti Stellung bezieht. Ähnlich wie Braidotti repräsentiere ich mittlerweile eine Variante des feministischen Poststrukturalismus, wobei diese Variante durchaus Verpflichtungen aufweist, die sich mit dem ihren decken, jedoch weitgehend mit anderen Texten und anderer Problematik arbeitet. Der Poststrukturalismus ist kein monolithisches Gebilde; er ist keine einheitliche Veranstaltung oder homogene Reihe von Texten, sondern ein breites Spektrum von Arbeiten, die im Wirkungsfeld von Ferdinand de Saussure, dem französischen Hegel, Existentialismus, Phänomenologie und verschiedenen Formen des linguistischen Formalismus entstanden sind. Ich denke, man könnte, wie Braidotti es tut, zu Recht zu sagen, dass ich manchmal der Theologie des Mangels verhaftet bleibe, dass ich manchmal auf die Arbeit des Negativen im hegelschen Sinne konzentriert bleibe und dass mich das in Betrachtungen von Melancholie, Trauern, Schuld, Gewissen, Terror und Ähnlichem hineinzieht. Ich denke, das ist einfach das, was passiert, wenn ein jüdisches Mädchen mit psychischer Prägung durch einen familiären Holocaust-Hintergrund verhältnismäßig früh anfängt, sich mit Philosophie zu beschäftigen, speziell dann, wenn sie sich der Philosophie aus Gewaltverhältnissen heraus zuwendet. Es mag auch sein, dass ich mich sehr oft mit Fragen des Überlebens befasse, weil ich mir nicht sicher war, ob mir mein Gender oder meine Sexualität – was immer diese Begriffe letztlich bedeuten – ein Leben erlauben würden, das vor sozialer Gewalt in verschiedenen Formen geschützt ist. Überleben ist nicht dasselbe wie Bejahung, aber es gibt keine Affirmation ohne Überleben (es sei denn, wir deuten bestimmte suizidale Handlungen als affirmativ). Überleben ist jedoch nicht genug, selbst wenn für ein Subjekt ohne Überleben nichts mehr geschehen kann.[15] Wenn Braidotti Schmerz, Leiden und Begrenztheit bedenkt, ist sie motiviert, den Weg hindurch und heraus zu finden, einen bestimmten Aktivismus in Anspruch zu nehmen, der die Passivität überwindet, ohne die Form von Beherrschung oder

15 Primo Levis Text *Moments of Reprieve* führt wiederholt den Unterschied von Überleben und Bejahung vor Augen.

Kontrolle anzunehmen. Das ist eine Kunst, die sich einer gewissen Hartnäckigkeit verdankt, Möglichkeiten sowohl für Affirmation wie auch für Transformation in dem zu finden, was möglicherweise schwierig, wenn nicht sogar gefährlich sein kann: neue Technologien des Körpers, globale Kommunikationsnetze und Muster transnationaler Einwanderung und Vertreibung.

Ich nehme an, wenn ich Fragen zur erzwungenen Emigration stellen müsste, würden sie folgendermaßen ausfallen: Welche Formen des Verlusts machen diejenigen durch, die zur Auswanderung gezwungen sind? Welche Art der Dissonanz erleben diejenigen, die in dem einen Land nicht mehr zu Hause sind und in einem anderen Land noch kein Zuhause haben, sondern in einer Zone aufgehobener Staatsbürgerschaft leben? Welche Formen nehmen Schmerz und Leid fortwährender Kolonisierung an? Was bedeutet es, aus der Heimat vertrieben zu sein, was für die Palästinenser unter der Besatzung gegenwärtig sicherlich der Fall ist?

Ich wette darauf, dass Braidotti diese Szenen des Leidens *als* Leiden nicht abtun würde, dass sie aber methodologisch versuchen würde, in diesen Bruchstellen und dieser Mobilität die Bedingungen neuer Möglichkeiten zu erkennen. So gesehen versucht ihre kritische Lesart, mögliche Orte der Transformation zu bestimmen, versucht das zu öffnen, was sonst wie eine Falle oder eine Sackgasse aussehen könnte, und darin eine neue soziale Voraussetzung für Bejahung zu finden. Dass es da einen Zustand innerer Zerrissenheit oder einen Zustand der Vertreibung gibt, kann natürlich ein Ort des Leidens sein, kann darüber hinaus aber der Ort einer neuen Handlungsmöglichkeit sein. Wir können den Verlust an Nähe und Vertrautheit als Bedingungen für menschliche Verständigung bedauern, können aber auch die Möglichkeiten für Veränderung durch globale Netzwerke und die Möglichkeiten für globale Bündnisse bedenken.

Ich denke, *Metamorphoses* enthält nicht so sehr ein Programm für Transformation, sondern ist eine detaillierte Auflistung dessen, was verändert werden sollte und wie es verändert werden sollte. Die Arbeit der Transformation wird durch den Text veranschaulicht, an seiner Deutungspraxis, an seiner unermüdlichen Suche nach dem, was beweglich und erneuerbar ist. Einerseits widerspricht Braidotti den pessimistischen Prophezeiungen einer Linken, die glaubt, die sozialen Prozesse hätten ihr schmutziges Werk bereits getan und wir lebten nurmehr als die leblosen Folgen ihrer früheren Wirksamkeit. Andererseits bekämpft sie Formen des Handelns – normalerweise folgen sie dem Muster phallogozentrischer Beherrschung –, die entweder den Körper leugnen oder die Geschlechterdifferenz ablehnen und daher, wie sie sagt, nicht verstehen können, inwiefern das Leben selbst das Spiel der Multiplizität erfordert.

Es gibt allerdings einige ungeklärte Fragen zwischen Braidottis Position und meiner. Ich werde versuchen, sie in Frageform zu formulieren, in der Hoffnung, dass dieser Text, wie schon andere, als Teil eines noch fortzusetzenden kritischen Gesprächs aufgenommen werden wird.

Geschlechterdifferenz

Braidotti vertritt die Ansicht, dass die Geschlechterdifferenz oft von Theoretikern abgelehnt wird, weil Weiblichkeit an sich mit einem pejorativen Bedeutungsverständnis verbunden ist. Ihr missfällt zwar dieser pejorative Gebrauch des Begriffs, sie glaubt aber, dass der Begriff selbst in eine andere Zukunft entlassen werden kann. Das mag wohl richtig sein. Aber ist es fair zu sagen, dass diejenigen, die diesen Rahmen [der Geschlechterdifferenz] ablehnen, deswegen schon Weiblichkeit erniedrigen oder herabsetzen oder glauben, dass Weiblichkeit nur eine minderwertige Bedeutung haben kann? Ist es fair zu behaupten, dass, wer diesem Rahmen nicht beipflichtet, deswegen gegen das Weibliche oder gar ein Frauenfeind sein muss? Mir scheint, das künftige Symbolische wird eines sein, in dem Weiblichkeit vielfältige Möglichkeiten haben wird, in dem sie, wie Braidotti selbst behauptet, von der Forderung befreit sein wird, Eines zu sein oder mit einer einzigen Norm übereinzustimmen, der Norm, die mit phallogozentrischen Mitteln für sie ausgearbeitet ist. Muss denn der Rahmen für das Nachdenken über die Geschlechterdifferenz binär sein, damit diese weibliche Vielfalt entstehen kann? Warum kann der theoretische Rahmen für die Geschlechterdifferenz nicht selbst über die Binarität hinausgehen und zur Vielfalt wechseln?

Butch-Begehren

Als Coda zu den oben stehenden Bemerkungen denken wir uns Folgendes: Es kann Frauen geben, die Frauen lieben, die sogar das lieben, was wir »Weiblichkeit« nennen könnten, die aber keine Möglichkeit sehen, ihre Liebe durch die Kategorie der Frauen oder als eine Abwandlung von Weiblichkeit zu verstehen.[16] Das Begehren der Butch kann, wie manche sagen, als Teil eines »Begehrens der Frau« erfahren werden, es kann aber auch als eine Art von Männlichkeit erfahren, das heißt benannt und interpretiert werden, die bei Männern nicht vorkommt. Man könnte der Butch-Community sofort einen Vorwurf machen und sagen, sie, oder besser gesagt: wir seien einfach antiweiblich oder wir hätten eine primäre Weiblichkeit verleugnet. Aber dann stünden wir mit der unlösbaren Schwierigkeit da, dass die meisten Butches (wenn auch nicht alle) vom Weiblichen stark, wenn nicht gar fatal, angezogen sind und in diesem Sinne das Weibliche lieben.

Dehnen wir Braidottis Bezugsrahmen aus, dann könnten wir sagen, dass diese negative Beurteilung des Butch-Begehrens ein Beispiel dafür ist, was geschieht, wenn das Weibliche als ein Instrument des Phallogozentrismus allzu eng definiert ist: dass

16 Siehe Judith Halberstam, *Female Masculinities.*

nämlich der ganze Spektrum möglicher Weiblichkeit nicht in seinen Bestimmungen enthalten ist und das Begehren der Butch eigentlich als eine weitere Abwandlung weiblichen Begehrens beschrieben werden müsste. Die letztere Auffassung bemüht sich um eine offenere Darstellung von Weiblichkeit, die der phallogozentrischen Version gegen den Strich geht. Diese Auffassung stellt gegenüber der ersten Position, die dem fraglichen begehrenden Subjekt einfach eine psychologische Disposition zum Selbsthass oder zur Misogynie zuschreibt, eine Verbesserung dar. Falls aber in dem Begehren der Butch Männlichkeit eine Rolle spielt, das heißt, wenn das die Bezeichnung ist, unter der das Begehren Sinn ergibt, warum sollte man dann vor der Tatsache zurückscheuen, dass es Formen geben könnte, in denen Männlichkeit bei Frauen auftritt, und dass feminin und maskulin nicht zu verschieden sexuierten Körpern gehören? Warum sollte es nicht so sein, dass wir in einen Grenzbereich der Geschlechterdifferenz gelangt sind, für den die Sprache der Geschlechterdifferenz vielleicht nicht ausreicht, und dass sich dies gewissermaßen aus einem Verständnis ergibt, dem zufolge der Körper von vielfältigen Kräften geschaffen ist und vielfältige Kräfte darstellt? Wenn diese besondere Konstruktion des Begehrens den binären Rahmen sprengt oder dessen Begriffe durcheinanderbringt, warum könnte sie dann nicht ein Beispiel für das vielfältige Spiel der Kräfte sein, das Braidotti bei anderen Gelegenheiten akzeptiert?

Deleuze

Obwohl Braidotti auf mein Buch *Subjects of Desire* von 1987 verweist, um die Behauptung zu stützen, dass ich Deleuze ablehne, muss sie wissen, dass ich jedes Jahr mehrere Aufsätze und Kommentare von Leuten zugeschickt bekomme, die darauf bestehen, dass ich von Deleuze beeinflusst bin. Das könnte ein schrecklicher Gedanke für sie sein, aber ich würde sie bitten zu bedenken, dass der *conatus* des Spinoza im Zentrum meiner Arbeit bleibt. Ich befürworte so wie sie eine deinstitutionalisierte Philosophie (eine »Minoritätenphilosophie«) und suche ebenfalls nach dem Neuen, nach Möglichkeiten, die aus einer fehlgeschlagenen Dialektik hervorgehen und die Dialektik selbst übersteigen. Ich bekenne jedoch, dass ich keine sehr gute Materialistin bin. Jedes Mal, wenn ich versuche, über den Körper zu schreiben, endet das damit, dass der Text von der Sprache handelt. Aber nicht etwa deswegen, weil ich denke, dass der Körper auf Sprache reduzierbar ist; das ist er nicht. Die Sprache geht aus dem Körper hervor, stellt so etwas wie eine Emission dar. Der Körper ist das, woraufhin die Sprache zögerlich wird, und der Körper trägt seine eigenen Zeichen, seine eigenen Signifikanten, auf eine Art und Weise, die weitgehend unbewusst bleibt. Obwohl Deleuze gegen die Psychoanalyse ist, ist es Braidotti nicht. Für Deleuze dreht sich die Psychoanalyse scheinbar um das Problem des Mangels, während ich dazu neige, den Schwerpunkt beim Problem der Negativität zu setzen. Ein Grund, warum ich Deleuze abgelehnt habe, ist der, dass ich keine Registrierung des Negativen in seinem Werk finde, und ich hatte die Befürchtung, was er vorschlage, sei eine manische Abwehr der Negativität. Braidotti verbindet Deleuze erneut mit der Psychoanalyse und macht ihn so auf neue Art lesbar. Aber wie bringt sie einen Deleuze, der das Unbewusste ablehnt, mit einer Psychoanalyse in Einklang, die auf dem Unbewussten zu Recht besteht?

Sprechen, Körper und Performativität

Aus meiner Sicht geht es bei der Performativität nicht bloß um Sprechakte. Es geht auch um körperliche Vollzüge. Das Verhältnis zwischen den beiden ist kompliziert, und ich nannte es in *Körper von Gewicht* einen »Chiasmus«. Es gibt immer eine Dimension körperlichen Lebens, die nicht vollständig dargestellt werden kann, selbst wenn sie als die Bedingung und als aktivierende Voraussetzung für Sprache fungiert.

Im Großen und Ganzen folge ich der Auffassung von Shoshana Felman in ihrem Buch *The Scandal of the Speaking Body*, wo sie im Anschluss an Lacan behauptet, dass der Körper die Sprache veranlasst und dass die Sprache körperliche Ziele transportiert und Körperhandlungen ausführt, die von denjenigen, die die Sprache gebrauchen, um bestimmte bewusste Ziele zu erreichen, nicht immer verstanden werden. Ich denke, darin besteht die Bedeutung der Übertragung nicht nur für die therapeutische Situation, sondern auch für die theoretische Beschreibung der Sprache, die sie ermöglicht. Wir sagen etwas und meinen etwas mit dem, was wir sagen, aber wir tun auch etwas mit unserem Sprechen, und was wir tun, wie wir mit unserer Sprache aufeinander einwirken, ist nicht dasselbe, wie der Sinn, den wir bewusst übermitteln. So betrachtet, schießen die Bedeutungsgebungen des Körpers über die Intentionen des Subjekts hinaus.

Heterosexualität

Es wäre ein Fehler, zu behaupten, ich sei dagegen. Ich denke nur, dass Heterosexualität nicht ausschließlich den Heterosexuellen zukommt. Außerdem sind heterosexuelle Praktiken nicht dasselbe wie heterosexuelle Normen; die heterosexuelle Normativität beunruhigt mich und wird zum Grund meiner Kritik. Kein Zweifel, praktizierende Heterosexuelle haben alle Arten kritischer und komischer Perspektiven auf die heterosexuelle Normativität. Bei den Gelegenheiten, wo ich versucht habe, eine heterosexuelle Melancholie zu erhellen, das heißt eine Ablehnung homosexueller Zuneigung, die sich in der Heterosexualität als Konsolidierung der Geschlechternormen bemerkbar macht (»Ich bin eine Frau, deshalb will ich keine«), bemühe ich mich zu zeigen, wie ein Verbot für bestimmte Formen der Liebe als eine ontologische Wahrheit über das Subjekt eingesetzt wird: Das »bin« in »ich bin ein Mann« kodiert das Verbot, »ich soll keinen Mann lieben«, so dass die ontologische Behauptung die Kraft eines Verbots trägt. Dies geschieht allerdings nur unter den Voraussetzungen der Melancholie und bedeutet nicht, dass alle Heterosexualität so strukturiert ist oder dass es nicht auf Seiten mancher Heterosexueller in der Frage der Homosexualität eine reine »Indifferenz« anstatt unbewusster Verwerfung geben kann. (Diesen Punkt übernehme ich von Eve Kosofsky Sedgwick.) Ich möchte damit auch gar nicht andeuten, dass ich ein Entwicklungsmodell befürworte, in dem zunächst homosexuelle Liebe vorhanden ist und diese Liebe dann verdrängt wird, woraufhin in der Folge Heterosexualität entsteht. Ich finde es trotzdem interessant, dass eine solche Darstellung anscheinend aus Freuds eigenen Postulaten folgen müsste.

Ich bin zum Beispiel völlig der Ansicht wie Braidotti, dass ein Kind immer in eine Mutter verliebt ist, deren Begehren anderswohin gerichtet ist, und dass diese Dreieckssituation als die Bedingung des begehrenden Subjekts Sinn ergibt. Wenn dies ihre Formulierung der Ödipalisierung ist, dann lehnt keine von uns beiden die Ödipalisierung ab, obwohl sie die Ödipalisierung *nicht* durch den Mangel deuten wird und ich in meine Darstellung der Zwangsheterosexualität das Verbot integrieren werde. Erst mit einem Modell, das die heterosexuelle Disposition in einem Kind als gegebene Tatsache postuliert, ist es sinnvoll, so wie Freud in den *Drei Abhandlungen zur Sexualtheorie*, zu fragen, wie Heterosexualität erreicht wird. Mit anderen Worten, erst infolge der These von einer primären Heterosexualität kommt die Frage nach einer frühen Homosexualität auf, weil irgendeine Erklärung dafür gegeben werden muss, wie Heterosexualität zustande kommt. Meine kritische Befassung mit diesen Entwicklungsschemata sollte zeigen, wie die Theorie heterosexueller Dispositionen voraussetzt, was sie widerlegen sollte, nämlich eine vorheterosexuelle erotische Geschichte, aus der sie hervorgeht.

Wenn es eine Dreieckssituation gibt, die wir Ödipalisierung nennen, dann entsteht sie nur auf der Grundlage einer Reihe von Verboten oder Zwängen. Obwohl ich akzeptiere, dass die Dreieckssituation zweifellos eine Bedingung des Begehrens ist, habe ich doch auch Schwierigkeiten damit, sie zu akzeptieren. Dass es mir nicht leicht fällt, ist fraglos ein Zeichen ihres Funktionierens, weil es das ist, was, psychoanalytisch betrachtet, das Begehren erst schwierig macht. Was mich am meisten interessiert, ist allerdings die Ausgliederung der Ödipalisierung aus der These einer primären oder universalisierten Heterosexualität.

Mimesis

Braidotti berichtet, sie hätte sich gefreut, als sie im Institute for Contemporary Art in London ein Kunstwerk fand, dass den Satz enthielt: »Ironische Mimesis ist keine Kritik.« Ich frage mich, ob diese Aussage wahr ist. Ist die kritische Mimesis, die Irigaray in *Speculum. Spiegel des anderen Geschlechts* vorführt, in eine solche Auffassung eingeschlossen? Möchte Braidotti auf den Teil von Irigaray verzichten, der die Sprache der Philosophie wie ihr Schatten heimsucht, ihre Begriffe infiltriert, das unter Verschluss gehaltene Weibliche demonstriert und einen aufsprengenden Text liefert, der die selbstbegründende Autorität maskulinisierter Philosophie in Frage stellt? Ich denke, wir machen einen Fehler, wenn wir glauben, dass diese Art der Mimesis nur auf eine Sklavenmoral hinausläuft, da sie die Bedingungen der Autorität akzeptiert und festigt. Irigaray tut etwas anderes mit diesen Bedingungen. Sie dreht sie um, sie leitet einen Platz für Frauen ab, wo keiner war, sie enthüllt die Ausschlüsse, mit denen ein gewisser Diskurs vor sich geht, und sie zeigt, dass solche Orte der Abwesenheit mobilisiert werden können. Die Stimme, die daraus hervorgeht, »imitiert« den Meisterdiskurs, aber diese Imitation beweist dennoch, dass da eine Stimme ist, dass ein Artikulationsvermögen nicht ausgelöscht wurde und dass es die Worte widerspiegelt, mit denen die eigene Auslöschung besiegelt werden sollte. Etwas hält sich zäh und überlebt und die Worte des Herrn klingen anders, wenn sie von jemandem – von ihr – gesprochen werden, die im Sprechen, in der Rezitation, die zur Auslöschung führenden Wirkungen seines Anspruchs untergräbt.

Anglo-Europäische Spaltung

Braidotti vertritt die Ansicht, dass die feministische Theorie in Europa der Vorherrschaft des US-Feminismus unterworfen wurde, und ich vermute, sie bezieht das auch auf die Hegemonie der Theorie weißer Frauen. Für sie ist es wichtig, einen europäischen Feminismus zu verteidigen, um sich mit bestimmten Schlüsselthemen auseinandersetzen zu können, so zum Beispiel mit der Einwanderung, einem neuen europäischen Rassismus, der Ethik der Reproduktionstechnologie und der Umweltpolitik, um nur einige zu nennen. Es ist bekanntermaßen schwierig für US-Feministinnen und Theoretikerinnen allgemein, ihrer Privilegierung als Angehörigen der Ersten Welt Rechnung zu tragen, ohne in selbsterhöhende Schuldzuweisung oder theatralische Selbstzerknirschung zu verfallen. Theorie geht aus einer Positionsbestimmung hervor, und die Positionsbestimmung in Europa befindet sich in der Krise, weil die Grenzen Europas genau das sind, was umstritten ist in den Streitigkeiten darum, wer zur Europäischen Union gehört und wer nicht, wie die Einwanderung geregelt sein soll (speziell in Belgien, Frankreich, den Niederlanden), wie auf die kulturellen Einflüsse der islamischen Gemeinschaften, der arabischen und nordafrikanischen Bevölkerungsgruppen zu reagieren ist. Ich bin zwar Amerikanerin, aber in europäischer Philosophie ausgebildet. Ich gehörte noch vor wenigen Jahrzehnten einer Familie an, deren Mitglieder sich als europäische Juden verstanden, und wuchs mit älteren Erwachsenen auf, die verschiedene Sprachen sprachen, die ich nicht verstand, sowie Englisch mit starkem Akzent. Als ich nach Deutschland ging, um den deutschen Idealismus zu studieren, war meine Großmutter der Meinung, dass ich nun »zurückkehrte«, wo ich hingehörte, und dass dies gut und richtig sei. Ihre Brüder waren in Prag ausgebildet worden, und sie wusste, es gab ein deutsch-jüdisch geistiges Erbe. Ich verwende immer noch zu viele Sonntage darauf, Benjamin und Scholem zu lesen, und es mag sein, dass dieses Erbe (dessen Spuren auch bei Derrida zu finden sind) wichtiger für mich ist als die amerikanische Soziologie und Anthropologie. Ich höre Braidotti Englisch sprechen, weiß, dass Italienisch ihre erste Sprache war (auch wenn sie dann viele Jahre in Australien lebte), und bin mir bewusst, dass ihr Englisch schneller ist als meins. Wenn ich darüber nachdenke, würde ich wetten, dass sie in der Gemeinschaft amerikanischer Feministinnen mehr Freunde hat als ich. Mein Deutsch ist nicht allzu schlecht und ich verbringe mehr Zeit damit, mit Habermasianern zu diskutieren, als die meisten Leute glauben würden.

Es gibt einen transatlantischen Austausch zwischen uns: Wir überqueren diese Kluft beide. Braidotti hat geholfen, uns zu zeigen, was das für ein Prozess ist und wie unsere multiplen Lebensorte zu neuen Orten für Transformation führen. Können wir dann noch mit Leichtigkeit zu der bipolaren Unterscheidung zwischen europäisch und amerikanisch zurückkehren? Die Kriege gegen Afghanistan und Irak haben unter vielen fortschrittlichen Amerikanern eine Sehnsucht nach der europäischen Linken erzeugt, obwohl diese Sehnsucht in ihrer naiven Form dazu neigt, das Wiederaufleben nationaler Souveränität und den verbreiteten institutionellen Rassismus gegen neue Einwanderer zu vergessen, die Europa zur Zeit in Verruf bringen. Man braucht die Unterscheidung zwischen europäisch und amerikanisch zweifellos jedoch, um das hegemoniale Funktionieren der amerikanischen Szene im Feminismus kenntlich zu machen. Vielleicht ist es aber auch wichtiger, die Feminismen zu berücksichtigen, die in dem

Bild nicht vorkommen, die aus unbedeutenden Gegenden hervorgehen, aus »Entwicklungsländern«, der südlichen Hemisphäre, Asien, und aus den neuen Migrantengemeinschaften in den USA ebenso wie in Europa.

Wenn der amerikanische Feminismus eine Dauerbeschäftigung mit Gender signalisiert, dann wäre es offenbar so, dass »amerikanisch« mit dem Soziologischen, der Theorie sozialer Konstruktion, verbunden ist und dass die Lehre von der Differenz Gefahr läuft, ihre prominente Stellung einzubüßen. Vielleicht ist aber die wichtigste Aufgabe, die Debatten über den Körper zu durchdenken, denn es kann richtig sein oder auch nicht, dass die kulturelle Konstruktion sowohl die Geschlechterdifferenz als auch körperliche Prozesse zum Verschwinden bringt. Wenn der »Trieb« die Konvergenz von Kultur und Biologie ist, dann würde der »Trieb« die Möglichkeit eines produktiven Austauschs zwischen denjenigen, die im Namen des Körpers sprechen, und denjenigen, die im Namen der Kultur sprechen, in Aussicht stellen. Und wenn Differenz kein Code für heterosexuelle Normativität ist, dann muss sie sicherlich so formuliert werden, dass Differenz als das verstanden wird, was die Kohärenz eines jeden Identitätspostulats zerstört. Wenn sich die neue Genderpolitik gegen die Idealisierung des Dimorphismus ausspricht, argumentiert sie dann gegen das Primat der Geschlechterdifferenz selbst? Und wenn technische Bearbeitungen des Körpers (chirurgische, hormonelle oder athletische) neue Formen von Gender erzeugen, dient das dann dem besseren und vollständigeren Ausfüllen des Körpers oder stellt das eine gefährliche Auslöschung dar? Es scheint ausschlaggebend zu sein, diese Fragen offenzuhalten, so dass wir theoretisch und politisch in breiten Koalitionen arbeiten können. Die Grenzen, die wir ziehen, sind Einladungen, sie zu überqueren, und diese Überquerung bestimmt, wie jedes nomadische Subjekt weiß, wer wir sind.

10. Die Frage nach der sozialen Veränderung

Im Feminismus geht es um die soziale Erneuerung der Geschlechterbeziehungen (*gender relations*). Vielleicht können wir uns darauf alle einigen, auch wenn »Gender« für einige nicht das favorisierte Wort ist. Die Frage nach dem Verhältnis zwischen Feminismus und sozialer Veränderung führt dennoch auf ein schwieriges Terrain. Dieses Verhältnis sollte doch offensichtlich sein, könnte man meinen, aber irgendetwas macht die Sache undurchschaubar. Diejenigen von uns, die mit dieser Frage konfrontiert sind, sollten sich über das klarwerden, was wir bereits annehmen, was aber keinesfalls für selbstverständlich gehalten werden kann. Es kann sein, dass wir uns die soziale Veränderung unterschiedlich vorstellen. Es mag sein, dass wir eine Idee davon haben, wie die vom Feminismus veränderte Welt aussehen würde oder aussehen sollte. Wir können ganz verschiedene Ideen davon haben, was soziale Veränderung ist oder was eine verändernde Praxis auszeichnet. Wir müssen aber auch eine Vorstellung davon haben, wie sich die Theorie zum Prozess der Veränderung verhält, ob Theorie selbst eine verändernde Arbeit ist, zu deren Wirkungen unter anderem die Veränderung gehört.

Im Folgenden werde ich die Ansicht vertreten, dass Theorie selbst verändernd wirkt, ich stelle das deshalb schon vorab fest. Man muss aber auch wissen, dass ich nicht der Meinung bin, Theorie an sich sei schon ausreichend für eine soziale und politische Veränderung. Neben der Theorie muss noch etwas geschehen, beispielsweise Einmischungen auf gesellschaftlicher und politischer Ebene, zu denen Aktionen, ausdauernde Bemühungen und institutionalisierte Praxis gehören, die keineswegs dasselbe sind wie die Arbeit an der Theorie. Ich würde jedoch hinzufügen, dass bei allen diesen Praxisformen Theorie vorausgesetzt wird. Inmitten der sozialen Veränderung sind wir alle laienhafte Philosophen, weil wir alle eine Weltsicht voraussetzen, eine Sicht dessen, was richtig ist, was gerecht ist, was abscheulich ist, was menschliches Handeln ist und sein kann, was notwendige und was hinreichende Lebensbedingungen ausmacht.

Es gibt viele Fragen, aus denen sich die unterschiedlichen Schwerpunkte der feministischen Forschung ergeben, und ich würde nicht eine von ihnen als die wesentliche oder die definierende in den Mittelpunkt stellen wollen. Trotzdem würde ich sagen, dass die Frage nach dem Leben bei einem Großteil der feministischen Theorie und insbesondere der feministischen Philosophie in manchen Hinsichten im Zentrum steht. Die Frage nach dem Leben lässt sich verschieden formulieren: Was ist das gute Leben? Wie hat man sich das gute Leben gedacht, so dass in dessen Konzeptualisierung das Leben von Frauen nicht eingeschlossen wurde? Was wäre denn das gute Leben für Frauen? Vor diesen Fragen, die alle wichtig sind, steht aber vielleicht noch eine andere Frage: die Frage nach dem Überleben selbst. Wenn wir überlegen, was feministisches Denken in Bezug auf das Überleben sein könnte, taucht eine Reihe anderer Fragen auf: Wessen Leben zählt überhaupt als ein Leben? Wer hat das Vorrecht zu leben? Wie entscheiden wir, wann das Leben beginnt und wann es endet, und wie wägen wir Leben gegen Leben ab? Unter welchen Voraussetzungen sollte Leben entstehen und mit welchen Mitteln? Wer sorgt für ein entstehendes Leben? Wer kümmert sich um das Leben eines Kindes? Wer sorgt für ein Leben, das langsam erlischt? Wer ist zuständig für das Leben der Mutter und welchen Wert hat es letztlich? Und in welchem Umfang garantiert die Geschlechtsidentität, eine kohärente Geschlechtsidentität, dass ein Leben gelebt werden kann? Welche Todesdrohung ergeht an diejenigen, die ihr Gender nicht in Übereinstimmung mit den akzeptierten Normen leben?

Dass im Feminismus stets über Fragen nach dem Leben und dem Tod nachgedacht wurde, bedeutet, dass der Feminismus immer schon in gewissem Grade und in einer gewissen Form philosophisch gewesen ist. Dass er danach fragt, wie wir das Leben organisieren, wie wir ihm Wert geben und wie wir es gegen Gewalt schützen, wie wir die Welt und ihre Institutionen dazu bringen, neue Werte zu leben, bedeutet, dass seine philosophischen Zielsetzungen in gewissem Sinne mit dem Ziel sozialer Veränderung zur Deckung kommen.

Es wäre einfacher, wenn ich ausführen könnte, wie das ideale Verhältnis zwischen den Geschlechtern meiner Meinung nach sein sollte, was Gender als eine Norm und als eine Erfahrung sein sollte, worin Gleichheit und Gerechtigkeit bestehen würden. Dann wären die Normen erkennbar, die mein Denken leiten, und es ließe sich beurteilen, ob ich die Ziele erreicht habe, die ich mir selbst gesetzt habe, oder nicht. So einfach ist die Angelegenheit für mich aber nicht. Die Schwierigkeit, die ich damit habe, ist nicht aus der Sturheit geboren oder aus einem Willen, dunkel sein zu wollen. Sie ergibt sich einfach aus der doppelten Wahrheit, dass wir zwar Normen brauchen, um leben zu können, und gut leben zu können, und um zu wissen, in welche Richtung wir unsere soziale Welt verändern wollen, dass wir aber auch von den Normen in Weisen gezwungen werden, die uns manchmal Gewalt antun, so dass wir sie aus Gründen sozialer Gerechtigkeit bekämpfen müssen. An dieser Stelle entsteht vielleicht Verwirrung, weil viele sagen werden, dass die Bekämpfung von Gewalt *im Namen der Norm* geschehen muß, einer Norm der Gewaltlosigkeit, einer Norm des Respekts, einer Norm, die den Respekt für das Leben selbst regiert oder erzwingt. Wir müssen bedenken, dass Normativität diese doppelte Bedeutung hat. Einerseits verweist sie auf die Ziele und Bestrebungen, die uns leiten, die Prinzipien, nach denen wir gezwungen sind, zu handeln oder miteinander zu sprechen, die gemeinsam geteilten Vorannahmen, von denen wir Orientierung erhalten und die unseren Handlungen die Richtung weisen. Andererseits verweist Normativität auf den Prozess der Normalisierung, die Art, wie bestimmte Normen, Ideen und Ideale unser verkörpertes Leben im Griff haben, zwingende Kriterien liefern für normale »Männer« und »Frauen«. Und in diesem zweiten Sinne erkennen wir, dass Normen das sind, was das »intelligible« Leben, »wirkliche« Männer und »wirkliche« Frauen beherrscht. Und dass unklar ist, ob wir noch leben oder leben sollten, ob unser Leben wertvoll ist oder wertvoll gemacht werden kann, ob unser Gender wirklich ist oder jemals als wirklich betrachtet werden kann, wenn wir uns diesen Normen widersetzen.

Eine gute Denkerin der Aufklärung wird jetzt nur den Kopf schütteln und sagen, wenn man sich der Normalisierung widersetze, geschehe dies im Namen einer anderen Norm. Diese Kritikerin müsste dann aber auch berücksichtigen, welches Verhältnis zwischen Normalisierung und Normativität besteht. Denn es mag sein, dass wir dann, wenn wir darüber sprechen, was uns Menschen verbindet und welche Formen der Rede oder des Denkens wir suchen, um ein einigendes Band zu finden, unweigerlich auf sozial etablierte Beziehungen zurückgreifen, auf Beziehungen, die sich im Laufe der Zeit gebildet haben und die uns das Gefühl des »Gemeinsamen« nur geben, weil sie solche Menschenleben ausschließen, die der Norm nicht angepasst sind. In diesem Sinne sehen wir die »Norm« als das, was uns verbindet, wir sehen aber auch, dass die »Norm« nur durch eine Strategie des Ausschlusses Einheit herstellt. Es wird unumgänglich sein, dass wir dieses Problem durchdenken, diesen Doppelcharakter der Norm. In diesem Kapitel möchte ich jedoch zunächst nach der Art von Normen fragen, die die Geschlechtsidentität regieren, und insbesondere danach, wie sie das Leben einschränken und ermöglichen, wie sie vorab bestimmen, was eine lebensfähige Existenz sein wird und was nicht.

Bei dieser ersten Fragestellung möchte ich so vorgehen, dass ich *Gender Trouble*, den Text, in dem ich meine Theorie der Geschlechter ursprünglich dargestellt habe,[1] einer Revision unter-

1 Die deutsche Ausgabe erschien unter dem Titel *Das Unbehagen der Geschlechter*.

ziehe. Ich möchte diese Gender-Theorie ausdrücklich unter dem Gesichtspunkt von Fragen zur Gewalt betrachten und wie sich die Szene der gendermotivierten Gewalt möglicherweise in eine Zukunft sozialen Überlebens umgestalten lässt. Zweitens möchte ich auf diesen Doppelcharakter der Normen eingehen, indem ich zeige, inwieweit wir ohne sie nicht auskommen können und inwieweit wir sie in ihrer Form nicht als gegeben oder unumstößlich auffassen müssen. Tatsächlich wird deutlich werden, dass wir die Normen selbst dann, wenn wir ohne sie nicht auskommen können, so, wie sie sind, auch nicht akzeptieren können. Ich möchte diesem Paradox gegen Ende meiner Ausführungen nachgehen, um zu erhellen, was meiner Auffassung nach in der feministischen Theorie politisch auf dem Spiel steht.

Gender Trouble und die Frage nach dem Überleben

Als ich diesen Text schrieb, war ich etliche Jahre jünger als heute und hatte keine sichere Position in der akademischen Welt. Ich schrieb ihn für eine Handvoll Freunde und stellte mir vor, er könnte von einhundert oder zweihundert Leuten gelesen werden. Zu dieser Zeit hatte ich zwei Ziele: das erste Ziel war, aufzudecken, was ich für einen allgegenwärtigen Heterosexismus in der feministischen Theorie hielt. Das zweite Ziel bestand in dem Versuch, mir eine Welt vorzustellen, in der sich diejenigen, die in einiger Distanz zu den Geschlechternormen leben, die in der Konfusion der Geschlechternormen leben, nicht nur als Individuen verstehen, die ein lebenswertes Leben leben, sondern in der sie auch eine bestimmte Art der Anerkennung verdienen. Aber lassen Sie mich aufrichtiger sein. Ich wollte, dass vom Gender trouble etwas verstanden wird und dass ihm, einem humanistischen Ideal entsprechend, Würde zugebilligt wird, aber ich wollte auch die Art, wie sich die feministische und die sozialwissenschaftliche Theorie Gender denken, grundsätzlich erschüttern und es aufregend machen, etwas von dem Begehren zu verstehen, das im Gender trouble ist, das Begehren, um das es wirbt, das Begehren, das es ausdrückt.

Lassen Sie mich auf diese beiden Punkte nochmals eingehen, da sich meine Auffassungen dazu gewandelt haben und mich infolgedessen zwingen, die Frage des Wandels zu überdenken.

Zunächst einmal: die feministische Theorie. Was verstand ich unter ihrem Heterosexismus und wie verstehe ich sie heute? Damals hielt ich die Theorie der Geschlechterdifferenz für eine Theorie der Heterosexualität. Und ich verstand den französischen Feminismus mit Ausnahme von Monique Wittig so, dass für ihn die kulturelle Intelligibilität nicht nur den grundlegenden Unterschied zwischen maskulin und feminin voraussetzt, sondern dass er ihn auch reproduziert. Diese Theorie leitete sich von Lévi-Strauss, von Lacan, von Saussure her, und es gab verschiedene Brüche mit diesen Meistern, die man nachzeichnen konnte. Es war schließlich Julia Kristeva, die behauptete, Lacan lasse dem Semiotischen keinen Raum, und die darauf bestand, diesen Bereich nicht bloß als eine Ergänzung zum Symbolischen darzustellen, sondern als eine Methode zu seiner Auflösung. Und es war zum Beispiel Cixous, die weibliches Schreiben als eine Form ansah, das Zeichen in Bewegung zu setzen, wie es Lévi-Strauss am Ende von *Die elementaren Strukturen der Verwandtschaft* nicht vorhersehen konnte. Und es war Irigaray, die sich vorstellte, dass die Tauschgüter zusammenfänden, und in ihrer Theorie sogar implizit eine gewisse Art homoerotischer Liebe zwischen Frauen beschrieb, bei der sich jene Lippen so sehr vermischen, dass sie nicht mehr auseinanderzuhalten wären (wobei »sie nicht auseinanderhalten zu können« nicht gleichbedeutend wäre mit »dasselbe sein«). Das »Höchste« zu der Zeit war die Feststellung, dass diese französischen Feministinnen in ein Gebiet vorgedrungen waren, das für die Sprache und Kultur als grundlegend erachtet wurde, um darin die Behauptung aufzustellen, dass die Sprache durch den Geschlechtsunterschied ins Leben gerufen werde. Das sprechende Subjekt war demnach eines, das erst im Verhältnis zur Dualität der Geschlechter entstand; die Kultur war, wie von Lévi-Strauss im Grundriss dargestellt, durch den Tausch von Frauen definiert, und der Unterschied zwischen Männern und Frauen wurde auf der Ebene des elementaren Tausches gestiftet, eines Tauschs, der die Möglichkeit der Kommunikation selbst bildete.

Um das Hochgefühl verstehen zu können, das diese Theorie für diejenigen mit sich brachte, die in ihr arbeiteten, und für diejenigen, die das nach wie vor tun, muss man den Gezeitenwechsel verstehen, der sich vollzog, als die feministische Forschung nicht mehr die Analyse von »Bildern« der Frau in dieser oder jener Disziplin oder Lebenssphäre war, sondern sich zur Analyse der Geschlechterdifferenz an der Basis kultureller und menschlicher Kommunikationsfähigkeit wandelte. Plötzlich waren wir grundlegend. Plötzlich kam keine Humanwissenschaft mehr an uns vorbei.

Und wir waren nicht nur grundlegend, wir veränderten jene Grundlage. Es gab eine neue Art zu schreiben, eine neue Form der Kommunikationsfähigkeit, eine Herausforderung für die Arten der Kommunikationsfähigkeit, die vollständig von einem patriarchalischen Symbolischen erzwungen wurden. Und es gab auch neue Wege für Frauen, als »die Gaben« zusammenzukommen, neue Formen, poetische Formen der Verbündung und kulturellen Produktion. Wir hatten sozusagen die Umrisse einer Theorie des Patriarchats vor uns, und mischten uns ein, um neue Formen der Intimität, der Verbündung und Kommunikationsfähigkeit zu produzieren, die außerhalb der Bedingungen des Patriarchats lagen, die aber auch dessen Unausweichlichkeit, dessen totalisierenden Anspruch in Frage stellten.

Das klang also so weit ganz gut, aber für viele von uns brachte es doch einige Probleme mit sich. Zunächst einmal schien dieses Modell der Kultur sowohl in seiner patriarchalischen als auch in seiner feministischen Ausprägung die Konstanz der Geschlechterdifferenz vorauszusetzen, und es gab immerhin einige unter uns, für die der Gender trouble die Anfechtung des Geschlechtsunterschieds überhaupt bedeutete. Es gab viele, die sich fragten, ob sie Frauen seien, und manche fragten das, weil sie in die Kategorie eingeschlossen werden wollten, und andere fragten das, weil sie wissen wollten, ob es nicht Alternativen dazu gäbe, in diese Kategorie zu gehören. In »Am I That Name?« schrieb Denise Riley, sie wolle nicht vollständig in der Kategorie aufgehen, Cherríe Moraga und andere hingegen begannen bereits damit, Butch-Femme-Kategorien zu diskutieren, die zu Zweifeln führten, ob die Arten von Männlichkeit, um die es einer Butch geht, von einem immer schon wirksamen Geschlechtsunterschied festgelegt sind oder ob sie nicht vielmehr den Geschlechtsunterschied in Frage stellen.[2]

Femmes stellten eine wichtige Frage: Handelte es sich hier um eine Weiblichkeit, die im Verhältnis zu einer Männlichkeit definiert wurde, die in der Kultur bereits wirksam war, Teil einer normativen Struktur, die nicht geändert werden konnte, oder handelte es sich hier um die Herausforderung dieser normativen Struktur, um eine Herausforderung aus dem Innern ihrer teuersten Begriffe? Was passiert, wenn Begriffe wie Butch und Femme nicht als einfache Kopien heterosexueller Männlichkeit und heterosexueller Weiblichkeit erscheinen, sondern als Enteignungen, die den Status der ihnen unterstellten Bedeutungen als nicht notwendig entlarven? Tatsächlich war der viel zitierte Punkt, den *Gender Trouble* brachte, der folgende: Kategorien wie *butch* und *femme* seien keine Kopien einer ursprünglicheren Heterosexualität, sondern zeigten vielmehr, dass die so genannten Originale, Männer und Frauen im Rahmen der Heterosexualität, ebenfalls konstruiert, ebenfalls performativ etabliert sind. Die angebliche Kopie wird also nicht durch den Bezug auf ein Original erklärt, sondern das Original wird als ebenso performa-

2 Siehe Hollibaugh Moraga, »What We're Rolling Around in Bed With«.

tiv verstanden wie die Kopie. Durch die Performativität werden herrschende und nicht herrschende Geschlechternormen einander angeglichen. Doch einige dieser performativen Errungenschaften beanspruchen die Stelle der Natur oder beanspruchen die Stelle symbolischer Notwendigkeit, und sie tun dies nur, indem sie die Art und Weise, wie sie performativ zustande kommen, dem Verständnis verschließen.

Ich werde auf die Theorie des Performativen zurückkommen, doch lassen Sie mich als Erstes erklären, wie es bei meiner Darstellung dieser besonderen Kluft zwischen hochstrukturalistischer feministischer Theorie und poststrukturalistischem Gender trouble für mich zu einer Reformulierung kam.

Zunächst einmal gibt es in meiner Ausführung dieses Übergangs von der Geschlechterdifferenz zum Gender trouble oder, genauer gesagt, von der Geschlechterdifferenz zur Queer-Theory (was nicht dasselbe ist, weil »Gender trouble« nur ein Element der Queer-Theory ist) eine gleitende Unschärfe zwischen der Geschlechterdifferenz als einer Kategorie, die das Erscheinen in der Sprache und Kultur bestimmt, und Gender als einem soziologischen Begriff, vorgestellt als eine Norm. Die Geschlechterdifferenz ist nicht das Gleiche wie die Kategorien Frauen und Männer. Frauen und Männer existieren als soziale Normen, könnte man sagen, und sie sind der Perspektive der Geschlechterdifferenz zufolge Formen, in denen die Geschlechterdifferenz Gehalt angenommen hat. Viele Lacanianer beispielsweise erklärten mir, die Geschlechterdifferenz habe nur einen formalen Charakter; aus dem Begriff der Geschlechterdifferenz selbst folge nichts in Bezug auf die sozialen Rollen oder Bedeutungen, welche das soziale Geschlecht haben könnte. Tatsächlich entleeren manche von ihnen die Geschlechterdifferenz jeder möglichen semantischen Bedeutung, verbinden sie mit der strukturellen Möglichkeit der Semantik, ohne dass sie einen eigentlichen oder notwendigen semantischen Gehalt hätte. Sie vertreten sogar den Standpunkt, dass die Möglichkeit der Kritik erst entsteht, wenn man nicht nur begriffen hat, in welcher Weise sich die Geschlechterdifferenz in bestimmten kulturellen und sozialen Fällen konkretisiert hat, sondern in welcher Weise sie auf ihren konkreten Fall reduziert worden ist, denn dies stelle einen grundlegenden Fehler dar, eine Methode, die grundsätzliche Offenheit der Unterscheidung selbst auszuschließen.

Das ist also eine Möglichkeit, mir zu antworten, und diese Antwort kommt von den formalistischen Lacanianern Joan Copjec und Charles Shepherdson, aber auch von Slavoj Žižek. Es gibt allerdings ein stärkeres feministisches Argument, das mit dem von mir entworfenen Kurs implizit oder explizit in eine Diskussion eintritt. Vielleicht wird es von Rosi Braidotti, auf deren jüngste Arbeit ich in dem Kapitel »Das Ende der Geschlechterdifferenz?« eingehe, am optimistischsten und überzeugendsten formuliert.[3] Ich glaube, das Argument lautet ungefähr so: Wir müssen den Rahmen der Geschlechterdifferenz aufrechterhalten, weil er die ungebrochene kulturelle und politische Realität patriarchaler Herrschaft ins Blickfeld rückt, weil er uns daran erinnert, dass ungeachtet aller Umstellungen, die im Genderbereich erfolgen mögen, das große Ganze, in dem sie stattfinden, eben nicht vollständig in Frage gestellt wird, denn dieser Rahmen hält sich hartnäckig auf einer symbolischen Ebene, auf der ein Eingreifen schwieriger ist. Kritikerinnen wie Carol Anne Tyler zum Beispiel argumentieren, es werde für eine Frau immer anders sein, transgressive Geschlechternormen anzunehmen, als für einen Mann, und *Gender Trouble* unterscheide nicht stark genug zwischen diesen sehr unterschiedlichen Machtpositionen in der Gesellschaft.

Andere vermuten, das Problem habe mit der Psychoanalyse zu tun und mit dem Ort und der Bedeutung der Ödipalisierung. Das Kind tritt durch die Dreieckssituation in das Begehren ein, und ob es nun ein heterosexuelles Paar ist, das die Elternstelle

3 Siehe auch mein Gespräch mit Rosi Braidotti, »Feminism By Any Other Name«.

ausfüllt, oder auch nicht, das Kind wird dennoch einen mütterlichen und einen väterlichen Ausgangspunkt lokalisieren. Diese heterosexuelle Dyade wird für das Kind symbolische Bedeutung haben und zu der Struktur werden, über die das Begehren seine Form erhält.

Hier müssen wichtige Alternativen in einem gewissen Sinne zusammengedacht werden. Ich will nicht sagen, dass sie miteinander in Einklang gebracht werden können oder sollten. Es mag sein, dass sie in einer notwendigen Spannung zueinander stehen und diese notwendige Spannung jetzt das Feld von feministischer Theorie und Queer-Theory strukturiert, indem sie deren unvermeidliche Spannung hervorruft und den kontroversen Dialog zwischen ihnen unumgänglich macht. Es ist wichtig, zwischen Theoretikern der Geschlechterdifferenz zu unterscheiden, die aus biologischen Gründen argumentieren, dass der Unterschied zwischen den Geschlechtern notwendig sei (die deutsche Feministin Barbara Duden neigt dazu),[4] und Theoretikern, die den Standpunkt vertreten, die Geschlechterdifferenz sei ein fundamentaler Nexus, aus dem Sprache und Kultur hervorgehen (die Strukturalisten und die Poststrukturalisten ohne Gender trouble tun das). Aber es gibt noch eine weitere Unterscheidung. Es gibt diejenigen, die das strukturalistische Paradigma nur nützlich finden, weil es das weiterhin bestehende Machtgefälle zwischen Männern und Frauen in der Sprache und Gesellschaft erfasst und uns ein Verständnis eröffnet, wie tiefgreifend es funktioniert, indem es die symbolische Ordnung errichtet, in der wir leben. Unter den Letztgenannten gibt es, wie ich denke, noch einen Unterschied zwischen denjenigen, die diese symbolische Ordnung für unerlässlich halten und somit das Patriarchat als eine unabänderliche Struktur der Kultur ratifizieren, und denjenigen, die glauben, dass die Geschlechterdifferenz unausweichlich und grundlegend ist, dass aber ihre Form als Patriarchat anfechtbar

4 Siehe Barbara Duden, *Geschichte unter der Haut*.

ist. Rosi Braidotti gehört zu den Letzteren. Man sieht, warum ich so nützliche Gespräche mit ihr hatte.

Das Problem ergibt sich dann, wenn wir verstehen wollen, ob Geschlechterdifferenz notwendigerweise heterosexistisch ist. Ist sie das? Das hängt wiederum davon ab, welche Fassung wir akzeptieren. Wenn wir behaupten, dass die Ödipalisierung die heterosexuelle Elternschaft voraussetzt oder ein heterosexuelles Symbolisches, das ein wie immer geartetes Elternarrangement übersteigt – falls ein solches Symbolisches am Werk ist –, dann ist die Angelegenheit so gut wie erledigt. Wenn man glaubt, dass die Ödipalisierung ein heterosexuelles Begehren hervorbringt und dass die Geschlechterdifferenz eine Funktion der Ödipalisierung ist, dann scheint die Angelegenheit abermals erledigt zu sein. Und dann gibt es noch Theoretikerinnen wie Juliet Mitchell, die diese Frage gegenwärtig umtreibt, auch wenn Mitchell diejenige ist, die in *Psychoanalyse und Feminismus* erklärt hatte, die patriarchale symbolische Ordnung bestehe nicht aus ein paar austauschbaren Regeln, sondern sei »primordiales Gesetz«.

Ich akzeptiere den Punkt, dass die soziologischen Geschlechtsbegriffe, verstanden als Männer und Frauen, nicht auf die Geschlechterdifferenz reduzierbar sein können. Aber ich tue mich noch immer schwer damit, die Geschlechterdifferenz als Funktionsweise einer symbolischen Ordnung zu verstehen. Was bedeutet es für eine solche Ordnung, symbolisch anstatt sozial zu sein?[5] Und was geschieht mit der Aufgabe feministischer Theorie, die soziale Veränderung zu denken, wenn wir akzeptieren, dass die Geschlechterdifferenz auf einer symbolischen Ebene organisiert und erzwungen wird? Wenn sie symbolisch ist, ist sie dann veränderbar? Wenn ich Lacanianern diese Frage stelle, sagen sie mir normalerweise, dass Änderungen im Symbolischen sehr, sehr lange dauern. Und ich frage mich, wie lange ich dann

5 Auf diese Frage gehe ich ausführlicher ein in *Antigones Verlangen: Verwandtschaft zwischen Leben und Tod.*

warten muss. Oder sie zeigen mir ein paar Textstellen aus dem so genannten »Discours de Rome«, und ich frage mich, ob wir uns mit unserer Hoffnung, dass sich die Dinge einmal ändern könnten, an diese Passagen klammern müssen. Darüber hinaus komme ich nicht umhin zu fragen, ob es denn wirklich stimmt, dass die Geschlechterdifferenz auf der symbolischen Ebene keinen semantischen Gehalt hat? Kann sie jemals gehaltlos sein? Und was ist, wenn wir eigentlich nichts anderes getan haben, als die soziale Bedeutung der Geschlechterdifferenz zu abstrahieren und sie zu einer symbolischen und folglich präsozialen Struktur zu erheben? Ist das nicht eine Form, dafür zu sorgen, dass die Geschlechterdifferenz jeder sozialen Anfechtung entzogen ist?

Nach alldem könnte man sich fragen, warum ich die Geschlechterdifferenz überhaupt anfechten will. Doch die durchgängige Annahme meiner früheren Geschlechtertheorie war, dass Gender durch identifikatorische und performative Praktiken auf komplizierte Weise hervorgebracht wird und dass Gender längst nicht so klar oder eindeutig ist, wie man uns manchmal glauben macht. Ich wollte Formen des Essentialismus bekämpfen, die behaupteten, Gender sei eine Wahrheit, die irgendwie vorhanden ist, dem Körper innewohnend als ein Kern oder ein inneres Wesen, etwas, das wir nicht leugnen können, etwas, das, sei es natürlich oder nicht, als gegeben behandelt wird. Dic Theorie der Geschlechterdifferenz macht keine der Behauptungen, die der natürliche Essentialismus macht. Mindestens eine Version der Geschlechterdifferenz argumentierte, es sei die »Differenz« in jeder Identität, welche die Möglichkeit einer einheitlichen Identitätskategorie ausschließe. Es gab in dieser Hinsicht wenigstens zwei verschiedenartige Herausforderungen, denen *Gender Trouble* gerecht werden musste, und jetzt weiß ich, dass es nötig gewesen wäre, die Fragen zu trennen, und hoffe, dass ich dies in meinen späteren Arbeiten getan habe. Dennoch beunruhigt mich weiterhin, dass die Theorierahmen, auf die wir uns verpflichten, weil sie die patriarchale Herrschaft gut beschreiben, uns erneut darauf festlegen können, genau diese Herrschaft als unausweichlich oder als primär anzusehen, primärer noch als jede andere Funktionsweise ungleicher Macht. Kommt das Symbolische für ein soziales Eingreifen in Frage? Bleibt die Geschlechterdifferenz ihrer institutionalisierten Form, deren dominante Form die Heterosexualität ist, wirklich äußerlich?

Was war es, was ich mir vorgestellt hatte? Und wie hat sich die Frage nach der sozialen Veränderung und der Politik inzwischen verändert?

Gender Trouble endet mit einer Diskussion über *drag* und das letzte Kapitel heißt tatsächlich »Von der Parodie zur Politik«. Eine Reihe von Kritikern hat das Kapitel gründlich geprüft, um den Übergang zu klären: Wie gelangen wir von der Parodie zur Politik? Da gibt es einige, die glauben, der Text habe sich über Politik lustig gemacht und Politik zur Parodie herabgestuft; manche behaupten, die Travestie werde zu einem Modell für Widerstand oder allgemeiner für politisches Eingreifen und Partizipation. Lassen Sie mich diesen Schlussteil noch einmal durchgehen, einen Text, den ich wahrscheinlich zu schnell geschrieben habe, einen Text, dessen Zukunft ich damals nicht vorhersehen konnte.

Warum *drag*? Nun, dafür gibt es biographische Gründe, und wie wohl jeder weiß, hat man in den Vereinigten Staaten nur die Wahl, mich in jüngerem Alter als Bar-Dyke beschreiben, als Lesbe, die tagsüber Hegel las und ihre Abende, jawohl, in der Schwulenbar verbrachte, die gelegentlich zur Drag-Bar wurde. Und ich hatte einige Verwandte, die sozusagen in der Szene waren, und da war irgendeine wichtige Identifizierung mit den »Jungs«. Ich war also dabei, erlebte einen kulturellen Moment inmitten eines sozialen und politischen Kampfs. Aber ich erlebte in dem Augenblick auch eine bestimmte implizite Theoretisierung von Gender: Es dämmerte mir rasch, dass einige dieser sogenannten Männer Weiblichkeit viel besser darstellen konnten, als ich es jemals konnte, jemals wollte oder jemals können würde. Und so war ich mit dem konfrontiert, was sich nur als Übertragbarkeit des Attributs bezeichnen lässt. Weiblichkeit, die ich ohnehin nie als zu mir gehörig verstanden hatte, gehörte eindeutig woanders hin, und ich war froh darüber, ihr Zuschauer sein zu dürfen, war immer viel glücklicher gewesen, ihr Zuschauer zu sein, als ich je deren Verkörperung war oder sein würde. (Was nebenbei bemerkt, nicht bedeutet, dass ich deshalb körperlos bin, wie manche übelwollenden Kritikerinnen gesagt oder unterstellt haben.) Ob wir nun dem Theorierahmen sexueller Differenz folgen oder dem der Genderproblematisierung, ich hoffe gleichwohl, dass wir alle dem Ideal verpflichtet bleiben, dem zufolge niemand gewaltsam gezwungen werden sollte, eine Geschlechternorm einzuhalten, die empirisch als Verletzung, als eine nicht lebbare Zumutung erlebt wird. Wir können theoretisch darüber streiten, ob soziale Kategorien, die von irgendwoher auferlegt werden, nicht stets »Verletzungen« in dem Sinne sind, dass sie anfänglich aus Notwendigkeit nicht gewählt sind. Aber das heißt nicht, dass wir die Fähigkeit zur Unterscheidung zwischen befähigenden und unfähig machenden Zumutungen verloren haben. Wenn Geschlechternormen wie Verletzungen wirken, funktionieren sie wie eine Anrufung, die man nur zurückweisen kann, wenn man bereit ist, die Folgen zu tragen: seine Arbeit, sein Zuhause, die Aussichten auf zukünftiges Begehren oder Leben zu verlieren. Außerdem gibt es eine Reihe von Gesetzen, Regelungen des Strafrechts und der Psychiatrie, nach denen noch heute die Inhaftierung oder die Einweisung mögliche Folgen sind. Die Gender-Dysphorie kann in vielen Ländern nach wir vor als Begründung dienen, eine Anstellung abzulehnen oder ein Kind wegzunehmen. Die Konsequenzen können schwerwiegend sein. Es wäre nicht damit getan, dies bloß als Spiel oder Spaß zu bezeichnen, selbst wenn Letztere wichtige Elemente sind. Ich will damit nicht sagen, dass Gender nicht manchmal auch Spiel und Spaß, Vergnügen und Phantasie ist, gewiss ist es das. Ich will nur sagen, dass wir weiter in einer Welt leben, in der man für das Vergnügen, das man sucht, die

Phantasie, die man verkörpert, das Gender, das man darstellt, ernste Entrechtung und physische Gewalt riskieren kann.

Lassen Sie mich fortfahren, indem ich ein paar Thesen vorlege, die zu bedenken sind:

(A) Was auf der Ebene der kulturellen Phantasie wirksam ist, lässt sich letztlich nicht davon trennen, in welcher Weise das materielle Leben organisiert ist.

(B) Wenn die eine Darstellung von Gender als real angesehen wird und die andere als falsch oder wenn eine Präsentation von Gender für authentisch gehalten und eine andere als Fälschung betrachtet wird, dann können wir den Schluss ziehen, dass eine bestimmte Ontologie der Geschlechter diese Urteile bedingt, eine Ontologie (eine Erklärung, was Gender *ist*), die durch die Vorführung von Gender derart von einer Krise erfasst wird, dass diese Urteile untergraben oder unmöglich gemacht werden.

(C) Der Punkt, der hier betont werden soll, ist nicht, dass *drag* für die Geschlechternormen subversiv ist, sondern dass wir mehr oder minder implizit mit gängigen Vorstellungen der Realität leben, impliziten Erklärungen der Ontologie, die darüber bestimmen, welche Arten von Körpern und von Sexualitäten für real und echt angesehen werden und welche nicht.

(D) Diese unterschiedliche Wirkung der ontologischen Vorannahmen auf das verkörperte Leben der Individuen hat schwerwiegende Folgen. Und was *drag* aufzeigen kann, ist, dass (1) diese ontologischen Annahmen wirksam sind und (2) dass sie der Reformulierung zugänglich sind.

Die Frage, wer oder was als wirklich und echt angesehen wird, ist augenscheinlich eine Frage des Wissens. Sie ist aber auch, wie Foucault deutlich macht, eine Frage der Macht. »Wahrheit« und »Wirklichkeit« zu haben oder aufzuweisen ist ein enorm starkes Vorrecht in der sozialen Welt, eine Form, wie sich Macht als Ontologie verstellt. Foucault zufolge ist es eine der ersten Aufgaben der Kritik, das Verhältnis »zwischen Zwangsmechanismen und Erkenntniselementen« aufzudecken.[6] Hier sind wir mit den Grenzen dessen konfrontiert, was wissbar ist, Grenzen, die eine bestimmte Macht ausüben, aber nicht auf irgendeine Notwendigkeit gegründet sind, Grenzen, die man nur mit einem Risiko für die eigene gefestigte und verfügbare Ontologie hinterfragt: »[Denn] nichts kann als Wissenselement auftreten, wenn es nicht mit einem System spezifischer Regeln und Zwänge konform geht – etwa mit dem System eines bestimmten wissenschaftlichen Diskurses in einer bestimmten Epoche, und wenn es nicht andererseits, gerade weil es wissenschaftlich oder rational oder einfach plausibel ist, zu Nötigungen oder Anreizungen fähig ist« (S. 33).

Wissen und Macht lassen sich letztlich nicht voneinander trennen, sondern wirken bei der Etablierung subtiler und ausdrücklicher Kriterien, mit denen die Welt gedacht wird, zusammen: »Es geht also nicht darum, zu beschreiben, was Wissen ist und was Macht ist und wie das eine das andere unterdrückt oder mißbraucht, sondern es geht darum, einen Nexus von Macht-Wissen zu charakterisieren, mit dem sich die Akzeptabilität eines Systems [...] erfassen läßt« (S. 33).

Wenn wir dieses Verhältnis von Macht und Wissen in Bezug auf Gender berücksichtigen, sind wir gezwungen zu fragen, wie es möglich ist, dass die Organisation von Gender die Funktion einer Annahme darüber erfüllen kann, wie die Welt strukturiert ist. Es gibt keinen rein epistemologischen Ansatz zu Gender, keine einfache Art zu fragen, welche Formen des Wissens für Frauen eigentümlich sind oder was es bedeuten könnte zu wissen, was Frauen sind. Ganz im Gegenteil, die Art und Weise, in

6 Michel Foucault, *Was ist Kritik?*, S. 31. Nachweis im Folgenden mit Seitenangabe im Text.

der man von Frauen sagen kann, sie »wissen« oder »man hat ein Wissen über sie«, ist bereits durch die Macht organisiert, und zwar in genau dem Moment, in dem die Begriffe der »akzeptablen« Kategorisierung eingeführt werden.

Aus der Sicht von Foucault haben Kritiker also eine doppelte Aufgabe: zu zeigen, wie Wissen und Macht funktionieren, so dass sie eine mehr oder weniger systematische Methode bilden, die Welt zu ordnen mit ihren eigenen »Akzeptabilitätsbedingungen eines Systems« und den Bruchlinien zu folgen, welche die Entstehung des Systems anzeigen.[7] Es wird also nicht ausreichen, den besonderen Nexus von Macht und Wissen zu isolieren und zu identifizieren, der das Feld intelligibler Dinge zustande bringt. Es ist vielmehr notwendig, herauszufinden, wie dieses Feld intelligibler Dinge auf seine Festigkeitsgrenze stößt, auf die Momente seiner Diskontinuitäten und die Orte, an denen es daran scheitert, die Intelligibilität herzustellen, die es verspricht. Das bedeutet, dass man nach den Bedingungen sucht, durch die das Gegenstandsfeld zustande kommt, und auch nach den Beschränkungen jener Bedingungen, dem Moment, wo sie ihre Zufälligkeit und ihre Veränderbarkeit zeigen. Wie Foucault sagt: »Es handelt sich, schematisch ausgedrückt, um eine immerwährende Beweglichkeit, um eine wesenhafte Zerbrechlichkeit: um eine Verstrickung zwischen Prozeßerhaltung und Prozeßumformung.« (S. 39)

Für die Geschlechternorm bedeutet das also, dass es nicht nur wichtig ist zu verstehen, wie die Bestimmungen für die Geschlechter eingeführt, naturalisiert und als Voraussetzungen etabliert werden, sondern auch die Momente ausfindig zu machen, wo das binäre Gender-System umstritten ist und angefochten wird, wo die Geschlossenheit der Kategorien in Frage gestellt wird und wo sich Gender im sozialen Leben selbst als formbar und gestaltbar erweist.

7 »[…] und die Bruchlinien seines Auftauchens verfolgen«, S. 35. Ein Teil dieser Diskussion von Foucault entspricht meinem Aufsatz »Virtue as Critique«.

Die Hinwendung zur Travestiedarbietung bot zum Teil eine Möglichkeit, nicht bloß darüber nachzudenken, wie die Geschlechtsidentität dargestellt wird, sondern auch darüber, wie sie durch kollektive Neubestimmung umgedeutet wird. Travestiedarsteller neigen zum Beispiel dazu, in Gemeinschaften zu leben, in denen es starke rituelle Bindungen gibt, wie wir sie aus dem Film *Paris Is Burning* kennen.[8] Sie machen uns die Umdeutung bewusst, die in sozialen Bindungen steckt, wie sie Gender-Minderheiten in den Gemeinschaften von Farbigen ausbilden können und tatsächlich ausbilden. Wir sprechen somit über ein kulturelles Leben der Phantasie, das nicht nur die materiellen Lebensbedingungen organisiert, sondern das auch tragfähige gemeinschaftliche Bindungen erzeugt, in denen Anerkennung möglich wird, und das außerdem dazu dient, Gewalt, Rassismus, Schwulen- und Trans[gender]feindlichkeit abzuwehren. Diese Gewaltdrohung verrät uns etwas darüber, was für die Kultur, in der sie leben, grundlegend ist – eine Kultur, die sich nicht von Grund auf von derjenigen unterscheidet, wie sie viele von uns leben, auch wenn es wahrscheinlich nicht die gleiche Kultur ist, wie sie irgendjemand von uns lebt. Doch es gibt einen Grund, warum wir diese Kultur verstehen, falls wir sie verstehen; dieser Film kommt an wegen seiner Schönheit, seiner Tragik, seines Pathos und seiner Kühnheit. Seine Lebensfreude überwindet gewissermaßen kulturelle Grenzen, weil das, was diese Grenzen ebenfalls überwindet, und nicht immer auf dieselbe Weise, die Gewaltdrohung ist, die Bedrohung durch Armut und der Kampf ums Überleben – die für Farbige allesamt schwieriger sind. Bemerkenswert ist, dass der Kampf ums Überleben vom kulturellen Leben der Phantasie nicht wirklich zu trennen ist. Er ist ein Teil davon. Es ist die Phantasie, die es uns erlaubt, uns selbst und andere auch anders vorzustellen. Phantasie ist das, was das Mögliche in Überschreitung des Wirklichen etabliert; sie verweist,

8 *Paris Is Burning* (1990, Fox Lorber, Director, Jennie Livingston).

zeigt anderswohin, und wenn sie verkörpert wird, macht sie das anderswo bewusst.

Das bringt mich zur Frage der Politik zurück: Wie kommt es, dass die Travestie (*drag*) oder tatsächlich sogar viel mehr als Travestie, nämlich Transgender selbst, in das Feld des Politischen gelangt? Das tut sie nicht, würde ich meinen, indem sie uns bloß daran zweifeln lässt, was real ist und was real zu sein hat, sondern indem sie uns zeigt, wie die heutigen Vorstellungen von Realität in Frage gestellt und neue Formen der Realität eingeführt werden können. Die Phantasie ist nicht einfach eine kognitive Betätigung, ein innerer Film, den wir im Kino in unserem Kopf projizieren. Die Phantasie strukturiert die Beziehungsgefüge, und sie kommt bei der Stilisierung der Verkörperung ins Spiel. Körper werden nicht wie räumliche Gegebenheiten bewohnt. Sie sind in ihrer Räumlichkeit auch in der Zeit unterwegs: Sie altern, verändern ihre Gestalt, verändern ihre Bedeutung – in Abhängigkeit von ihren Interaktionen – und das Netz visueller, diskursiver und taktiler Beziehungen, die zu einem Teil ihrer Geschichtlichkeit werden, ihrer konstitutiven Vergangenheit, Gegenwart und Zukunft.

Aufgrund seiner Existenz im Modus des Werdens und weil er ständig mit der konstitutiven Möglichkeit lebt, anders zu werden, ist der Körper das, was die Norm auf zahllose Weisen besetzen kann, über die Norm hinausgehen kann, die Norm umarbeiten kann und was zeigen kann, dass die Realitäten, von denen wir glaubten, wir wären auf sie festgelegt, offen für Veränderung sind. Diese körperlichen Wirklichkeiten werden aktiv ausgefüllt, und diese »Aktivität« ist von der Norm nicht vollständig erzwungen. Manchmal sind die Bedingungen für Konformität mit der Norm genau dieselben Bedingungen für Widerstand gegen die Norm. Wenn die Norm das soziale Überleben anscheinend zugleich garantiert und bedroht (sie ist, was man braucht, um zu leben; sie ist das, was einen auszulöschen droht, wenn man sie lebt), dann verbinden sich Konformität und Widerstand in einem gemischten und paradoxen Verhältnis zur Norm, das eine Form des Leidens und ein potentieller Ort der Politisierung ist. Die Frage, wie jemand die Norm verkörpert, ist deshalb sehr oft mit der Frage nach dem Überleben verbunden, damit, ob das Leben selbst möglich sein wird. Ich denke, wir sollten nicht unterschätzen, was der Gedanke an das Mögliche für diejenigen leistet, die das Überleben selbst als ein akutes Problem erleben.

Das ist eine Hinsicht, in der die Sache politisch ist und politisch bleibt. Aber es gibt noch mehr, was sie politisch macht, denn das Beispiel der Travestie beabsichtigte auch, dass wir die Mittel, mit denen Wirklichkeit hergestellt wird, hinterfragen und darüber nachdenken, inwiefern es nicht bloß ein Mittel sozialer Kontrolle, sondern auch eine Form dehumanisierender Gewalt sein kann, wenn man als echt oder unecht bezeichnet wird. Ich würde es sogar so ausdrücken: Wenn jemand als unecht bezeichnet wird und wenn diese Bezeichnung sozusagen als eine Form ungleicher Behandlung institutionalisiert wird, heißt das, er wird zu dem Anderen, zur Folie, vor der das Menschliche produziert wird. Es ist das Unmenschliche, das Außermenschliche, das eingeschränkt Menschliche, es ist die Grenzziehung, die das Menschliche in seiner vorgeblichen Realität absichert. Als Kopie bezeichnet zu werden, als unecht zu gelten ist daher eine Form, wie man unterdrückt werden kann. Man muss aber bedenken, dass die Sache noch grundsätzlicher ist. Unterdrückt zu werden bedeutet immerhin, dass man bereits als ein irgendwie geartetes Subjekt existiert: man ist da als der sichtbare und unterdrückte Andere, als ein möglicher oder potentieller Untertan für das Meistersubjekt. Unecht zu sein ist allerdings noch einmal etwas anderes. Damit man unterdrückt werden kann, muss man als Erstes intelligibel werden. Die Beobachtung zu machen, dass man vollkommen unintelligibel ist (dass einen die Regeln der Kultur und der Sprache als eine Unmöglichkeit ausweisen), ist gleichbedeutend mit der Feststellung, dass man noch keinen Zutritt zum Menschlichen gefunden hat. Es ist die Beobachtung, dass man immer nur so spricht, als ob man menschlich wäre, doch mit dem Gefühl, dass man es nicht ist. Man stellt fest, dass die eigene Rede hohl ist und dass die Anerkennung ausbleibt, weil einem die Normen, durch die sich Anerkennung vollzieht, nicht günstig sind.

Wenn Gender performativ ist, dann folgt daraus, dass die Realität der Geschlechter selbst als ein Effekt der Darstellung produziert wird. Obwohl es Normen gibt, die bestimmen, was real zu sein hat und was nicht, was intelligibel zu sein hat und was nicht, werden diese Normen in dem Moment in Frage gestellt und wiederholt, in dem die Performativität mit ihrer Zitierpraxis beginnt. Man zitiert natürlich Normen, die bereits existieren, aber diese Normen können durch das Zitieren erheblich an Selbstverständlichkeit verlieren. Sie können außerdem als nicht natürlich und nicht notwendig entlarvt werden, sobald sie in einem Zusammenhang und in einer Verkörperungsform auftreten, die den normativen Erwartungen widerspricht. Und das bedeutet, dass wir durch die Praxis der Genderdarstellung nicht nur erkennen, wie die Normen, die unsere Realität beherrschen, zitiert werden, sondern dass wir einen der Mechanismen begreifen, mit denen die Realität reproduziert *und* im Zuge der Reproduktion geändert wird. Der Witz an *drag* ist nicht bloß die Aufführung eines vergnüglichen und subversiven Schauspiels, sondern eine Allegorisierung der spektakulären und folgenschweren Art und Weise, in der Realität sowohl reproduziert als auch angefochten wird.

Die Derealisierung der gendermotivierten Gewalt hat Implikationen für unser Verständnis, wie und warum bestimmte Darstellungen einer Geschlechtsidentität kriminalisiert und pathologisiert werden, wieso Subjekte, die ihr Gender wechseln, psychiatrische Einweisung oder Verhaftung riskieren, warum Gewalt gegen Transgender-Subjekte nicht als Gewalt anerkannt wird und warum solche Gewalt manchmal von genau den Staaten verübt wird, die diesen Subjekten Schutz vor Gewalt bieten sollten.

Was also, wenn neue Genderformen möglich sein sollten? Wie wirkt sich das auf die Art und Weise, wie wir leben, und die konkreten Bedürfnisse der menschlichen Gemeinschaft aus? Wie sollen wir zwischen möglichen Genderformen unterscheiden, die wertvoll sind, und solchen, die es nicht sind? Das sind Fragen, die meinen Argumenten verständlicherweise entgegengehalten wurden. Ich würde darauf antworten, dass es bei dieser Frage nicht bloß darum geht, den Gendern, die noch nicht existieren, eine neue Zukunft zu geben. Die Gender, an die ich denke, existieren bereits seit geraumer Zeit, sie wurden aber nicht in die Begriffe aufgenommen, welche die Realität beherrschen. Es geht darum, im Recht, in der Psychiatrie, in der Sozialwissenschaft und der Literaturtheorie ein neues legitimierendes Lexikon für die Genderkomplexität zu entwickeln, die wir immer schon gelebt haben. Weil die Normen, welche die Realität regieren, diesen Genderformen nicht zugestanden haben, real zu sein, werden wir sie notgedrungen als neu bezeichnen. Ich hoffe allerdings, wir werden wissend lachend, sobald wir das tun. Die Konzeption von Politik, die hier zum Tragen kommt, ist wesentlich an der Frage nach dem Überleben interessiert, daran, wie eine Welt geschaffen werden kann, in der diejenigen, die ihre Geschlechtsidentität und ihr Begehren als nicht normenkonform verstehen, nicht nur ohne Gewaltandrohung der Außenwelt leben und gedeihen können, sondern auch ohne das allgegenwärtige Gefühl ihrer eigenen Unwirklichkeit, das zum Suizid oder zu einem suizidalen Leben führen kann. Letztlich würde ich fragen, welchen Ort das Denken des Möglichen in der politischen Theoriebildung hat. Nun kann man Einspruch erheben und sagen, ja, du versuchst doch nur die Genderkomplexität zu ermöglichen. Das sagt uns aber gar nichts darüber, welche Formen gut oder schlecht sind; es verhilft uns nicht zu einem Maßstab, einer Richtschnur, einer Norm. Einen normativen Anspruch gibt es hier jedoch durchaus, und der hat mit der Fähigkeit zu tun, leben, atmen und sich bewegen zu können, und würde zweifellos bei dem einzuordnen sein, was man gemeinhin eine Philosophie der Freiheit nennt. Der Gedanke an ein mögliches Leben ist nur für diejenigen ein Luxus, die bereits selber wissen, dass es möglich ist. Für diejenigen, die weiter darauf hoffen, möglich zu werden, ist die Möglichkeit eine Notwendigkeit.

Von der Normen zur Politik

In dem Kapitel »Gender-Regulierungen« argumentiere ich, dass sich der Sinn dessen, was eine Norm ist und was letztlich »normativ« ist, nach der Sozialtheorie richtet, aus der diese Begriffe stammen. Einerseits scheinen Normen die regulative oder normalisierende Funktion der Macht zu signalisieren, aus einer anderen Perspektive sind Normen jedoch genau das, was Individuen verbindet, weil sie die Grundlage ihrer ethischen und politischen Ansprüche bilden. Wenn ich mich, wie in der obenstehenden Analyse, gegen die Gewalt wende, die von restriktiven Normen ausgeht, appelliere ich anscheinend an eine Norm der Gewaltlosigkeit. Daraus folgt offenbar, dass Normen sowohl die Funktion nicht akzeptabler Restriktionen ausüben können als auch Teil irgendeiner kritischen Analyse sein können, die zeigen will, was an der restriktiven Wirkungsweise unannehmbar ist. Dieser zweite Sinn der Normen ist mit dem Werk von Jürgen Habermas verbunden, der die Normen als Grundlage für die Möglichkeit von Gemeinschaft oder sogar für jegliches Verständnis identifiziert, das Menschen gemeinsam haben können. Wenn wir aber nicht akzeptieren können, dass es diese Möglichkeit der Gemeinsamkeit in dem Sinne gibt, wie er sie verstanden wissen will, sind wir dann davon ausgeschlossen, starke politische Forderungen zu erheben, zum Beispiel gegen gendermotivierte Gewalt?

Wenn wir Habermas' Argumentation in *Faktizität und Geltung* berücksichtigen, ist klar, dass er sich auf Normen stützt, um eine gemeinsame Verständigung für soziale Akteure und

Sprecher zu ermöglichen: »Auch hier verständigen sich die Beteiligten miteinander über etwas in der Welt, indem sie für ihre Äußerungen Gültigkeit beanspruchen. […] in der Alltagspraxis [wird] die Sprache nicht ausschließlich oder vornehmlich in ihrer Darstellungsfunktion in Anspruch genommen; hier kommen *alle* Sprachfunktionen und Weltbezüge ins Spiel, so dass sich das Spektrum der Geltungsansprüche über Wahrheitsansprüche hinaus erweitert.«[9] Außerdem erklärt er, »dass wir mit der Explikation der Bedeutung sprachlicher Ausdrücke und der Geltung von Aussagesätzen Idealisierungen berühren, die mit dem Medium der Sprache verknüpft sind« (S. 32 f.). Er macht deutlich, dass wir ohne diese Idealisierungen im Innern der Sprache nicht die Hilfsmittel hätten, um uns bei unvereinbaren Ansprüchen, die von beliebigen sozialen Akteuren erhoben werden, orientieren zu können. In der Tat ist die Annahme einer Reihe geteilter Idealisierungen das, was unserem Handeln Ordnung gibt und was es im Voraus ordnet, sowie auch das, was wir berücksichtigen, wenn wir uns im Verhältnis zueinander und in Bezug auf eine gemeinsame Zukunft ordnen wollen. »Mit dem Begriff des kommunikativen Handelns, der sprachliche Verständigung als Mechanismus der Handlungskoordinierung in Anschlag bringt, erhalten auch die kontrafaktischen Unterstellungen der Aktoren, die ihr Handeln an Geltungsansprüchen orientieren, *unmittelbare Relevanz für den Aufbau und die Erhaltung sozialer Ordnungen; denn diese bestehen im Modus der Anerkennung von normativen Geltungsansprüchen*« (S. 33, Hervorh. J.B.).

Hier können wir sehen, dass Normen, die das Handeln auf das Gemeinwohl hin orientieren und die zu einer »idealen« Sphäre gehören, nicht genau in dem Sinne sozial sind wie bei Ewald. Sie gehören nicht zu variablen Sozialordnungen und sie sind keine »regulatorischen Ideale« im foucaultschen Sinne und

9 Jürgen Habermas, *Faktizität und Geltung. Beiträge zur Theorie des Rechts und des demokratischen Rechtsstaats*, Frankfurt: Suhrkamp 1992, S. 32. Nachweise im Folgenden mit Seitenzahlen im Text.

daher kein Teil des idealen Lebens sozialer Macht. Im Gegenteil, sie dienen als Teil eines Argumentationsprozesses, der jegliche Sozialordnung bedingt und der dieser Ordnung ihren Zusammenhalt verleiht. Wir wissen gleichwohl, dass Habermas nicht jede »geordnete« Charakteristik einer beliebigen Sozialordnung als ein notwendiges Gut akzeptieren würde. Einige Ordnungen müssen eindeutig beseitigt werden, und das aus gutem Grund. Tatsächlich mag sich die Ordnung der Intelligibilität der Geschlechtszugehörigkeit durchaus als eine solche Ordnung erweisen. Aber haben wir hier eine Möglichkeit, zwischen der sozial integrativen Funktion der Norm und dem Wert der »Integration« unter repressiven sozialen Bedingungen zu unterscheiden? Mit anderen Worten, gibt es nicht eine konservative Funktion der Norm, die ihr inhärent ist, wenn es heißt, sie erhalte die Ordnung? Und wenn nun diese Ordnung exklusiv und gewalttätig ist? Wir könnten mit Habermas erwidern, dass Gewalt gegen die normativen Idealisierungen gerichtet ist, die in der Alltagssprache implizit ihre Funktion erfüllen. Wenn die Norm jedoch sozial integrativ ist, wie soll sie dann eigentlich durch ihre Wirkungsweise eine Sozialordnung aufbrechen können, deren »Ordnung« mit dem Mittel der Gewalt erkauft ist und aufrechterhalten wird? Ist die Norm Teil einer solchen sozialen Ordnung oder ist sie nur in einem hypothetischen Sinne »sozial«, nämlich Teil einer »Ordnung«, die in der sozialen Welt nicht so konkret geworden ist, wie sie gelebt und verhandelt wird?

Wenn Habermas' Argument besagt, dass wir nicht hoffen können, im Konsens oder in gemeinsamer Orientierung zu leben, ohne solche Normen vorauszusetzen, wird dann das »Gemeinsame« in diesem Fall nicht gerade durch die Produktion dessen gestiftet, was uns nicht gemeinsam ist, was außerhalb des Gemeinsamen liegt oder es von innen aufbricht oder für dessen Intaktheit eine Herausforderung darstellt? Was ist der Wert des »Gemeinsamen«? Müssen wir wissen, dass wir uns, trotz unserer Unterschiede, alle an derselben Vorstellung vernünftiger Deliberation und Rechtfertigung orientieren? Oder müssen wir nicht gerade wissen, dass das »Gemeinsame« für uns nicht mehr da ist, sofern es das jemals war, und dass die großzügige und selbstbegrenzende Annäherung an die Differenz in diesen multikulturellen Zeiten nicht nur die Aufgabe kultureller Übersetzung ist, sondern der wichtigste Weg zur Gewaltlosigkeit?

Es geht weder darum, soziale Normen auf gelebte soziale Fälle anzuwenden oder sie zu ordnen und zu definieren (wie Foucault kritisiert hat), noch darum, rechtfertigende Mechanismen für die Begründung sozialer Normen zu finden, die außersozial sind (selbst wenn sie unter dem Namen des »Sozialen« operieren). Beide Tätigkeiten finden zu gegebener Zeit statt und müssen auch stattfinden. Wir erlassen Urteile gegen Kriminelle wegen illegaler Handlungen und unterwerfen sie damit einer Normalisierungsprozedur; wir bedenken unsere Gründe für das Handeln in kollektiven Zusammenhängen und versuchen, Formen der Deliberation und Reflexion zu finden, auf die wir uns einigen können. Doch das ist nicht alles, was wir mit Normen tun. Durch den Rückgriff auf die Normen wird die Sphäre des menschlich Intelligiblen umschrieben, und diese Umschreibung ist für jede Ethik und jede Konzeption sozialer Veränderung folgenschwer. Wir könnten behaupten: »Wir müssen die Grundlagen des Menschlichen kennen, um so zu handeln, dass wir das menschliche Leben, wie wir es kennen, erhalten und fördern.« Was aber, wenn die Kategorien des Menschlichen eben diejenigen ausgeschlossen haben, die nach ihren Bestimmungen funktionieren sollten, die jene Formen der Argumentation und Rechtfertigung von »Geltungsansprüchen« nicht akzeptieren, die ihnen von westlichen Ausprägungen des Rationalismus angeboten wurden? Haben wir das »Menschliche« jemals gekannt? Was wäre nötig, um dieses Wissen zu erlangen? Sollten wir nicht misstrauisch sein, es vorschnell zu kennen? Sollten wir uns nicht vor jedem abschließenden oder endgültigen Wissen hüten? Wenn wir das Feld des Menschlichen als selbstverständlich auffassen, versäumen wir es, kritisch – und ethisch – über die folgenreichen Methoden nachzudenken, mit denen das Menschliche produziert, reproduziert und deproduziert wird. Diese letzte Nachfrage erschöpft das Feld der Ethik keineswegs, aber ich kann mir keine »Verantwortungsethik« oder Theorie sozialer Veränderung vorstellen, die ohne sie funktioniert.

Lassen Sie mich hier, zur abschließenden Diskussion dieses Kapitels, die These vertreten, dass die Notwendigkeit, unsere Vorstellung vom »Menschlichen« für eine zukünftige Formulierung offenzuhalten, für das Projekt eines kritischen internationalen Diskurses über Menschenrechte und für die Menschenrechtspolitik unabdingbar ist. Wir sehen das immer wieder, wenn die Vorstellung des »Menschlichen« vorausgesetzt wird; es wird vorab definiert und in Begriffe gefasst, die unverwechselbar westlich sind, häufig amerikanisch, und deshalb provinziell. Daraus ergibt sich das Paradox, dass das »Menschliche«, das bei den Menschenrechten zur Debatte steht, bereits bekannt ist, schon definiert ist, und dennoch wird angenommen, es sei der Grund für eine Reihe von Rechten und Pflichten, die international sind. Wie wir vom Lokalen zum Internationalen gelangen, ist eine große Frage für die internationale Politik, aber sie nimmt für den internationalen Feminismus eine spezielle Form an. Mein Vorschlag wäre, dass eine antiimperialistische oder allerwenigstens nichtimperialistische Konzeption internationaler Menschenrechte hinterfragen muss, was mit dem Menschlichen gemeint ist, und von den verschiedensten Methoden und Mitteln lernen muss, mit denen es an kulturellen Veranstaltungsorten definiert wird. Das bedeutet, dass lokale Auffassungen dessen, was »menschlich« ist, oder gar dessen, was die Grundbedingungen und Grundbedürfnisse des menschlichen Lebens sind, der Neuinterpretation unterzogen werden müssen, da es geschichtliche und kulturelle Umstände gibt, unter denen das »Menschliche« anders definiert oder neu gedeutet wird und dessen Grundbedürfnisse und folglich Grundrechte ebenfalls anders definiert werden.

Stellt »Umdeutung« eine politische Praxis dar oder macht sie ein Element politischer Veränderung aus? Man könnte durchaus sagen, dass Politiker der Rechten und der Linken diese Strategien nutzen können. Wir können sehen, dass der »Multikulturalismus« seine rechtspolitischen und linkspolitischen Spielarten hat. In den Vereinigten Staaten, ist das Wort »mitfühlend« (*compassionate*) mit »konservativ« verknüpft worden, und viele von uns empfanden das als ein Unding von »Umdeutung«. Man kann mit voller Berechtigung darauf hinweisen, dass der Nationalsozialismus eine Umdeutung von »Sozialismus« war, und das wäre richtig. Somit scheint klar zu sein, dass Umdeutung allein keine Politik ist, für eine Politik nicht ausreicht, nicht genug ist. Man kann den Standpunkt vertreten, die Nazis hätten die Macht übernommen, indem sie die Sprache und die Belange der Demokratie gegen sie verwendet haben, oder die Revolutionäre Haitis hätten die Macht erobert, indem sie die Begriffe der Demokratie gegen jene verwendet haben, die sie leugneten. Und so kann Aneignung von der Rechten und der Linken genutzt werden, wobei die »Aneignung« nicht zwangsläufig heilsame ethische Folgen hat. Es gibt die Aneignung von »queer« durch Queers, die Aneignung des rassistischen Diskurses durch Rap in den Vereinigten Staaten, die linkspolitische Aneignung von »no big government« und so weiter. Die Aneignung selbst führt zu unzähligen Konsequenzen, von denen wir einige vielleicht befürworten und einige vielleicht verabscheuen. Wenn sie aber im Dienst einer radikal demokratischen Politik steht, wie könnte sie dann funktionieren?

Funktioniert Umdeutung als Politik tatsächlich? Ich möchte hier behaupten, dass wir in dem Maße, wie wir den Bereich der Universalität ausdehnen, wie wir mehr darüber wissen, was Gerechtigkeit impliziert, und für verbesserte Lebensmöglichkeiten sorgen – wobei »Leben« selbst ein umstrittener Begriff ist, der seine reaktionären und fortschrittlichen Anhänger hat –, davon ausgehen müssen, dass unsere bereits etablierten Konventionen hinsichtlich dessen, was menschlich ist, was universell ist, worin die Bedeutung und die Substanz internationaler Politik liegen könnten, nicht ausreichen. Zum Zweck einer radikal demokratischen Veränderung sollten wir wissen, dass unsere grundlegenden Kategorien erweitert werden können und werden müssen, damit sie integrativer und flexibler werden für das gesamte Spektrum kultureller Bevölkerungsgruppen. Das bedeutet nicht, dass ein Sozialingenieur aus einigem Abstand plant, wie jeder am besten in seine oder ihre Kategorie aufzunehmen ist. Es bedeutet vielmehr, dass die Kategorie selbst einer Überarbeitung aus unzähligen Richtungen unterzogen werden muss, dass sie aus den kulturellen Übersetzungen, die sie durchmacht, erneuert hervorgehen muss. Was mich politisch bewegt und wofür ich Raum schaffen will, ist der Moment, in dem ein Subjekt – das kann eine Person oder ein Kollektiv sein – ein Recht oder einen Anspruch auf ein lebenswertes Leben geltend macht, obwohl eine solche Rechtsgrundlage noch nicht besteht, obwohl eine eindeutig ermächtigende Konvention nicht gegeben ist.

Man könnte nun zögern und sagen, es gibt doch Faschisten, die sich auf Rechte berufen, für die es keine vorherige Anspruchsberechtigung gibt. Es kann nicht gut sein, sich im Hinblick auf das, was man für ein »lebenswertes Leben« hält, auf Rechte oder Ansprüche zu berufen, wenn genau dieses Leben auf Rassismus oder Frauenfeindlichkeit, Gewalt oder Ausschluss gegründet ist. Und Letzterem würde ich natürlich zustimmen. Ein anderes Beispiel: Vor dem Sturz der Apartheid erschienen einige schwarze Südafrikaner an den Wahlurnen, um ihre Stimme abzugeben. Zu der Zeit gab es noch keine Rechtsgrundlage für ihre Stimmabgabe. Sie gingen einfach hin. Sie beriefen sich performativ auf das Wahlrecht, selbst wenn es keine Rechtsgrundlage dafür gab, keine ermächtigende Konvention dafür existierte. Andererseits könnten wir sagen, dass sich Hitler für eine bestimmte Art von

Leben ebenfalls auf Rechte berief, für die es weder national noch international eine verfassungsmäßige oder rechtliche Präzedenz gab. Zwischen diesen beiden Berufungen auf noch nicht geltendes Recht gibt es jedoch einen Unterschied, und der ist für mein Argument entscheidend.

In beiden Fällen beriefen sich die fraglichen Subjekte auf Rechte, die ihnen nach dem geltenden Recht nicht zustanden, obwohl das »geltende Recht« in beiden Fällen internationale und heimische Versionen kannte, die nicht vollständig miteinander vereinbar waren. Diejenigen, die gegen die Apartheid opponierten, waren nicht auf die existierende Konvention beschränkt (obgleich sie sich in diesem Fall zweifelsfrei auf die internationale Konvention beriefen, um sich gegen die lokale Konvention zur Wehr zu setzen). Das Aufkommen des Faschismus in Deutschland war ebenso wie die spätere Entstehung einer verfassungsmäßigen Regierung im Nachkriegsdeutschland ebenfalls nicht auf die existierende Konvention beschränkt. Beide politischen Phänomene beinhalteten Neueinführungen. Allerdings beantwortet das nicht die Frage: Welches Vorgehen ist demnach richtig, welche Innovation hat einen Wert und welche nicht? Die Normen, die wir heranziehen würden, um diese Frage zu beantworten, lassen sich nicht aus der Umdeutung ableiten. Sie müssen aus einer radikal demokratischen Theorie und Praxis gewonnen werden; daher muss die Umdeutung auf diesem Wege kontextualisiert werden. Man muss substantielle Entscheidungen treffen, worin eine weniger gewalttätige Zukunft bestehen wird, wie eine integrativere Bevölkerung aussehen wird, was konkret ausgedrückt dazu verhelfen wird, die Ansprüche auf Universalität und Gerechtigkeit zu erfüllen, die wir in ihrer kulturellen Eigenheit und sozialen Bedeutung zu verstehen versuchen. Wenn wir in diesem Zusammenhang zur Entscheidung über richtige und falsche Vorgehensweisen kommen, ist es wesentlich zu fragen: Welche Formen von Gemeinschaft sind geschaffen worden und durch welche gesellschaftliche Gewalt und Ausschlüsse sind sie geschaffen worden? Hitler wollte die Gewalt des Ausschlusses verstärken; die Antiapartheidsbewegung wollte der Gewalt des Rassismus und des Ausschlusses entgegentreten. Das ist die Grundlage, auf der ich die eine Berufung auf Rechte verurteilen und die andere billigen würde. Welche Ressourcen müssen wir haben, um diejenigen Menschen, die nicht als Teil des erkennbar Menschlichen betrachtet wurden, in die menschliche Gemeinschaft hineinzuführen? Das ist die Aufgabe einer radikal demokratischen Theorie und Praxis, die bestrebt ist, solche Normen, die ein bewältigbares Leben unterstützen, auf zuvor entrechtete Gemeinschaften auszudehnen.

Somit habe ich offenbar mit einem Aufruf geschlossen, die Normen zu erweitern, die ein bewältigbares Leben unterstützen; ich möchte deshalb auf das Verhältnis zwischen Normen und Leben eingehen, da es für meine Untersuchung bislang von größter Bedeutung gewesen ist. Die Frage nach dem Leben ist eine politische Frage, wenngleich vielleicht nicht ausschließlich politisch. Die Frage nach einem »Recht auf Leben« hat auf die Debatten über die Legalisierung der Abtreibung Einfluss genommen. Feministinnen, die Rechte auf Abbruch befürworten, sind mit dem Etikett »anti-life« als Gegner des Lebens abgestempelt worden und haben daraufhin die Gegenfrage gestellt: »wessen Leben«? Und wann beginnt das »Leben«? Ich denke, wenn man unter Feministinnen eine internationale Befragung durchführen würde, was Leben ist, oder einfacher vielleicht, wann das Leben anfängt, würden viele unterschiedliche Ansichten zutage treten. Das ist der Grund dafür, weshalb international betrachtet nicht alle Frauenbewegungen in dieser Frage geeint sind. Da gibt es die Frage, wann das »Leben« beginnt, dann die Frage, wann »menschliches« Leben beginnt, wann das »Menschliche« beginnt: Wer weiß das, wer ist dafür ausgerüstet oder dazu berechtigt, es zu wissen, wessen Wissen hat hier das Sagen, wessen Wissen fungiert hier als Macht? Von Feministinnen wurde der Standpunkt vertreten, das Leben der Mutter solle gleich wichtig sein.

Somit ist es eine Frage, in der ein Leben gegen ein anderes aufgerechnet wird. Feministinnen haben argumentiert, jedes Kind solle gewollt sein, solle eine Chance auf eine lebenswertes Leben haben, und es gebe Voraussetzungen für das Leben, die als Erstes erfüllt sein müssten. Die Mutter muss gesund sein; es muss eine gute Aussicht bestehen, das Kind ernähren zu können; es muss eine gewisse Aussicht auf eine Zukunft gegeben sein, eine bewältigbare und dauerhafte Zukunft, weil ein Menschenleben ohne jede Zukunft seinen menschlichen Charakter verliert und die Möglichkeit besteht, dass es auch noch sein Leben verliert.

Wir sehen, dass der Begriff »Leben« im Feminismus einerseits sowie zwischen dem Feminismus und seinen Gegnern andererseits umkämpft ist, ein ungefestigter Ausdruck, dessen Bedeutungen im Kontext verschiedener Nationalstaaten mit unterschiedlichen Religionen und philosophischen Konzeptionen des Problems auf unterschiedliche Weise verbreitet und debattiert werden. Tatsächlich könnten einige meiner Kontrahenten durchaus gegen mich argumentieren, dass man dann, wenn man »die Ausweitung der Normen, die ein bewältigbares Leben unterstützen«, als einen überragenden Wert ansieht, daraus – in Abhängigkeit von meinen Definitionen – folgern könnte, dass dem »ungeborenen Leben« der höchste Wert zugesprochen werden soll. Das entspricht nicht meiner Sicht noch meiner Schlussfolgerung.

Mein Argument gegen diese Schlussfolgerung hat damit zu tun, wie wir das Wort »Leben« verwenden: so als ob wir wüssten, was es bedeutet, was es erfordert, was es verlangt. Wenn wir fragen, was ein Leben lebenswert macht, dann fragen wir nach bestimmten normativen Bedingungen, die erfüllt sein müssen, damit das Leben zum Leben wird. Und so gesehen gibt es wenigstens zwei Bedeutungen des Lebens, eine, die sich auf die minimale biologische Form des Lebens bezieht, und eine andere, die sich gleich am Anfang einmischt und Mindestbedingungen für ein lebenswertes Leben im Hinblick auf menschliches Leben aufstellt.[10] Und das besagt nicht, dass wir das bloße Leben im Vergleich zum »lebenswerten Leben« missachten dürfen, sondern dass wir ebenso, wie wir das bei gendermotivierter Gewalt getan haben, fragen müssen, was Menschen benötigen, um die Voraussetzungen ihrer eigenen Lebensfähigkeit zu erhalten und wiederherzustellen. Und wie soll unsere Politik beschaffen sein, so dass wir, in welcher Form auch immer, sowohl die Möglichkeit eines lebenswerten Lebens konzeptualisieren als auch dessen institutionelle Unterstützung regeln? Es wird stets Meinungsverschiedenheiten darüber geben, was das bedeutet, und diejenigen, die behaupten, wegen dieser Verpflichtung sei die Einigung auf eine einzige politische Linie notwendig, irren sich. Aber nur deshalb, weil zu leben bedeutet, ein Leben politisch zu leben, im Verhältnis zur Macht, im Verhältnis zu anderen, in der Übernahme von Verantwortung für eine kollektive Zukunft. Doch Verantwortung für die Zukunft zu übernehmen heißt nicht, im Voraus zu wissen, welche Richtung sie nehmen wird, da die Zukunft und insbesondere die Zukunft mit anderen und für andere eine gewisse Offenheit und Unwissenheit verlangt. Es impliziert auch, dass eine bestimmte Agonalität und Wettbewerb im Spiel sein werden und sein müssen. Sie müssen im Spiel sein, damit die Politik demokratisch wird.

Die Demokratie spricht nicht einstimmig, sie klingt dissonant, und das ist zwangsläufig so. Sie ist kein vorhersagbarer Prozess, sie muss durchgemacht werden, wie eine Leidenschaft durchgemacht werden muss. Es kann auch sein, dass das Leben selbst ausgeschlossen ist, wenn der richtige Weg vorab beschlossen wird oder wenn wir verfügen, was für alle richtig ist, ohne uns in die Gemeinschaft hineinzubegeben und das »Richtige« inmitten der kulturellen Übersetzung zu entdecken. Es mag sein, dass das, was »richtig« ist und was »gut« ist, darin besteht, offenzubleiben für die Spannungen, denen die grundlegendsten Kategorien,

10 Siehe Giorgio Agamben über das »nackte Leben« in *Homo Sacer*.

die wir brauchen, ausgesetzt sind – sich klarzuwerden über die Unwissenheit im Kern dessen, was wir wissen und was wir brauchen, und das Zeichen des Lebens – und dessen Aussichten – zu erkennen.

Mit Anzaldúa und Spivak über das Subjekt hinaus

In den USA gab es und gibt es mehrere verschiedene Formen, den fundamentalen Status der Kategorie des Subjekts in Frage zu stellen. Zweifel am fundamentalen Status dieser Kategorie anzumelden ist allerdings nicht dasselbe, wie die Kategorie insgesamt abzuschaffen. Außerdem bedeutet es nicht, ihre Nützlichkeit oder gar Notwendigkeit zu bestreiten. Das Subjekt in Frage zu stellen heißt, aufs Spiel zu setzen, was wir wissen, und das nicht um des Reizes des Risikos willen, sondern weil wir als Subjekte bereits in Frage gestellt wurden. Wir sind als Frauen schon ernsthaft in Zweifel gezogen worden: Tragen unsere Worte Bedeutung? Sind wir zustimmungsfähig? Funktioniert unser logisches Denken so wie das von Männern? Sind wir Teil der universellen Gemeinschaft der Menschheit?

Gloria Anzaldúa schreibt in ihrem Werk *Borderlands/La Frontera* sowohl in den Sprachen Spanisch und Englisch als auch in autochthonen Indianerdialekten, und sie zwingt ihre Leser, alle diese Sprachen zu lesen, sofern sie den Versuch machen, ihr Buch zu lesen. Sie überschreitet eindeutig die Grenze zwischen akademischem und nichtakademischem Schreiben, betont den Wert eines Lebens auf der Grenze, des Lebens als Grenze im Verhältnis zu einer ganzen Reihe verschiedener kultureller Projekte. Sie behauptet, um soziale Veränderung zu bewirken, müsse man über ein »einheitliches« Subjekt hinausgehen. Sie befürwortet die soziale Veränderung, hat ihr ganzes Leben dafür gekämpft, hat an der Universität gelehrt und sich in den Bewegungen engagiert. Wollen wir sagen, dass sie zu der Gruppe gehört, deren Mitglieder »akademische Feministinnen« genannt werden? Nun, es wäre wohl lächerlich, sie aus dieser Gruppe auszuschließen.[11] Ihre Arbeiten werden in den Universitäten gelesen. Manchmal lehrt sie an der University of California. Sie kämpft in verschiedenen Bewegungen, und zwar insbesondere für lateinamerikanische Frauen, die in den Vereinigten Staaten unter der unzureichenden Gesundheitsversorgung und der Ausbeutung am Arbeitsmarkt zu leiden haben und sich oft auch noch mit Immigrationsproblemen herumschlagen. Wenn sie zum Beispiel sagt, dass sie kein einheitliches Subjekt ist, dass sie die binären Gegensätze der Moderne nicht akzeptiert, sagt sie damit, dass sie als eine Chicana durch ihre Fähigkeit definiert ist, die Grenzen zu überqueren. Mit anderen Worten, sie ist eine Frau, die gezwungen war, die Grenze zwischen Mexiko und den Vereinigten Staaten zu überqueren, und für die diese Grenze das geopolitische Imaginäre darstellt, in dem (über das) sie ihre Prosa schreibt. Sie müht sich mit dem komplizierten Gemisch kultureller Traditionen und Formationen ab, die sie zu dem machen, was sie ist: Chicana, mexikanisch, lesbisch, amerikanisch, intellektuell, arm, Schriftstellerin, Aktivistin. Kommen alle diese Stränge in vereinheitlichter Form zusammen oder lebt sie deren Unvereinbarkeit und Gleichzeitigkeit als die eigentliche Bedeutung ihrer Identität, einer Identität, die durch die sehr verwickelten historischen Umstände ihres Lebens kulturell inszeniert und produziert wird?

Anzaldúa fordert uns auf, zu bedenken, dass die Quelle unserer Fähigkeit zur sozialen Veränderung gerade in unserer Fähigkeit liegt, zwischen den Welten zu vermitteln, uns in der kulturellen Übersetzung zu engagieren und uns durch die Erfahrung von Sprache und Gemeinschaft den verschiedenartigen kulturellen Verknüpfungen zu stellen, die uns zu dem machen, wer wir sind. Man könnte sagen, dass das Subjekt für sie eher »multipel« ist

11 Zu einer ausgezeichneten Diskussion von Anzaldúas kritischem Diskurs, siehe Norma Alarcon, »Anzaldúa's Frontera: Inscribing Gynetics«.

anstatt einheitlich, und damit würde man den Punkt gewissermaßen erfassen. Ich denke aber, ihr wesentlicher Gedanke ist radikaler. Sie fordert uns auf, am Rande dessen zu bleiben, was wir wissen, unsere epistemologischen Gewissheiten in Frage zu stellen und durch dieses Risiko und mit dieser Offenheit für eine andere Form des Wissens und des Lebens in der Welt unsere Fähigkeit zu erweitern, uns das Menschliche vorzustellen. Sie fordert uns auf, die Bereitschaft aufzubringen, über Unterschiede hinweg in Koalitionen zu arbeiten, was zu einer stärker integrierten Bewegung führen wird. Wofür sie argumentiert, ist also, dass wir nur dann eine Chance haben, ein multikulturelles Verständnis von Frauen oder letztlich sogar der Gesellschaft hervorzubringen, wenn wir im Modus der Übersetzung, der fortwährenden Übersetzung existieren. Das einheitliche Subjekt ist eines, das schon weiß, was es ist, das in derselben Weise in ein Gespräch eintritt, wie es das Gespräch beendet, das es unterlässt, die eigenen epistemologischen Gewissheiten in der Begegnung mit dem anderen zu riskieren, und daher an seinem Ort bleibt, seinen Ort bewacht, zum Sinnbild für Eigentum und Territorium wird, und *die Selbstveränderung ironischerweise im Namen des Subjekts ablehnt.*

Gayatri Chakravorty Spivak hat eine ähnliche Auffassung, obwohl sie sagen würde und von sich gesagt hat, dass Anzaldúa die Vorstellung von einem multiplen Subjekt hat, während sie selbst die Vorstellung von einem gebrochenen Subjekt hat. Tatsächlich ist ihre Auffassung die, dass wir die Unterdrückung, die farbige Frauen im globalen politischen und ökonomischen Rahmen des Imperialismus der ersten Welt erfahren haben, nicht würdigen können, ohne zur Kenntnis zu nehmen, dass der Ausdruck »Frauen« als einheitliche Kategorie nicht zutreffen kann, nicht beschreiben kann, dass diese Kategorie in eine Krise geraten und im öffentlichen Diskurs seine Brüche preisgeben muss. In ihren Texten fragt sie immer wieder, was es heißt, den Stimmen der Entrechteten nicht nur zuzuhören, sondern diese Stimmen im eigenen Werk auch »zu vertreten«. Einerseits ist es möglich, die Entrechteten so zu behandeln, als seien sie ohne Stimme und sich zur Stimme der Entrechteten aufzuschwingen. Ich denke, wir haben gesehen, wie problematisch das ist, als die amerikanische Feministin Catharine MacKinnon vor Jahren auf dem Wiener Forum für Menschenrechte verkündete, sie »vertrete die Frauen Bosniens«. Vielleicht glaubte sie, die bosnischen Frauen seien ohne Stimme, wurde aber eines Besseren belehrt, als diese sich öffentlich klar dagegen aussprachen, dass MacKinnon versucht, sich ihre Position anzueignen und sie zu kolonisieren.

Angesichts der Missionsgeschichte, der kolonialen Eroberung, die im Namen von »Zivilisation« und »Moderne«, von »Forschritt« und »Aufklärung«, der »Last des weißen Mannes« erfolgt, müssen andererseits auch Feministinnen fragen, ob die »Vertretung« der Armen, der autochthonen Bevölkerung und der vollkommen Entrechteten innerhalb der akademischen Welt nicht etwa ein Patronats- und Kolonisierungsversuch ist oder ob sich diese »Vertretung« zu den Bedingungen der Übersetzung bekennen will, die sie ermöglichen, bekennen will zu Macht und Privilegien der Intellektuellen, zu den Verbindungen in Geschichte und Kultur, die eine Begegnung zwischen der Armut beispielsweise und dem akademischen Schreiben möglich machen.

Spivak hat das Werk von Mahasweta Devi übersetzt, einer Schriftstellerin, die auch Aktivistin ist und deren Arbeit dank Spivak in der akademischen Welt oder zumindest in deren englischsprachigem Teil vorkommt. Devi schreibt als eine Stammesfrau, für und über Stammesfrauen, doch das »Tribalistische« ist genau das, was im Verlauf ihrer Schriften immer schwieriger zu bestimmen ist. Ihre Stimme erreicht die erste Welt durch eine Übersetzung, eine von Spivak angefertigte Übersetzung, in welcher ich als Leserin zu einer Reaktion aufgefordert werde. Spivak besteht darauf, dass dieses Schreiben, das südasiatische stammesbezogene Schreiben von Devi, nicht einfach als »tribalistisch«

bezeichnet werden kann oder als repräsentativ für den »Tribalismus« erklärt werden kann, weil in diesem Schreiben auch, und zwar mit dem »Tribalismus«, eine Vision von Internationalität auf dem Spiel steht. In Devis Geschichten leiden Frauen zum Teil deshalb, weil das Land ausgebeutet und geschändet wird, weil die traditionellen Arbeitsmittel systematisch verdrängt oder von Unternehmern ausgebeutet werden. So gesehen ist es eine lokale Geschichte. Aber diese Unternehmer hängen mit größeren Strömungen im globalen Kapital zusammen. Oder wie Spivak formuliert: »Eine starke Verbindung, eigentlich sogar Komplizenschaft, zwischen der Bougeoisie der dritten Welt und Migranten in der ersten kann nicht ignoriert werden«.[12]

Wenn wir Devi genau lesen, sehen wir, dass sie Verbindungen herstellt, lebendige Verbindungen zwischen dem Tribalistischen und dem Globalen, und dass sie als die Autorin ein Medium des Transits zwischen ihnen ist. Wir sollten aber nicht meinen, dass dieser Übergang reibungslos vor sich geht, denn er vollzieht sich über einen Bruch in der Repräsentation selbst. Devi gelangt durch Spivak zu mir, was nicht bedeutet, dass Spivak für sie schreibt, sondern lediglich, dass Autorschaft gespalten ist; was aus dieser Übersetzung hervorgeht, ist jedoch eine politische Vision, die Überzeugung, dass die Möglichkeiten des langfristigen globalen Überlebens, einer langfristigen radikalen Umweltpolitik und der Gewaltlosigkeit als einer politischen Praxis *nicht* von einer körperlosen »Vernunft« abhängen, die unter dem Namen der Universalität auftritt, sondern von der Ausarbeitung des Sinns des Geheiligten. Spivak schreibt daher: »Sinneswandel im großen Maßstab ist allein aus Vernunftgründen kaum jemals möglich. Um für Gewaltlosigkeit zu mobilisieren zum Beispiel, ist man darauf angewiesen, wie entfernt auch immer, eine Überzeugung von der ›Heiligkeit‹ des menschlichen

12 Siehe die Einleitung zu Mahasweta Devi, *Imaginary Maps. Three Stories*, S. 198. Nachweise im Folgenden mit Seitenzahlen im Text.

Lebens auszubilden« (S. 199). Spivak gesteht Devi auch die Bezeichnung »Philosophin« zu und gibt für radikales Denken und politischen Aktivismus den folgenden Rat: »Ich zweifele nicht, dass wir *lernen* müssen, von den kreativen ökologischen Philosophen der Welt zu lernen, durch die langsame, achtsame, geistig verändernde ethische Singularität, die den Namen der ›Liebe‹ verdient – zur Ergänzung notwendiger kollektiver Anstrengungen, um Gesetze, Produktionsweisen, Bildungssysteme und Gesundheitsversorgung zu ändern. Für mich ist das die Lehre von Mahasweta [Devi], Aktivistin/Journalistin und Schriftstellerin« (S. 201).

Die subalterne Aktivistin ist Spivak zufolge aus den Parametern des westlichen Subjekts und dem historischen Gang der Moderne ausgeschlossen worden. Das bedeutet, die Stammesfrau ist größtenteils Zuschauerin des historischen Fortschritts. Und auch wenn wir die Traditionen afrokaribischen Schreibens berücksichtigen, können wir fragen, ob diese Texte in den Traditionen der Moderne zu verorten sind oder ob sie nicht immer auf ganz unterschiedliche Weise das kommentieren, was es heißt, »außerhalb der Geschichte« zu stehen. Es dürfte also klargeworden sein, dass ich ein kritisches Verhältnis zur Moderne für notwendig halte.

Wir sind Zeugen der Gewalt geworden, die im Namen des Westens und westlicher Werte verübt wurde, als die öffentliche Skepsis in den Vereinigten Staaten und in Europa geschürt wurde mit Fragen wie: Hatte der Islam seine Moderne? Hat der Islam seine Moderne schon erreicht? Aus welchem Blickwinkel werden solche Fragen möglich, und in welchem Rahmen sind sie vernünftig? Kann jemand, der solche Fragen stellt, die Bedingungen seines oder ihres Fragens kennen? Ohne die arabischen Übersetzungen klassischer griechischer Texte wären einige dieser Texte für immer verloren. Ohne die Bibliotheken islamischer Städte überall auf der Welt wäre die Geschichte westlicher Werte wohl nicht überliefert worden. Es ist vielsagend, dass es gerade die bewahrende Funktion der kulturellen Übersetzung ist, die hier vergessen wird, wenn wir fragen, ob Araber irgendetwas mit der Moderne zu tun haben.

Natürlich kennen wir unsere eigene Moderne, die Bedingungen ihrer Entstehung und Erhaltung nicht, falls jemand von uns diese Frage stellt. Oder anders gesagt, wir zeigen damit, dass das, was wir »Moderne« nennen, eine Form der Vergesslichkeit und kulturellen Auslöschung ist. Wichtiger ist aber, dass wir die Gewalt sehen, die im Namen der Wahrung westlicher Werte verübt wird, und wir haben zu fragen, ob nicht diese Gewalt einer der Werte ist, die wir verteidigen wollen, das heißt, ein weiteres Kennzeichen von »Westlichkeit«, von dem wir fürchten, es könne verlorengehen, wenn wir uns bereit erklären, in einer kulturell vielschichtigeren und hybrideren Welt zu leben. Sicher, der Westen ist nicht Urheber aller Gewalt, aber auf Leiden oder auf eine antizipierte Verletzung reagiert er mit der Mobilisierung von Gewalt, um seine Grenzen zu wahren, seien diese nun real oder imaginär.[13]

Für uns in den Vereinigten Staaten gibt es einigen Zweifel, ob es außerhalb des linken Journalismus und der Alternativmedien jemals einen bedeutenden öffentlichen Diskurs zu der Frage geben wird, wie ein Kollektiv mit seiner Verwundbarkeit durch Gewalt umgeht. Frauen kennen diese Frage gut, haben sie zu fast allen Zeiten gekannt, und auch das Aufkommen des Kapitalismus hat unserer Gefährdung durch Gewalt nichts an Eindeutigkeit genommen. Es gibt die Möglichkeit, unangreifbar zu erscheinen, die Verwundbarkeit selbst zu leugnen. Es gibt die Möglichkeit, gewalttätig zu werden. Vielleicht gibt es aber noch eine andere Möglichkeit, nämlich so zu leben, dass man weder den Tod fürchtet und einen sozialen Tod stirbt, aus Angst, getötet zu werden, noch gewalttätig wird und andere tötet oder sie dem

13 Zu einer vollständigeren Erörterung dieser Themen siehe J. Butler, *Gefährdetes Leben. Politische Essays*, Frankfurt: Suhrkamp, 2005.

Zwang unterwirft, ein Leben zu führen, das dem sozialen Tod gleicht und auf der Angst vor dem buchstäblichen Tod beruht. Vielleicht erfordert diese andere Lebensweise eine Welt, in der kollektive Mittel gefunden werden, die körperliche Verwundbarkeit zu schützen, ohne sie genau genommen abzuschaffen. Natürlich werden beim Aufbau einer solchen Welt einige Normen nützlich sein, aber es werden Normen sein, die niemandem gehören, Normen, die nicht durch Normalisierung, rassische oder ethnische Assimilation wirken werden, sondern weil sie zu gemeinsamen Orten kontinuierlicher politischer Arbeit werden.

11. Kann das »Andere« der Philosophie sprechen?

Ich schreibe diesen Beitrag als jemand, der einst in Philosophiegeschichte ausgebildet wurde, jetzt aber häufiger in interdisziplinären Zusammenhängen schreibt, in denen diese Ausbildung, so wie sie eigentlich war, nur in gebrochener Form vorkommt. Aus diesen und sicherlich auch aus anderen Gründen ist das, was Sie von mir zu lesen bekommen werden, keine »philosophische Skizze« oder gar ein Beitrag zur Philosophie, obgleich es von der Philosophie handeln mag, aus einer Perspektive allerdings, die als philosophisch gewürdigt werden kann oder auch nicht. Ich hoffe, Sie verzeihen mir das. Was ich anzubieten habe, ist keine Argumentation im strengen Sinne, auch nicht wirklich gründlich, und ob es nun den Anforderungen an Scharfsinn entspricht, die in der Institution Philosophie derzeit maßgeblich sind, kann ich schwer sagen. Dies kann durchaus eine gewisse Bedeutung haben, sogar eine philosophische Bedeutung, die ich ursprünglich nicht beabsichtigte. Ich bin seit etlichen Jahren nicht in der Institution Philosophie beheimatet, schreibe oder arbeite nicht in ihr, und es ist fast ebenso viele Jahre her, dass ich mir die Frage gestellt habe: Was würden Philosophen mit dem anfangen, was ich anzubieten habe?

Mir ist klar, dass diese Frage die Akademiker beunruhigt, die in dieser Institution arbeiten, insbesondere Doktoranden und Angehörige des Mittelbaus. Wir könnten hier außerdem anmerken, dass dies eine vollkommen berechtigte Sorge ist, und zwar gerade dann, wenn man eine Stelle an einer Philosophiefakultät haben möchte und beweisen muss, dass die Arbeit, die man macht, tatsächlich philosophisch ist. Philosophen, die diesem Berufsstand angehören, müssen derartige Urteile in der Tat fällen, und wir, die wir außerhalb der Philosophie-Departments tätig sind, hören von Zeit zu Zeit solche Urteile. Das Urteil nimmt normalerweise eine dieser Formen an: »Ich verstehe das nicht oder ich sehe das Argument hier nicht, alles sehr interessant ... aber sicherlich ›keine‹ Philosophie.« Diese Einschätzungen werden von einer Autorität ausgesprochen, die beurteilt, was als legitimes Wissen gelten soll und was nicht. Die Urteile werden von jemandem geäußert, der offenbar Bescheid weiß und der mit der gesamten Sicherheit seines Wissens handelt. Es ist natürlich eindrucksvoll, in einer solchen Lage zu sein und mit Bestimmtheit zu wissen, was zählt und was nicht. Ja, manche könnten sogar sagen, es liege in der Verantwortung der Philosophen, solche Entscheidungen zu treffen und sich an sie zu halten.

Gut und schön, ich würde aber doch vermuten, dass eine bestimmte Verunsicherung in diese Institution gebracht wurde, die Pierre Bourdieu als die »ritualisierte Institution der Philosophie« bezeichnet hat. Diese Verlegenheit beruht auf der Tatsache, dass der Begriff »Philosophie« der Kontrolle derer entglitten ist, die ihre institutionellen Parameter definieren und schützen wollen. Diejenigen, die ihrer Verpflichtung gegenüber der American Philosophical Association nachkommen und sich auf verschiedenen Einflussebenen in ihre Komitee-Struktur einordnen, zeigten sich betroffen, überrascht, vielleicht sogar entrüstet angesichts der Verwendung des Wortes »Philosophie«, um Arten der Geisteswissenschaften zu bezeichnen, die in keinem erkennbaren Sinne die akademische Praxis spiegeln, die sie selbst betreiben und die zu definieren und zu schützen sie als ihre Pflicht und ihr Privileg betrachten. Die Philosophie hatte sich skandalöserweise verdoppelt. Sie hat sich in Hegels Worten außerhalb ihrer selbst gefunden, sie ist sich im »Anderen« abhanden gekommen und fragt sich, ob und wie sie sich von der skandalösen Widerspiegelung zurückgewinnen kann, die unter ihrer Flagge segelt. Die Philosophie im eigentlichen Sinne – falls sie einen eigentlichen Sinn hat – fragt sich, ob sie aus dieser skandalösen Erscheinung als das Andere jemals zu sich zurückkehren wird. Sie fragt sich, wenn schon nicht öffentlich, so doch bei jedem Jahrestreffen auf den Fluren und in den Bars der Hilton Hotels, ob sie nicht durch den uneigentlichen Gebrauch ihres Eigennamens belagert, enteignet, ruiniert wird, von einer gespenstischen Verdoppelung ihrer selbst heimgesucht wird.

Ich habe nicht vor, mich als dieses gespenstische Double einzuführen, aber es könnte sein, dass mein Aufsatz, der von der Philosophie handelt, aber nicht von ihr kommt, letzten Endes etwas gespenstisch wirken wird. Ich versichere Ihnen, dass die Perspektive, aus der ich schreibe, von Anfang an eine gewisse Distanz zur Institution Philosophie einnimmt. Lassen Sie mich also im Geiste Edmund Husserls anfangen, der gesagt hat, die Philosophie sei schließlich ein immerwährendes Beginnen, und auf meine eigenen Anfänge Bezug nehmen, so bescheiden und schwierig sie auch waren. Als ich zwölf Jahre alt war, befragte mich ein Doktorand der Pädagogik und stellte mir die Frage, was ich denn mal werden wolle, wenn ich groß sei. Ich sagte ihm, ich wolle entweder Philosophin werden oder Clown, und ich glaube, ich begriff damals, dass vieles davon abhinge, ob ich meinen würde, die Welt sei es wert, über sie zu philosophieren oder nicht, und davon, was der Preis für Ernsthaftigkeit sein mochte. Ich war mir nicht sicher, ob ich Philosophin sein wollte, und ich gestehe, dass ich diesen Zweifel nie ganz überwunden habe. Nun könnte es sein, dass Zweifel am Wert einer philosophischen Laufbahn ein untrügliches Zeichen dafür sind, dass man *kein* Philosoph werden sollte. Wenn Sie einen Studenten haben, der über den düsteren Arbeitsmarkt nachsinnt und außerdem sagt, dass er oder sie sich des Werts einer philosophischen Laufbahn nicht sicher ist, oder anders ausgedrückt, dem der Wert, Philosoph zu sein, nicht ganz klar ist, so würden Sie als Mitglied des Lehrkörpers diese Person zweifellos sehr schnell in eine andere Ecke des Arbeitsmarkts lotsen. Wer sich nicht absolut im Klaren ist, welchen Wert es hat, Philosoph zu sein, sollte gewiss woanders hingehen. Es sei denn, natürlich, wir sehen irgendeinen *Wert* darin, sich des Werts, Philosoph zu werden, nicht völlig sicher zu sein, es sei denn, ein Widerstand gegen die Institutionalisierung von Philosophie hat einen andersartigen Wert, der zwar nicht immer marktfähig ist, wie wir sagen könnten, der aber zu den gängigen Marktwerten der Philosophie einen Kontrapunkt bildet. Wäre es denkbar, dass es einen bestimmten philosophischen Wert hat, nicht genau zu wissen, was als Philosophie anerkannt werden sollte und was nicht? Und ist das ein Wert, den wir benennen und diskutieren können, ohne dass er dadurch zu einem neuen Kriterium wird, mit dessen Hilfe das Philosophische vom Nichtphilosophischen rigoros abgegrenzt wird?

Im Folgenden möchte ich zeigen, wie ich ziemlich uninstitutionell in die Philosophie eingeführt wurde und wie diese Distanz zum institutionalisierten Leben der Philosophie in manchen Hinsichten für mich zu einer Berufung geworden ist, was im Grunde genommen bei vielen zeitgenössischen Akademikern so ist, die in den Geisteswissenschaften zu philosophischen Themen arbeiten. Ich möchte behaupten, dass diese Situation einen besonderen Wert hat. Ein Großteil der philosophischen Arbeit, die außerhalb der Philosophie vor sich geht, ist frei, auf die rhetorischen und literarischen Aspekte philosophischer Texte einzugehen und speziell danach zu fragen, welchen besonderen philosophischen Wert diese rhetorischen und linguistischen Merkmale transportieren oder inszenieren. Die rhetorischen Aspekte eines philosophischen Textes umfassen seine Gattung, die variieren kann, die Form, in der die Argumente vorgetragen werden, und die Art, wie die Darstellungsweise das Argument selbst prägt, indem sie das Argument manchmal implizit inszeniert oder gelegentlich ein Argument inszeniert, das völlig im Gegensatz zu dem steht, was der philosophische Text ausdrücklich erklärt. Ein beachtlicher Teil der philosophischen Arbeit, die in der kontinentalen Tradition steht, wird gegenwärtig außerhalb der Philosophie-Departments geleistet, und zuweilen ist diese Arbeit in

Verbindung mit literarischen Lesarten besonders fruchtbar und provokativ. Paradoxerweise ist die Philosophie in den heutigen Kulturwissenschaften und in der kulturellen Politikwissenschaft zu neuem Leben gekommen, da, wo philosophische Vorstellungen sozialwissenschaftliche und literarische Texte prägen, die nach Gattungsgesichtspunkten nicht philosophisch sind, gleichwohl aber die Kulturwissenschaft als einen lebendigen Ort philosophischen Denkens in den Geisteswissenschaften begründen. Ich werde dies hoffentlich deutlich machen können, indem ich meine eigene Auseinandersetzung mit der Philosophie und meine Hinwendung zu Hegel schildere. Gegen Ende meiner Ausführungen werde ich diskutieren, welchen Stellenwert Hegel in der zeitgenössischen Geisteswissenschaft im Hinblick auf die Frage des Kampfs um Anerkennung im Projekt der Moderne hat.

Meine erste Einführung in die Philosophie war vollkommen uninstitutionell, autodidaktisch und verfrüht. Diese Szene lässt sich am besten in einem Bild des jungen Teenagers fassen, der sich im Untergeschoss des Hauses der schwierigen Familiendynamik entzieht, wo Bücher aus der Collegezeit der Mutter aufbewahrt werden und wo Spinozas *Ethik* (in der Übersetzung von Elwes aus dem Jahr 1934) zu entdecken ist. Meine Gefühle befanden sich in Aufruhr, und ich fing an, Spinoza zu lesen, um herauszufinden, ob es mir vielleicht helfen würde, besser mit meinen Gefühlen zurechtzukommen, wenn ich erst wüsste, was sie sind und wozu sie dienen. Was ich im zweiten und dritten Kapitel dieses Textes fand, war tatsächlich ergiebig. Die Extrapolation emotionaler Zustände aus dem primären Beharren des *conatus* beim Menschen beeindruckte mich als die gründlichste, reinste und klarste Erläuterung menschlicher Leidenschaften. Ein Ding strebt danach, in seinem Sein zu beharren. Ich nehme an, dies signalisierte mir eine Form des Vitalismus, die selbst in der Verzweiflung weiter besteht.

Bei Spinoza fand ich die Vorstellung, dass ein bewusstes und ausdauerndes Wesen auf Reflexionen seiner selbst emotional reagiert, je nachdem ob diese Reflexion eine Verringerung oder Steigerung der eigenen Möglichkeit zukünftigen Beharrens und Lebens bedeutet. Dieses Wesen begehrt nicht nur, im eigenen Sein zu beharren, sondern auch, in einer Welt der Repräsentationen zu leben, die die Möglichkeit dieses Beharrens reflektieren, und letztlich in einer Welt zu leben, in der es sowohl den Wert des Lebens anderer als auch seines eigenen Lebens reflektiert. In dem Kapitel »Von der menschlichen Knechtschaft oder der Macht der Affecte« schreibt Spinoza: »Niemand kann glücklich zu seyn, gut zu handeln und gut zu leben wünschen, der nicht zugleich zu seyn, zu handeln und zu leben d. h. wirklich da zu seyn wünscht« (Lehrsatz 21). Und weiter schreibt er: »Denn die Begierde (nach Def. 1 der Affecte), glücklich oder gut zu leben, zu handeln u.s.w. ist die Wesenheit des Menschen selbst d. h. (nach L. 7 Th. 3) das Bestreben, wonach ein Jeder sein Seyn zu erhalten strebt.«

Damals wusste ich noch nicht, dass sich diese Lehre Spinozas für meine spätere intellektuelle Arbeit zu Hegel als wesentlich erweisen sollte, denn sie ist ein frühmoderner Vorläufer von Hegels Behauptung, dass Begehren stets das Begehren nach Anerkennung ist und dass Anerkennung die Bedingung für ein Leben ist, welches fortgesetzt und bewältigt werden kann. Spinozas feste Überzeugung, dass der Wunsch nach Leben in den Gefühlen der Verzweiflung keimhaft auffindbar ist, führte zu der dramatischeren Hegel'schen These, dass das »Verweilen beim Negativen« einen Umschlag des Negativen ins Sein erzeugen kann, dass aus den Erfahrungen individueller und kollektiver Zerstörung auch in ihrer unbestrittenen Unwiderruflichkeit etwas Bejahendes hervorgehen kann.

Zur selben Zeit, als ich auf Spinoza stieß, entdeckte ich die erste englische Veröffentlichung von Kierkegaards *Entweder/Oder*, während ich um Hegel einen Bogen machte, bis ich am College anfing. Ich versuchte, in Kierkegaard eine geschriebene Stimme zu sehen, die nicht genau das sagte, was sie meinte; tatsächlich sagte diese Stimme, was sie zu sagen hätte, sei in der Sprache nicht mitteilbar, und blieb dabei. Eine meiner ersten Begegnungen mit einem philosophischen Text warf also die Frage nach der Lesart auf und lenkte die Aufmerksamkeit auf dessen rhetorische Struktur als Text. Der Autor kam nicht zum Vorschein, als Verfasser mit Pseudonym sagte er nie, wer da sprach, noch erließ er mir die Schwierigkeit der Interpretation. Diese außerordentliche stilistische Meisterleistung wurde durch die Tatsache gesteigert, dass *Entweder/Oder* aus zwei Büchern besteht, von denen jedes aus einer Perspektive geschrieben ist, welche die andere Perspektive befehdet, so dass, wer immer dieser Autor war, er sicherlich nicht einer war. Im Gegenteil, die beiden Bände dieses Buchs inszenieren eine Szene psychischer Spaltung, die sich offenbar *per definitionem* der Darlegung durch den direkten Diskurs entzog. Es gab keine Möglichkeit, Zugang zu diesem Werk zu finden, ohne die rhetorischen und gattungsmäßigen Dimensionen von Kierkegaards Schrift zu verstehen. Es war nicht so, dass man erst die literarische Form und rhetorische Situation des Textes berücksichtigen musste, um ihnen dann die philosophische Wahrheit zu entnehmen. Ganz im Gegenteil, es gab keine Möglichkeit, den philosophischen Punkt herauszufiltern – einen Punkt, der mit der Unüberwindbarkeit des Schweigens zu tun hat, wenn Glaubensangelegenheiten berührt werden –, ohne durch die Sprache zum Moment ihres eigenen Versagens geführt zu werden, wo die Sprache ihre eigene Beschränktheit zeigt und wo dieses »Zeigen« nicht dasselbe ist wie eine schlichte Erklärung ihrer Begrenzung. Nach Kierkegaard kann man der direkten Erklärung sprachlicher Begrenztheiten nicht glauben; dafür wird nichts weniger nötig sein als eine Auflösung der Deklarationsweise selbst.

Kierkegaard und Spinoza waren für mich die Philosophie, und interessanterweise handelte es sich um Bücher meiner Mutter, Bücher, die in den frühen 1950er Jahren für irgendeinen Grundstudiums-Kurs am Vassar College gekauft und vielleicht gelesen wurden. Als drittes Buch fand ich Schopenhauers *Die Welt als*

Wille und Vorstellung, das meinem Vater gehörte. Offenbar war es mit ihm nach Korea gereist, wo er während dieses merkwürdigen und aufgehobenen Kriegszustands der zahnmedizinischen Abteilung der Armee angehörte. Das Buch wurde ihm anscheinend von einer Geliebten geschenkt, die es vor meiner Mutter gegeben hatte und deren Name auf der ersten Seite eingetragen war. Ich habe keine Ahnung, wie sie auf dieses Buch kam, warum sie es meinem Vater gab oder was es ihm bedeutet hat, dieses Buch zu besitzen oder zu lesen. Ich vermute aber, dass diese Geliebte meines Vaters, oder vielleicht eine Freundin von ihr, ein Seminar besuchte und die Institution Philosophie das Buch zur Verfügung stellte, dass ich es dann in meiner adoleszenten Bedrängnis zu einer Zeit fand, in der ich mir die Welt mit einer Struktur und Bedeutung vorzustellen vermochte, die größer war als meine eigene, die das Problem von Wunsch und Wille in ein philosophisches Licht setzte und eine bestimmte leidenschaftliche Klarheit im Denken veranschaulichte.

Diese Bücher gelangten also, wie man sagen könnte, als Nebenprodukte der Institution Philosophie zu mir, dies allerdings in einer deinstitutionalisierten Form. Jemand hatte entschieden, man solle sie übersetzen und verbreiten, und sie wurden von jemandem für Seminare bestellt, die meine Eltern oder ihre engsten Freunde besucht hatten; später wurden sie in einem Regal abgelegt und tauchten als Bestandteil des visuellen Horizonts wieder auf, der das raucherfüllte Untergeschoss des Vororthauses zierte, das mein Zuhause war. Ich saß missmutig und bedrückt in diesem Keller, hatte die Tür abgeschlossen, so dass niemand hereinkommen konnte, und hatte genug Musik gehört. Und irgendwie schaute ich auf in diesem düsteren, ungelüfteten Raum und durch den Rauch meiner Zigarette fiel mein Blick auf einen Buchtitel, der in mir den Wunsch weckte, zu lesen, Philosophie zu lesen.

Der zweite Weg, auf dem mich die Philosophie erreichte, war die Synagoge, und wenn der erste Pfad aus meiner adoleszenten

Qual hervorging, so ergab sich der zweite aus ethischen Dilemmata, die das gesamte jüdische Kollektiv betrafen. Mit Beginn der Highschool sollte ich eigentlich keinen Unterricht mehr in der Synagoge nehmen, aber irgendwie entschied ich mich für die weitere Teilnahme. Der Unterricht drehte sich meist um moralische Dilemmata und Fragen menschlicher Verantwortung, um die Spannung zwischen individuellen Entscheidungen und kollektiver Verantwortung und um Gott, ob Gott existiere und von welchem Nutzen »er«, besonders in Anbetracht der Konzentrationslager, überhaupt noch sein könne. In mir sah man so etwas wie ein Disziplinarproblem, und gewissermaßen zur Strafe sollte ich zum Rabbi in ein Tutorium gehen, das sich auf eine Auswahl jüdischer philosophischer Schriften konzentrierte. Ich entdeckte mehrere Fälle, in denen mich die Texte an Kierkegaard erinnerten, wo ein bestimmtes Schweigen die dargebotene Schrift prägte, wo die Schrift nicht ganz aussprechen oder vermitteln konnte, was sie mitteilen wollte, wo aber das Zeichen ihres Versagens eine Realität erhellte, die durch die Sprache nicht unmittelbar darstellbar war. Die Philosophie war demnach nicht nur ein rhetorisches Problem, sondern sie war ziemlich direkt mit Fragen individuellen und kollektiven Leidens und der Möglichkeit von Veränderungen verknüpft.

Ich begann meine institutionalisierte philosophische Laufbahn im Zusammenhang einer jüdischen Erziehung, die ethische Dilemmata, die sich aufgrund der Massenvernichtung der Juden während des Zweiten Weltkriegs – darunter auch von Mitgliedern meiner eigenen Familie – stellten, verwendete, um dem Denken des Ethischen als solchem einen Rahmen zu geben. Ich hatte deshalb Schwierigkeiten damit, nach meinem Eintritt ins College Nietzsche zu lesen, und während meiner Jahre als Undergraduate in Yale verschmähte ich ihn im Großen und Ganzen. Eine Freundin nahm mich mit zu Paul de Mans Seminar über *Jenseits von Gut und Böse*, und ich war zugleich angezogen und abgestoßen. Als ich sein Seminar zum ersten Mal verließ, verlor ich buchstäblich den Boden unter den Füßen. Ich lehnte mich gegen ein Geländer, um meinen Gleichgewichtssinn wiederzuerlangen. Ich verkündete beunruhigt, dass er nicht an den Begriff glaube, dass de Man die eigentliche Voraussetzung der Philosophie zerstöre, indem er Begriffe in Metaphern auflöse und die Philosophie um ihre Kraft des Trostes bringe. Ich kehrte nicht in dieses Seminar zurück, obwohl ich gelegentlich in andere hineinhörte. Damals entschied ich arrogant, dass diejenigen, die seine Seminare besuchten, keine wirklichen Philosophen seien, und vollführte damit jene Geste, über die ich heute nachdenke. Ich beschloss, dass sie die Stoffe nicht kannten, dass sie die ernsthaften Fragen nicht stellten, und kehrte zum konservativeren Flügel der kontinentalen Philosophie zurück. Die residierte ungefähr 30 Yards entfernt in Connecticut Hall, und ich tat in dem Augenblick so, als ob die Entfernung, die die Komparatistik von der Philosophie trennte, viel größer wäre, als sie es eigentlich sein konnte. Ich lehnte de Man ab und verwarf ihn, aber ich saß manchmal hinten in seinem Seminar. Die Dekonstruktivisten aus jener Zeit schauen mich manchmal zweifelnd an: Warum war ich nicht in seinen Seminaren? Ich war nicht da, aber ich war nicht allzu weit entfernt, und manchmal war ich da, ohne dass es danach aussah. Und manchmal ging ich eben sehr früh.

Der Wechsel von der Highschool zum Bennington College und von dort nach Yale war nicht einfach, und in manchen Hinsichten konnte ich mich an die Philosophie als professionelle Institution nie gewöhnen. Als junger Mensch kam ich auf die Philosophie, weil ich in ihr eine Form sah, die Frage zu stellen, wie man leben sollte, und ich nahm die Vorstellung ernst, das Lesen philosophischer Texte und philosophisches Denken könnten mir in Lebensfragen die nötige Führung geben. Als ich Kierkegaards Äußerung las, man könne aus der Philosophie eine schräge Komödie machen, wenn es jemandem tatsächlich einfallen sollte, im Handeln ihren Lehren zu folgen, war ich ein erstes Mal entrüstet. Wie konnte es zwischen der Erkenntnis, dass eine

Sache richtig ist, und einem Handeln, das mit dieser Erkenntnis übereinstimmt, diese ironische und unvermeidliche Distanz geben? Und dann war ich abermals entrüstet, als ich die Geschichte über Max Scheler hörte, der auf Nachfrage seiner Zuhörer, wie er denn ein solch unmoralisches Leben führen könne, während er gleichzeitig im Bereich der Ethik forsche, geantwortet hatte, der Wegweiser, der den Weg nach Berlin weise, müsse doch auch nicht dorthin gehen, um die richtige Richtung anzuzeigen. Dass die Philosophie vom Leben getrennt werden könnte, dass das Leben von der Philosophie vielleicht nicht vollständig geordnet werden könnte, schien mir eine bedrohliche Möglichkeit zu sein. Und erst einige Jahre später verstand ich, dass die philosophische Begriffsbildung nicht vollständig von der Schwierigkeit des Lebens entlasten kann, und als ich mich mit dieser post-idealistischen Einsicht abfand, geschah das nicht ohne Wehmut und Bedauern.

Meine Überzeugung über das Verhältnis der Philosophie zum Leben mochte richtig sein oder nicht, aber es war immerhin eine Überzeugung, die die Philosophie auf existenzielle und politische Dilemmata bezog, und mein desillusionierter Idealismus war letztlich doch nicht so schockierend wie mein Einstieg in die fachspezifischen Definitionen der Philosophie. Das geschah noch während der Highschool, als ich 1977 an der Case Western Reserve University einen Einführungskurs in die Philosophie besuchte. Meine Lehrerin war Ruth Macklin, die heute Bioethikerin am Albert Einstein College of Medicine ist. Sie las mit uns Platon und Mill und einen frühen Aufsatz von John Rawls über Gerechtigkeit; der Ansatz war unverwechselbar analytisch, etwas, was ich damals nicht verstand oder auch nur zu benennen wusste. Ich stolperte durch den ersten Kurs und belegte dann entschlossen einen weiteren Kurs zur Moralphilosophie bei ihr, in dem ich hauptsächlich britische analytische Denker von Russell und Moore bis Stevenson und Philippa Foot las, und zwar unter dem Gesichtspunkt der vielfältigen Bedeutungen des Wortes »gut« entsprechend seiner Verwendung in ethischer Argumentation und Ausdrucksweise. Obwohl ich am Ende des Jahres, meines Fortgeschrittenenjahres, schließlich triumphierte, wusste ich bereits, als ich ins College eintrat, dass ich meine Version von Philosophie wahrscheinlich in keiner institutionellen Form wiederfinden würde.

Nachdem ich mit einem Fulbright-Stipendium in Deutschland gewesen war, bei Hans-Georg Gadamer gehört und den deutschen Idealismus studiert hatte, kehrte ich als Graduate-Studentin nach Yale zurück und fing an, an der Universität politisch aktiv zu werden, Bücher von jemandem zu lesen, der Foucault hieß, nach dem Verhältnis von Philosophie und Politik zu fragen und öffentlich zu untersuchen, ob sich aus feministischer Philosophie etwas Interessantes und Wichtiges machen ließe, vor allem ein philosophischer Ansatz zur Genderfrage. Zur selben Zeit wurde im Kontext der kontinentalen Philosophie die Frage nach der Alterität für mich wichtig. Und ich interessierte mich für das Problem von Begehren und Anerkennung: Unter welchen Bedingungen kann ein Begehren Anerkennung für sich suchen und finden? Dies wurde für mich zu einer bleibenden Frage, als ich mich auf das Gebiet der Schwulen- und Lesbenforschung begab. In dieser Frage und in der Frage nach dem »Anderen« sah ich, ebenso wie Simone de Beauvoir, den Ausgangspunkt dafür, politisch über Unterordnung und Ausschluss nachzudenken: Ich hatte das Gefühl, den Begriff zu besetzen, den ich untersuchte – so wie ich es heute tue, wenn ich nach dem Anderen der Philosophie frage –, und wandte mich also der modernen Quelle für ein Verstehen der Alterität zu – Hegel selbst.

Meine Dissertation zu Begehren und Anerkennung bei Hegel in seiner *Phänomenologie des Geistes* nahm einige derselben Themen auf, die mich schon in jüngeren Jahren beschäftigt hatten. In der *Phänomenologie* ist die Begierde (§ 168) wesentlich für die Selbstreflexion, und es gibt keine Selbstreflexion außer durch das Drama der wechselseitigen Anerkennung. Der Wunsch nach Anerkennung ist somit einer, in dem der Wunsch seine Reflexion im Anderen sucht. Es ist ein Wunsch, der die Alterität des Anderen zu negieren sucht (schließlich bedroht sie aufgrund ihrer strukturellen Ähnlichkeit mit mir, an meiner Stelle, meine einheitliche Existenz), und zugleich ein Wunsch, der sich in der Zwangslage befindet, genau diesen Anderen zu benötigen, der zu sein und von dem eingefangen zu werden man sich fürchtet; tatsächlich kann es ohne diese konstitutive leidenschaftliche Bindung keine Anerkennung geben. Das Bewusstsein stellt fest, dass es sich verloren hat, verloren im Anderen, dass es *»außer sich* gekommen« ist, dass es sich als »ein *anderes* Wesen« oder sogar *»sich selbst* im *Anderen«* findet. Die Anerkennung beginnt daher mit der Einsicht, dass man *im* Anderen verloren ist, in und durch eine Alterität angeeignet ist, die man selbst ist und doch nicht selbst ist. Die Anerkennung ist durch den Wunsch motiviert, sich selbst dort reflektiert zu finden, wo die Reflexion keine endgültige Enteignung ist. Das Bewusstsein strebt sogar nach Wiedererlangung seiner selbst, nach seiner Wiederherstellung zu einem früheren Zeitpunkt, nur um zu der Einsicht zu gelangen, dass es aus der Alterität keine Rückkehr zu einem früheren Selbst gibt, sondern nur eine zukünftige Wandlung, die auf der Unmöglichkeit einer solchen Rückkehr beruht.

Im Kapitel über Herrschaft und Knechtschaft ist die Anerkennung folglich durch das Begehren nach Anerkennung motiviert, und die Anerkennung ist selbst eine kultivierte Form des Begehrens, nicht mehr die einfache Konsumtion oder Negation der Alterität, sondern die prekäre Dynamik, in der man sich im Anderen finden will, nur um festzustellen, dass jene Reflexion das Zeichen für Enteignung und Verlust des Selbst ist.

Es kann durchaus sein, dass sich die institutionalisierte Philosophie derzeit in dieser merkwürdigen Zwangslage befindet, obwohl ich weiß, dass ich nicht aus ihrer Perspektive sprechen kann. Sie hat etwas vor sich, was »Philosophie« genannt wird, aber auf keinen Fall »Philosophie« ist, was den formalen Grundsätzen dieser Disziplin nicht folgt, was an die augenscheinlich durchschaubaren Maßstäbe logischer Strenge und Klarheit nicht heranreicht. »Augenscheinlich durchschaubar« sage ich nur, weil ich in mehreren Ausschüssen sitze, die Stipendienanträge aus den Humanwissenschaften begutachten, und die Praxis der Klarheit, die viele Philosophen gutheißen und betreiben, bei Vertretern anderer Geisteswissenschaften oft einige Verwirrung stiftet. In der Tat lassen sich Maßstäbe der Klarheit, die Teil einer hermetischen Disziplin werden, nicht mehr verständlich machen, und was infolgedessen dabei herauskommt, ist paradoxerweise eine unverständliche Klarheit.

Diese institutionalisierte »Philosophie«, die nicht sie selbst ist, erzeugt noch ein weiteres Paradoxon: Sie bringt eine zweite Philosophie außerhalb der Grenzen hervor, welche die Philosophie selbst gesetzt hat, und so hat die Philosophie anscheinend unwissentlich diese gespenstische Doppelgängerin von sich selbst erzeugt. Zudem ist es möglicherweise so, dass das, was an den meisten Sprachen- und Literatur-Departments dieses Landes als Philosophie praktiziert wird, mittlerweile die Bedeutung von »Philosophie« bestimmt, weshalb sich die Disziplin der Philosophie befremdlicherweise als durch ein Double enteignet betrachten muss. Und je mehr sie sich von dieser verdoppelten Idee ihrer selbst zu distanzieren versucht, desto wirksamer sichert sie die Dominanz dieser anderen Philosophie außerhalb der Grenze, die eigentlich dazu gedacht war, sie in Schach zu halten. Die Philosophie kann nicht mehr zu sich zurückkehren, denn die Grenze, die diese Rückkehr markieren könnte, ist gerade die Bedingung dafür, dass sich die Philosophie außerhalb ihres institutionellen Platzes entwickeln kann.

Es gibt natürlich mehr als bloß zwei Versionen der Philosophie, und hier zwingt mich die Hegel'sche Sprache zweifellos zu einer falschen Binarität meiner Charakterisierungen. Die institutionalisierte Philosophie ist sich seit geraumer Zeit intern nicht ganz einig, wenn sie das jemals war, und das philosophische Leben außerhalb ihrer Grenzen nimmt vielfältige Formen an. Und doch wird jede von der anderen auf irgendeine Art heimgesucht, wenn nicht gar in Stalking-Manier verfolgt.

Zu dem Zeitpunkt, als ich anfing, in Yale am Philosophie-Department feministische Philosophie zu unterrichten, bemerkte ich im Hintergrund des Saals ein paar ziemlich verstörte Gestalten, erwachsene Menschen, die sich nach vorn und wieder zurück bewegten, sich anhörten, was ich zu sagen hatte, und dann unvermittelt gingen, nur um nach ein oder zwei Wochen wieder aufzutauchen und dasselbe unruhige Ritual zu wiederholen. Sie benahmen sich so, wie ich mich verhalten hatte, als ich versuchsweise die Seminare von de Man besucht hatte. Es stellte sich heraus, dass es sich um Vertreter der politischen Theorie handelte, die wütend darüber waren, dass meine Veranstaltung unter dem Obertitel der Philosophie stattfand. Sie konnten nicht richtig hereinkommen und Platz nehmen, aber auch nicht einfach gehen. Sie mussten wissen, was ich sagte, konnten es sich aber nicht gestatten, nah genug heranzukommen, um wirklich zuzuhören. Und die Frage war nicht, ob ich schlechte Philosophie lehrte oder Philosophie nicht gut lehrte, sondern ob meine Seminare überhaupt Philosophie waren.

Ich habe heute nicht vor, die Frage zu beantworten, was Philosophie sein sollte, und ich denke, wenn ich ganz ehrlich bin, habe ich zu dieser Sache keine entschiedenen Ansichten mehr. Und zwar nicht deswegen, weil ich die Philosophie verlassen habe, sondern weil ich meine, dass sich die Philosophie auf eine sehr bedeutsame Weise von sich entfernt hat, zum Anderen ihrer selbst geworden ist, und nun schockiert ist, dass ihr Name über ihre offiziellen Grenzen hinaus abgewandert ist. Das wurde mir klar, als ich feministische Philosophie praktizierte. Ich erfuhr zu meinem Entsetzen, dass vor ein paar Jahren graduierte Studenten an der New School for Social Research eine Konferenz mit dem Titel »Ist feministische Philosophie Philosophie?« ausgerichtet hatten. Das war genau die Frage, die Skeptiker im Hinblick auf das feministische Denken gestellt hatten, und diese Frage wurde nun von jungen Feministinnen in vollem Ernst aufgegriffen. Manche werden vielleicht argumentieren wollen, jawohl, feministische Philosophie ist Philosophie, und werden dann zeigen, in welchen Hinsichten die feministische Philosophie überaus traditionelle philosophische Probleme bearbeitet. Meiner Ansicht nach sollte eine solche Frage aber deshalb zurückgewiesen werden, weil es die falsche Frage ist. Die richtige Frage hat damit zu tun, wie es zu dieser Verdoppelung des Begriffs »Philosophie« kommen konnte, so dass wir es nun mit dieser seltsamen Tautologie zu tun haben, in der wir fragen, ob Philosophie Philosophie ist. Vielleicht sollten wir einfach sagen, dass die Philosophie, so wie wir die institutionelle und diskursive Ausrichtung dieses Begriffs verstehen, nicht länger mit sich identisch ist, sofern sie das jemals war, und dass sie ihre Verdoppelung nun als ein unüberwindliches Problem und ständiges Ärgernis erlebt.

Eine Zeitlang glaubte ich, ich müsste mich mit dieser Frage nicht beschäftigen, denn nachdem ich erst einmal zur Geschlechtertheorie publiziert hatte, erhielt ich viele Einladungen zu Vorträgen von Literatur-Departments – zu Vorträgen über etwas, was als »Theorie« bezeichnet wurde. Es stellte sich heraus, dass ich etwas geworden war, was man »Theoretikerin« nannte, und obwohl ich die freundlichen Einladungen gerne annahm, die mir zugesandt wurden, war ich etwas verwundert und versuchte herauszufinden, was für eine Praxis dies Unternehmen namens »Theorie« eigentlich sein sollte. Ah ja, »der Stand der Theorie«, sollte ich bei solchen Gelegenheiten beim Abendessen sagen, einen Schluck von meinem Chardonnay nehmen und ängstlich in die Runde schauen, ob es nicht vielleicht eine freundliche Seele gäbe, die mir genau sagen würde, was man unter dieser »Theorie« zu verstehen habe. Ich las Literaturtheorie und sah meine eigenen Arbeiten unter dieser Rubrik in die Regale eingeordnet. Ich wusste aus meiner früheren Studienzeit, dass es eine solche Praxis gab (ich dachte dabei an Wellek, Fletcher, Frye, Bloom, de Man, Iser, Felman), aber es war mir nicht klar, dass das, was ich machte, »Theorie« war und dass dieser Begriff an die Stelle von Philosophie treten konnte und sollte. Zu diesem Zeitpunkt störte es mich nicht mehr, dass es keine Philosophie war, was ich machte, weil es mir die Welt der Literatur erlaubte, auf die rhetorische Struktur, die Ellipse, die metaphorische Verdichtung hin zu lesen und Vermutungen über mögliche Verbindungen zwischen literarischen Lesarten und politischen Dilemmata anzustellen. Jedes Mal, wenn das Wort »Theorie« gebraucht wurde, hatte ich leichte Anflüge von Angst, und es ist mir dabei nach wie vor ein wenig unbehaglich zumute, auch wenn ich weiß, dass ich ein Teil davon bin, vielleicht sogar von dem Begriff nicht zu trennen bin.

Ich habe jedoch inzwischen bemerkt, dass ich mit dieser Verwirrung nicht allein bin. Etwas überrascht blättere ich die Kataloge verschiedener Verlage durch und sehe unter dem Namen »Philosophie« mehrere Autoren, deren Werk nicht an Philosophie-Departments gelehrt wird. Das schließt nicht bloß eine große Zahl von kontinentalen Philosophen und Essayisten ein, sondern auch Literaturtheoretiker sowie Vertreter der Kunst- und Medienwissenschaften, der ethnologischen und feministischen Forschung. Mit Interesse nehme ich die Anzahl der Dissertationen über Kant und Hegel zur Kenntnis, die aus dem Humanities Center an der Johns Hopkins University oder dem English Department in Cornell oder den German Studies in Northwestern hervorgehen; dazu die Zahl junger Akademiker in den Humanwissenschaften, die in den letzten zehn Jahren nach Frankreich gegangen sind, um bei Derrida, Levinas, Agamben, Balibar, Kofman, Irigaray und Cixous zu arbeiten, oder der jungen Akademiker, die weiterhin nach Deutschland gehen, um die Tradition des deutschen Idealismus und die Frankfurter Schule kennen zu lernen. Die interessantesten Arbeiten über Schelling und über die Schlegels entstehen derzeit bei Kultur- und Literaturtheoretikern und die außergewöhnliche Arbeit eines Wissenschaftlers wie Peter Fenves zu Kant und zu Kierkegaard kommt aus der vergleichenden Literaturwissenschaft und Germanistik. Einige der philosophisch bedeutsamsten Arbeiten zu Foucault stammen von Gelehrten wie Paul Rabinow, dem philosophischen Anthropologen.

Nehmen wir das ungewöhnliche interdisziplinäre Leben einer Figur wie Walter Benjamin, der in vielen Hinsichten die ausschweifenden Wanderungsbewegungen der Philosophie außerhalb der Schranken ihrer Einhegung versinnbildlicht. Man könnte erwarten, dass er von den Philosophie-Departments, die entsprechende Seminare anbieten, unter der Rubrik der Frankfurter Schule gelehrt wird (ich denke, es gibt gegenwärtig ungefähr ein Dutzend solcher Departments in den Vereinigten Staaten), doch der Schwierigkeitsgrad seiner Sprache und seine Vertiefung der ästhetischen Thematik führen oft zur Entfernung seines Werks aus den Philosophieseminaren und dessen Wiederauftauchen in den Departments für Englisch, Komparatistik und Deutsch. Vor ein paar Jahren registrierte ich mit Interesse, dass *New Formation*, eine linke britische Zeitschrift, zur selben Zeit wie die angeblich postideologische *Diacritics* ein Heft zu Benjamin veröffentlichte, und nun mischt sich auch die jüngste Ausgabe des *Critical Inquiry* in die Debatte ein. Sind Benjamins Schriften denn nicht philosophisch? Der Philosoph Jay Bernstein hat leidenschaftlich für das Gegenteil plädiert. Oder ist es so, dass die Philosophie hier in einer umstrittenen und zersplitterten Form erscheint – durch die Kulturanalyse, durch die Berücksichtigung der materiellen Kultur oder im Licht verfehlter oder verkehrter theologischer Strukturen, in einer Sprache, die sich vom Aphoristischen zum gedrängt Referentiellen oder im Wirkungsfeld des Marxismus bewegt, in der Form literarischer Deutungen und Theorien. Die multidisziplinäre Ausrichtung dieses Werks macht bereits eine Annahme darüber, wo man die Frage nach der Bedeutung von Geschichte, die Referentialität der Sprache, die gebrochenen Versprechen von Poesie und Theologie, die den ästhetischen Formen intrinsisch sind, und die Bedingungen für Gemeinschaft und Verständigung zu suchen hat.

Dies alles sind eindeutig philosophische Anliegen, die aber mit einer Vielfalt von Mitteln, von Formen der Analyse, des Lesens und des Schreibens verfolgt werden und selten einen linearen Stil der Ausführung einhalten. Die einen werden sagen, Benjamin kann philosophisch werden, wenn man ein Buch schreibt, das seine Texte in eine solche lineare Darlegung von Argumenten bringt. Und die anderen werden behaupten, dass allein schon die Anfechtung der linearen Argumentation ihre eigene philosophische Bedeutung transportiert, weil sie Macht und Auftritt der Vernunft, die Vorwärtsbewegung der Temporalität in Frage stellt. Leider gehören die meisten derer, die gewillt sind, den zweiten Argumentationstyp zu vertreten, zu geisteswissenschaftlichen Departments außerhalb des Felds der Philosophie.

Wenn wir uns zum Beispiel die Arbeit von Luce Irigaray anschauen, haben wir eine feministische Untersuchung des Problems der Alterität vor uns, die sich auf Hegel, Beauvoir und Freud, aber auch auf Merleau-Ponty und Levinas stützt, die sich gründlich in die Philosophiegeschichte vertieft, obgleich sie deren Ausschluss des Femininen ablehnt und eine Neuformulierung ihrer grundlegendsten Begriffe erzwingt. Dieses Werk kann ohne Philosophie nicht gelesen werden, denn sie ist dessen Text, und doch ist es den meisten Philosophie-Departments nicht möglich, Irigaray in den Kanon der Philosophie aufzunehmen.

Die Frage, was zur Philosophie gehört und was nicht, kreist manchmal um diese Frage nach der Rhetorizität eines philosophischen Textes, darum, ob er irgendeine rhetorische Qualität hat und ob diese rhetorischen Dimensionen für den philosophischen Charakter des Textes als wesentlich angesehen werden müssen oder sollen. Wir können auch beobachten, dass bestimmte Arten, die philosophische Tradition zu erweitern, um sie anschlussfähig zu machen für Fragen zeitgenössischer Kulturpolitik und Fragen politischer Gerechtigkeit, so wie sie sich in der Umgangssprache oder in den heutigen sozialen Bewegungen stellen, einer Abwanderung aus der institutionellen Philosophie in ein umfassenderes kulturelles Gespräch ebenfalls den Weg ebnen.

Was fangen wir zum Beispiel mit dem enorm einflussreichen philosophischen Werk von Cornel West an, dessen utopischer Pragmatismus und dessen Verpflichtung auf die Vision von DuBois dazu geführt haben, dass in der afroamerikanischen Politik dieses Landes philosophische Belange in den Vordergrund getreten sind? Man findet ihn an einer theologischen Hochschule und in der Religion. Sagt es etwas über die Beschränktheiten der institutionellen Philosophie aus, dass er dort keine Heimat findet? In manchen Hinsichten zeugt seine Arbeit von der ungebrochenen Relevanz des amerikanischen Pragmatismus, dessen Tradition hineinreicht in zeitgenössische Kämpfe für die Rassengleichheit und Würde. Führt die Übertragung dieser philosophischen Tradition auf den Kontext der Rassenbeziehungen etwa dazu, dass die philosophische Dimension seines Werks unrein wird? Und wenn es so ist, gibt es dann noch irgendeine Hoffnung für die Philosophie, solange sie nicht genau eine solche Unreinheit aktiv einsetzt?

So oder ähnlich ist fast jede feministische Philosophin, die ich kenne, nicht mehr an einem Philosophie-Department beschäftigt. Wenn ich mir die Autorenliste der ersten Anthologien feministischer Philosophie anschaue, in denen ich veröffentlicht habe (*Feminism as Critique*, *Feminism/Postmodernism*), dann standen dort die Namen Drucilla Cornell, Seyla Benhabib, Nancy Fraser, Linda Nicholson, Iris Marion Young, die alle bei Lehrern wie Alasdair MacIntyre, Peter Caws und Jürgen Habermas ausgebildet wurden. Zu dem einen oder anderen Zeitpunkt der letzten zehn Jahre waren sie vorwiegend nicht in Philosophie-Departments beheimatet, einige von ihnen blieben so wie ich unter einem anderen Dach. Wir alle fanden in anderen Disziplinen wohlwollende Aufnahme: in der Rechts- und Politikwissenschaft, Pädagogik, vergleichenden Literaturwissenschaft, Anglistik. Und nun gilt das auch für Elizabeth Grosz, der zurzeit vielleicht wichtigsten feministischen Philosophin Australiens, die in den zurückliegenden Jahren in verschiedenen Departments für vergleichende Literaturwissenschaft und Frauenforschung gearbeitet hat. Es trifft bemerkenswerterweise auch für die vielen Feministinnen auf dem Gebiet der Wissenschaftsphilosophie zu, die ohne Anbindung an die Philosophie in der Frauenforschung oder der Wissenschaftsforschung oder in Pädagogik-Departments arbeiten. Einige, wenn nicht viele, der einflussreichsten Leute auf diesen Gebieten sind nicht mehr in der Philosophie als ihrer ersten oder ausschließlichen institutionellen Heimat verwurzelt. Das Problem ist hier nicht einfach, dass die Philosophie, so wie sie von diesen Individuen betrieben wird, in gewissem Umfang außerhalb der philosophischen Disziplin bleibt und damit wieder einmal das Gespenst einer »Philosophie außerhalb der Philosophie« erzeugt. Denn peinlicherweise sind dies die philosophischen Bereiche, die ständig mit anderen Wissensgebieten im Kontakt sind und die Wege einrichten, auf denen die interdisziplinäre Wanderung der Philosophie in die anderen Geisteswissenschaften erfolgt. Es sind diese Philosophen, die über die Fachgrenzen hinweg das Gespräch pflegen, die in den Departments für Französisch und Deutsch, für Englisch und Komparatistik, für Wissenschaftsforschung und Frauenforschung das Interesse an philosophischer Arbeit wecken.

Die Philosophie hat natürlich interdisziplinäre Kontakte zu den Kognitionswissenschaften und Informationswissenschaften gepflegt sowie zu solchen Gebieten wie beispielsweise der Medizinethik, dem Recht und der staatlichen Politik, die für das Feld der angewandten Ethik unverzichtbar sind. Im Hinblick auf die Geisteswissenschaften ist die Philosophie jedoch weitgehend eine Einzelgängerin geblieben: territorial, protektionistisch und zunehmend hermetisch. Es gibt allerdings Ausnahmen von dieser Regel, und bei Rorty, Cavell, Nehamas, Nussbaum, Appiah und Braidotti sieht man zum Beispiel Formen, sich aktiv mit den

Künsten, mit der Literatur und mit kulturellen Fragen zu befassen, die über die Fachgrenzen hinweg gemeinsame Anliegen bilden. Gleichwohl würde ich vermuten, dass keine der genannten Personen die Grenze zum breiteren Gespräch überschritten hat, ohne in der eigenen Disziplin irgendeinen Preis dafür entrichtet zu haben.

Die Präsenz der Philosophie in den geisteswissenschaftlichen Disziplinen ist nicht einfach darauf zurückzuführen, dass ausgebildete Philosophen gewissermaßen entgleist sind. Die in kultureller Hinsicht wichtigsten Diskussionen der Philosophie werden von Akademikern geführt, die immer schon außerhalb der institutionellen Mauern der Philosophie gearbeitet haben. Tatsächlich könnte man behaupten, dass das, was nach den Zeiten der hohen Literaturtheorie entstand und was John Guillory für literarischen Formalismus hält, nicht die Auflösung der Theorie war, sondern eine Bewegung der Theorie in die konkrete Erforschung der Kultur, so dass das, womit wir heute konfrontiert sind, die Entstehung theoretischer Texte aus der Untersuchung umfassender kultureller und sozialer Phänomene ist. Das ist nicht die historistische Verdrängung der Theorie, sondern im Gegenteil, es ist die Historisierung der Theorie selbst, die, so könnten wir sagen, zum Ort ihres neuen Lebens geworden ist. Ich habe hier wieder diese Zusammenfassung von Theorie und Philosophie vorgenommen, dabei ist jedoch zu bedenken, dass philosophische Texte in den meisten prägnanten Kulturanalysen einen zentralen Platz einnehmen. Ich würde sogar vermuten, dass die Philosophie in dem Maße, wie sie ihre Reinheit verloren hat, überall in den Geisteswissenschaften entsprechend an Vitalität gewonnen hat.

Nehmen wir die Arbeit von Paul Gilroy, einem britischen Soziologen und Vertreter der Kulturwissenschaften, dessen Buch *The Black Atlantic* in den letzten fünf Jahren großen Einfluss auf die Afroamerika- und Diaspora-Forschung ausgeübt hat. Die ersten neunzig Seiten dieses Buches befassen sich mit der hegelianischen Vorstellung der Moderne. Er argumentiert darin, dass der Ausschluss von Menschen afrikanischer Abstammung aus der europäischen Moderne kein hinreichender Grund ist, die Moderne abzulehnen, da man sich die Begriffe der Moderne bereits angeeignet hat und nach wie vor aneignen kann, sie dem Ausschlüsse erzeugenden Eurozentrismus nehmen und in den Dienst einer integrativeren Demokratie stellen kann. In seiner subtilen Historiographie geht es um die Frage, ob die Bedingungen einer wechselseitigen Anerkennung, durch die das »Menschliche« entsteht, über die vom Diskurs der Gleichheit und Reziprozität vorausgesetzte geopolitische Sphäre hinaus ausgedehnt werden können. Und obwohl uns Hegel die seltsame Szene vom Herrn und seinem Knecht liefert, die zwischen einer Beschreibung von Leibeigenschaft und Sklaverei schwankt, verstehen wir erst seit den Arbeiten von W. E. DuBois, Orlando Patterson und Paul Gilroy, wie das Hegel'sche Projekt wechselseitiger Anerkennung unter dem Gesichtspunkt der Geschichte der Sklaverei, der Diaspora und ihrer Folgen neu erzählt werden könnte.

Gilroy ist der Meinung, dass die Perspektive der Sklaverei »nicht bloß für die Dynamik von Macht und Herrschaft in den Plantagengesellschaften, die ganz dem kommerziellen Profitstreben verschrieben waren, eine eigenständige Sicht erfordert, sondern auch für so zentrale Kategorien der Aufklärung wie die Idee der Universalität, die Fixiertheit von Bedeutung, die Kohärenz des Subjekts und natürlich für den fundamentalen Ethnozentrismus, in dem all diese Kategorien mehr oder minder verankert waren« (S. 55). Weniger vorhersehbar ist Gilroys Argumentation, dass es ein großer Fehler wäre, das Projekt der Moderne abzutun. Er zitiert Habermas und stellt fest, dass selbst diejenigen, die vom europäischen Projekt der Moderne am entschiedensten ausgeschlossen worden sind, in der Lage waren, sich aus dem Theoriearsenal der Moderne wesentliche Begriffe anzueignen, um ihre rechtmäßige Einbeziehung in den Prozess zu erkämpfen. »Ein

Begriff der Moderne, der etwas taugt«, schreibt er, »sollte zum Beispiel etwas zu einer Analyse beitragen können, [die klärt,] in welcher Weise einzelne Ausprägungen des Radikalismus, der in den Revolten versklavter Menschen zum Ausdruck kam, von den Ideologien des westlichen Zeitalters der Revolutionen selektiv Gebrauch machten und dann in soziale Bewegungen eines antikolonialen und entschlossen antikapitalistischen Typs einflossen« (S. 44).

Gilroy setzt sich mit Theorierichtungen auseinander, die er postmoderne Formen der Skepsis nennt, welche zu einer pauschalen Ablehnung der Schlüsselbegriffe der Moderne führen und aus seiner Sicht eine Lähmung des politischen Willens bewirken. Er distanziert sich aber auch von Habermas, indem er feststellt, Habermas versäume es, das Verhältnis von Sklaverei und Moderne zu berücksichtigen. Dieses Versäumnis könne seiner Bevorzugung von Kant gegenüber Hegel zugeschrieben werden. Gilroy schreibt: »Habermas folgt Hegel nicht in der Argumentation, dass die Sklaverei selbst eine Modernisierungskraft ist, indem sie Herr und Knecht erst zum Selbstbewusstsein führt und dann zur Desillusion, da sie beide zu der unglücklichen Einsicht zwingt, dass das Wahre, das Gute und das Schöne keinen gemeinsamen Ursprung haben« (S. 50).

Im weiteren Verlauf seiner Ausführungen liest Gilroy zum Beispiel Frederick Douglass als »Herr und Knecht in einem schwarzen Idiom«. Bei der zeitgenössischen schwarzen feministischen Theoretikerin Patricia Hill Collins sieht er den Versuch, das Hegel'sche Projekt auszuweiten auf einen rassisch reflektierten Standpunkt in der Epistemologie. Er steht auf dem Standpunkt, dass der eurozentrische Diskurs in diesen und in anderen Fällen von denjenigen, die traditionell aus seinen Begriffen ausgeschlossen waren, mit Gewinn aufgegriffen wurde und dass die anschließende Revidierung dieser Bestimmungen für ein Durchdenken der Moderne in nicht-ethnozentrischen Begriffen radikale Folgen haben wird. Gilroys heftiger Widerspruch gegen

Formen des schwarzen Essentialismus, und speziell den Afrozentrismus, formuliert diesen Gedanken noch einmal aus einem anderen Blickwinkel.

Eine der interessantesten philosophischen Konsequenzen von Gilroys Arbeit besteht darin, dass er eine kulturelle und historische Perspektive auf aktuelle Debatten in der Philosophie bietet, die deren Begriffe zu verdrängen droht. Während er einerseits den Hyperrationalismus des Habermas'schen Projekts ablehnt, auch wenn er von dessen Beschreibung des Projekts der Aufklärung bestimmte zentrale Züge beibehält, lehnt er andererseits auch Formen des Skeptizismus ab, die jede politische Positionsbestimmung auf eine rhetorische Geste verkürzen. Die Form kultureller Interpretation, die er vorschlägt, beachtet die rhetorische Dimension aller Arten von kulturellen Texten und engagiert sich unter der Ägide einer radikaler demokratischen Moderne. Seine Position ist es daher wert, bedacht zu werden, meine ich, wenn man die Debatten zwischen den Verteidigern und den Verächtern des Aufklärungsprojekts erneut auf den Tisch bringt.

Aber wie oft sehen wir Stellenangebote, die von Philosophie- und Soziologieabteilungen gemeinsam ausgeschrieben werden und in denen man sich darum bemüht, jemanden zu finden, der qualifiziert ist für das philosophische und kulturelle Problem der Moderne im Kontext der Sklaverei und deren Spätfolgen? Nun wird mein Beispiel die meisten Philosophen nicht überzeugen können, denn Hegel wird in vielen Philosophie-Departments dieses Landes nicht im Rahmen irgendeines regulären Seminars gelehrt. Und in manchen Fällen ist er von der Kurssequenz in Philosophiegeschichte sogar ausdrücklich ausgeschlossen. Die Widerstände gegen Hegel sind natürlich sattsam bekannt: seine Sprache ist angeblich undurchdringlich, er lehnt den Satz vom Widerspruch, das Kontradiktionsprinzip, ab, seine Spekulationen sind unbegründet und im Prinzip nicht verifizierbar. Innerhalb der Institutsmauern der Philosophie hören wir also folgende Frage nicht: Welche formalen Richtlinien zur Bestimmung der Lesbarkeit von Philosophie bilden eigentlich den Maßstab, dem zufolge Hegels Schriften unlesbar sind? Wie kommt es dann, dass ihn so viele tatsächlich gelesen haben und dass er die heutigen Geisteswissenschaften in weiten Teilen prägt? Welches Argument bringt er gegen den Satz vom Widerspruch vor, und welche rhetorische Form nimmt dieses Argument an? Wie sollen wir dieses Argument interpretieren, wenn wir die rhetorische Form verstanden haben, durch die es seine Struktur erhält? Und worin besteht eigentlich die Kritik an der Verifizierbarkeit, die im Laufe seines Werks sichtbar wird? Weil die Maßstäbe, die von solchen Fragen hinterfragt werden sollen, von den Philosophen, die diese Maßstäbe anführen, um Hegel abzutun, für *selbstverständlich* gehalten werden, geht man diesen Fragen eben woanders nach, nämlich in den Abteilungen für Deutsch, für Geschichte und Soziologie, den Abteilungen für Englisch und vergleichende Literaturwissenschaft, in der Amerikanistik und Ethnologie.

Und wann haben Sie das letzte Mal von einem Philosophie-Department gehört, das gemeinsam mit einer Abteilung für Germanistik nach jemandem gesucht hat, dessen Arbeitsgebiet die deutsche Romantik ist und der oder die sich mit Kant, Hegel, Goethe und Hölderlin auskennt? Oder wann hörte man von einem Philosophie-Department, das sich mit einer Abteilung für Französisch koordinierte, um jemanden für das philosophische Denken im Frankreich des 20. Jahrhunderts einzustellen? Vielleicht haben wir ein paar Fälle erlebt, in denen Philosophie-Departments die Brücke zur Afroamerikaforschung oder Ethnizitätsforschung geschlagen haben, aber nicht oft und sicherlich nicht oft genug.

Das ist aber nur *eine* Form, wie die Philosophie in die Humanwissenschaften gelangt, sich selbst dort verdoppelt und sich der eigentlichen Vorstellung von Philosophie entfremdet. Ich denke, wir sollten dankbar sein, in dieser ertragreichen Region wirken zu können, welche die Philosophie mit ihren institutionellen Ausschlüssen geschaffen hat: So gute Kollegen und besserer Wein, so viel mehr unerwartete, Disziplinen übergreifende Gespräche, so ungewöhnliche Denkbewegungen, die die Schranken der Fächereinteilungen überwinden, stellen ein echtes Problem für all diejenigen dar, die zurückbleiben. Sie erinnern sich doch, der Knecht schockiert den Herrn, indem er zu ihm zurückschaut und damit ein Bewusstsein bezeugt, von dem nicht vermutet wird, dass er (oder sie) es hat, und zeigt so dem Herrn, dass dieser sich selbst zum Anderen geworden ist. Der Herr hat sich vielleicht nicht mehr unter Kontrolle, aber für Hegel ist dieser Selbstverlust der Anfang von Gemeinschaft, und es mag sein, dass unser aktuelles Dilemma nichts weiter bewirken wird, als die Philosophie ihrem Platz als ein Strang unter vielen im Gewebe der Kultur näher zu bringen.

Dank

Mein Dank gilt Amy Jamgochian und Stuart Murray, die in verschiedenen Entstehungsphasen des Buches halfen, diese Aufsätze zusammenzustellen und zu redigieren. Auch Denise Riley möchte ich danken. Die Gespräche mit ihr in den letzten Jahren haben mein Denken in so vielen komplizierten Hinsichten bewegt, dass es sich nicht angemessen wiedergeben lässt. Ich danke außerdem Gayle Salamon, deren Dissertation über Verkörperung und Materialität mich veranlasst hat, über diese Themen noch einmal nachzudenken.

Drucknachweise

Der Aufsatz »Beside Oneself« war im Frühjahr 2002 Teil der Amnesty-Vortragsreihe über »Sexual Rights« in Oxford und erscheint in einer von Nicholas Bamforth herausgegebenen Oxforder Veröffentlichung dieser Vorträge. Er enthält Teile aus dem Text »Violence, Mourning, Politics«, der zuerst in *Studies in Gender and Sexuality* erschien (4, Nr. 1, 2003).

»Doing Justice to Someone« erschien in anderer Form in *GLQ* (7, Nr. 4, 2001). Bei der Überarbeitung des Textes habe ich Anregungen von Vernon Rosario und Cheryl Chase eingearbeitet. Beiden bin ich für die wichtigen Perspektiven dankbar, die sie beigesteuert haben. Die deutsche Fassung »Jemandem gerecht werden. Geschlechtsangleichung und Allegorien der Transsexualität« erschien in *Das Argument* (242, S. 671-684).

»Gender Regulations« war von Gil Herdt und Catharine Stimpson für einen Band zu »Gender« bei der University of Chicago Press erbeten worden. Eine stark gekürzte deutsche Fassung erschien als »Gender-Regulierungen«, in *under construction? Konstruktivistische Perspektiven in feministischer Theorie und Forschungspraxis*, herausgegeben von Urte Helduser u. a., Frankfurt am Main: Campus 2004.

»Undiagnosing Gender« ist auch in dem Band *Transgender Rights: Culture, Politics, and Law*, herausgegeben von Paisley Currah und Shannon Minter, abgedruckt (Minneapolis: University of Minnesota Press 2004).

Die Erstveröffentlichung von »Is Kinship Always Already Heterosexual?« erfolgte in *differences* (Band 13, Nr. 1, Frühjahr 2002). Die deutsche Fassung »Ist Verwandtschaft immer schon heterosexuell?« ist abgedruckt in *Historische Inzestdiskurse*, herausgegeben von Jutta Emig u. a., Königstein/Taunus: Ulrike Helmer Verlag 2003.

»Longing for Recognition« erschien zuerst in *Studies in Gender and Sexuality* (Band 1, Nr. 3, 2000); einige Teile des Aufsatzes erschienen unter dem Titel »Capacity« in *Regarding Sedgwick*, herausgegeben von Stephen Barber (New York: Routledge 2001).

»Quandaries of the Incest Taboo« wurde in *Whose Freud? The Place of Psychoanalysis in Contemporary Culture*, herausgegeben von Peter Brooks und Alex Woloch, veröffentlicht (New Haven: Yale University Press 2000).

»Bodily Confessions« wurde bei den American Psychological Division Meetings in San Franciso im Frühjahr 1999 vorgetragen (Division 39).

»The End of Sexual Difference?« erschien in anderer Fassung in *Feminist Consequences: Theory for a New Century*, herausgegeben von Misha Kavka und Elizabeth Bronfen (New York: Columbia University Press 2001). Die kürzere deutsche Fassung, »Das Ende der Geschlechterdifferenz?«, wurde veröffentlicht in *Konturen des Unentschiedenen: Interventionen*, herausgegeben von Jörg Huber und Martin Heller, Basel/Frankfurt am Main: Stroemfeld 1997, S. 25-44.

»The Question of Social Transformation« erschien ursprünglich in einer längeren spanischen Fassung in *Mujeres y transformaciones sociales*, mit Lidia Puigvert und Elisabeth Beck Gernsheim (Barcelona: El Roure Editorial 2002).

»Can the Other of Philosophy Speak?« wurde veröffentlicht in *Schools of Thought: Twenty-Five Years of Interpretive Social Science*, herausgegeben von Joan W. Scott und Debra Keates (Princeton: Princeton University Press 2002) und in einer gesonderten Fassung in *Women and Social Transformation* (New York: Peter Lang Publishing 2003).

Literatur

Henry Abelove, Michele Aina Barale und David M. Halperin (Hg.): *The Lesbian and Gay Studies Reader*, New York 1993.

Agacinski, Sylviane: »Questions autour de la filiation. Interview mit Eric Lamien und Michel Feher«, in: *Ex Æquo* 3 (1998), S. 22-24.

– »Contre l'effacement des sexes«, in: *Le Monde*, 6. Februar 1999.

Agamben, Giorgio: *Homo sacer. Die souveräne Macht und das nackte Leben*, übers. v. Hubert Thüring, Frankfurt/M. 2002.

Alarcon, Norma: »Anzaldúa's Frontera: Inscribing Gynetics«, in: Gabrielle Aredonna u. a. (Hg.), *Chicana Feminisms: A Critical Reader*, Durham, N.C. 2003.

Alexander, Jacqui: »Redrafting Morality: The Postcolonial State and the Sexual Offences Bill of Trinidad and Tobago«, in: Chandra Talpade Mohanty, Ann Russo und Lourdes Torres, *Third World Women and the Politics of Feminism*, Bloomington, IN 1991.

American Psychiatric Association: *Diagnostic and Statistical Manual of Mental Disorders DSM-IV*, Washington, D.C. 2000.

Angier, Natalie: »Sexual Identity Not Pliable after All, Report Says«, in: *New York Times*, 14. März 1997, C1, C13.

Anzaldúa, Gloria: *Borderlands/La Frontera: The New Mestiza*, San Francisco 1967.

Barnes, Whitney: »The Medicalization of Transgenderism« ⟨http://trans-health.com⟩

Bell, Vikki: *Interrogating Incest: Feminism, Foucault, and the Law*, London 1993.

Benhabib, Seyla, Judith Butler, Drucilla Cornell und Nancy Fraser (Hg.): *Der Streit um Differenz. Feminismus und Postmoderne in der Gegenwart*, Frankfurt/M. 1993.

Benhabib, Seyla, und Drucilla Cornell: *Feminism as Critique: Essays on the Politics of Gender in Late-Capitalist Societies*, Minneapolis 1987.

Benjamin, Jessica: *Phantasie und Geschlecht. Psychoanalytische Studien über Idealisierung, Anerkennung und Differenz*, Frankfurt/M. 1996.

– »›How Was It For You?‹ How Intersubjective is Sex?«, Konferenz der Division 39 der American Psychological Association, Boston, April 1998, S. 28.

– »Afterword to ›Recognition and Destruction‹«, in: Stephen A. Mitchell und Lewis Aron (Hg.), *Relational Psychoanalysis: The Emergence of a Tradition*, Hillsdale, N.J. 1999.

– *Der Schatten des Anderen. Intersubjektivität, Gender, Psychoanalyse,* Frankfurt/M. 2002.

Berlant, Lauren: *The Queen of America Goes to Washington City. Essays on Sex and Citizenship*, Durham, N.C. 1997.

Bersani, Leo: *Homos*, Cambridge, MA 1995.

Bockting, Walter O.: »The Assessment and Treatment of Gender Dysphoria«, in: *Direction in Clinical and Counseling Psychology* 7 (1997), Übung II, II.3 – II.22.

– »From Construction to Context: Gender Through the Eyes of the Transgendered«, in: *Siecus Report* (1999).

– ders. und Charles Cesaretti, »Spirituality, Transgender Identity, and Coming Out«, in: *Journal of Sex Education and Therapy* 26 (2001), S. 291-300.

Borneman, John: »Until Death Do Us Part. Marriage/Death in Anthropological Discourse«,
in: *American Ethnologist* 23 (1996), S. 215-235.

Bornstein, Kate: *Gender Outlaw: Men, Women, and the Rest of Us*, New York 1995.

Borch-Jacobson, Mikkel: *The Freudian Subject*, Stanford 1988.

Bowie, Malcolm: *Lacan*, Cambridge, MA 1991.

Braidotti, Rosi: *Patterns of Dissonance*, Cambridge, England 1991.
– *Nomadic Subjects*, New York 1994.
– »Feminism By Any Other Name«, Interview mit Judith Butler, in: *differences*, Sonderausgabe: *More Gender Trouble: Feminism Meets Queer Theory*, Winter 1995.
– *Metamorphoses: Towards a Materialist Theory of Becoming*, Cambridge, England 2002.
Brooks, Peter: *Troubling Confessions: Speaking Guilt in Law and Literature*, Chicago 2000.
Butler, Judith: *Subjects of Desire. Hegelian Reflections in Twentieth Century France*, New York 1987.
– *Das Unbehagen der Geschlechter*, Frankfurt/M. 1991.
– *Körper von Gewicht*, Frankfurt/M. 1997.
– »Competing Universalities«, in: Judith Butler u. a. (Hg.), *Contingency, Hegemony, and Universality. Contemporary Dialogues on the Left*, London 2000, S. 136-181.
– *Antigones Verlangen: Verwandtschaft zwischen Leben und Tod*, Frankfurt/M. 2001.
– »Virtue as Critique«, in: David Ingram (Hg.), *The Political*, Oxford 2002.
– *Gefährdetes Leben. Politische Essays*, Frankfurt/M. 2005.
– *Haß spricht. Zur Politik des Performativen*, Frankfurt/M. 2006.
Butler, Judith, Ernesto Laclau, Slavoj Žižek (Hg.): *Contingency, Hegemony, and Universality: Contemporary Dialogues on the Left*, London 2000.
Canguilhem, Georges: *Das Normale und das Pathologische*, München 1974.
Carsten, Janet, und Stephen Hugh-Jones (Hg.): *About the House. Lévi-Strauss and Beyond*, Cambridge, England 1995.
Caruth, Cathy (Hg.): *Trauma: Explorations in Memory*, Baltimore 1995.
– *Unclaimed Experience: Trauma, Narrative, History*, Baltimore 1996.

Cavarero, Adriana: *Relating Narratives: Storytelling and Selfhood*, New York 2000.

Chase, Cheryl: »Hermaphrodites with Attitude: Mapping the Emergence of Intersex Political Activism«, in: *GLQ: A Journal of Gay and Lesbian Studies* 2, Bd. 4 (2000), S. 189-211.

Clastres, Pierre: *Society Against the State. Essays in Political Anthropology*, New York 1987.

– *Archeology of Violence*, New York 1994.

Cohen-Kettenis, Peggy T., und Louis J. G. Gooren: »Transsexualism: A Review of Etioloy, Diagnosis, and Treatment«, in: *Journal of Psychosomatic Research* 46, Nr. 4 (1999), S. 315-333.

Colapinto, John: »The True Story of John/Joan«, in: *Rolling Stone*, 11. Dezember 1997.

– *Der Junge, der als Mädchen aufwuchs*, Düsseldorf, Zürich 2000.

Corbett, Ken: »Nontraditional Family Romance. Normative Logic, Family Reverie, and the Primal Scene«, in: *Psychoanalytic Quarterly* 70 (2001), S. 599-624.

Cornell, Drucilla: *The Philosophy of the Limit*, New York 1992.

Devi, Mahasweta: *Imaginary Maps. Three Stories*, übers. v. G. C. Spivak, New York 1995.

Diamond, Milton, und H. Keith Sigmundsen: »Sex Reassignment at Birth: A Long Term Review and Clinical Implications«, in: *Archives of Pediatrics and Adolescent Medicine* 151 (1997), S. 298-304.

– »Meanings of Gender Variability«, in: *Chrysalis: The Journal of Transgressive Gender Identities* 4, 2. Jg. (1997), S. 33-38.

– *Lessons from the Intersexed*, New Brunswick, New Jersey 1998.

Duden, Barbara: *Geschichte unter der Haut*, Stuttgart 1987.

Evans, Dylan: *Wörterbuch der Lacanschen Psychoanalyse*, Wien 2002.

Ewald, François: »Norms, Discipline, and the Law«, in: Robert Post (Hg.), *Law and the Order of Culture. Representations* 30 (1990), Sonderheft, S. 138-161.

– »Eine Macht ohne Draußen«, in: ders. und Bernhard Waldenfels (Hg.), *Spiele der Wahrheit. Michel Foucaults Denken*, Frankfurt/M. 1991, S. 163-171.

Fanon, Frantz: *Black Skin, White Masks*, New York 1967.

Fassin, Eric: »Le savant, l'expert et le politique. La famille des sociologues«, in: *Genèses* 32 (1998), S. 156-169.

– »The Purloined Gender. American Feminism in a French Mirror«, in: *French Historical Studies* 22 (1999), S. 113-139.

– »›Good to Think‹. The American Reference in French Discourses of Immigration and Ethnicity«, in: Christian Joppke und Steven Lukes (Hg.), *Multicultural Questions*, London 1999, S. 224-241.

– *»Good Cop, Bad Cop«. The American Model and Countermodel in French Liberal Rhetoric since the 1980s*, unveröffentlichtes Manuskript.

– *Same Sex, Different Politics. Comparing and Contrasting »Gay Marriage« Debates in France and the United States*, unveröffentlichtes Manuskript.

Fausto-Sterling, Anne: »The Five Sexes: Why Male and Female Are Not Enough«, in: *The Sciences* 33 (2000), S. 20-25.

– *Sexing the Body: Gender Politics and the Construction of Sexuality*, New York 2000.

Feher, Michel: »Quelques réflexions sur ›politiques des sexes‹«, in: *Ex Æquo* 3 (1998), S. 24-25.

Felman, Shoshana: *The Scandal of the Speaking Body. Don Juan with Austin, or Seduction in Two Languages*, Stanford 2003.

Foucault, Michel: *Der Wille zum Wissen. Sexualität und Wahrheit 1*, Frankfurt/M. 1983.

– »Das Subjekt und die Macht«, in: Hubert L. Dreyfus und Paul Rabinow (Hg.), *Jenseits von Strukturalismus und Hermeneutik*, Frankfurt/M. 1987, S. 243-261.

– *Was ist Kritik?*, Berlin 1992.

– »Leben machen und sterben lassen. Die Geburt des Rassismus«, in: Sebastian Reinfeldt und Richard Schwarz, *Bio-*

Macht. Biopolitische Konzeptionen der neuen Rechten, Duisburg 1992, S. 27-51.

– »About the Beginning of the Hermeneutics of the Self«, ursprünglich veröffentlicht in: *Political Theory* 21, Nr. 2 (Mai 1983), S. 198-227; wieder abgedruckt in: Jeremy Carette (Hg.), *Religion and Culture by Michel Foucault*, New York 1999, S. 158-181 (zitiert nach dieser Ausgabe).

Franke, Katherine: »What's Wrong with Sexual Harassment?«, in: *Stanford Law Review* 49 (1997), S. 691-772.

Franklin, Sarah, und Susan McKinnon: »New Directions in Kinship Study. A Core Concept Revisited«, in: *Current Anthropology* 41 (2000), S. 275-279.

– (Hg.): *Relative Values. Reconfiguring Kinship Studies*, Durham, N.C. 2002.

Freud, Sigmund: »Triebe und Triebschicksale«, in: *StA* III (1915), S. 75-102.

– »Drei Abhandlungen zur Sexualtheorie« in: *Gesammelte Werke*, Band 5.

– »Über einige neurotische Mechanismen bei Eifersucht, Paranoia und Homosexualität«, in: *Gesammelte Werke*, Band 13, London 1949, S. 195-307.

– »Der Verbrecher aus Schuldbewußtsein«, in: *Gesammelte Werke*, Band 10, London 1949, S. 389-391.

Friedman, Richard: »Gender Identity«, in: *Psychiatric News* (1998).

Geertz, Clifford: *The Interpretation of Cultures*, New York 1973.

Gilroy, Paul: *The Black Atlantic: Modernity and Double-Consciousness*, Cambridge, MA 1993.

Green, Richard: »Transsexualism and Sex Reassignment, 1966-1999«. ⟨http://www.symposion.com/ijt/greenpresidential/green00.htm/⟩

Habermas, Jürgen: *Theorie des kommunikativen Handelns*, Frankfurt/M. 1981.

– *Faktizität und Geltung. Beiträge zur Theorie des Rechts und des demokratischen Rechtsstaats*, Frankfurt/M. 1992.

Halberstam, Judith: *Female Masculinity*, Durham, N.C. 1998.
Hale, Jacob: »Medical Ethics and Transsexuality«. Vorgetragen auf dem »2001 Harry Benjamin International Symposium on Gender Dysphoria«.
Harry Benjamin International Gender Dysphoria Association: *The Standards of Care for Gender Identity Disorders*, Düsseldorf 2001.
Hegel, Georg Wilhelm Friedrich: *Phänomenologie des Geistes*, Hamburg 1952.
Héritier, Françoise: *L'exercise de la parenté*, Paris 1981.
– *Masculin/ Féminin. La pensée de la différence*, Paris 1996.
– »Entretien«, in: Marianne Gomez (Hg.), *La Croix* (1998).
Honneth, Axel: *Kampf um Anerkennung*, Frankfurt/M. 2003.
Hua, Cai: *A Society Without Fathers or Husbands. The Na of China*, New York 2001.
Hyppolite, Jean: *Genèse et structure de la Phénoménologie de l'esprit de Hegel*, Paris 1946.
Irigaray, Luce: *Das Geschlecht, das nicht eins ist*, Berlin 1979.
– *Speculum. Spiegel des anderen Geschlechts*, Frankfurt/M. 1980.
– *Ethik der sexuellen Differenz*, Frankfurt/M. 1991.
Isay, Richard: »Remove Gender Identity Disorder from DSM«, in: *Psychiatric News* (21. November 1997).
Kessler, Suzanne J.: »The Medical Construction of Gender: Case Management of Intersexed Infants«, in: *Signs* 1, 16. Jg. (1990), S. 3-26.
– *Lessons from the Intersexed*, New Brunswick, N.J. 2000.
Lacan, Jacques: *Schriften 1*, Weinheim/Berlin 1996.
Laplanche, *Essays on Otherness*, New York 1998.
Laplanche, Jean, und Jean-Bertrand Pontalis, *Das Vokabular der Psychoanalyse*, Frankfurt/M. 1973.
Levi, Primo: *Moments of Reprieve*, New York: Penguin 1995
Levinas, Emmanuel: *Jenseits des Seins oder anders als Sein geschieht*, Freiburg/München 1998.

Lévi-Strauss, Claude: *Die elementaren Strukturen der Verwandtschaft*, Frankfurt/M. 1981.
– *Race et histoire*, Paris 1987.
– »Postface«, in: Laurent S. Barry (Hg.), *Question de parenté*, Paris 2000, S. 713-720.
Macheray, Pierre: »Für eine Naturgeschichte der Normen«, in: François Ewald und Bernhard Waldenfels (Hg.), *Spiele der Wahrheit. Michel Foucaults Denken*, Frankfurt/M. 1991, S. 171-192.
MacKinnon, Catharine: *Feminism Unmodified: Discourses on Life and Law*, New York 1987.
Martin, Biddy: »Extraordinary Homosexuals and the Fear of Being Ordinary«, in: *differences* 6 (1994), S. 100-125.
Merleau-Ponty, Maurice: *Phänomenologie der Wahrnehmung*, Berlin 1966.
Millett, Kate: *Sexus und Herrschaft. Die Tyrannei des Mannes in unserer Gesellschaft*, Reinbek bei Hamburg 1985.
Mitchell, Juliett: *Psychoanalyse und Feminismus: Freud, Reich, Laing und die Frauenbewegung*, Frankfurt/M. 1976.
Mitscherlich, Alexander, und Margarete Mitscherlich: *Die Unfähigkeit zu trauern. Grundlagen kollektiven Verhaltens*, München 1967.
Money, John, und Richard Green: *Transsexualism and Sex Reassignment*, Baltimore 1998.
Moraga, Hollibaugh: »What We're Rolling Around in Bed With«, in: Carol S. Vance (Hg.), *Pleasure and Danger: Exploring Female Sexuality*, Boston 1984.
Nicholson, Linda: *Feminism/Postmodernism*, New York 1990.
Pela, Robert: »Boys in the Dollhouse, Girls with Toy Trucks«, in: *The Advocate*, 11. November 1997.
Poovey, Mary: *Making a Social Body: British Cultural Formation, 1830-1964*, Chicago 1995.
Rachlin, Katherine: »Transgender Individuals' Experiences of Psychotherapy«, Aufsatz beim Treffen der American Psycho-

logical Association im August 2001 präsentiert. ⟨http://www.symposion.com/ijt/ijtvo06no01_03.htm/⟩

Raissiguier, Catherine: »Bodily Metaphors, Material Exclusions. The Sexual and Racial Politics of Domestic Partnerships in France«, in: Arturo Aldama (Hg.), *Violence and the Body: Race, Gender, and the State*, Bloomington 2002.

Rekers, George A.: »Gender Identity Disorder«, in: *The Journal of Family and Culture* 2 (1986); überarbeitet für: *Journal of Human Sexuality* 1 (1996), S. 11-20.

– *Handbook of Child and Adolescent Sexual Problems*, Lexington 1995.

Riley, Denise: *»Am I That Name?« Feminism and the Category of »Women« in History*, Minneapolis 1998.

Rose, Jacqueline: *States of Fantasy*, Oxford 1996.

Rubin, Gayle: »Thinking Sex: Towards a Political Economy of ›Sex‹«, in: Carol Vance (Hg.), *Pleasure and Danger*, New York 1984, S. 267-319.

Saussure, Ferdinand de, *Grundfragen der allgemeinen Sprachwissenschaft*, 2. Aufl., Berlin 1986.

Schneider, David: *American Kinship. A Cultural Account*, 2. Aufl., Chicago 1980.

– *A Critique of the Study of Kinship*, Ann Arbor 1984.

Sedgwick, Eve Kosofsky: *Between Men: English Literature and Male Homosocial Desire*, New York 1985.

– *Epistemology of the Closet*, Berkeley, CA 1991.

Segal, Hanna: »Hanna Segal Interviewed by Jacqueline Rose«, in: *Women. A Cultural Review* 1.2 (1990), S. 198-214.

Smart, Carol (Hg.): *Regulating Womanhood: Historical Essays on Marriage, Motherhood and Sexuality*, London 1992.

Sophokles: *Die Trauerspiele des Sophokles*, übers. v. Friedrich Hölderlin, Basel 1986.

Spinoza, Baruch de: *Opera – Werke*, Lateinisch und Deutsch, Band II, hg. von Konrad Blumenstock, 3. Aufl., Darmstadt 1980.

Stacey, Judith: *In the Name of the Family. Rethinking Family Values in the Postmodern Age*, Boston 1996.
– *Brave New Families. Stories of Domestic Upheaval in Late 20th Century America*, Berkeley 1998.
Stack, Carol: *All Our Kin. Strategies for Survival in a Black Community*, New York 1974.
Strathern, Marilyn: *The Gender of the Gift. Problems with Women and Problems with Society in Melanesia*, Berkeley 1988.
– *Reproducing the Future. Anthropology, Kinship, and the New Reproductive Technologies*, New York 1992.
Taylor, Charles: »To Follow a Rule«, in: Craig Calhoun, Edward LiPuma und Moishe Postone (Hg.), *Bourdieu: Critical Perspectives*, Chicago 1993, S. 45-60.
Tort, Michel: *Le nom du père incertain, la question de la transmission du nom et la psychanalyse* (Eine Arbeit auf Anfrage des Amtes für Recherchekoordination des Justizministeriums [Service de coordination de la recherche, Ministère de la Justice]), Paris 1983.
– »Artifices du père«, in: *Dialogue – Recherches cliniques et sociologiques sur le couple et la famille* 104 (1989), S. 46-59.
– *Le Différend*, unveröffentlichtes Manuskript.
Vitale, Anne, »The Therapist Versus the Client: How the Conflict Started and Some Thoughts on How to Resolve It«, in: Gianna E. Israel und Donald E. Tarver (Hg.), *Transgender Care*, Philadelphia 1997.
Warner, Michael: *The Trouble with Normal. Sex, Politics, and the Ethics of Queer Life*, New York 1999.
– »Beyond Gay Marriage«, in: Wendy Brown und Janet Halley, *Left Legalism/Left Critique*, Durham, N.C. 2002.
Weston, Kath: *Families We Choose. Lesbians, Gays, Kinship*. New York 1991.
Wilchins, Riki: *Read My Lips: Sexual Subversion and the End of Gender*, Milford 1997.
Wright, Elizabeth (Hg.): *Psychoanalysis and Feminism: A Critical Dictionary*, Oxford 1992.

Wynter, Silvia: »Disenchanting Discourse: ›Minority‹ Literary Criticism and Beyond«, in: Abdul JanMohammed und David Lloyd (Hg.), *The Nature and Context of Minority Discourse*, Oxford 1997.

Yanagisako, Sylvia: *Gender and Kinship. Essays Toward a United Analysis*, Stanford 1987.

Namenregister

(Kursivierte Ziffern verweisen auf Erwähnungen der Namen in den Anmerkungen)

NF 185/1/1.23